高校图书馆阅读推广
案例精编

陈 进 李笑野 郭 晶 主编

海洋出版社

2016年 · 北京

图书在版编目（CIP）数据

高校图书馆阅读推广案例精编/陈进，李笑野，郭晶主编 . —北京：海洋出版社，2016.9

（新型图书情报人员能力培训丛书/初景利主编）

ISBN 978-7-5027-9579-5

Ⅰ.①高…　Ⅱ.①陈…②李…③郭…　Ⅲ.①院校图书馆-读书活动-案例-汇编　Ⅳ.①G258.6

中国版本图书馆 CIP 数据核字（2016）第 221137 号

责任编辑：杨海萍　张　欣
责任印制：赵麟苏

海洋出版社　**出版发行**

http：//www. oceanpress. com. cn

北京市海淀区大慧寺路 8 号　邮编：100081

北京朝阳印刷厂有限责任公司印刷　新华书店发行所经销

2017 年 1 月第 1 版　2017 年 1 月北京第 1 次印刷

开本：787mm×1092mm　1/16　印张：29.75

字数：505 千字　定价：56.00 元

发行部：62132549　邮购部：68038093　总编室：62114335

海洋版图书印、装错误可随时退换

主编弁言

由海洋出版社出版的《新型图书情报人员能力培训丛书》历时一年多的策划、组织、撰写，终于与广大读者见面了！

近些年来，由于信息技术和信息环境的飞速变化，图书情报工作也面临着许多的困难、压力和挑战。读者到馆的人数在下降，图书外借和参考咨询量也在下降，图书情报人员的职业形象受到严重影响。图书情报机构似乎从未遭遇如此的寒冷期，似乎越来越被边缘化，甚至到了生存危机的程度。

同时，我们也应该看到，信息技术和信息环境的变革带来的冲击和影响不仅仅波及图书情报机构，而是整个社会，是对社会各行业提出了新的应变要求，也带来了全新的发展机遇和生存空间，图书情报机构同样如此。如果传统的图书情报工作模式、机制、能力不主动适应变革，那只能被边缘化，只能死路一条。相反，如果我们主动应变，敢于创新，大胆探索，将图书情报业务与新的技术、新的需求、新的能力紧密结合，就有可能走出一条新的道路，走向新的辉煌。

为此，《图书情报工作》杂志社自2012年开始每年组织"新型图书馆员能力提升培训班"，旨在动员业内学者专家的力量，通过系列培训的形式，根据图书情报工作新的业务生长点和当前与未来的发展要求，对图书情报人员在新的形势和环境下所应具备的能力进行培养，在业内产生了良好的反响。同时，我们又感到，仅仅靠培训，影响的面是有限的，更需要系统地总结和凝练，编撰出版相应的专业教材，为从业人员提供自学的工具。

这一想法与海洋出版社一拍即合。出版社还专门成立了由我牵头的图情图书出版专家委员会。这套丛书就是通过专家委员会一起讨论、策划、组织的结果。第一辑共10本，于2014年陆续出版，第二辑也已初步策划完成，正在组织专家撰写，今后将陆续地推向市场。

这一丛书将涉及图书情报机构转型变革和图书情报工作创新发展的方方面面，从理论到技术，从资源到服务，从实践到应用，从方法到案例，动员了全国多个图书情报机构的业务骨干和专家学者。我们力求注重丛书的实用性和前瞻性，理论联系实际，强调务实和可操作性，以便对当前各级各类图书情报机构的业务工作具有一定的指导和推动作用。

这是一项比较庞大的工程，自第一本出版到最后一本，也许不知要延续多少年。但我们坚信，凭借这些专家的专业智慧和对图书情报工作未来发展的领悟，对于图书情报机构转型和创新发展一定会起到应有的作用。图书出版并不是目的，我们的期望是通过图书出版，能为图书情报工作未来发展提供启迪和参考，对推动图书情报机构转型变革有所助益。

海洋出版社出版图情类图书已有多年的历史，对图情学科和实践一直有着重要的贡献。在此，特别感谢海洋出版社能再次慨允出版丛书，为图情理论与实践助力。感谢为丛书的策划与组织付出辛苦的多位专家学者。当然，特别感谢为每一本书撰写内容的每一位作者，他们所付出的汗水，我们作为读者也都能感受得到。

因为所有的作者都在从事教学、科研或图书情报实际工作，撰写图书都是在业余时间完成的。时间紧、任务急，而且很多方面都是探索性的，其难度也是很大的。如果有不足也在所难免，诚望专家和广大读者批评指正。

期待这套丛书在推动图书情报机构转型发展中发挥积极的作用。

初景利
《图书情报工作》杂志社社长、主编、博士生导师

序

　　书籍是传承人类文明的重要载体。有书籍，就会有阅读，阅读兴趣的多寡、阅读水平的高低，通常代表了一个民族及其文化的竞争力。只有热爱阅读、崇尚知识的民族才有希望和未来。在当今的网络信息时代，"书籍"早已被广义化，阅读形式变得多种多样，尽管如此，但无论科学技术如何发达，阅读的载体有多么进步，阅读的基本价值却不会发生任何改变，阅读应当始终是社会公众的一种信仰。

　　伴随着时代的进步，我们所处的环境逐步演变成为现代知识型社会。我们今天所拥有的知识，很难满足明天的需求，这就要求我们必须终身学习，而读书就是其中的最佳途径之一。1995年，联合国教科文组织做出决议，把每年的4月23日定为"世界图书与版权日"，通常被称为"世界读书日"，提出"让世界上每一个角落的每一个人都能读到书，让读书成为每个人日常生活不可或缺的一部分"。近年来，国家层面对阅读更是高度重视，倡导"全民阅读"已经连续三年写入了政府工作报告。

　　高等学校是思想文化的重要阵地。除了辅助学习之外，高等学校的图书馆一直在促进大学生的广泛阅读方面发挥着重要的作用，包括开展展示点评活动、举办知识竞赛、创立读书讲坛等。随着时代的变迁，在新型的数字阅读环境越来越普及的条件下，如何更加有效地直接介入校园阅读，引导思维活跃、兴趣广泛的大学生爱上阅读，如何建设书香校园、让图书馆成为阅读推广的主阵地，已经成为高校图书馆阅读推广的重要使命。

　　2015年初，针对我国各高校图书馆多年来围绕阅读推广开展创新和实践活动所取得的成效和经验，由教育部高等学校图书馆情报工作指导委员会读者服务创新与推广工作组发起，在上海交通大学图书馆、上海财经大学图书馆、华中师范大学图书馆的共同组织下，在全国各省市图工委的积极支持下，成功举办了首届全国高校图书馆阅读推广案例大赛。整个案例大赛活动，一共有来自全国六个赛区（组织单位：吉林省、山东省、上海市、湖北省、重庆市和广东省等图工委）外加港澳地区的456个案例参加了角逐，经过分赛区专家评审推荐，156个案例入围最终的总决赛。2015年10月15-16日，在华中师范大学图书馆，成功举行了案例大赛的全国总决赛暨研讨会，最终有

38 个案例分别获得全国的一二三等奖及特别奖，118 个案例获得优秀奖和单项奖（其中部分案例同时获得优秀奖和单项奖）。首届全国高校阅读推广案例大赛有效促进了阅读推广工作的成果交流、经验分享及经验借鉴，在推动我国高校图书馆开展阅读推广工作、提升阅读推广水平等方面起到了里程碑式的作用。

案例大赛决赛现场那充满激情和洋溢赞叹的场景至今仍然历历在目。我们看到，从白山黑水，到天涯海角，从东海之滨，到青藏高原，阅读之花在中华大地的高校校园内绽放；我们也非常欣喜地发现，来自香港、澳门的高校图书馆同仁，所带来的一片清新开放的气息。富含创意和新颖的案例比比皆是，几乎每一个案例都令我们激情飞扬，都有一种令人不去实践不罢休的冲动。因此，为了更加广泛地促进阅读推广经验的分享和传播，教育部高等学校图书馆情报工作指导委员会读者服务创新与推广工作组又成立了《高校图书馆阅读推广案例精编》工作组，在上海交通大学图书馆和上海财经大学图书馆的精诚合作下，以入围决赛的 156 个案例为基础，征集在大赛中得到专家及现场大众评委肯定的优秀案例稿件，并结集出版。

《高校图书馆阅读推广案例精编》的汇编工作自 2016 年 3 月启动，截至 4 月底，共收到案例投稿 51 份，经专家审核后，确定收录其中的 49 个具有典型性和特色的案例，形成案例集。案例集题材广泛、内容丰富，涉及主题阅读推广活动、校园书香精品案例、读者参与特色范例、创意阅读、导读刊物等多个在高校中特别具有代表性的方面，充分反映出高校图书馆馆员的智慧，体现出高校图书馆馆员对阅读推广工作经验的细致归纳和独特思考。

薪火相传，继往开来。衷心希望这本阅读推广案例精编的出版，能够为高校图书馆开展阅读推广工作带来启迪，提供参考，以便进一步激励图书馆同仁在今后的工作中不断开拓、不断总结、不断创新，让阅读之光点亮我们的校园，让阅读形成一种氛围，让阅读成为大学生的行动自觉！

借此机会，我谨代表工作组，诚挚地感谢所有积极参与案例成稿的作者，真诚地感谢在这本案例精编集出版过程中付出辛勤劳动的上海交通大学图书馆、上海财经大学图书馆及海洋出版社的老师们。另一方面，也希望案例精编集能够得到广大同仁的批评、指正。

阅读是中华美德，

阅读是文明之魂，

阅读是国家战略，

阅读是我辈之责。

愿我们高校的阅读推广活动越来越精彩，越来越辉煌！

是为序！

上海交通大学图书馆馆长、教授、博士生导师

2016 年 5 月 15 日

目　录

主题阅读活动推广

校园书香精品案例

读者参与特色范例

创意悦读精彩纷呈

导读刊物助力传播

主题阅读活动推广

新生共同阅读计划
「READ@ PolyU」
——香港理工大学阅读推广案例

黄朝荣　何颖基　李梅　陈桂雅

（香港理工大学包玉刚图书馆）

摘要：理大于 2011 年开始推行 READ@ PolyU 共同阅读计划。透过每年向约两千位一年级本科生免费派发英文小说，来推动学生参与小说主题相关的延伸活动，增强校园的阅读风气及提升学生的英语能力。此外，阅读计划亦为新生提供了共同体验，有助他们能更快地融入校园生活。该项计划不仅培养了学生多读好书的习惯，而且提高了图书馆馆藏的使用率，获得理大师生的踊跃支持及热烈好评。

1　关于香港理工大学

香港理工大学（以下简称理大）的历史可追溯至 1937 年，前身为全港第一所由政府资助、提供专上程度工科教育的院校。学院曾经历四个不同阶段的演变，经过积极拓展不断提升学术地位，并于 1994 年正式升格为大学。

理大位于香港九龙红磡，占地 94 600 平方米，就读学生超过 31 000 人，以总学生人数计算，为全香港最多学生的高等学府。理大历年培育了近 35 万名毕业生，遍布社会各个重要行业及领域，为香港以至全世界作出了宝贵的贡献。

理大一向秉持「开物成务，励学利民」的校训，致力成为一所在专业教育、应用科研及伙伴协作方面表现卓越的大学。大学为学生提供多项全港独有的应用性课程，当中包括设计学、服装与纺织学、眼科视光学、物理治疗、职业治疗和放射学等，以培育人才满足社会对专业人士的需求。

2 关于包玉刚图书馆

香港理工大学包玉刚图书馆于 1972 年成立，楼高六层，占地 16 666 平方米，一共 3 860 个座位可供师生用作静修及协作学习。于 2014~2015 年度，全年进馆人次超过 260 万，为全香港最繁忙及使用率最高的学术图书馆。

现时图书馆的馆藏超过 500 万件，以科学、工程及商业学科的馆藏量计算，在东亚地区名列前茅。近年更以超过八成的馆藏经费购买电子资源，以供读者随时随地使用。

作为大学的学习中心及学术智库，图书馆致力于帮助及启发师生获得及分享知识，并在教育及学术方面不断追求卓越。

3 活动宗旨

理大新生共同阅读计划「READ@ PolyU」于 2011 年开始推行，每学年初所有一年级的全日制本科生都可免费获赠一本获奖英文小说，并透过推动学生参与小说主题相关的延伸活动，增强校园的阅读风气及提升学生的英语能力。此外，阅读计划亦为新生提供了共同体验机会，有助促进同学、学长及老师的交流，使他们能更快地融入校园生活。

该项阅读活动的概念及推行模式，乃源自美国高校广泛推行多年的共同阅读计划。根据波夫（Boff）等学者的相关研究指出，自西雅图公立图书馆于 1998 年所举办的一书一城（One City, One Book）活动取得空前成功，掀起全市的阅读浪潮后，美国各地的读者俱乐部以及高校图书馆也争相效仿举办相关活动。索恩（Thorne）等学者的报告亦指出，全美在 2013/14 年度至少有 341 所高等院校曾举办共同阅读计划，而且有关数目更有上升的趋势。

理大乃全港现时唯一的高等教育学府推行如此大规模的阅读计划。在 2010 年，理大为推动学生的全面发展而孕育出阅读计划的构思，并于同年成立了筹备委员会，负责项目的策划及发展。筹委会主席由图书馆馆长及英语教学中心总监共同担任，其他成员则由各学系和行政单位所推荐的教职员及学生代表组成，以确保计划能适应学生的需要。

在阅读计划中，图书馆担当着协调及管理整项计划的核心角色，其中包括宣传、推广、订购及派发小说等。此外，图书馆亦负责统筹阅读以外的延伸活动，例如讨论小组、图片及书籍展览、电影会、作家讲座和反思写作比赛等。为使计划能深入到校园的各层面，图书馆也与不同单位，如英语教学中心和大学核心课程事务处等，建立深入的合作伙伴关系。

4 活动概况

以下将集中讨论 2014～2015 年度理大新生共同阅读计划「 READ@ PolyU」的实施做法与经过。

4.1 挑选年度书籍的流程

阅读计划推行之成功关键，始于挑选一本合适的年度书籍，因此图书馆早于 2014 年 2 月初就透过电邮，邀请所有师生提名心目中的好书，期间一共收到超过 170 本好书提名。筹委会先审阅提名名单，并以书本的可读性、吸引力和启发性为衡量准则，投票选出最合适的五本书籍，再邀请理大学生读书会的同学试读这五本书的选段。经咨询他们的意见后，筹委会最后推荐屡获殊荣的英语小说 *The Boy in the Striped Pyjamas*（穿条纹衣服的男孩）为 2014～2015 年度书籍。这本书主要讲述二战期间，纳粹德国司令官八岁的儿子与集中营里的一名犹太儿童交往的故事。

4.2 年度书籍的分派办法

于 2014 年 8 月 31 至 9 月 11 日，图书馆在流通部摆设特别柜位，免费派发近两千本小说给新入学的本科生。每位登记索取小说的学生均获邀参与三场小组讨论会，与各学系的教职员及学长以英语讨论小说的内容。图书馆亦鼓励新生到图书馆的 Facebook 社交平台「赞好」，以便日后收到其他延伸活动的讯息。（见图 1）

4.3 小组讨论会

超过 90 场的小组讨论会随后于 9 月下旬至 11 月期间举行。设立小组讨论会的目的，一方面希望新生在教职员及学长的指导下，透过探讨书中的人物和情节，能掌握阅读的技巧及策略，并培养从阅读中思考的能力；另一方面，亦希望他们透过小组讨论的交流，能学习彼此聆听，建立关系，尽快融入校园生活。

有关带领小组讨论会的工作，主要由来自不同学系的 31 位教职员及 71 位学长义务分担。为确保他们能有效地引导新生分享书中的感想，图书馆邀请了英语教学中心语言导师约翰·史密斯先生（Mr John Smith），在 9 月 10 日提供培训课程，深入浅出地教授带领小组讨论的方法及技巧。

另外，为鼓励新生及学长参与小组讨论会，但凡同学出席讨论会三次，有关记录就会显示在学生事务处的课外活动成绩单，以及英语教学中心的 Excel @ English 项目中。同时，他们也可获赠一本由马克斯·苏萨克写的得奖英语小说《偷书贼》，以鼓励他们继续多读好书。该项小组的讨论会，参与学生人次多达 466 人。

4.4　通识课程「明日领袖」

为了广泛推动阅读计划，图书馆亦于 2013 年开始与大学核心课程事务处合作，把年度书籍纳入为大学的通识课程「明日领袖」之中。此课程有超过千名新生修读，主要以小组学习形式上课，探讨关于领导技巧的课题。老师会从小说中选取与课程大纲相关的情节，设计问题引导学生在课堂上互相讨论。

4.5　犹太大屠杀展览及书展

在 2014 年 9～11 月期间，图书馆与香港犹太大屠杀与宽容中心（HKHTC），于图书馆大堂联合举办了犹太大屠杀展览，介绍了不同集中营和其他民族受欺压的历史，同时亦展出有关犹太大屠杀及二战历史的图书馆馆藏，让同学了解更多小说的历史背景。展览的开幕典礼更邀请了以色列驻香港及澳门总领事 Sagi Karni 先生致开幕词，其后 HKHTC 的代表详细讲解，让师生更深入了解展品的内容。

4.6　电影欣赏会

图书馆又与理大国际电影学会于 2014 年 10 月合办了两场《穿条纹衣服的男孩》电影欣赏会，有超过 140 位师生参与。电影欣赏会后，亦安排了 HKHTC 教育部的主管西蒙·戈德堡先生（Mr Simon Goldberg）亲临分享，为同学们解说电影与历史事实中的不同之处，使同学们深受裨益。

4.7　与二战犹太大屠杀的幸存者会面

在 10 月 7 日，图书馆亦邀请了 HKHTC 的执行董事暨二战幸存者季思宏先生（Mr Silvain Gilbert），亲临校园回忆他在二战时期大屠杀中死里逃生的经历。生于香港的学生连挨饿也没试过，一般看小说后只会感到小孩子的可怜，或看历史书后觉得战争的残酷，直至他们有机会近距离与大屠杀中的幸存者交流后，才切实感受到战争的祸害及和平的可贵。130 多位师生参与了本次活动。

4.8　与年度书籍的原作者会面

阅读计划的高潮，乃是在 11 月 4 日邀请《穿条纹衣服的男孩》原作者约翰·伯尔尼先生（Mr John Boyne）远道从爱尔兰而来，与师生分享他写作的心路历程和各种点滴，并讲解小说的人物设计与特点，以及分析故事情节。分

享会之后设有签名会，场面热闹。活动吸引了超过 130 名师生参与，参与者获益良多。（见图 2）

4.9 英语反思写作比赛

图书馆与英语教学中心于 2014 年 11 月 7 日合办了反思写作工作坊，并于之后举办了英语反思写作比赛，鼓励学生按著书中主题抒发心中所想，并透过写作提升创造力和语文技巧。

同学们积极支持该项阅读活动，比赛共收到 78 份作品投稿。比赛由英语教学中心语言导师约翰·史密斯先生（Mr John Smith）担任评审，负责选出冠、亚、季军以及七名参与奖，并于 2015 年 4 月 13 日举行颁奖典礼。大会很荣幸邀请了赞助人信兴教育及慈善基金会主席蒙德扬先生亲临颁奖。（见图 3）

4.10 PolyU Reads 馆藏

为了鼓励师生持续阅读，此计划也拿出部分经费购买了超过 1000 册中外流行及热门的得奖书籍，作为置于图书馆新知中心的 PolyU Reads 馆藏，以供师生借阅。

4.11 回收计划

阅读计划结束后，图书馆亦设有回收图书计划，鼓励学生捐出读完的年度小说，再由图书馆免费转赠给其他年级的学生，让全校同学分享图书及阅读乐趣。

5 活动成效，用户评价与反馈

5.1 渗透全理大的阅读计划

READ@ PolyU 是以新生为对象，渗透全理大的阅读计划。于 2014~2015 年度，整个计划的总参加人次多达 4 100 人。此计划的成功关键，在于图书馆积极与校内外不同的团体合作，举办一连串与小说主题相关的活动，以提高学生的阅读兴趣及扩阔其学习层面。

5.2 信兴教育及慈善基金鼎力赞助

有关阅读计划于 2011 年推出后即获得热烈回响，更于 2012 年获得信兴教育及慈善基金的鼎力支持及赞助，为期五年。理大谨此致以最衷心的谢意。

5.3 问卷调查结果反映成效

图书馆于 2015 年 1 月曾进行问卷调查，探讨学生在整项计划中所获得的益处。是项调查一共收到 129 位师生的回复。其中 71% 的师生反应计划有助他们学习从不同角度讨论及分享、61% 的师生表示阅读技巧有所提高、51% 的师生觉得从阅读中得到启发及对生活反思、36% 的师生表达计划增强了老师与学生的交流。

5.4　PolyU Read 馆藏使用率提升

是此计划让学生能透过阅读年度小说，培养出多读好书的习惯。在 2014~2015 年度，PolyU Read 馆藏内的 1 039 本书籍的总借阅次数为 5 112 次，平均每本被借出 4.9 次，远超一般外借书籍的使用量，可见在增强校园阅读好书的风气方面，确实取得了明显效果。

5.5　校内外媒体的热烈报导

计划自 2011 年推行后即获校内外多种媒体的广泛报导及关注，例如校内的传讯及公共事务处所出版的月刊《Excel@ PolyU》，及校外的《犹太亚洲时报》、《星岛日报》、《大公报》等。其中三篇精选采访的报导，请见图 6。

6　资料附录

图 1　新生在新学年到图书馆免费领取年度书籍及报名参与小组讨论会

图2　师生参加年度书籍的原作者讲座及会后的签名会之情况

图3　阅读计划赞助人蒙德扬先生亲临英语反思写作比赛颁奖典礼，
与得奖者分享学习心得

**图 4   理大传讯及公共事务处出版的月刊 Excel@ PolyU 于 2011 年 9 月
对 READ@ PolyU 计划启动的报导**

网址：http：//www. polyu. edu. hk/cpa/Excel@ PolyU/2011/09/snapshots_ s. html

图 5   2014 年 11 月犹太亚洲时报对 READ@ PolyU 犹太大屠杀展览的报导

网址：https：//issuu. com/jewishtimesasia/docs/nov2014

學府風

理大閱讀推廣計畫內地獲獎

近年智能手機的興起，有人或會認為校園閱讀風氣大不如前。不過，袁效仁知道，理工大學的「READ@PolyU」計畫，令校園閱讀的風氣有增無減，皆因大學每年都向全日制一年級本科生免費派發指定英文小說，作為共科讀物。有關的計畫最近在全國高校圖書館閱讀推廣案例大賽，從四百五十多所學術圖書館的不同計畫中脫穎而出，獲頒一項特別獎。

新生獲贈英文小說

袁效仁同理大包玉剛圖書館館長黃朝榮（Shirley）領獎，她表示，「READ@PolyU」自一一年推出，每年向新生免費贈閱一本英文小說，增加校園閱讀風氣，「理大一直以應用性學科為主，為了擴闊同學的閱讀範疇和涉獵更多文字題材，利用書本作為引旨，鼓勵他們接觸更多本科以外的知識。」

Shirley說，每年派發的英文小說都有一個主題，由她本人和理大英語教學中心總監共同擔任籌委會主席，負責為「READ@PolyU」揀選合適的書本，「委員會有學生和教職員代表，並由全校師生推薦書本；期間邀請學生從書單中閱讀最合適的五本，經過詳細討論後，選出一本作為指定讀物。」

舉辦相關專題活動

她指，該書除了要容易理解內容外，亦要有話題性的討論，「新生之間有共同的經歷和話題，而在分享閱讀心得的過程中，他們不止認識學系的同學，亦有機會接觸學長和非本科的學生，「彼此的溝通坦誠，學習聆聽的同時，建立了一種關係。」

理大包玉剛圖書館部門主任（讀者連繫及拓展）何穎基（William）同袁效仁講，「READ@PolyU」與大學核心課程事務處有合作，在明日領袖課程中，學生以小組形式分析和討論小說情節，「我們亦會配合小說的主題，舉辦相關的專題活動，例如今年邀請了幼稚園校長呂麗紅，分享如何實現追求夢想的經歷，反應相當熱烈。」

「READ@PolyU」推出至今已數年，Shirley認為，理大的閱讀風氣提升了不少，為了配合近年智能手機和平板電腦的流行，圖書館內的不少館藏以電子版為主，方便更多師生閱覽。

袁效仁認為，大學生多閱讀不同類型的書籍，擴闊本科以外的知識，對未來投身職場必有裨益。

袁效仁

图6　2016 年 3 月 10 日星岛日报对 READ@ PolyU 于内地获奖的报导

7. 参考文献：

［1］ BOFF C, Schroeder R, Letson C, Gambill J. Building uncommon community with a common book：The role of librarians as collaborators and contributors to campus reading programs［J］. Research Strategies, 2007（20）：271-283.

［2］ THORNE A, Turscak M, Wood P, Beach books：What do colleges and universities want students to read outside class? 2013 - 2014［R/OL］. New York：National Association of Scholars, 2014［2016-4-20］, http：//www. nas. org/images/documents/NAS-Beach-Books. pdf.

作者联系方式

姓名：何颖基
职称：部门主任（读者联系及拓展）
单位：香港理工大学包玉刚图书馆
邮寄地址：香港九龙红磡香港理工大学包玉刚图书馆
收件人姓名：William Ho（UEO）
联系电话：(852) 2766-6893
电子邮件：lbwkho@ polyu. edu. hk

共读、共写、共生活
——"南航大学暑期阅读训练营"案例介绍

赵晨洁　吴丽春　姚翔　叶虹　王茜　鲁克成

（南京航空航天大学）

　　摘要：案例引入阅读教育理念和多元体验方式，通过完善的管理机制、经典的阅读内容、优秀的导读馆员，丰富的活动形式，美好的阅读体验，构建了以"夏令营"为主要形式的阅读生态系统。案例所探索的以深入、持续、系统、多元体验、公益推动为特点的阅推模式，不但使参与读者受益匪浅，也带动了图书馆馆员服务能力和各类型阅推服务工作水准的全面提升，并大幅降低了阅推活动的经费投入。

1　前言

　　南京航空航天大学图书馆多年来持续举办各种阅读活动：经典图书展、名家讲座、书谜大赛、读书演讲比赛等等。但经调研发现：热闹非凡的推广活动当时确实激发了很多同学的阅读热情，可是过后半途而废的居多。我们不禁反思：是不是他们错过了幼时这一最佳的阅读习惯建立期，就永远的错过了？答案应该是否定的，只是让大学生回归真正意义上的"阅读"难度的确大一些。

　　于是，我们想，也许可以策划一种更加集中、深入、持续、系统，并且集多元体验为一体的阅读活动形式，让这些久已没有感受过优质阅读的学生们亲身体验一次，亲身感受应该是最具说服力的，于是"暑期阅读训练营"活动应运而生。通过这样深入的阅读活动，我们也可以更加密切的跟踪大学生的阅读过程，一方面，发现大学生阅读障碍的真正根结，科学优化大学生阅读行为；另一方面，探索更加符合大学生认知特点、卓有成效的阅读推广方法。

2　活动策划

2.1　定位：

由于活动策划立足于阅读过程的完整性，需要学生和馆员都达到比较深入的参与度，且活动要具有探索性，因此，我们将活动定位为：打造阅读推广精品活动，活动规模中小型，但要保证参与者获得最佳阅读体验。活动需要做到五最：最完善的管理机制、最经典的阅读内容、最优秀的导读馆员，最具品味的活动形式，最美好的阅读体验。从而实现激发大学生阅读兴趣、稳定阅读行为，开启大学生优质阅读之门的目的。

2.2　特色

（1）引入阅读教育理念：按照大学生阅读认知心理特征，由兴趣到投入，由"读"到"思"再到"写"的规律，由浅入深，由理论到实践，系统化设计阅读活动，科学优化大学生阅读行为。

（2）采用"夏令营"方式：时间集中，动静结合，将阅读、参观、讨论、写作糅为一体，实现一个完整的优质阅读体验历程。

（3）引入多元体验：采用绘画（绘本）、视频（电影）、音频（诵读）、戏曲、参观等多感官方式，多角度感受"阅读的魅力"，最大限度激发参与者的兴趣和参与热情。

（4）构建阅读生态系统：通过线上、线下活动的无缝衔接为指导老师和同学们创建共读、共写、共生活的阅读生态系统，一方面方便指导老师全程跟踪每位入营同学的阅读行为，适时给予必要的指导；另一方面也方便老师与营员、营员与营员之间的交流与互动，从而使这一生态系统中的各方都得到提升与优化。

3　活动概况

"训练营"活动于每年六月初进行策划，六月中旬发布营员招募通知，暑假开始的第一天设计为开营仪式，正式拉开"训练营"活动序幕。

因"训练营"活动时间集中、人员密集，活动类型、地点多变，需要完善的管理团队支持。我们为"训练营"设计了如下（图1）的管理机制：设专职总管1名（馆员担任），配2名秘书（招募暑期社会实践学生），负责所有线下活动的时间安排、人员登到、具体子活动的现场组织；设宣传员2名

（招募暑期社会实践学生），分别负责活动的文字、视频记录，以及通讯报道；每个专题设记录员1名（招募暑期社会实践学生），负责所有讨论的文字记录。为了增强同学们的归属感，我们还特意为每位营员配备了统一的营员证、活动安排表、记录本等资料，并且每项活动的前一天都会向营员和老师发送短信提醒。

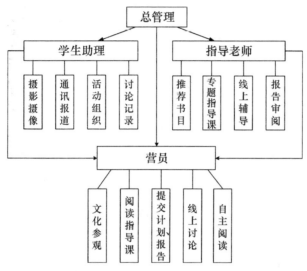

图1　　"暑期阅读训练营"管理机制

阅读指导课和文化参观为线下活动，主要安排在刚放暑假的第一周内。阅读指导课各专题指导老师就本专题阅读方法给出概况性指导，开具选读书目，同时提出具体阅读要求，要求所有营员在6周内完成：精读1本书，泛读2本书，欣赏3本书，并要求一周内提交阅读计划，结营前10天提交阅读报告。文化参观活动主要选取在南京地区具有代表性的与阅读相关的历史、文化机构，如：先锋书店、金陵刻经处、南京图书馆古籍部、"亲近母语"绘本馆、甘熙故居。营员通过自主阅读完成阅读计划中的各项阅读任务，每周在固定时间参加线上讨论，平时有任何疑问可随时通过QQ和e-mail与指导老师沟通。线上讨论通过QQ群实现，全营设QQ群一个，主要用于发布活动通知、活动照片、开展专题讲座以及与活动相关的信息交流；另外每个专题设有一个QQ群，每周一次共读讨论，时间固定，一般在17：30-22：00进行，每次讨论各专题老师和记录员都做详细记录。每位营员最多可以参加**两**个专题的活动，需要按照老师的要求完成对应的阅读任务，但其他所有专题的讨论均可旁听。为了鼓励同学们积极参与，结合参与训练营各项活动的情况，每届评选出 20 位优秀营员，在结营仪式上予以表彰。

图 2　聆听南京图书馆古籍部周蓉老师介绍古籍善本

"训练营"以导师制分、专题精读辅导为主要方式，截至 2015 年已开展七个专题，分别为：人生哲学、社会生活、文学电影、心灵成长、国学经典、佳文诵读、戏曲戏剧。考虑到阅读的趣味性和易接入性，各专题老师都会采用不同的指导方法。如："人生哲学"的指导老师对书目进行了分级设置，对于阅读基础较薄弱的同学建议从易于理解的通俗类哲学书籍开始读起，并且引入了哲思类的儿童绘本作为引读材料，帮助同学们逐步放下对哲学类书籍的"恐惧"感，建立阅读自信，逐步进入深度阅读；"电影文学"以同名电影作为引读材料，通过观影，以及馆员老师对原著书籍与电影语言、情节差异的初步介绍，引发同学们阅读文本的兴趣，逐步步入文学经典的殿堂；"心灵成长"引入了性格测试、心灵游戏、冥想等方法，丰富同学们阅读的体验感，在发现自我的过程中融入阅读；"国学经典"通过介绍古籍、经书等文化史料，消除同学们对国学的陌生感，逐步学会以审美的心态投入到阅读过程中去[2]；"佳文诵读"和"戏曲戏剧"则将吟诵、折子戏等带入同学们的指导课堂；"社会生活"指导老师结合当前社会现象与大家探讨如何通过读书阅世、阅人，并且指导营员们如何在暑期采访一位自己身边的人，撰写一份小小的采访手记。

图3   在"亲近母语"研究院体验绘本阅读

除了常规活动内容，每届活动会根据资源的配置情况开展一些特殊活动。例如：2015年"训练营"有幸邀请到了南京青年越剧艺术团的老师们，她们给同学们现场展示了戏前化妆、行头穿戴，表演了《红楼梦·黛玉葬花》、《梁祝·回十八》等折子戏，并带领营员们试穿戏服，学习水袖和台步，使同学们真真切切地感受了戏曲的魅力。另外，2015年"训练营"还得到了北京"新阅读读书会"和"双螺旋文化公司"的支持，由"新阅读读书会"书评群的老师们专门从"双螺旋文化公司"近三年出版的优秀图书中筛选了《柑橘与柠檬啊》、《5年决定你的人生》等5种共30册适合大学生阅读的新书无偿赠送给我们，作为试读活动用书。值得一提的是，"训练营"开展三年以来，所有的参观活动均得到当地组织的热情接待，不但没有向我们收取任何费用，而且还免费为同学进行讲解和演示，正是有这些合作者的支持，才使我们能够用最小的开销去做这样一件有意义的事情，而公益推动也成为"训练营"活动的一大特色。

4   活动成效

活动自2013年暑期首次举办，目前已成功举办3届，参与营员总计224人，其中参加的本科生179人，研究生25人，教师3人，校外人员4人。共提交阅读计划和阅读报告共三百余份。虽然没有学分的吸引，没有考试的压力，可是营员同学们在老师们的引导下都很好地完成了暑期阅读训练的所有项目，这也令我们感到非常惊讶。而且根据我们的跟踪调查，2013 年的 62 名营员，有 95% 在后来的 10 个月中，阅读数量增长了一倍，2014 年的 70 名营员中，有 8 名是第二次参加训练营活动，只是都更换了不同的专题，所有营员截至目前，借阅量都有了 0.5~1.5 倍不同程度的增加（2015 年后续数据正在统计汇总中）。最主要的是大家阅读品质也都有了显著提升，南航是理工科大学，一般借阅以科技类图书为主，而参加了"阅读训练营"的同学们在社科方面的图书借阅比例显著增加。其中有一位周建华同学，为我校机械学院硕士研究生，自 2013 年开始连续两年参加训练营活动后，连续两年进入我校借书量排名 TOP3，2014 年更以借阅了 227 本图书位居榜首，还得到了金陵晚报的报道。

由于"训练营"活动得到了参与同学的一致好评，并提出是否可以将专题读书分享活动延续至学期中开展。于是 2013 年 10 月，图书馆陆续推出了心灵成长、电影文学、佳文诵读的读书会，每周或每两周活动一次，目前参与读书会学生已累计三千余人次。通过这些活动也与近 100 余名热爱阅读的同学建立稳定的联系，他们也成为的图书馆的忠实"粉丝"和阅读的积极推广者。另外，我们以"训练营"活动为基点，开发了一系列有内涵、有深度的阅读活动，在校内获得较好反响。校团委、宣传部主动联系图书馆，希望与图书馆联合开展更加丰富的校园阅读活动，校工会也委托图书馆成立了南航教工"读书会"，推动全校教师的阅读活动。

由于密切了大学生与馆员的关系，我们也更加容易掌握大学生们的阅读倾向，对于馆藏资源采购，在版本、品种上提供了很多参考。自 2013 年以来，"训练营"导读馆员已累计向采访馆员荐购优秀图书 1 000 余种，对优化纸本馆藏起到了积极作用。同时，导读馆员也在日常工作中不断精选更多的经典书目，每月在图书馆进行专题书展，持续将优秀馆藏推送给读者，截至目前，已累计摆展精品图书 3 600 余种。

通过"训练营"使我们发现了大学生阅读行为中很多细节，诸如：经典作品的不同版本会有不同阅读体验，尤其是外文翻译作品和国学经典，要选择适合大学生认知特点的版本；理工科学生由于人文阅读积累较少，对于语言、意境的理解力较文科生薄弱，因此阅读经典著作具有一定的困难，需要借助一些辅助手段。这些细节的发现，更激发了导读馆员深入研究更加适合我校大学生的导读方法，在实践中深入研究绘本、文学名著同名电影、诵读、国学素读等方法对经典阅读的促进作用，推动了我馆读者服务工作的深化与发展。

5 活动感言

每次翻阅同学们的阅读报告，都是指导老师们最幸福的时刻，虽然有些同学的文笔并不那么优美，但却字字真诚、炙热，这些文字让我们既看到了同学们因阅读而产生的美好的变化，同时也让自己更加真切地感受到了作为一名馆员、一名老师的价值。

"相谈相笑、相见相欢，几个小时的交流过得飞快，我觉得这种无碍的交流、这种无拘无束的讨论或许最能激发学生的求知欲，或许能调动青春学子们跃动的想法。而或许，这种相谈笑、相见欢的研讨形式才是最好的学习方法吧。"

——第一、第二届营员，民航学院：黄健

"名著想看又不敢看，总是找时间拖延，有了图书馆的活动，在老师的帮助下、同学的鼓励竞争中终于完成了阅读，感受到了别样的风景。"

——第三届营员，理学院：蒲洋生

"假期这么长，最期待的是，每周晚上和老师同学们在线上共读《故事的疗愈力量》，老师带领大家一起讨论一本书，会读出一本书多种感悟，线上讨论让大家的想法碰撞，而自己看书的时候，会忽略很多，而且感触没那么深，讨论过后的思考让我收获更多。"

——第二、第三届营员，外国语学院：李想

其实每次活动收获成长的岂止是营员同学们，在这样相互尊重、平等交流的学习氛围中，馆员们自己也收获了许多！校宣传部副部长孔令华老师在得知我们的这项活动后欣然加入导师团队（担任15年暑期阅读训练营"社会生活"专题指导老师）并赠言：

"有这么一群老师，默默地向同学们传递自己的阅读体验和人生阅历，传递一种健康的生活方式；有这么一群学生，孜孜地追求学分之外的阅读享受，从阅读中找寻方向、价值和正能量；有这么一种公益精神，在心与心之间传递，在一所工科院校滋长。我愿意做一名公益阅读的播种者。"

6 结束语

通过暑期阅读训练营活动使我们深刻地认识到，大学阅读推广活动要做到四个坚持：坚持传达"优质阅读"的情趣、审美、人文内涵，重塑大学生优质阅读的价值理念；坚持阅读内容的经典性、高雅性、思辨性，提升大学生阅读素养，塑造终身学习者；坚持活动形式的趣味性、易参与性、多元体验性，创造良好的活动参与感；坚持建立馆员提升与成长机制，通过阅读促进图书馆与读者之间建立更加和谐、活跃的互动关系。

另外，我们深刻地感受到导读馆员自身对阅读价值的认同、强烈的阅读热情以及终身阅读的学习习惯。坚持阅读推广的信念，能够在与学生的互动中产生强烈的吸引力和感召力。很多同学都感慨：由于老师们的陪伴和引导，我们坚持下来了，终于踏入了阅读的美丽世界！

图 4　"第三届（2015 年）暑期阅读训练营"开营仪式合影

7. 资料附录

附录一:

南京航空航天大学图书馆第三届"暑期阅读训练营"线下活动安排

(2015 年 7 月 3 日-9 日)

时 间	地 点	活动项目与内容	联系人	集合时间及地点
6 月 27 日下午	先锋书店五台山店（广州路 173 号）	参观先锋书店，参与主题访谈"白先勇、廖彦博：白崇禧与台湾二二八事件"	叶老师	2：30 在先锋书店五台山店（广州路 173 号）门口集合
7 月 3 日 19：00 - 21：00	将军路图书馆 6 楼学生活动中心	开营仪式；现场师生互动与交流；发布试读图书信息	赵老师	
7 月 4 日 9：20 - 11：20	将军路图书馆 6 楼学生活动中心	"戏曲戏剧"专题阅读指导课	吴玥老师	
7 月 4 日 14：00 - 16：30	将军路图书馆 6 楼学生活动中心	戏曲欣赏：文化馆演员演出	吴玥老师	
7 月 5 日 9：20 - 11：20	将军路图书馆五楼培训教室（精品图书阅览室里面）	赏析电影《编舟记》；"电影·文学"专题阅读指导课	姚老师	
7 月 5 日 14：00 - 16：00	将军路图书馆 6 楼学生活动中心	"社会生活"专题阅读指导课	孔老师	
7 月 6 日 9：20 - 11：20	明故宫西苑教工活动中心四楼活动室	"心灵成长"专题阅读指导课	吴丽春老师	
7 月 6 日 14：00 - 16：00	明故宫西苑教工活动中心四楼活动室	"佳文诵读"专题阅读指导课	王老师	
7 月 7 日 9：20 - 11：20	明故宫西苑教工活动中心四楼活动室	"国学经典"专题阅读指导课	鲁老师	
7 月 7 日下午	"亲近母语"总部	参观"亲近母语"绘本馆；"人生哲学"专题阅读指导课	赵老师	13：30 在明故宫图书馆门口集合一起出发

续表

时　间	地　点	活动项目与内容	联系人	集合时间及地点
7月8日上午	金陵刻经处（淮海路35号）	参观金陵刻经处	吴丽春老师	9：00在金陵刻经处门口集合
7月8日下午	南京图书馆（中山东路189）	参观南京图书馆古籍	鲁老师	2：30在南京图书馆门口集合
7月9日上午	甘熙故居（中山南路400号熙南里街区南捕厅升州路口）	参观甘熙故居	叶老师	9：00在甘熙故居门口集合

备注：

1. 因暑期班车时刻表还没出来，早上集合的时间、开课时间暂定为以上时间，若有变动，会在群里提前通知或在7月3日晚上开营时通知。

2. 外出参观请大家按时在明故宫图书馆一楼大厅集合出发。参观甘熙故居时，请带学生证。

3. 参观金陵刻经处时，需保持安静。

4. 请各位自带有盖的水杯。

附录二：与活动相关的媒体报道

报道一：

金陵晚报：南航"学霸"一年借书227本

时间：2015-01-05　来源：金陵晚报　作者：胡裕宁 刘蓉　点击：155次　编辑：刘瑶

年末盘点时，你算过自己在2014年看过多少本书吗？

最近，南京航空航天大学图书馆统计出了年度读者借阅排行榜，南航机电学院研究生周建华以227本书的借阅量，成为南航去年读书最多的人。

周建华告诉记者，他的专业是机械电子工程，借阅总量的50%-60%是专业书，此外还包括人文、经管、历史等各类型图书。

他表示，"专业书籍对我专业学习有很大帮助，其他类型的书可以拓宽我的视野，提高我的人文素养。"周建华借阅的图书并非每本都细读，有些全书泛读，只看主要内容和观点。

除周建华外，去年南航本科生中借阅量最多的是就读于南航艺术学院新闻系的女生袁倩倩，借阅的图书多达130本。除了与专业相关的书之外，她借阅最多的就是小说、散文，袁倩倩说，"我觉得阅读对我最大的意义是个人气质的提升，可以从书中看到不同的世界。"

报道中所提到的周建华同学为暑期阅读训练营活动第一、第二届营员，该同学已于2015年4月毕业，目前仍参加训练营活动的线上讨论活动。

报道二：

8. 参考文献：

［1］ 朱永新．我的阅读观［M］．北京：中国人民大学出版社，2012：150．

［2］ 赵晨洁，吴丽春，姚翔，叶红．高校图书馆构建深度阅读推广模式的实践探索——以"暑期阅读训练营"为例［J］．大学图书情报学刊，2015，（3）：93．

作者联系方式：

赵晨洁　南京航空航天大学图书馆

电话 025-84892635

邮箱 zcjlib@ nuaa. edu. cn

江苏省南京市秦淮区御道街 29 号 1015 信箱，210016

吴丽春　南京航空航天大学图书馆

电话 025-84892635

邮箱 460836734@ qq. com

江苏省南京市秦淮区御道街 29 号 1015 信箱，210016

姚　翔　南京航空航天大学图书馆
　　　　电话 025-52113818-8008
　　　　邮箱 yxlib@ nuaa. edu. cn
　　　　江苏省江宁区将军路大道 29 号南京航空航天大学图书
　　　　馆，211106，

叶　虹　南京航空航天大学图书馆
　　　　电话 025-52113818-8005
　　　　邮箱 yehong1008@ nuaa. edu. cn
　　　　江苏省江宁区将军路大道 29 号南京航空航天大学图书
　　　　馆，211106

王　茜　南京航空航天大学图书馆
　　　　电话 025-84892635
　　　　邮箱 wangqian. yu@ 163. com
　　　　江苏省南京市秦淮区御道街 29 号 1015 信箱，210016

鲁克成　南京航空航天大学图书馆
　　　　电话 025-84891599
　　　　邮箱 lkc@ nuaa. edu. cn
　　　　江苏省南京市秦淮区御道街 29 号 1015 信箱，210016

"传承学者风范，激扬青春梦想"

——师生共读一本书

刘绍荣　　路程　　翟军平　　李淑文

（河北师范大学图书馆）

摘要：阅读是一个民族的灵魂，是人类不断汲取知识的途径，印成铅字的文字特别有分量——它是文化的结晶，是将要长久流传下去的知识和思想的成果。教师们的阅读经历对大学生来讲是宝贵的财富，是学生课本之外的知识。如果可以将这种经历分享给学生，将比谆谆教诲更容易让现代学生接受。"传承学者风范，激扬青春梦想"—师生共读一本书的活动，为学生和教师之间搭起一座近距离的桥梁，以一种全方位、立体式的方式展现教师的阅读经历，让学生在领略教师的阅读经历中思考、启发并得到激励。

1　案例背景

书籍是人类智慧的结晶，读书决定一个人的修养和境界，关系一个民族的素质和力量，影响一个国家的前途和命运。为点燃大学生读书激情，构建书香文化校园，图书馆举办《传承学者风范，激扬青春梦想——师生共读一本书》活动。活动以书为媒，让一缕书香架起师生阅读的桥梁，传承学者风范，激扬青春梦想！

每一位学者，都是一本内容丰富的图书；每一位教师，都是学生成长的典范。他们的读书历程、人格魅力、学者风范，都是大学时丰厚的学习资源。可是，这些资源很难通过常规的授课方式传递给学生。河北师范大学通过"师生共读一本书"活动，来传递教师的学识，熏陶学生的思想，分享阅读的快乐。

活动倡议老师们选择一本对他有深远影响的图书，并把他阅读这本书的

图 1　教师们阅读宣传海报

感悟写在图书扉页上，捐赠给图书馆。图书馆通过抽签的方式将老师捐赠的图书转赠给喜欢图书、喜欢阅读的读者手里。

以往图书馆举办的教师推荐书目，是由教师提供书目，图书馆对书目进行宣传。教师与读者距离很远，读者无法了解老师的读书感悟，更不能将自己的感想与之交流引起共鸣。"师生共读一本书"活动拉近教师与学生的距离，以书为媒介，以教师洞彻事理的思维，深厚渊博的知识，博览群书的经历，雅人深致的行为，熏陶学生，引领他们成长。

2　案例定位：

让年轻学子近距离感受学者的风范和阅历，激励他们珍惜大学时光，努力学习知识，提升个人修养。让教师与读者借助图书馆这个平台分享阅读，引领大学生好读书、读好书，加强师生沟通，让书香漂流，让文化传承。

图 2 同学们踊跃报名参加师生共读一本书的活动

3 案例实施步骤：

1. 倡议捐赠：给全校教师发倡议书，倡议教师自愿捐赠一本读过的好书，并在图书扉页上写下对这本书的理解、感悟，或者是这本书对年轻人的意义，也可以是鼓励赠言。

2. 整理图书：图书馆把教师的捐赠图书编号、分类，专架展示、宣传。

3. 组织读者：组织读者报名，申请认领教师捐赠的图书，依据图书类别和读者情况分组，抽签获取图书。

4. 读书论坛：详细登记获取赠书的学生信息，收集读书心得，邀请部分学生和教师展开读书讨论。让师生面对面探讨阅读同一本书的感想，一起分享读书过程中深刻。

5. 导读延伸：将老师的赠言制成视频与图书一起在相关读书网上发布，以此来启发更多爱好读书的学生；将教师捐赠的图书与馆藏比对，馆藏没有的图书会进行采购或获取电子图书；将读书论坛的记录与图书信息定期发布。

4 案例创新点：

"传承学者风范，激扬青春梦想"——师生共读一本书，构建了导读服务的一种全新模式，以全方位、立体式的方式引导学生阅读。师生共读一本书

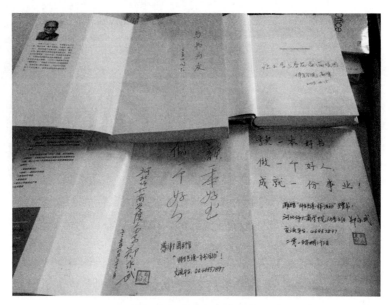

图3　教师们在赠书上题写寄语、感想

的活动为学生和教师之间搭起一座书香桥梁，让学生在师生共读的过程中吸纳教师思想，感受教师风范，从中得到启迪与激励。

5　活动启示：

"传承学者风范，激扬青春梦想"——师生共读一本书，让教师与读者借助图书馆这个平台分享阅读的心得体会，使师生之间的交流更广泛、深入，使学生全面感受教师的人文素养和学者风范，为学生带来思想上的启迪，提升了学生的文化品位和文化素养。让书香漂流，让文化传承在"教学相长"中得到发展，由此引发的影响不会因活动结束而终止，而会伴随学生终生的求学之路。

6　结语：

高校教师是引导高校学生独立思考、独立解决问题的指导者，他们能够给学生一个自由思想的空间，让学生自己在那个自由的空间去形成属于自己的、正确的、科学的思想。高校学生正处于知识积累和整合的阶段，如果这时能够得到与自己敬仰的老师同读一本书的机会，而且书上还有老师的读后感或鼓励赠言，这在他今后的求学之路上将会产生巨大的动力。师生共读一本书的推荐阅读方式，开辟了我馆导读服务的一种全新模式，能够让读者与推荐人有机会近距离接触，了解推荐人在读书时的感受，更好地领悟书中的意蕴，有更多机会碰撞出思想的火花。图书馆架起了一个师生共读的平台，借助这个平台加强师生沟通。人人读书时，民族复兴日，李克强总理在 2015 年 3 月 15 日提到："书籍和阅读是人类文明传承的主要载体，阅读是一种享受，也是拥有财富，可以终身受益，希望全民阅读能够形成一种氛围，无处不在。"

作者联系方式：

河北师范大学图书馆 ，路程，
固定电话：031180786336 手机：13933153273，
Email：695713012@ qq. com，
邮寄地址：河北省石家庄市南二环东路 20 号河北师范大学图书馆
邮编：050025

"一站到底·名著阅读"知识竞赛
——江西师范大学阅读推广案例

刘　艳　袁　梁

（江西师范大学图书馆）

摘要："一站到底·名著阅读"知识竞赛是江西师范大学图书馆2015 年"世界读书日"系列活动之一，它以"老方式新创意"的竞赛模式激发全体在校学生对阅读经典名著的渴望，旨在通过阅读经典名著加深读者对人文历史的理解、对社会人生的感悟和对书香情怀的品位，掀起新一轮校园经典名著阅读热潮。

竞赛题目涵盖马克思主义经典著作、中国共产党党史、中国四大名著、外国经典名著四个部分。

"究竟谁能一站到底，成为江西师范大学的战神呢"吸引了众多学生积极参与、踊跃报名。

1　活动宗旨

4 月 23 日，我们迎来了 2015 年第 20 个"世界读书日"，在这个具有深刻纪念意义的日子，为了积极响应国家提出的"开展全民阅读活动"的号召，在全校师生中营造"多读书，读好书"的文化风尚，推动阅读活动的深入开展，促进大学生素质的提高，拓展大学生视野，丰富校园生活，江西师范大学图书馆主办了一场"与经典同行，绘人生底色；同名著为伴，塑美好心灵"为主题的"一站到底·名著阅读"知识竞赛。

2　活动概况和成效

"一站到底·名著阅读"知识竞赛自启动以来，总体运行情况良好，"非必答"、"抢答式"的新颖的竞赛模式，融知识性与竞技趣味性为一体，更加契合年轻读者的期望，成为此次活动的亮点。

为了突出此次"非传统"的赛制设计，主办方精心筹划、设计并开启了线上和线下同步、传统方式和新媒体方式并行的宣传模式。

值得一提的是，新媒体宣传方式成效显著：主办方精心设计的电子版活动海报（见附录）吸引了众多读者的眼球；图书馆官方微信公众平台以及官方主页同时发布的"战神招募令"浏览量稳居第一位。

"一站到底·名著阅读"知识竞赛和图书馆同期开展的其他活动（原创诗歌大赛、专题摄影比赛、原版书籍新书展）的网络浏览量见表1：

表1

活动名称/宣传方式	浏览量（单位：人次）
知识竞赛/官方主页	4845
原创诗歌大赛/官方主页	1818
专题摄影比赛/官方主页	1478
原版书籍新书展/官方主页	1143
知识竞赛/官方微信	368
原创诗歌大赛/官方微信	77
专题摄影比赛/官方微信	182
原版书籍新书展/官方微信	181

新媒体宣传方式的强势介入，为此次活动"网"聚到超高人气，深受年轻读者的追捧和喜爱。主办方开通了三种报名方式：图书馆官方微信公众平台、图书馆官方主页和各学院领取报名表，共收到来自全校23个院系1 300余人的报名申请。"官方微信公众平台"凭借便捷、操作简单的优势得到了读者的青睐。（见表2）

表2

报名方式	报名人数	所占比例
官方微信公众平台	817人	60%
官方主页	386人	29%
各学院领取报名表	143人	11%

同时，主办方为读者提供了全方位的资源服务："一站到底·名著阅读"

知识竞赛图书专区（纸本资源）、歌德电子书阅读器"知识竞赛"专区和图书馆官方主页"读秀知识库"专区。其中，歌德电子书阅读器上各专区2014年9-12月和2015年1-4月的下载量相较，在活动期间的下载次数明显增加，特别是为此次活动开设的"知识竞赛"专区，下载量创新高，达到17 325次。（见表3）

表3

下载量（单位：次） 专区名称	2014年9-12月	2015年1-4月
文学艺术	4 009	6 720
小说传记	4 596	8 911
经典名著	8 659	12 229
知识竞赛	未开设	17 325

一个月的准备时间里，来自全校23个院系的1 300余名参赛选手，认真阅读名著、细细品味经典。他们需通过笔试选拔，排名在前十名的选手方可进入决赛。

决赛当天，主办方为选手们准备了集知识性、竞技趣味性为一体的"一站到底"PK赛。

整场活动在选手们展示自我风采中拉开帷幕，简单的自我介绍和"一句话"的挑战宣言，掀起了现场浓浓的"火药味"。

首先，通过幸运大转盘选出决赛场的擂主，擂主可自行挑选对手，进入两两PK。每位选手拥有一次免答权，答错一次即被淘汰。最后以每位选手的答题数进行名次排位，答题数最多的选手成为本次知识竞赛的"战神"。

比赛以游戏的形式提问马克思主义经典著作、中国共产党党史、中国四大名著、外国经典名著四个部分的题目，不仅能丰富参与者的知识底蕴，还能增强选手们的参与积极性。十位选手积极作答，你来我往，对战交锋，每一轮的精彩PK赢得现场观众热烈的掌声。以江西师范大学校史为主的观众互动题，将现场气氛频频推向高潮，选手的另类离场方式（安排了两名同学担任"黑衣人"，将淘汰选手或抱、或背、或抬下场）丰富了整场比赛的趣味性，现场观众反响热烈。

同时，图书馆官方微信公众平台开设了"最具人气奖选手"评选：推送当天，粉丝数激增1 000多人次，图书馆官方微信圈粉达5 000余人次。

3 评价与反馈

"一站到底·名著阅读"知识竞赛赢得了媒体和广大师生的喜爱和追捧。

江西手机报这样评价"一站到底·名著阅读"知识竞赛:"举办这样喜闻乐见的知识竞赛非常有意义,既丰富了知识,又增强了活动参与者的读书意识。"

初赛即被淘汰的文旅学院 2013 级杨俊昭同学深表遗憾地说:"明年还要再来参加'一站到底'知识竞赛,今年知识储备少了点,希望明年能表现更好。"

进入决赛的地理学院 2014 级高丽青同学表示:"我希望明年能增加比赛环节,让我们选手多站几分钟,今年答题还没过瘾就被淘汰了,有点遗憾。明年我还会来的。"

观看完"一站到底·名著阅读"知识竞赛决赛的商学院 2014 级朱培莹同学兴奋地说:"看到'一站到底'知识竞赛的宣传海报,抱着好奇心前来观看。和我印象中的知识竞赛完全不一样,这是一场集知识性、娱乐性为一体的比赛,不只让我们学到知识、还能感受到现场热烈的氛围。答题环节、退场环节我都很喜欢,明年一定要来报名参加。"

观看完"一站到底·名著阅读"知识竞赛决赛的政法学院郑老师说:"没想到我们学校也有'一站到底',很喜欢这种比赛形式,不仅能通过比赛学习与名著相关的知识,还能在比赛中感受竞技的乐趣,很富有挑战性。希望以后能有教师版的'一站到底',让我们也有机会参与其中。"

4 资料附录

4.1 活动方案

江西师范大学图书馆"4·23 世界读书日"系列活动之"一站到底·名著阅读"知识竞赛活动方案

一、活动背景

2015 年 3 月 5 日,十二届全国人大三次会议在京召开。中国国务院总理李克强 15 日在会上强调:"书籍和阅读是人类文明传承的主要载体。他以个人经历举例,用闲暇时间来阅读是一种享受,同时也会成为一种精神财富,将终身受益。我希望全民阅读能够形成一种氛围,无处不在。"

全民阅读是根据"世界读书日"演变而来。"世界读书日"全称"世界图书与版权日"，又译"世界图书日"，最初的创意来自于国际出版商协会。1995 年正式确定每年 4 月 23 日为"世界图书与版权日"，设立目的是推动更多的人阅读和写作。

江西师范大学图书馆"一站到底·名著阅读"知识竞赛志在面向全校学生，为了契合"世界读书日"这个主题，让"全民阅读"形成一种氛围，在全校师生中营造多读书，读好书的文化风尚，进一步促进大学生素质的提高、推动阅读活动的深入开展，形成终身学习的良好校园阅读风气；拓展大学生视野，培养思辨能力，丰富校园生活，使同学们在活动中增长知识，同时提供一个互相交流的平台。

二、活动时间、地点

1. 时间：4 月 23 日下午 2：30
2. 地点：音乐艺术广场

三、活动主题

与经典同行，绘人生底色；同名著为伴，塑美好心灵

四、活动主办方

江西师范大学图书馆、江西师范大学校团委

五、前期宣传

线上和线下同步宣传，接受各学院、各组织推荐报名和自由报名

1. 网络宣传：团委微信公众平台和图书馆主页、微信公众平台
2. 横幅宣传：图书馆、自习区、学生食堂、宿舍显眼处
3. 学院宣传：通过学院辅导员介绍此活动，鼓励学生报名

六、主持人

一男一女，由团委推荐

七、报名方式

1. 微信、图书馆主页均可网上报名
2. 在二食堂门口悬挂横幅，进行宣传，现场报名
3. 学院组织报名，汇总后报给图书馆
4. 若报名人数较少，请各学院至少推荐一名学生参加

八、赛制

1. 主持人介绍活动背景、介绍到会嘉宾
2. 选手依次闪亮登场、自我介绍，准备一句宣言
3. 主持人宣读比赛规则
4. 邀请到会嘉宾，按下电子幸运转盘选出擂主

5. 擂主自行挑选对手进行一对一 PK 赛（为活跃现场气氛，可先发布挑战宣言）

6. 攻擂方先回答，擂主后回答，相互轮流答题、每位答题时间 10 秒，以倒计时牌为准

7. 擂主有一次免答权，击败一位选手即获得一个奖品（PPT 展示照片）

8. 失败选手获得奖品后下场，发表离场宣言（需提前准备），由黑衣人或抬或背或抱下场

9. 当场上选手消耗掉一次擂主免答权时，该选手可获奖品一份

10. 最后以每位选手的答题数进行名次排位，答题数最多的选手成为本次知识竞赛的"战神"

（为调动现场观众的气氛，由主持人通过现场微信"摇一摇"选出现场观众，答对主持人的问题者，可获得精美奖品一份）

九、奖项设置

最佳开场奖一名、最佳退场奖一名、最具人气奖（通过微信投票选出）

十、奖品分类

获奖证书、U 盘、笔记本散热器、书立、充电宝、Kindle 无线阅读器等

十一、资源服务

1. 图书馆根据竞赛备选书目购买纸本图书，供学生借阅

2. 歌德电子书阅读器的"知识竞赛"专区，运用手机客户端下载图书免费阅读

3. 图书馆官方主页的"读秀知识库"，可下载图书电子版

4. 竞赛题库，学生可从图书馆主页上自行下载

十二、备选书目

1. 罗贯中《三国演义》

2. 施耐庵《水浒传》

3. 曹雪芹、高鹗《红楼梦》

4. 吴承恩《西游记》

5. 孔丘《论语》

6. 老舍《四世同堂》

7. 孙武《孙子兵法》

8. 路遥《平凡的世界》

9. 鲁迅《呐喊》

10. 曹禺《雷雨》

11. 司汤达《红与黑》

12. 雨果《悲惨世界》

13. 加西尔·马尔克斯《百年孤独》

14. 亚当·斯密《国富论》

15. 玛格丽特·米切尔《飘》

16. 尼·奥斯特洛夫斯基《钢铁是怎样炼成的》

17. 塞万提斯《堂吉诃德》

18. 卡夫卡《变形记》

19. 莎士比亚《哈姆莱特》

20. 夏洛蒂·勃朗特《简·爱》

21. 米兰·昆德拉《生命中不能承受之轻》

22. 列夫·托尔斯泰《复活》

4.2　活动照片

图1　电子版活动海报

图 2　选手展示自我风采

图 3　淘汰选手离场

4.3　媒体报道

图4　媒体报道截图

作者联系方式：

作者单位：江西师范大学图书馆

联系电话：0791-88120630，13879178509

Email：870203403@qq.com

邮寄地址：江西省南昌市紫阳大道99号 江西师范大学瑶湖校区图文信息中心

作者姓名：刘艳

邮编：330000

"心"阅读
——阅读 另一种阅读

张赛男　　王一丹　　张涛

（北京科技大学图书馆）

摘要：阅读不仅是信息传递的重要方式，也是个体间接学习、获取知识的重要手段。推广阅读、服务阅读、传播文化一直是图书馆重要的工作任务之一[1]。北京科技大学图书馆自 2004 年开展阅读推广活动，在十二年的阅读推广经验累积中形成了"两纵两横"的全民阅读新格局。通过图书馆阅读小组的精心筹划，推出了以"心"阅读为主题的精品阅读活动，吸引了全校读者广泛参与、热情互动，营造出饱满丰富的"书香北科"阅读氛围。

1 活动宗旨

高等学校图书馆是校园文化和社会文化建设的重要基地，图书馆应积极参与校园文化建设，积极采用新媒体，开展阅读推广等文化活动[2]。北京科技大学图书馆经过历年的阅读实践现已形成"读书文化节"和"读者服务月"两大阅读品牌，近二十余个固定阅读活动模板。其中，"心"阅读是北科大"心"阅读小组精心筹划的精品阅读活动，广受读者欢迎。

"心"阅读代表着阅读活动的不同角度、不同层级和不同凡响，"心"阅读也包含用心阅读，用心思考的意思：

① "心"阅读是我校图书馆在十二年的全民阅读活动中总结的阅读经验和阅读品牌，体现了"贴近读者、服务创新"的活动理念；

② "心"阅读通过与书结缘，围绕图书开展阅读活动，重"心"定义阅读，使读者感受另一种阅读；

③ "心"阅读通过推陈出"心"、记忆犹"心"、赏心"阅"目三个层

级，表现不同的阅读体验，丰富阅读过程，提升阅读质量。

北京科技大学图书馆希望借助"心"阅读等精品校园文化品牌，探索适合高校的科学合理的阅读推广模式，以亲切通俗的普及角度完善读者的精神建构，造就专业素质与人文素质兼备的全面人才。同时"蕴涵沉香，手不释卷"的校园文化氛围也对于提升全民素质，建立学习型社会具有重大的现实意义。

2　活动概况

"心"阅读重在以书为中心，以推陈出"心"、记忆犹"心"和赏心"阅"目三个层级为内容，在每个层级设计特色阅读栏目，在反映不同阅读体验的同时，营造纯粹阅读和精品阅读氛围。整个活动内容层级结构如下图所示：

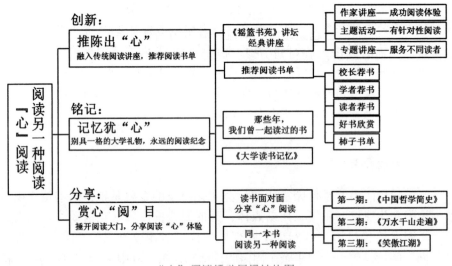

"心"阅读活动层级结构图

2.1　推陈出"心"——融入传统阅读讲座，推荐阅读书单

2.1.1　摇篮书苑讲坛："一讲分三色，博览众家长"

摇篮书苑经典讲坛是北京科技大学图书馆经典阅读活动，而在推陈出"心"模块中，在传统摇篮书苑经典讲坛的基础上明确了作家讲座、主题讲座以及专题讲座三个分支，细化内容使活动受众更加明确，为传统阅读活动注入了新创意新元素，给读者带来不同阅读体验。在作家讲座分支中我们邀请作家携其著作做客讲坛，名家诠释成功之道，读者体验阅读精髓。活动开展以来北京科技大学图书馆已经邀请姚嫌携著作《相遇而已》，主讲"相遇姚嫌—不止是相遇"；大冰携著作《乖，摸摸头》，主讲"大冰-百城百校畅聊会 2.0"；刘墉携著作《超越全书》《萤窗小语》等励志书籍，主讲"活出闪亮的人生"；黄钢汉携著作《老子如是说》，主讲"老子的科学智慧"，获知快乐人生的一盏明灯；最近我们又邀请到畅销书《你所谓的稳定，不过是在浪费生命》作者李尚龙，做客摇篮书苑，与同学们分享他折腾不止的人生。作家讲座通过知名作家现场活动，吸引读者关注阅读、热爱阅读。在主题活动中，我们则借助于不同的主题，希望带给读者有针对性的、不同的阅读体验。如 2011 年主题为"读书、快乐、人生"，2012 年借助校庆开展主题为"赏读精品、回味历史、情系摇篮、丰富人生"的阅读活动，2013 年主题为"发现你的文艺细胞"，2014 年主题为"博览诗书、微信达人"。不同的主题紧跟时代潮流，着力为当代大学生量身打造新鲜的阅读感受。而专题讲座则包揽万象，通过不同的专题服务于不同读者。学术类讲座邀请北京科技大学学术大师高永涛教授讲述他的学术人生，引领科学研究的入门之道；阅读类讲座邀请陆俊教授讲述"无调性时代的网络阅读"，引导读者去洞悉网络阅读的无限魅力；时事类讲座邀请苗东升教授讲述从世界系统的形成看甲午，让读者了解"一遇甲子、风云变幻"的世界格局；文学艺术类讲座则邀请刘岠渭教授带来古典音乐欣赏，感悟韩德尔磅礴大气、吞吐宇宙的恢弘与莫扎特歌剧的细腻。纵观摇篮书苑讲坛，"一讲分三色，博览众家长"：作家讲座传递"大家之言"，专题活动彰显"潮流之美"，主题讲座恢弘"博采之道"，为广大读者奉献出一道道精美、特色、高水平的阅读盛馔。

2.1.2　推荐阅读书单："开卷必有益，俯仰皆吾师"

为培养读者优秀的阅读习惯以及成熟的思想体系，北京科技大学图书馆在推陈出"心"栏目中融入推荐阅读书单，希望借助师友的肩膀，让读者能够"走得更高，看得更远"。图书馆从借阅排行榜中选出名列前茅的图书进行专题展出，定期举办学术图书展，深受广大师生好评；在学校柿子文化节上更是推出"见多'柿广'、书彩纷呈"的柿子书单，推荐《柿子涩》、《青柿子》等电子书籍，丰富了校园文化氛围，凸显北科特色；同时，图书馆也邀请知名学者进行好书推荐，如邢献然教授推荐的《三杯茶》，姜勇教授推荐的《自旋电子学》，张学记教授推荐的《人性的弱点》，隆克平教授推荐的《目送》等；北京科技大学校长更是为全校读者推荐书目《小王子》、《逝去的武林》、《别闹了，费曼先生》等，体现校长对阅读活动的支持。一份份书单凝聚学者、师长的人生心路，通过推陈出"心"栏目中将之推广传递，为塑造优秀校园文化起到极为重要的推动作用。

2.2 记忆犹"心"—别具一格的大学礼物，永远的阅读纪念

一朝载梦行千里，执手书香倾华年。在校数年，图书馆的时光对学子来说总是记忆犹新，离开时也格外不舍。北京科技大学图书馆在每年的毕业季相应推出记忆犹"心"栏目，旨在让毕业生作为大学校友留下美好的校园阅读记忆。

记忆犹"心"包括"那些年我们曾一起读过的书"集中展示活动以及"大学读书记忆"定制纪念册两个模块。从 2014 年毕业季开始，图书馆从全体毕业生的借阅书目中选出排名前 30 位的书籍，在图书馆大门前进行集中展示留言。同学们追忆那些年曾一起读过的书，留下一届学子的阅读身影。毕业生们纷纷在主题展板前合影留念，更有同学留言道："其实我早已爱上这里，以后会常回来看看，这里就是我们的家。"同时，2014-2015 年有 2000 多名毕业生获得图书馆量身订制的大学期间个人阅读书目小册子。图书馆精心设计、用心编辑、细心打印每一份小册子，送到毕业生的手里，为毕业的校友们留下阅读记忆。小册子的扉页写着："沐浴在杰出校友的目光中，你沿着'智慧阶梯'拾阶而上，触碰已经发白的楼梯木扶手，青春的记忆充满我宽阔的胸膛。或许你已忘记曾经借阅过的书籍，我将把我记忆中你读过的图书记录赠予你，留作大学生涯的追忆。"这一份量身订制的小册子是属于毕业生的阅读礼物，"又是一年毕业季，留恋昔时书香里。谁言雁去归无心，感恩心泪沾满襟。"图书馆希望通过这一份别具一格的大学毕业礼物，给同学们留下永远的阅读纪念。

2.3 赏心"阅"目—推开阅读大门，分享阅读"心"体验

莫提默·艾德勒及查尔斯·范多伦在著作《如何阅读一本书》中将阅读分为基础阅读、检视阅读和分析阅读三个逐渐递进的层次。[3]而"心"阅读系列活动也遵循着由浅入深，层层递进的原则，一步步引领读者进入读书的殿堂。赏心"阅"目活动正是通过与读者的深入探讨及读者间的相互讨论，带领读者进入分析阅读。

2.3.1 读书面对面，分享"心"阅读

别样的阅读需要不一样的体验。为了营造浓厚的读书氛围，构建有特色的书香校园文化，在赏心"阅"目栏目中北京科技大学图书馆特别举办了读书面对面，分享"心"阅读主题活动。把优秀读者作为嘉宾请上台，通过对话互动形式，与主持人一起畅聊读书、人与书的故事，面对面来分享阅读体验。通过借阅一本"思想"，阅读彼此，启迪思想，在谈中"读"，在"读"中感悟，感受快乐阅读。活动过程中同学们踊跃参与畅所欲言，面对面活动为读者之间提供了一个快速直接的沟通交流平台。在这里，大家不问出处、不限专业地尽情进行思想大碰撞，读者们也从优秀读者身上学习到了不少有益的经验与读书窍门。

2.3.2 《同一本书》—阅读另一种阅读

《同一本书》是由图书馆精心策划，联合校宣传部、读者协会和校犀牛文学社共同制作的精品栏目。活动的主旨定位于一种深入阅读新体验，一种纯粹阅读、大学生阅读和草根阅读。从前一段时间全校大学生的阅读书目中精心挑选借阅率高的图书，并邀请借阅此书的读者按要求写下读书体会，一个月组织一次阅读交流会，参与者有曾借阅此书的读者、预约参加讨论的读者和嘉宾等，通过读书、论与、鼎新三个环节，抒发观点、交流观点、共享观点和获取新观点。《同一本书》活动开展至今已策划和完成三期，书目分别为：《中国哲学简史》、《万水千山走遍》和《笑傲江湖》。所有人在参与阅读中，获取阅读的精髓和快乐，阅读另一种阅读。

3 活动成效

3.1 累足成步：苦心孤诣终酿佳绩

北京科技大学图书馆全民阅读自 2004 年来已连续开展 12 年，在逐年的累积沉淀中"心"阅读活动已经逐渐成为一种品牌。2014 年北京科技大学图书馆共开展专题活动 27 项，在 2015 年该专题活动数目已达 43 项。活动受到校内外师生读者及上级单位一致好评。2014 年和 2015 年连续两年荣获中国图书馆学会颁发的"全民阅读先进单位"称号；"对话-足迹"品牌阅读活动荣获中国图书馆学会阅读推广委员会颁发的"2014 年高校阅读推广活动优秀案例"一等奖；"心阅读——阅读另一种阅读"品牌阅读活动，在 2015 年首届全国高校图书馆阅读推广案例大赛决赛中荣获全国二等奖、华北赛区一等奖、北京赛区一等奖。这是对北京科技大学图书馆"心阅读小组"工作的肯定，

更是对图书馆历年阅读推广活动的肯定。

3.2 劲评远致：百尺竿头精益求精

全民阅读在北京科技大学走过十余年，已结出丰硕成果。"心"阅读品牌活动每年各类现场活动直接参与人数达到 9 000 余人次，广大读者对各项阅读活动纷纷给予了极高的评价。不论普通在校生，亦或是知名教授学者，对"心"阅读活动都充分表现出极高的热情：推陈出"心"——摇篮书苑讲坛开办以来场场爆满，参与读者席地而坐亦觉酣畅淋漓；记忆犹"心"——"大学读书记忆"反响轰动，其中一位毕业生在留言板上更是写道："大学四年，因为有了图书馆而充实。读书，能够激励我们持之以恒更好的做事，做人，做学问"；在赏心"阅"目——"读书面对面，分享心阅读"活动中，我们邀请了以 445 册图书位居借阅量排行榜榜首的优秀读者与大家分享"阅读心经"，活动现场座无虚席，一度引发线上线下集体大讨论。正如北京科技大学校长在"校长荐书"栏目中写到："在当前建设学习型社会的时代要求下，读书，思考，实践是大学生培养终身学习习惯的好方法，好途径。"表达了对图书馆"心"阅读活动的大力支持。腹有诗书气自华，心存阅读秀书香，北京科技大学图书馆通过这一系列活动为广大阅读爱好者提供了便捷的读书分享平台，在阅读推广不断地深化与创新中也收获了广大读者的积极响应与一致好评。

4 活动总结

服务是图书馆永恒的主题。"心"阅读活动的精心设计及优秀组织成就了今天的回报。这不仅代表图书馆界对于北科大图书馆的认可，更是广大读者对北科大图书馆阅读工作的支持与认可。"心"阅读是我们的阅读主题活动，更是一种全新的阅读推广方式，从心出发了解读者需求，为不同层次读者提供由浅入深的阅读活动，一步步引领读者进入读书的殿堂。以心阅读，体味众里寻他之后的怦然心动；用心服务，收获上下求索背后的心心相惜。北京科技大学图书馆作为校园文化及社会文化的重要传播机构，必将继续以丰富的资源、无私奉献的精神，为广大读者提供更加优质的创新服务，将"心"阅读继续发展深化。

5 资料附录

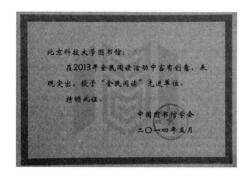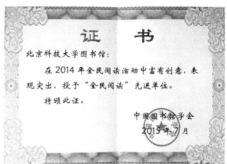

图 1　北京科技大学图书馆获得"全民阅读"先进单位

图 2　首届全国高校图书馆阅读推广案例大赛二等奖，北京地区一等奖

图 3　首届全国高校图书馆阅读推广案例大赛海报

图 4　北京科技大学图书馆"心"阅读小组

6 参考文献：

［1］ 郭普安．高校图书馆开展阅读推广的新途径［J］．科学与财富，2015（10）：670.

［2］ 中华人民共和国教育部．普通高等学校图书馆规程［Z］．2015-12-31.

［3］ 莫提默·艾德勒，查尔斯·范多伦．如何阅读一本书［M］．郝明义，朱衣译，商务印书馆，2014.

作者联系方式

王一丹

单位：北京科技大学图书馆

联系电话：010-62332494/18610477921

Email：wangyidan@ ustb. edu. cn

邮寄信息：北京市海淀区学院路 30 号北京科技大学图书馆，王一丹收，100083

张赛男，联系电话：010-62332678-86/13426031659，email：zhangsainan@ ustb. edu. cn

张涛，联系电话：010 - 62332491/13683170670，email：zhangtao @ ustb. edu. cn

"中华传统经典立体阅读之旅"
——辽宁大学案例概述

张宝珠　　崔海兰　　尹　博

（辽宁大学图书馆）

摘要：在"用中华优秀传统文化滋养社会主义核心价值观"的今天，辽宁大学设置"中华传统经典立体阅读之旅"阅读推广系列活动。依据经典阅读理论策划活动方案，以多元服务模式提高活动宣传度，联合学校组织部门、学生社团提高活动层次，解决读者对传统经典的"疏离"感，消解语言障碍，以导读方式引领读者走进"次生层"，将传统经典置于当代文明中解析，得到良好收效和社会媒体的肯定。

1　案例实施的背景、意义和目的

新时代高校图书馆推广传统经典被赋予新的意义。从宏观角度看，在"用中华优秀传统文化滋养社会主义核心价值观"的今天，开展传统经典阅读推广工作成为培育弘扬社会主义核心价值观的一种新风向。从传统经典自身存在问题看，受经典自身累积性特征、古今语言环境不同，时代久远等影响，中华传统经典形成了复杂的文本体系，存在版本选择困难、原典生涩、内容与现实生活脱节等问题，致使读者难以读懂。怎样引导读者用直观、易行的方式关注、深刻理解传统经典，成为图书馆工作者值得思索的问题。

基于此，辽宁大学图书馆先后推出三届"中华传统经典立体阅读之旅"系列活动，包括"古书之美""国学经典""古典文学"，将传统经典用立体阅读的方式展现在读者面前，把单一平面纸质阅读转换为通过声音、颜色、光影、形象、触感等直观体验的立体阅读，"让古籍中的文字鲜活起来"，使读者在快闪、COSPALY 等喜闻乐见方式中感受传统文化魅力；为读者提供合适的经典注释本、以导读方式引领读者走进经典"次生层",将传统经典置于当代文明中解析,最终消解语言障碍,汲取精神滋养、践行社会主义核心价值观,在全校范围内形成良好的文化氛围。

2 案例实施的做法与经过

2.1 馆内成立经典阅读推广创新团队

结合图书馆馆藏古籍资源特征,组建以馆长为中心,以古籍特藏部和业务部为主力的阅读推广创新团队。结合队员学术水平及专长分配任务,共同策划主题,制订方案。队员专业涉猎图书馆学、古籍整理、历史文献学、古代文学、艺术设计、计算机、国际关系、马克思政治与经济学。主题策划1人,文案撰写2人,微信微博管理2人,视觉艺术设计2人,活动实施、设备安装6人,外联1人。

2.2 创新团队共同制定活动主题和规则

创新团队定期举办"馆员读书会",通过研习经典阅读理论著作,借鉴国内外优秀案例,设定活动主题为"中华传统经典立体阅读之旅",以"传承优秀传统文化"为宗旨,在每年校园读书节、文化节期间开展活动。每届另设分主题,通过"宣-展-旅-诵-阅-舞-荐-体-写-拍-演-讲-赛-问-论"十五个环节开展。下届在上届基础上,可增减环节,保留读者喜欢的活动,积极改进或调整读者不感兴趣的活动。

表1 "馆员学习研究交流会"研习经典阅读理论著作及案例

序号	作者	著作、文章、经典案例	主要理论、意义
1	伊塔洛·卡尔维诺	为什么读经典	经典作品的十四个定义
2	哈罗德·布鲁姆	如何读,为什么读	寻找一种有难度的乐趣
3	哈罗德·布鲁姆	西方正典	成为经典需要具备"陌生性"特征
4	(唐)魏征	隋书·经籍志序	对经典的力量与象征意义做概括
5	梁启超	国学入门书要目及其读法	最有价值的文学作品需要熟读成诵
6	钱穆	从中国历史来看中国民族性及其中国文化	有七部书是中国人说必读的书
7	朱自清	经典常谈	经典训练的价值在于文化
8	余英时	怎样读中国书	旧书不厌百回读

续表

序号	作者	著作、文章、经典案例	主要理论、意义
9	王余光	阅读，与经典同行	经典阅读的重要现实意义
10	王余光	百年来学人回答：为什么要读经典	阅读传统经典为了悠久文化的传承发展
11	王余光	推荐书目与传统经典的命运	推荐经典之争
12	詹福瑞	试论中国文学经典的累积性特征	经典"次生层"
13	深圳图书馆	南书房	VI 对于图书馆的意义
14	马来西亚崇德文教中心	崇德大状元会考	推行中国传统文学经典阅读
15	同济大学	立体阅读	传承优秀文化

2.3　三届活动概况

创新团队拟定每届分主题为：第一届"推广特色资源·古书之美立体阅读"，第二届"打造阅读品牌·国学经典立体阅读"，第三届"创设全新体验·古典文学立体阅读"。最终以 15 种活动类型完成 26 项活动，覆盖院所 28+。实施过程中，通过多元服务模式提高活动宣传度，除了校园 BBS 和海报，更多通过图书馆的"两信一博"——辽宁大学图书馆微信平台、辽大图书馆古籍特藏部微信平台、辽宁大学图书馆新浪官方微博的 O2O 模式宣传推广活动，如采取微信抢座等方式获取讲坛、沙龙、真人书、竞赛、COSPLAY 等活动的参与资格。

表2　"中华传统经典立体阅读之旅"三届活动概况

类型	场次	活动名称	主要内容	宣传途径
第一届	宣 1	开通辽大图书馆古籍特藏部微信平台	微信号 LDTSGGJTCB	微信、微博、海报
	展 1	走！一起去图书馆探秘古籍	馆藏古籍特色展	微信、微博、海报
	旅 1	图书馆深度之旅	参观古籍藏书阁	微信、微博、海报
第二届	诵 2	国学经典诵读系列	《短歌行》诵读	微信
			十三经名句诵读	
	阅 1	中华书局点校本《二十四史》阅读体验	阅读国史	微信、微博
	舞 1	汉服礼仪展示	《青青子衿》	

类型		场次	活动名称	主要内容	宣传途径
第	荐	5	辽宁大学教师推荐阅读书目系列	书目推荐	微信、微博
	体	1	给你一平方米的寂静古典诗词立体阅读体验	还原古书房	微信、海报
	写	1	给你一平方米的寂静主题征文	征文大赛	微信、微博
	拍	1	古典诗词随写美拍作品征集	手写诗词拍照	微信、微博
三	演	1	天辽地大，梦好情真古典诗词唱诵快闪	九篇诗词快闪	微信、海报
	讲	7	浸润书香讲坛、藏智启思读书会、真人图书馆	讲座读书沙龙	微信、微博；
	赛	1	古典诗词大赛	诗词问答配音	微信
	问	1	辽宁大学大学生阅读现状调查问卷	用户问卷调查	问卷星网、微信
届	论	1	读万卷书，行万里路人生成长论坛	用户反馈讨论会	微信、海报

2.4　联合学校相关机构、学生社团提高活动参与度

采取连横、合纵原则，即横向联合团委、学生处、宣传部、组织部、后勤处及各院所，纵向联合大学生管理委员会、大学生志愿者等各学生社团，既加强图书馆与各部门之间的合作关系，也为学生提供了广阔的活动舞台。以"国学经典诵读"系列及"古典诗词大赛"为例，前者由三味书屋社团、艺术学院选拔参加诵读人选，由菁芜汉服社社团提供汉服服饰及道具，图书馆统筹整体活动。而古典诗词大赛则主要由学生社团联合会下设的三个社团共同承担，图书馆解决经费问题，为社团提供各项帮助。

表3　"中华传统经典立体阅读之旅"案例中各类活动组织部门

序号	活动名称	组织部门
1	国学经典诵读系列	三味书屋社团、艺术学院、菁芜汉服社、图书馆大学生志愿者
2	"辽宁大学教师推荐阅读书目"系列	图书馆、团委
3	"天辽地大，梦好情真"古典诗词唱诵快闪	艺术学院、图书馆
4	浸润书香讲坛、藏智启思读书会、真人图书馆	图书馆、三味书屋
5	古典诗词大赛	社团联合会、菁芜汉服社、梦想配音社、国学社、图书馆
6	"辽宁大学大学生阅读现状调查问卷"	图书馆大学会管理委员会
7	"读万卷书，行万里路"人生成长论坛	文学院、图书馆大学生管理委员会

3 案例实施的成效

3.1 解决读者对传统经典的"疏离"感

通过诗词大赛、成语大赛等、古典诗词诵读、配音等活动，使读者认识到中华传统经典曾创造了无数精品，具有神奇的表现力，从而激发自己对传统经典的热爱，减少"疏离"感。

表4 "中华传统经典立体阅读之旅"活动开展后解决的问题

存在的问题	通过何种活动解决	活动类型	活动开展后的状况
对传统文化	"天辽地大，梦好情真"古典诗词唱诵快闪	快闪	以游戏方式获取
不感兴趣	古典诗词大赛	知识竞赛	古典诗词相关知识
原生文本	"给你一平方米的寂静"古典诗词立体阅读体验	COSPLAY	通过阅读书目中推荐的
生涩难懂	辽宁大学教师推荐阅读书目系列	书目推荐	次生文本理解原生文本
想了解古籍	"图书馆深度之旅——带你参观古籍藏书库"	参观书库	给予接触古籍机会
却无从入手	"走！一起去探秘古籍"馆藏珍稀古籍版本展	展览	通过直观触感体验阅读

3.2 消解读者阅读经典语言障碍

传统经典的原生文本语言生涩，非文史专业的读者很难读懂。针对这种现象，图书馆邀请校内各院所权威教授群体推荐经典注释本、评点本、赏析本等经今人整理过的版本。此项活动到目前为止已持续开展两年，陆续推出《辽宁大学教师推荐的阅读书目》《辽宁大学教师第二批推荐书目》《辽宁大学青年教师推荐的重点阅读书单》《辽宁大学青年教师推荐的好书单》《"给你一平方米寂静"推荐书单》。五种书目通过微信推送，阅读点击13 000余次。

3.3 以导读方式引领读者走进经典"次生层"

通过"藏智启思读书会"、"浸润书香讲坛"、"真人图书馆分享"三个系列活动，以读书会、读书沙龙、真人书借阅的形式开展经典导读。通过导读，经典的要义和主要影响被揭示出来，作者的生平被细细梳理，作品的脉络、主要内容及其产生的时代背景被展示出来，作品的价值内涵也得到固化和延伸，在达到这些目的后，导读人再通过版本推荐的方式对读者进行延伸阅读指引，达到"点滴呈现经典之美，为读者开启步入经典作品世界的大门"。[1]使读者在复杂文本体系中寻找到自己的最爱，激发自己的兴趣，从而接触经典，阅读经典。

表 5 辽宁大学图书馆读书会、讲坛、真人书活动中中华传统经典的导读内容

导读类型	导读人	主题	导读内容及推荐书目
浸润书香讲坛	胡 胜	"胡说"《红楼梦》	《<红楼梦><西游记>全新解读》
藏智启思读书会	毕宝魁	《论语》与现实生活	《论语精评真解》（《论语镜铨》）
浸润书香讲坛	赵毓龙	小说戏曲中的古代中国故事	《锁麟囊》《武家坡》《牡丹亭》《西厢记》
真人图书分享	尹 博	遇见最美的唐诗	《唐诗杂论》、《唐诗的唯美主义》

3.4 置传统经典于当代文明中解析，构建社会主义核心价值观

人类文明正处于多种文明交流融合、渐趋文明共同体形成的过程中。中华传统经典中涵藏的思想在现实生活中并没有与当代思想观形成很好的对接，正如赵汀阳所说："中国的经典虽然被我们所尊敬，但和当下的生活已经没有太多关系了。这些经典不再塑造我们的生活，不再塑造我们的人格，不再和伟大的事业相关……这是很悲哀的一件事情。"[2] 当读者对传统经典中崇仰或贬低某些价值观会感到不知所以然时，就需要传统经典研究者将传统经典置于现代文明中解析，阐释民族精神的起源、发展与演变，揭示在当代社会中式微的原因，探讨在当代文明中，它们是否还有存在的合理性，能否融入当代核心价值体系。黑格尔在《历史哲学》中说，一个民族在世界历史的发展阶段中究竟占据什么样的位置，不在于这个民族外在成就的高低，而在于这个民族所体现的精神，要看该民族体现了何种阶段的世界精神。能够与世界精神接轨的民族精神，才会使读者产生强烈的文化认同感，这种认同感本身促使读者更愿意走进传统经典，解读其中的故事，了解思想内容，只有这样，传统经典才能"继续生长"，最终构建属于社会主义的核心价值观。

4 用户评价与反馈

活动通过校园 OA、图书馆微信公众平台、官方微博等途径推出后，在线上线下引起读者的注意，激发了读者的兴趣，更吸引了校外人士的关注，《辽宁日报》《辽沈晚报》沈阳电视台、腾讯大辽网、中国国家图书馆官方网站、国家一级核心报刊《文艺报》等分别报道过相关事宜。《文艺报》点评诵读活动，认为："在古代经典再一次受到尊重的时代，于钻研文字之外另辟蹊径，寻找直观的形式使经典鲜活，让人们感受到古代文化的声响、颜色、形

象，领悟古代经典的深邃、宽厚、博大和美丽，并形成良好的文化氛围，是值得探索的问题。"[3]

5　资料附录

5.1　活动方案

5.2　活动照片

图1　汉服礼仪展示《青青子衿》

图 2　古典诗词大赛

图 3　"给你一平方米的寂静"古典诗词立体阅读体验

5.3　媒体报道

表 6　报刊媒体报道评论"中华传统经典立体阅读"活动

时间	报道者	报道名称	报道活动
2014.12.10	文艺报	我们怎样走近中国的传统经典	国学经典诵读
2015.5.15	腾讯网	辽大学子快闪演出唱诵中华传统经典	古典诗词唱诵快闪
2015.6.8	中国社会科学网	辽宁社科普及活动暨辽大第二届大学生读书节启动	开幕式
2015.6.11	辽沈晚报	偷得浮生半日闲	"给你一平方米的寂静"获奖征文
2015.10.15	图书馆界	辽宁大学首届图书馆文化节	《二十四史》展览

6　参考文献：

［1］　王余光. 图书馆经典阅读推广［M］. 中国国际出版集团，朝华出版社，2015 （149）.

［2］　赵汀阳. 继续生长，经典才能不死［N］. 中华读书报，2015-01-21 （9）.

［3］　胡海迪. 我们怎样走近中国的传统经典［N］. 文艺报，2014-10-10 （3）.

作者联系方式：

作者单位：辽宁大学图书馆

作者姓名：张宝珠；崔海兰；尹博

联系电话：13840451185；13555790908；13674207982

Email：ldgj@lnu.edu.cn；278927483@qq.com；sanshengshi8@126.com

邮寄地址：辽宁省沈阳市皇姑区崇山中路 66 号，110036

汉藏文优秀图书互译阅读推广案例
——青海民族大学图书馆

余永英

（青海民族大学图书馆）

摘要：《汉藏文优秀图书互译阅读推广案例》在西部地区高校初赛中获得一等奖，在全国高校比赛中获得三等奖。它是西部地区唯一一所进入前三名的高校、在全国民族高校中唯一一所进入前三名的民族高校。内容是把使用藏文翻译出版的中华民族传统优秀文化系列丛书介绍给使用藏文的大学生，把使用国家通用文字翻译的藏族优秀图书代表作品介绍给使用国家通用文字的大学生阅读欣赏。达到了坚持以社会主义先进文化为引领，促进各民族文化交融、创新，把尊重、继承和弘扬少数民族优秀传统文化，与传承、建设各民族共享的中华文化有机结合起来的目的。

1　案例推广单位简介

青海民族大学是 1949 年成立的民族高校。原来主要以招收少数民族大学生为主，随着高校招生改革，现在有全国各民族的大学生。学校的藏学院以招收学习藏文的大学生为主，蒙学系以招收学习蒙古文的学生为主。其他院系均有藏族大学生。据第六次人口普查数据公报：全国藏族人口约 628 万，青海省藏族人口约 137 万，占青海省总人口的 24.44%。青海省有 5 个藏族自治州，1 个蒙古族、藏族自治州，即：海西蒙古族藏族自治州。全省有汉族、藏族、回族、蒙古族、土族、撒拉族等 43 个少数民族，人口 586 万。

2　案例获奖情况

青海民族大学图书馆选送的《汉藏文优秀图书互译阅读推广案例》在西

部地区高校初赛中获得一等奖，在全国高校比赛中获得三等奖。它是西部地区唯一一所进入前三名的高校，在全国民族高校中唯一一所进入前三名的民族高校。

3　案例内容

把使用藏文翻译的出版的中华民族传统优秀文化系列丛书介绍给使用藏文的大学生，由民族出版社翻译出版的丛书有：《论语》、《孟子》、《大学》，《中庸》、《老子》、《三字经》、《易经》、《宦经》、《孝经》、《弟子规》、《了凡四训》、《学记》、《朱子治家格言》、《孙子兵法与三十六计》、《唐诗三百首》、《幼读古诗一百首》、《唐宋八大家散文选译》、《聊斋选译》共18本。

图1　青海民族大学的藏族大学生在图书馆阅读藏文翻译的《老子》

把使用国家通用文字翻译的藏族优秀图书代表作品介绍给使用国家通用文字的大学生阅读欣赏。使用国家通用文字翻译出版的藏文图书有：《萨迦格言》、《藏族谚语》、《仓央嘉措情歌》、八大藏戏：藏族古老的传统戏剧，分别是：《文成公主和赤尊公主》、《朗萨雯蚌》、《苏吉尼玛》、《卓娃桑姆》、《诺桑王子》、《白玛文巴》、《顿珠和顿月》、《赤美更登》。

图 2　青海民族大学的各族大学生在图书馆阅读藏文翻译的优秀
传统文化图书和汉文翻译的藏文优秀图书

4　案例推广的意义和目的

　　唐诗顺应人类文明进步的潮流，神奇地再现了中华民族古体诗词的无限辉煌和永久魅力。《三字经》内容包括了中国传统的教育、历史、天文、地理、伦理和道德以及一些民间传说，广泛生动而又言简意赅；《论语》内容涉及政治、教育、文学、哲学以及立身处世的道理等多方面。《大学》、《论语》、《孟子》、《中庸》合为"四书"，是对中国人影响最深远的四部思想巨著；《弟子规》具体列述弟子在家、出外、待人、接物与学习上应该恪守的行为规范。现在越来越多的学校和家长在德育过程中将目光转向中国传统文化。民族高等院校向少数民族大学生推荐民族出版社使用藏文翻译出版的汉藏文对照国学系列丛书和我国历史名著，有利于在民族高等院校少数民族大学生中培育和践行社会主义核心价值观，有利于宣传和树立四个认同的自觉意识。

　　藏族文化是一个富有生命力、吸引力，充满爱心和智慧的人类先进文化。藏族文化的多姿多彩、争奇斗艳，为中华文化的博大精神和迷人魅力注入了活力。藏族文学创作历史悠久，作品数量丰富，民族风格鲜明，文学语言精湛，足以让世人惊叹。它在世界文学宝库中占有重要的地位，引起全球"藏

图3　青海民族大学图书馆举办汉藏文互译优秀图书

学热"。《萨迦格言》半部《论语》治天下，《萨迦格言》是藏民族的《论语》。具有净化人们心灵，规范行为，激励积极向上 和培育 自尊自强的 民族精神功能。《萨迦格言》运用极为丰富的比喻推理来说明主题。这些比喻包括鱼鸟兽虫、花卉草木、山川日月、刀剪钗环以及许多典故、故事、谚语等。把深奥难懂、枯燥无味的伦理，以简练的语言、浅显易懂的形式表现出来，形象生动，色调鲜明，寓意深刻，有较高的艺术水平；《藏汉谚语》藏族的口头文学，把丰富的说话内容 用浓缩、简洁的语言 表达出来，起到 发人深省的作用，具有很强的哲理性。《仓央嘉措情歌》是中国 17 世纪藏族情歌集，第六世达赖喇嘛仓央嘉措著。这些作品不但思想内容积极进步，而且具有很高的艺术技巧，掀起了仓央嘉措文化热。在中华民族的文化史上有着无可争辩的地位。八大藏戏对于进一步继承和发展藏族文化艺术，八大藏戏的翻译出版将对研究西藏传统文化艺术的学者、专家起到积极作用。藏戏，是藏族灿烂文化的重要组成部分。翻译为汉文是让更多人了解藏族歌舞文化，推动现代藏族歌舞的发展，加强藏汉之间文化艺术方面的交流有着重要意义。

　　向民族院校大学生推荐以上图书，符合 2014 年 10 月中共中央、国务院印发的《关于加强和改进新形势下民族工作的意见》中要求："要发展少数民族文化事业，坚持以社会主义先进文化为引领，促进各民族文化交融、创新，把尊重、继承和弘扬少数民族优秀传统文化与传承、建设各民族共享的中华文化有机结合起来。"

推广目的：中国目前使用的少数民族文字中只有用藏文翻译了中华民族优秀文化系列丛书，其他少数民族文字只翻译了个别图书。（例如：蒙古文只翻译了唐诗三百首）。这是一个民族高校的亮点、特色，为藏区五省区（西藏、青海、甘肃、四川、云南）民族高等院校，乃至中央民族大学等其他民族院校起到了示范引领作用。同时，宣传学习翻译者的敬业精神。藏文翻译出版的中华民族传统优秀文化系列丛书作者的是青海省果洛藏族自治州原人大常委会主任果洛南杰同志，他独自一人利用业余时间自费翻译完成的。这些书是国学精品，作品翻译难度系数大，既要准确理解原文的每字每句的意思，又要准确使用藏文翻译，还要保证句子的雅韵、对仗。这是在藏文翻译史上的一大奇迹和贡献。也是在中国，乃至世界上使用另外一种文字翻译出版中华民族传统优秀文化系列丛书中属于罕见。通过案例推广活动，既要宣传藏文翻译出版的中华民族传统优秀文化系列丛书作者的敬业精神，又要让大学生学习翻译者的敬业精神。

5　案例推广的组织过程

首先通过张贴海报在校园里进行宣传、其次学校举办了世界读书日活动、再次召开了图书推广座谈会，并且增设了三个图书专柜，活动最后在同学中取得积极的成效。图书馆领导高度重视，投入专项资金，在民族阅览室设立国学、藏汉优秀文学、汉藏优秀文学专柜。获奖以后立即在青海民族大学网站宣传报道。

6　案例推广的背景

中共中央办公厅印发的《关于培育和践行社会主义核心价值观的意见》指出：培育和践行社会主义核心价值观，是推进中国特色社会主义伟大事业、实现中华民族伟大复兴中国梦的战略任务，关系到民族的命运和国家的前途，关系到每个公民的价值取向，应该教育入手，而且要贯穿于国民教育的全过程。[①]

中共中央、国务院2014年印发的《关于加强和改进新形势下民族工作的意见》指出：要深刻认识我国统一多民族国家的基本国情，我国是全国各族人民共同缔造的国家，在长期历史进程中，各民族共同开发祖国的辽阔疆域，共同创造灿烂的中华文化，形成了共同团结奋斗、共同繁荣发展的中华民族多元一体格局。《意见》强调，要推动建立相互嵌入式社会结构和社区环境，促进各民族群众相互了解、相互尊重、相互包容、相互欣赏、相互学习、相互帮助。《意见》要求，要积极培育中华民族共同体意识，引导各族干部群众深刻认识中国是全国各族人民共同缔造的国家，中华文化是包括 56 个民族的文化，中华文明是各民族共同创造的文明，中华民族是各民族共有的大家庭，牢固树立各民族水乳交融、唇齿相依、休戚相关、荣辱与共的观念。要发展少数民族文化事业，坚持以社会主义先进文化为引领，促进各民族文化交融、创新，把尊重、继承和弘扬少数民族优秀传统文化，与传承、建设各民族共享的中华文化有机结合起来。[②]

《国务院关于加快发展民族教育的决定》（国发〔2015〕46 号）指出：引导各族学生增强中国特色社会主义道路自信、理论自信、制度自信，树立正确的国家观、民族观、宗教观、历史观、文化观，深刻认识中国是全国各族人民共同缔造的国家，中华文化是包括 56 个民族的文化，中华文明是各民族共同创造的文明，中华民族是各民族共有的大家庭。

《决定》要求：促进各民族文化交融创新。坚持以社会主义先进文化为引领，传承建设各民族共享的中华文化，继承和弘扬少数民族优秀传统文化，建设各民族共有精神家园。充分发挥教育在各民族文化交融创新中的基础性作用，把中华优秀传统文化融入中小学教材和课堂教学，在民族地区学校开设民族艺术和民族体育选修课程，开展民族优秀传统文化传承活动。[③]

国务院关于进一步繁荣发展少数民族文化事业的若干意见（国发〔2009〕29 号）指出：繁荣发展少数民族文化事业具有重要意义。文化是民族的重要特征，是民族生命力、凝聚力和创造力的重要源泉。少数民族文化是中华文化的重要组成部分，是中华民族的共有精神财富。在长期的历史发展过程中，我国各民族创造了各具特色、丰富多彩的民族文化。各民族文化相互影响、相互交融，增强了中华文化的生命力和创造力，不断丰富和发展着中华文化的内涵，提高了中华民族的文化认同感和向心力。各民族都为中华文化的发展进步做出了自己的贡献。[④]

7 案例的特色和亮点

案例的选题具有民族特色，在全国高校参赛案例中属于唯一一个涉及民族图书的参赛单位，内容紧紧围绕"民族文化与中华民族文化"的主题。引导各民族大学生积极培育和践行社会主义核心价值观和增强中国特色社会主义道路自信、理论自信、制度自信，树立正确的国家观、民族观、宗教观、历史观、文化观。

8 案例的借鉴意义

打牢各族师生中华民族共同体思想基础，是全国每个高校的重要任务，既是民族高校的任务，也是其他高校的任务。深刻认识中国是全国各族人民共同缔造的国家，中华文化是包括 56 个民族的文化，中华文明是各民族共同创造的文明，中华民族是各民族共有的大家庭，是包括少数民族大学生在内的每个民族大学生的任务。因此，案例对于全国各高校各族师生中打牢中华民族共同体思想基础建设具有重要的借鉴意义。

9 用户评价与反馈

案例获奖以后，已经成为青海民族大学向本校推广图书阅读的必选案例，也是精品案例。获奖以后立即在青海民族大学网站宣传报道。案例又以《发扬水的精神——钻，钉子精神——挤》的翻译作者精神命名，在向本校本科生、研究生讲授《公文写作处理课》中必讲课内容。以青海民族大学为中心，辐射到青海大学、青海师范大学、中央民族干部学院、青海省委党校、青海省省直机关党校。此案例不仅在青海民族大学图书馆成为向学生推广阅读的精品案例，也成为青海省政府在全省党政机关干部基本能力提升培训课程中的必讲内容。获奖以后已经在高校、党校、党政机关、国有企业讲授过 40 余次。成为《民族文化和中华民族文化》的讲座内容。通过案例推广，各民族大学生进一步了解了藏族文化，增强了学习藏族文化的兴趣，使用藏文的学生进一步了解国学，增强学习国学的兴趣。达到了培育中华民族共同体意识的目的。

案例在西部赛区获得一等奖和全国赛比赛中获奖三等奖以后，得到了青海省人大常委会副主任邓本太（藏族）的祝贺和高度评价。他说："民族文化要发展，就要走出去。这次迈出了可喜的一步。"

10 参考文献：

① 新华网，http：//news. xinhuanet. com/politics/2013-12/23/c_ 118674689. htm.
② 人民网，http：//politics. people. com. cn/n/2014/1223/c1001-26255897. html.
③ 中央人民政府网，http：//www. gov. cn/zhengce/content/2015 - 08 - 17/content _ 10097. htm.
④ 中央人民政府网，http：//www. gov. cn/zwgk/2009-07/23/content_ 1373023. htm.

作者联系方式：

联系单位：青海民族大学图书馆
邮编：810000
联系人：余永英
联系电话：13195790853
电子邮箱：1093935190@ qq. com

玩转经典·论语大会
——同济大学图书馆阅读推广案例

曹洁冰

（同济大学图书馆）

摘要：同济大学图书馆闻学堂推出的"玩转经典·论语大会"系列阅读推广活动，以知行合一为宗旨，突破传统的阅读形式，大胆探索阅读推广的新思路和文化活动的新方法，将国学经典与游戏相结合、阅读与体验相结合、学习与互动相结合、文化性与趣味性相结合，以全新的形式来诠释国学经典，辅助经典学习，启发师生对传统文化的学习需求和热爱，潜移默化地引导他们进行自我修养、文化素质提升的目的。

国学经典是文化之根，民族之魂，自立之基。以《论语》为代表的儒家文化是深入国人骨髓的"文化基因"和道德准则。闻学堂 2014 年下半年将儒家经典作为阅读推广主题，引进课程、组织展览、论语笔会等，以及游戏形式的"论语大会"，全方位立体地实现"读经典，扬国学，知《论语》、学做人"的活动目标。

1 "论语大会"开创阅读推广的新形式

《论语》乃是孔子弟子及再传弟子追记孔子言行思想的著作，其全文采用语录体，章节简短，每事一段，语句多警句形式。《论语》内容广博，涉及政治、教育、礼仪、经济、文学、天道观，认识论等等，反映了孔子伦理体系最基本的思想，即"仁"，以及实施"仁"的手段和途径"礼"。

面对国学经典《论语》如何传承经典？怎样知行合一？孔子的语录经典如何能身体力行地呈现？流俗于一场古礼表演，汉服秀，还是继承中创新和突破？作为以提高学生素质，推广阅读为目的的大学图书馆而言，答案毋庸置疑，《大学》中汤之《盘铭》已经回答了我们的疑问："苟日新，日日新，又日新。"

"论语大会"正是闻学堂应运而生推出的创新形式互动体验式的阅读推广项目。为了配合课程的学习和检验，推广《论语》阅读和践行，"论语大会"以知行合一为宗旨，活动策划将"互动性、趣味性、知识性"相融合，以"闯关游戏"这种轻松的形式拉近古圣先贤经典与当代青年的距离，向青年推广儒家经典《论语》的阅读、学习、身体力行，更重要的是启发他们的兴趣和主动学习的愿望，使国学经典得以传承。

2　"论语大会"的特点

2.1　活动将儒家经典《论语》相关的知识点和内容经过精心设计，精选了论语原文中的诸多知识点，如经典原文，论语成语，论语谜语，论语人名、论语地名等作为考察内容，与活泼的形式相结合，以启发大学生对于《论语》的学习兴趣和热情，主动去阅读，践行《论语》，真正意义上做到对中华文明的传承，和对传统文化的复兴。活动为了优化参与体验与效果，从游戏规则、题库、道具、现场布置等方面进行全面的准备，并对所有活动中应用的文字、道具、内容进行了传统文化的包装，使游戏中各环节、卡片、名称均引用成语或出自《论语》原文。如：争分夺秒，蛛丝马迹，成人之美等。

2.2　"论语大会"将文化性与趣味性无缝对接，使丰富活动内容、寓教于乐。现场设置了多回合赛制，重重闯关，在运动中答题，在求知中游戏，气氛热烈而紧张。参赛者可通过个人或协作解答、抢答论语相关的问题，结合搜寻线索、设置障碍的游戏形式，在团队协作、智谋角逐、争分夺秒的条件下去完成指定任务，在游戏中应用和检验《论语》的阅读和学习。

2.3　"论语大会"更是对学生综合能力的检验。现场的游戏和互动需要团队的配合，综合能力的运用和解决问题的方法和实施，考察涉及学生素质的各方面，是对《论语》学习的检验，也是对大学生综合素质的考察，包括观察力、团队协作、信息检索、逻辑思维、反应速度、策略运用等综合能力。

2.4　"论语大会"是图书馆特定主题活动和文献推广的一种手段。《论语》的阅读推广从引进课程起步，通过阅读推广活动，课程平均听课人数远超过选修人数，阅读听课达 1 500 人次。在此基础上，论语大会吸引到来自校内外总计近百名论语的学习和爱好者报名（含旁听生），参赛选手经过校内选拔、淘汰、层层答题和筛选，18 名选手脱颖而出组队进入决赛，现场通过寻找提示卡或完成任务获得信息卡，解答信息卡来找到更多线索，并完成赛程目标。参赛选手中年龄最小的是来自华师大二附中的高一学生。

2.5 举一反三是"论语大会"的特点之一，也是活动的最大优势。活动可全盘复制，在其他院校、中小学进行复制重演；主题可更换，形式可移植，可以应用与其他主题的类似活动中，如：闻学堂唐诗大会，老子大会等；活动模块可增减，内容可调整，拼盘形式，非常灵活；另外，文化包可共建共享——包括题库道具等，可分主场分场等，甚至定制 APP。从此，古代国学经典，可以"玩"起来阅读。

3 "论语大会"活动实施与效果

探索大学生最喜闻乐见的活动形式并将游戏引入阅读推广，"论语大会"尚属首次尝试。前期"论语大会"策划团队做了充分的调研和准备，了解国内热门的电视节目、益智游戏和互动体验方式，并规划了详细的赛制和赛程。正式实施中，主要根据前期分析准备道具用品，根据形势定位设计环节，最终以游戏的形式策划响应的情景任务和规则等。具体如下：

（1）前期分析需要了解用户特征和学习者的水平，以确定合适的难度；对《论语》进行内容分析，以确定游戏的内容和任务；对目标进行分析，以保证参加活动的参与者有所收获；

（2）在前期调研和分析的基础上，进行了"论语大会"游戏形式的定位，确定以浙江卫视"奔跑吧兄弟"和央视"中国成语大会"为蓝本。因此，我们要设计如何让同学能"跑"起来，同时也要准备丰富的题库以应对各种情况。此活动侧重考察点包括论语原文在内的多种能力，如观察、分析、检索、判断等等。

（3）继而，进行游戏过程的设计，主要包括：情境设置，任务设计，游戏规则设计，以及现场互动与反馈设计等。

①情景设计，以传说营造情景，设置了"在图书馆寻找神奇密钥"的故事背景，用道具来完善场景，并由此引发任务，令参与者身临其境，增强代入感；

②任务设计，将通关游戏作为蓝本，每一关都有不同的任务，分别以将论语原文、成语、人名、谜语等考察点融入游戏任务中；每一关也有各自的规则，如：争分夺秒是计时赛，蛛丝马迹则重点在"寻找"，九星连珠则不仅靠知识，运气和谋略都很重要；

③游戏规则设计，规则中必须考虑到游戏的可玩性、可行性，一些帮助游戏顺利进行的特殊的设计尤为重要；

④互动反馈体现在三个字——找，答，谋，即知识与行动力的最佳组合，

当然速度也是关键因素。队员可以运用谋略，即特殊功能的卡片帮助自己的队伍，阻碍他队的进行，如手足无措卡可以领其他队员暂停活动一分钟。

"论语大会"突破传统的阅读形式，通过国学经典与游戏相结合、阅读与体验相结合、学习与互动相结合、文化性与趣味性相结合的方式，春风化雨、润物无声，达到了启发师生对传统文化学习和喜爱，潜移默化地引导他们进行自我修养、文化素质提升的目的。活动参与者对本活动给予了较高的评价，节选如下：

……相信通过这次比赛，大家不仅对论语有了进一步的了解，也增进了彼此间的友谊，认识了来自不同学校的小伙伴们。希望能够有更多的人通过闻学堂的活动来了解、学习、欣赏论语，欣赏我们源远流长、博大精深的中华文化。

（通讯员　人文学院14级李漪）

我们通讯员的任务是在第二第三关跟拍选手，抓取最有爱最精彩的瞬间并配上一句描述对观众进行实时播报。我们都化身专属摄影师，以跟进的选手为模特去创作，我抓取的同学张嘴大笑庆祝胜利的图片就引来了观众的一片笑声。……虽然不是自己参加比赛，可是作为全场最近距离观看比赛的旁观者，我们都感到十分有趣，十分紧张。

论语大会不仅考验选手的对论语的熟悉、理解程度，还考验选手的合作能力和应变能力，既有趣又有意义，希望明年还能有幸参与到论语大会中来。

（通讯员　人文学院14级　于小凡）

我叫郑素素，是一名大三的学生，这次能够担任此次的论语大会的志愿者感到很幸运。论语大会正式开始的时间是9：15，但是我们志愿者需要早一点到，提前做一些准备。早上八点钟我们就到了闻学堂，虽然时间还早，但是那里负责的老师们已经开始忙碌地准备着。

……此次论语大会的魅力之一也正在于此，它会让我们所有人都完全参与到其中，享受这整个过程所带来的乐趣。

经过了前两关的厮杀，选手们来到了第三关，这一关的难度很大，要求也很高，用刘强老师现场点评的话来说就是既需要"斗智"又需要"斗勇"。选手们在答题，而我们通讯员也会跟着一起思考。不得不佩服这些选手们对论语的了解，他们对论语中很多的典故和成语都信手拈来。所以此次论语大会表面上看是一个生动活泼参与度很高的活动，但实际上却是一个检验选手们对论语了解程度的很好的平台。

我作为志愿者参与到本次论语大会之中，感到收获非常大。既目睹了精彩的比赛，又对论语中的一些知识多了新的理解。更重要的是，我们虽然不是比赛中的选手，但是我们也全身心地投入到这整个的过程中，并且在其中贡献出自己的一份力量。

（志愿者　郑素素）

乐在闻学

——闻学堂《论语大会》有感

犹记前朝拾玉佩
清江水上雪成堆
今逢夫子西南角
千载声声道问学

寻跹连星需有慧
温良恭俭让难追
唯因师友常来坐
时见堂中舞彩蝶

（医学院 13 级硕士　吕章明）

4　小结：

相对于传统阅读推广活动而言，"论语大会"是集趣味阅读、竞技游戏、互动体验为一体的全新模式。活动对讲授《论语》导读课程的老师是一种新的启发，受到了百家讲坛刘强教授的高度赞扬，并现场担任点评嘉宾指导同学检验学习成果，同时其生动活泼的游戏形式受到了学习传统文化国学经典的同学的喜爱，师生们也希望此活动可以持续举办。

"论语大会"的成功举办即得到了师生的认可，也对图书馆阅读推广人提出了新的挑战。尤其是传统经典阅读领域更需要推陈出新，以新颖的创意吸引读者、育化读者、寓教于乐更好地做好阅读推广工作。

5　资料附录：

图 1　活动现场组图

"学会知礼"系列 之——闻学知堂

论语大会
◎芝麻开门

学论语 玩游戏 拿大奖
阅读新体验
快来参加"论语大会"

时间: 2014年12月6日
地点: 同济大学图书馆十楼

传说,一把开启神秘宝藏的钥匙遗落在同济大学图书馆,而找到钥匙的关键就在《论语》这部经典古书之中:有朋自远方来,温故而知新,智者乐山仁者乐水,君子坦荡荡,人能弘道,四体不勤,五谷不分,逝者如斯夫……哪一句才是最后的通关密码?

带上你的聪明才智,带上你在大学积累的能力,带上你的小伙伴,别忘了还有你的好工具(智能手机),一起来吧!《论语大会·芝麻开门》等待你勇闯难关,斩获大奖!

图2 活动海报

图 3　学校新闻网报道截图

作者联系方式：

联系人：曹洁冰
单位：同济大学图书馆
电话：021-65981201
Email：jbcao@lib.tongji.edu.cn
地址：上海市杨浦区四平路 1239 号同济大学图书馆特藏部
邮编：200092

"红""绿""古"
——井冈山大学三位一体阅读平台构建

吕咏梅　　郁丹彦　　李小燕　　李玖蔚

李　潺　　匡奕森　　欧阳旭

（井冈山大学图书馆　江西 吉安 343009）

摘要：井冈山大学图书馆针对在校大学生对中国优秀文化经典认识逐渐弱化的趋势，立足本校、井冈山及其周边地区独特的红色资源、丰富的自然资源和厚重的历史文化，以"红""绿""古"为主线开展阅读推广活动。通过一系列主题活动，让知识活起来，让历史活起来，让环境活起来，让阅读推广工作从有限到无限，从无形到有形，引导读者正确地认识历史、环境和自己。鼓励大学生阅读经典，引导大学生树立正确的读书观。

1　活动宗旨

1.1　背景：针对在校大学生对中国优秀文化经典认识逐渐弱化的趋势，井冈山大学图书馆立足本校、井冈山及其周边地区独特的红色资源、丰富的自然资源和厚重的历史文化，以"红""绿""古"为主线开展阅读推广活动。

1.2　意义：围绕"红""绿""古"三个特色领域开展系列主题活动，在校园中弘扬、普及庐陵文化，远绍欧阳修、文天祥、周必大等庐陵先贤"道德文章"的千秋风范，近承井冈山的革命精神，感受古庐陵的风采和现代"美丽吉安"的魅力，坚持社会主义核心价值观，充分发挥图书馆的文化传播作用。

1.3　目的：通过一系列主题活动，鼓励大学生阅读经典，引导大学生树立正确的读书观，"好读书、多读书、读好书"，培育爱国、民族精神。

2　活动概况

2.1　活动做法：

第一，活动主题选择紧紧围绕"地方特色"做文章。针对吉安、学校地域特色，在推广形式上进行有效的创新尝试，将丰富的红色文化记忆，美丽的多种生态样式，仁人志士、先贤的故事通过多元化的情景阅读、图片展、摄影展等体验形式让读者从亲身的感受中去阅读和领悟。第二，在方式方法上牢牢把握以"活"为中心。让知识活起来，让历史活起来，让环境活起来，让阅读推广工作从有限到无限，从无形到有形，从书本知识到社会现象，生动起来、形象起来、丰富起来。引导读者正确的认识历史、环境和自己，塑造自我、改造自我，树立人生目标。第三，活动开展注重"生命力"的延续，强调每项活动的可延续性和可拓展性。

2.2　活动过程：

图书馆在保留传统阅读推广项目"浩瀚角"、"书友会"等前提下，从2009 年将阅读推广的重心转移到以"红""绿""古"三维为主线，从社会、学校、图书馆、读者等不同层面开展阅读活动，打造全校乃至校外三位一体的立体阅读平台。

2.2.1　"红"，与团委、井冈山研究所联合组织学生读者参观井冈山精神展览馆、井冈山革命烈士陵园、井冈山博物馆等，现场感受井冈山斗争的全貌。重走朱毛红军挑粮小道，感悟领袖崇高风范。帮助井冈山研究中心建立图书资料室，规范管理程序。配合培训学院和红色文化研究与传承应用协同创新中心的工作。在图书馆视听室定期举办"红色电影周"。整理出关于井冈山斗争的馆藏纸本、电子图书 200 多种推荐给校内读者和社会读者，让广大读者更全面地了解井冈山的历史文化。

2.2.2　"绿"，定期为生态环境与资源研究所整理提供相关书刊，收集推荐前沿信息，为科技服务地方添砖加瓦。为生科院资料室加工图书，并调拨 10 余万元资金购买重点学科所需图书资料。和吉安市青原区农业局签订免费信息服务协议，随时为农业科技人员提供各种信息服务，促进地方农业产业的发展。在学校、社区举办"美丽吉安"、"庐陵古韵"摄影展，摄影作品主题鲜明，艺术感染力强，让读者领略到现代吉安美丽的风光和古庐陵昔日的辉煌。

2.2.3　"古"，2013 年我馆自建的《庐陵文化文献资源数据库》、《宋代庐陵文化名人研究数据库》面向全校和社会开通使用，为宣传庐陵人文精神，推动庐陵文化研究添上了浓墨的一笔。帮助庐陵文化研究中心加工图书，建立规范的资料室，根据研究中心的需求申报、购置相关图书。

2015 年图书馆的阅读推广工作就是以"古"为主线来展开，5 月举办了"庐陵古建筑文化讲座"和"庐陵历史名人"展。

图 1　庐陵古建筑文化讲座

在活动中以人物为主线宣传古庐陵，深度挖掘古庐陵名人，举办"庐陵历史名人"展，并推出相关书目，征集读后感。"庐陵历史名人"展从出外采风、收集资料，到资料汇总、确定展板内容、展板初稿出台，到最后定稿印刷、展板展出、历时 2 个多月。通过新颖的、开放的、立体的、形象的阅读形式，让读者了解了庐陵历史名人各自的生平、事迹、思想、文章，串联起庐陵历史名人一生的历程。通过阅读，赋予传统新的价值、新的思想、新的意义、新的生命。让读者追溯历史、学习历史、铭记历史、传扬历史，从历史长河的民族经历、民族精神、民族记忆中撷取知识、推旧出新、以为今用。

以知识点为主线宣传古庐陵，11 月，举办了"庐陵古建筑"摄影展，根据建筑、民俗等不同知识点组织摄影展活动，通过多种形式再现庐陵人文精

图 2　庐陵历史名人展——文天祥

神和民俗文化，让知识活起来。

图 3　"庐陵古建筑"摄影展

3 活动成效

由于图书馆阅读推广工作定位合理，红绿古资源丰富，推广形式多样，读者乐于接受、参与。在 2014 年"移动墨香、轻点飞扬"移动图书馆有奖阅读活动中，仅两个月读者访问量总计近 96 万次。数字表明这种紧扣地方特色的阅读推广活动对学生的阅读行为、世界观、价值观产生了积极影响，而且这种推广形式难度不大，有更强的可拓展性和生命力。

4 资料附录

4.1 活动方案之一：

关于举办"庐陵历史名人"展活动方案

为弘扬、普及庐陵文化，远绍欧阳修、文天祥、周必大等庐陵先贤"道德文章"的千秋风范，近承井冈山的革命精神，坚持社会主义核心价值观，充分发挥图书馆的文化传播作用，校图书馆拟与庐陵文化研究中心共同举办"庐陵历史名人"展活动。

2015 年活动主题：弘扬庐陵历史名人"道德文章"精神，坚持社会主义核心价值观（文天祥）。

形式：图片展（20 个版面左右）

参加人员：阅览部全体馆员

展出地点：图书馆大厅

活动分工与安排：

时　间	内　容	人　员
3月9日-13日	确定活动主题	李小燕、郁丹彦、匡奕森
3月17日	召开部门会议，宣布活动方案	李小燕
3月17-4月15日	出外采风、收集资料	部门相关人员
4月16日-4月30日	资料汇总，确定展板内容	匡奕森、郁丹彦、李小燕
5月4日-5月13日	展板初稿出台，馆领导和相关人员审阅	郁丹彦、匡奕森
5月14-5月19日	定稿印刷	李潺、黄美英、李晓红
5月20日	展板展出	李小燕、郁丹彦、匡奕森、卢岷君、李潺、黄美英、李晓红等

效果：受众面广，以通俗易接受的形式让学生了解庐陵先贤"道德文章"的精神，坚持正确的人生价值导向，坚持社会主义核心价值观。

4.2　活动宣传海报：

4.2.1　2015年阅读推广活动海报

4.2.2 庐陵古建筑文化讲座海报

4.2.3　庐陵历史名人展海报

4.2.4 庐陵古建筑摄影展海报

井冈山大学图书馆"庐陵古建筑"摄影展

征稿启事

吉安，古时又称庐陵。庐陵历来重视教育兴盛，人多儒雅，序痒相望，庐陵文化在中华民族文化的史册中，具有相当重要的历史地位。为了进一步弘扬庐陵文化，图书馆拟开展系列摄影展，2015年庐陵摄影展的主题为"古建筑"，旨在诠释庐陵古建筑的精美外观、丰富内涵，发掘溶于庐陵古建筑的人文精神和民俗文化，用影像凝固文化的传承，让灿烂的庐陵文化滋润大学生们的心田、丰富大学生们的知识积累。现面向全体师生征集"庐陵古建筑"摄影作品，具体要求如下：

主办单位：井冈山大学图书馆

承办部门：流通部，联系人：李如生，联系电话：13979607439

征稿范围：本次摄影展主题为"庐陵古建筑"，如窗棂、屋檐、格局、桥梁、整体建筑、祠堂、庙宇、居所、会馆、书院等诸多类型，精美的照片配上解说，要求内容真实、主题鲜明、健康向上，展现庐陵古建筑的风采和内涵。

参赛对象：井冈山大学全体师生读者

奖项设置：设一等奖1名，奖金200元，二等奖2名，奖金150元，三等奖3名，奖金100元，优秀奖若干名，每人价值30元的纪念品。

参赛要求：作品须本人原创，拍摄时间不限，彩色、黑白均可，以电子文件的形式投稿。

征稿细则：

1、送评的电子照片不小于2M（请自行保留原始数据文件，如入选照片的数据大小不适合制作参展片，将调取原始数据文件）。

2、参赛作品单幅或组照均可，组照每件3~6幅。

3、每张照片加以100字以内的文字描述，并注明作品标题、作者姓名、单位、地址、联系电话等信息。

投稿须知：网上投稿，邮箱：1962440687@qq.com

征稿时间：2015年4月—2015年10月25日

其他事项：

1、投稿者对该作品的整体及组成部分均拥有独立、完整、明确、无争议的著作权；投稿者还应保证其所投送的作品不侵犯第三人的包括著作权、肖像权、名誉权、隐私权等在内的合法权益。

2、图书馆有权在非商业用途的相关宣传推广活动中使用征集的作品，不另付稿酬，作者享有署名权。

3、本次活动不收费，不退稿，请自行保留照片底稿。

4、本征稿启事解释权属于主办单位。凡投稿者，即视为其已同意本征稿启事之所有规定。

井冈山大学图书馆
2015年4月10日

4.3　网络报道:

我馆举办庐陵古建筑文化讲座

5月14日下午，图书馆在5栋教学楼205室举办庐陵古建筑文化讲座，由庐陵文化研究中心副主任、教授丁功谊博士主讲，图书馆吕咏梅副馆长主持，全体馆员和部分学生参加了讲座。

丁功谊博士主要从官署、园林、民居、书院、祠堂、桥梁、宝塔、城墙、牌坊等9个方面，介绍了庐陵古建筑的风格、规模、特征等，展示了庐陵古建筑的艺术文化，鲜明个性、清新雅致与和谐统一，彰显了庐陵古建筑的重要历史意义。

丁功谊博士的讲座内容丰富、逻辑严谨，重点突出，让所有听讲的人其受益匪浅，得到大家的一致好评。

我馆举办庐陵历史名人展

日前，我馆在图书馆大厅举办了庐陵历史名人展，此次名人展向大家推出民族英雄文天祥。展览图文并茂，详尽地介绍了文天祥的生平轨迹和一生的慷慨历程，让读者领略了文天祥民族精神和浩然正气的英雄气概，对践行社会主义核心价值观和弘扬社会主义正气有很强的现实意义。

展览从2015年5月开始至10月结束，今后，图书馆将陆续分期推出周必大、欧阳修等其他庐陵历史名人展。

站点导航
关于本馆
读者指南
数字资源
常用功能
学科导航
教育信息
本馆动态
资源公告
用户培训
常用资源
试用资源
快速链接
联系我们
友情链接

图书馆举办"庐陵古建筑"摄影展

11月18日,"庐陵古建筑"摄影展在图书馆隆重开展,此次摄影展是我馆推广"庐陵文化"主题系列活动之一。摄影展共收到校内外读者及摄影人作品60余件,同时得到吉安市摄影家协会的大力支持,展出时间至本学期结束。

此次展出的摄影作品紧紧围绕"庐陵古建筑"主题,用影像凝固文化的传承,展现庐陵古建筑的斗拱细节之美,彰显庐陵古建筑的重要意义,让读者开阔了艺术视野、增长了文史知识、感受了前人的美学意韵。

作者联系方式:

作者单位:井冈山大学图书馆
联系电话:13517967837
Email:yudan@jgsu.edu.cn
邮寄地址:江西省吉安市青原区井冈山大学图书馆
收件人姓名:郁丹彦
邮编:343009

图书馆之丁香路数字资源宣传街
——东北财经大学立体阅读推广活动

梁柏静

（东北财经大学图书馆）

摘要：大学图书馆在阅读推广中扮演怎么样的角色，如何充分发挥图书馆的教育职能和服务职能，东北财经大学图书馆不断改革创新，努力探索新的服务内容，以"4.23"世界读书日为契机，以馆藏资源为基础，连续举办"图书馆之丁香路数字资源宣传街"立体阅读推广活动，提高了大学生使用图书馆的能力和综合素质，培养了大学生积极向上，充满健康活力的阅读精神。

1　丁香路之设想

2012 年东北财经大学图书馆成立了由馆领导和各部门组成的活动小组，走入学院调研座谈，举办读者问卷调查、借鉴其他院校图书馆的经验，最终总结出以世界读书日为契机，以东财最具影响力的丁香路为基地，开展大型立体宣传阅读推广活动。整个活动进行两天。活动项目之多、时间之集中、影响力之大，在学校活动中绝无仅有。

通过深入调研、精心策划、周密部署，通过主管领导和学校相关部门的沟通，得到校领导的大力支持，此活动统筹到历次校园读书月的活动中，并成为我馆经典的、保留的传统项目。

2　意义和目的

草长莺飞、每年的四月读书季，在樱花与丁香交替盛开，充满诗情画意的东北财经大学丁香路上，周围环绕着授课的劝学楼、行政人员办公的梓楠楼、食堂，图书馆是教师、同学必经之地，每年的 4 月 23 日在这里举办"图书馆之丁香路数字资源宣传街活动"大型阅读推广活动，参加人数之多，影响之广在所有学校活动中名列榜首。连续的活动方式，旨在强化阅读引导，丰富阅读介质，推广多元化阅读方式。引领着校园文化风尚，承载博才济世精神，涵养优秀青年文化，助力阅读持久化和常态化。每年的 4 月 23 日，这条街成为文化传承、引领阅读的欢乐海洋。

3 "图书馆之丁香路数字资源宣传街"活动内容

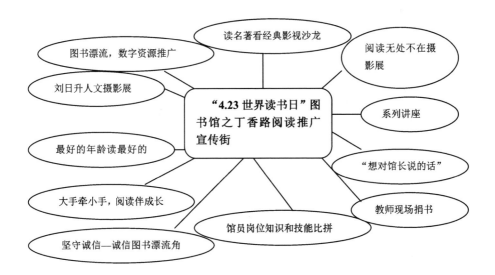

4 丁香路活动实施：

4.1 图书漂流——推广多元阅读方式

在美丽的丁香路上，东北财经大学图书馆连续 6 年在 4 月 23 日世界读书日举办图书漂流活动，以"把读书当成生活，让阅读成为习惯""共享知识，坚守诚信"的主题的漂流活动，让同学们沐浴书香之中，在快乐中阅读，在阅读中增长正能量，每年举办图书漂流活动累计参与人数达 4 万人，参漂图书 1 万余册，漂出图书 4 000 余册，参漂图书均来自各界爱心捐书。图书漂流活动除传统项目处，还邀请数据库的供应商设展台现场提供数据利用咨询、疑难解答、数据库产品宣传、有奖答卷、问卷等，向我校师生推广、宣传数字资源知识和利用。大连新华书店设图书展台，供图书馆开展"读者选书，图书馆购书"的图书采集活动。

4.2 "东财有个诚信漂流图书角"——坚守诚信、播撒友爱，让阅读无处不在

在街区的一角，整齐地摆着几架子的图书。这些图书并非来自馆藏，而是源于老师、同学、校友、出版社等友人的友情捐赠。这就是图书馆"诚信漂流图书角"。图书角奉行"自借自还，考验诚信，爱心捐赠，惠泽后学"的原则，凡欲借阅的读者，只需在4.23当日借书登记簿上登记自己的个人信息并在一个月内自行还书即可。而捐书的爱心者，则在捐书登记簿上登记并放置于捐书架上即可。没有了借阅监督、没有了捐书证明，诚信漂流图书角是一块诚信的实验田，是一本友爱的纪念册。

4.3 馆员岗位知识和技能比拼——强化自我推介读书服务

丁香路的尽头即是图书馆，这一天举办馆员岗位知识和技能比拼。在馆员搜书比拼中，邀请学生读者来做裁判，馆员在竞赛中显示出了思维敏捷，身手矫健，岗位知识熟练等特点。学生也被馆员这种强化自我，努力拼搏的精神所感动，比赛现场，馆员和大学生们表现出了极高的参赛热情，竞赛比拼的同时也传递着欢乐，共同谱写了图书馆的和谐乐章。大连日报以"大学图书馆里看谁搜书快"为题刊登了我馆举办的搜书大比拼活动。

4.4 "想对馆长说的话"——了解读者阅读倾向

"感谢学校提供环境这么优良的图书馆，虽然我已快硕士毕业，但是我对这片学习园地有着深深依恋，希望即将成为博士的我，日后能为东财图书馆的建设、资源整合贡献力量，我爱东财。"

"希望能有一个图书阅读日，或者每月都有图书阅读月，东财学生读书实在太少了，应该加强。"

"感谢您对读者心声的关注，并积极提出改进措施，这是非常实用、有效并且方便了读者，谢谢！"

这是在4.23读者问卷调查中，读者写给馆长的信。如何更好地的推广阅读，首先要提高图书馆利用率和服务质量，广泛征寻读者对图书馆的意见和建议，了解读者的阅读需求。每次的问卷调查活动得到了广大读者的积极配合和热情参与，共计发放问卷3 000份，回收率98%，调查内容主要涉及图书馆文献资源建设，读者阅读倾向、设备设施使用、规章制度的了解等几大方面。每次回收问卷后，我们将所涉及读者阅读方面的内容都会详细的分析，通过对基础资料的分析，我们得知了不同身份的被访者对阅读的需求。东北财经大学调查显示只有11.2%的大学生阅读经典著作，阅读人文社会科学经

典著作的仅有 22.8%，对名著的了解，更热衷于展览和讲座这两种形式，分别占到了总数的 49.45% 和 47.25%。希望通过培训和有奖征文的形式了解名著的比例相当，分别占据 24.18% 和 21.98%；大学校园阅读状况令人担忧，阅读推广显得尤为重要。问卷调查活动的宗旨之一就是要认真倾听读者心声，为图书馆建立以及逐步完善读者评价反馈机制提供第一手材料。

4.5　征文征影作品展活动——在阅读推广中担负社会责任

东北财经大学图书馆从 2009 年开始主题征文征影活动，主题分别为"沉浸书香，悦读成长"、"定格书香，悦读记忆"，倡导读书，丰富读者文化生活，活动中累计收到征文、征影作品 400 余篇。作品以文字、图片述说读者与图书馆的故事，表达对图书馆的眷恋和期望，全面、深刻地勾画出图书馆带给东财学子的感动，图书馆把所有入围选手的作品通过大展板的形式展出，在每一个展板前放置了许多小红花粘贴，同学给喜欢的作品投上一票，最后统计粘贴出的小红花，得出参与的同学 1 000 余人，同学评选的过程，也是分享名著心得体会的过程，促进了读者学习名著的热情，引导了正向阅读。

4.6　系列讲座——践行阅读推广责任

东北财经大学图书馆以开放的姿态，举办各种形式的讲座，构建文化阅读平台，不断弘扬优秀文化，在大学生的阅读引领上起到了重要的作用，践行着图书馆的阅读推广责任。每年的 4 月 23 日晚上，"悦读 分享"名人报告会如期举行，到如今共举办了 5 届。

4.6　"大手牵小手，阅读伴成长"活动——践行社会教育职能

我馆成为大连市第一个实施周末向中小学生开放的大学图书馆，为此大连日报两次做了详细的报道。通过"大手牵小手"，把大学文化带入到小学生们的学习生活之中，增进小学生与大学生之间的沟通交往，为激发小学生们的阅读兴趣，扩展学生们的阅读视野，让读书成为学生们的习惯和乐趣，为今后更好地阅读学习打下了基础。

4.7　教师捐书活动——阅读推广的延续

每一次的世界读书日活动期间，我馆诚邀各位老师参与图书捐赠活动。图书将全部用于我馆开展"4.23 世界读书日"之图书诚信漂流活动。每一位老师的著述，学子们或许还未曾拜读；教师阅读的书籍或许在书柜中尘封已久，将它捐赠出来，投漂到图书诚信漂流活动中。"赠人玫瑰、手有余香"，献出一本图书，留下一份温馨，书香永存，惠泽后学。书在漂流中，让学子

分享了读趣，更在漂流中传递了一份诚信，那是一种坚守，是完成那段文明、美丽的奇妙旅程的承诺。图书馆设立"爱心捐赠图书陈列室"和"爱心书架"，每位捐书的老师会收到图书馆精心制作的"图书捐赠爱心纪念卡"作为留念。

4.8　影视名著名片赏析活动——为读者提供多种的阅读平台

从 4 月 23 日起，举办为期一周的优秀影片和专题影片赏析活动，与学校电影协会合作，聘请专家和同学，根据自己对电影艺术的认识和理解，与同学们一起分享观影心得，所有影视沙龙、佳品欣赏、新片茶话会等活动，受到同学的热烈欢迎，提高了文学鉴赏水平，得到了美的享受。

4.9　举办留学生全英文专场讲座——阅读推广的延伸

我校留学生来自韩国、日本、印度、伊朗以及俄罗斯等多个国家。由于地域和文化背景的差异，留学生们使用图书馆的能力参差不齐。鉴于此种情况，由我馆有国外留学经历的教师，根据学生情况重新编写了英文授课材料，并制作成 PPT。在 4.23 的活动中，邀请留学生参观图书馆，并为他们做全英文的图书馆利用授课，受到了留学生们的热烈欢迎，留学生们表示培训不仅使他们明确了图书馆资源和服务的使用方法，还为他们在中国的阅读打下了基础，图书馆必将成为他们学习生活中的得力助手。

4.10　"阅读无处不在"摄影展——营造阅读氛围

从 2009 年起图书馆丁香路现场举办了各种大型图片展活动，受到广大同学的热烈欢迎。几年来，我们展示过《阅读无处不在》的主题展览、刘日升人文摄影作品展、《不文明行为随手拍》等，营造出一个人人读书的氛围，成为东北财经大学一处独特的文化景观。

5　结语

全国图书馆阅读推广案例大赛辽宁赛区暨辽宁省第二届高校图书馆阅读推广案例大赛中，我校图书馆提交的"'图书馆之丁香路数字资源宣传街'立体阅读推广活动"，生动地展示了我馆开展的阅读推广活动成果，以其案例特色鲜明、演示效果震撼大气而荣获一等奖，同时本案例在全国高校图书馆阅读推广大赛中获得优秀奖的。荣获"大连地区图书馆阅读推广工作先进单位"，大连日报和东财校园网主页对丁香路阅读推广活动做了相关的报道。

6 资料附录：

1. "大手牵小手，阅读伴成长"活动——践行社会教育职能

我馆成为大连市第一个实施周末向中小学生开放的大学图书馆，通过"大手牵小手"，把大学文化带入到小学生们的学习生活之中，增进小学生与大学生之间的沟通交往，激发小学生们的阅读兴趣，为今后更好地阅读学习打下了基础。

图1 "大手牵小手，阅读伴成长"活动——践行社会教育职能

2. "图书馆之丁香路数字资源宣传街"立体阅读推广活动

东北财经大学图书馆不断改革创新，努力探索新的服务内容，以"4.23"世界读书日为契机，以馆藏资源为基础，连续举办"图书馆之丁香路数字资源宣传街"立体阅读推广活动，提高了大学生使用图书馆的能力和综合素质，培养了大学生积极向上，充满健康活力的阅读精神。

3. 我馆在全国图书馆阅读推广案例大赛辽宁赛区暨辽宁省第二届高校图书馆阅读推广案例大赛中荣获佳绩

全国图书馆阅读推广案例大赛辽宁赛区暨辽宁省第二届高校图书馆阅读推广案例大赛中，我校图书馆提交的"'图书馆之丁香路数字资源宣传街'立体阅读推广活动"，生动地展示了我馆开展的阅读推广活动成果，以其案例特

图 2　"图书馆之丁香路数字资源宣传街"立体阅读推广活动

色鲜明、演示效果震撼大气而荣获一等奖,同时本案例在全国高校图书馆阅读推广大赛中获得优秀奖的

图 3　全国图书馆阅读推广案例大赛辽宁赛区暨辽宁省第二届高校
图书馆阅读推广案例大赛中,荣而荣获一等奖

7 参考文献：

1 王洪波．E 时代经典阅读如何进行．中华读书报，2005-07-06．

2 王珊珊，王余光．传统经典阅读的当今意义．中国图书评论，2004（6）．

3 段梅，范丽娟，赵晖．南京理工大学图书馆的阅读推广创新．大学图书馆学报，2011（4）．

4 王余光．论阅读传统经典．北京大学学报（哲学社会科学版），2001（1）．

5 吴志敏．社会阅读推广语公共图书馆使命．图书馆学研究，2011（2）．

6 应克荣．经典与经典阅读：对网络文化背景下阅读价值的思考．出版发行研究，2011（2）．

7 阎海东．从经典阅读到泛阅读 30 年．中国图书商报，2008-04-22．

作者联系方式：

梁柏静

电话：13624945599 0411-84710511

Email 395588732@ qq. com ，lbj1962@ hotmail. com

地址：辽宁省大连市沙河口区尖山街 217 号东北财经大学图书馆

邮编：116025

明星馆员阅读推广服务创新案例
——石家庄学院阅读推广案例

王子龙　李文革　焦运立

（石家庄学院图书馆）

摘要： 石家庄学院图书馆立足河北高校图书馆现实，紧密结合京津冀一体化发展背景，着力打造基于明星馆员的阅读推广服务创新体系。以本馆明星馆员为纽带，聚拢京津冀三地优秀的阅读推广人，以电视媒体、同龄示范、精品社团、公选课、明星馆员会客厅、走出校门进行文化交流等系列活动多角度、宽领域、立体化进行阅读推广，促进大学生阅读，创新阅读推广活动方式，被多家权威媒体广泛报道，取得了良好效果。

1　活动宗旨：

1.1　创新阅读推广服务方式是促进全民阅读，提高中华民族软实力的重要举措

党的"十八大"报告中明确号召全民阅读，总理在政府工作报告中连续三年倡导全民阅读。京津冀一体化协同发展也是重大的国家战略，河北的图书馆界如何在促进全民阅读和京津冀一体化两个国家战略的大好机遇下，实现京津冀一体化的高质量的阅读推广，是摆在河北图书馆界的一大课题。做好阅读推广是国家和民族赋予图书馆人的崇高使命。

1.2　创新阅读推广服务方式是图书馆自身的建设的需要

图书馆自身的建设发展，也要求其必须参与到推动全民阅读的队伍中来，并且担当主力军的角色。特别是高校图书馆，兼具图书馆的服务职能和高校的教育职能，既要为读者服务又要对大学生实现高质量育人，所以做好高校

图书馆的阅读推广工作，就显得尤为重要。

1.3 创新阅读推广服务方式是图书馆延伸教育职能、培养学生的现实需要

石家庄学院图书馆馆员王子龙，在2015年登陆河北卫视中华好诗词栏目，闯关夺魁，蝉联擂主。此后王子龙又陆续登陆江苏卫视、陕西卫视、贵州卫视等电视媒体参与文化节目，其国学功力和诗词魅力，被人民网、新华网等权威媒体报道，王子龙成为了明星馆员。基于这一点，石家庄学院图书馆在实践中探索出了具有较高可操作性的明星馆员的阅读推广思路，这是充分挖掘明星馆员的示范作用，来引导读者阅读的新尝试。

"明星馆员"阅读推广团队，通过六个方面的系列阅读推广活动，创新服务形式，有效促进全民阅读，实现图书馆为地方文化建设服务的职能，也从整合京津冀三地优秀阅读推广人的角度，促进了京津冀一体化阅读推广，具体有六大系列：①用电视媒体等媒体开展阅读推广②同龄示范阅读推广③组建馆属精品社团明月诗社开展阅读推广④利用公选课进行阅读推广⑤启动明星馆员会客厅项目整合社会文化资源促进大学生阅读⑥走出校门进行全社会文化交流互动等。

图1 明星馆员带领馆属精品社团明月诗社的同学们参与河北电视台节目录制，
延伸图书馆育人职能，拓展大学生素养。

图2　明星馆员阅读推广案例宣传海报，展示了六大系列阅读推广成果

明星馆员是石家庄学院图书馆着力打造的"能上电视，会阅读，懂推广的专业阅读推广人。"[1]明星馆员通过自身的文化魅力，和登陆电视节目后产生的粉丝效应，来进行示范性阅读推广，再利用自身的集聚效应，团结更多的阅读推广人，共享阅读推广盛举。

图3　明星馆员走进重点中学，和社会资源联动，践行走出去思路，
做好宽领域立体化的阅读推广工作。

明星馆员中明星是个相对概念，并非是要所有馆员都去上电视，更不是说馆员要成为娱乐明星。明星馆员的明星效应是用来促进阅读推广的，是为了更好地为读者示范阅读。只要在一定领域内能够被广大读者认可的图书馆员，都可以打造成明星馆员，各馆完全可以结合自身特色打造属于自己的明星馆员。

2　活动概况

自2015年1月起，石家庄学院图书馆馆员王子龙参与了多档上星频道的文化节目，在节目中，明星馆员都不遗余力的利用电视媒体平台做阅读推广。河北省级媒体《燕赵晚报》以《满腹经纶观青史，一怀书卷写文章》为题整版报道了王子龙的国学特长和多年来致力于弘扬传统文化的事迹，报道被人民网、新华网、北京新闻网、天津新闻网等主流媒体广泛转载。百度百科还收录了"石家庄学院青年教师王子龙"的词条。王子龙成为了在京津冀乃至全国范围内都具有知名度的明星馆员。

2.1　利用电视等媒体开展阅读推广

王子龙登陆河北卫视《中华好诗词》、陕西卫视《唐诗风云会》、贵州卫视《爸爸请回答》、江苏卫视《一站到底》、广西卫视《收藏马未都》、湖南卫视《好好学吧》六大卫视频道的热播文化栏目，实现了图书馆人在电视媒体上的阅读推广，这是非常有新意和影响力的创举。在节目中，明星馆员都不遗余力地利用电视媒体平台做阅读推广，促进全民阅读，收到了良好的效果。

2.2　同龄示范阅读推广

同龄示范阅读推广是由明星馆员为纽带，整合全国知名的阅读推广人，作为同龄示范人，向不同年龄段的读者进行示范阅读推广。核心是挖掘读者身边的同龄示范人，用同龄人来进行示范阅读。明星馆员通过录制电视节目整合了参加节目的多名大学生、小学生偶像选手，邀请他们加入阅读推广事业，共享阅读推广盛举。

实践证明，邀请参加过央视《诗词大会》等文化节目的明星选手来充当同龄示范人最为合适。例如，在2015年六一儿童节到来之际邀请天津神童李尚荣担任同龄示范人，走进石家庄外语小学开展儿童节阅读推广活动。明星馆员和李尚荣小神童互动共同阅读推广效果良好。

外国语小学高级教师李琳感慨地说："通过天津小神童和明星馆员共同阅读推广，一改小学生不爱读书的弊病，在全年级都形成了至乐莫如读书的良好氛围。"

此外，明星馆员还邀请王泽南、楚凌岚、梁道萍、孙琳、畅欣、喻小倩等电视文化节目的明星选手，不断为石家庄市大学生做同龄示范阅读推广，借着这些明星阅读推广人的知名度，加上明星馆员的专业化指导，大学生群体读书热情高涨。

2.3　丰富第二课堂，以精品社团开展阅读推广

图书馆要延伸教育职能，特别是高校图书馆更要参与到学校的人才培养中来，这是图书馆的使命所在。教育部颁布的《高校图书馆规程》也明确规定高校图书馆要做好第二课堂的育人工作。石家庄学院图书馆有两社团一协会，通过这三大学生兴趣组织，延伸教育职能，做到服务育人。

明月诗社是依托图书馆聚集90后大学生诗人群体的社团，由明星馆员王

子龙担任指导教师，全面提高大学生素养，最终实现图书馆的文化育人的职能。诗社紧密对接河北省作家协会等专业团体，让同学们在图书馆里受到专业诗人和作家的指导。

兰亭书社是90后大学生书法爱好者团结在图书馆周围的兴趣社团，由图书馆副研究馆员焦运立和明星馆员共同指导。焦运立老师良好的书法专业素养，潜移默化的影响着社员。

另一大社团是读者协会。读者协会组织齐全，架构完整，是阅读推广活动的重要力量，由经验丰富的馆办公室主任苏海燕老师担任指导教师，非常有力地推动了读者协会的发展。在两社团一协会的齐头并进下，石家庄学院图书馆用学生社团来丰富第二课堂延伸教育职能，实现对大学生的精准阅读推广工作，取得了巨大的成效。

2.4 利用公选课进行阅读推广

明星馆员王子龙教学经验丰富。面向全校开设《传统文化与人生发展》、《中国文化史纲要》《大学语文》等三门公选课，还应邀为毕业生开设《大学生职业指导》必修课。每门课的选课人数都突破了上限200人，开课的目的是把阅读推广活动和课堂教学有机结合，让阅读推广活动真正能教书育人，助力学生成长。

明星馆员王子龙具有高校教师资格证，授课经验丰富，多次被教育局表彰为优秀教师，常有外校大学生来旁听课程。石家庄学院师范生众多，在就业指导课上，经过明星馆员的辅导，学生大都能一次性通过教师资格考试，在各地教师招聘考试中也屡获佳绩。明星馆员常说："公选课课堂就是阅读推广的舞台，来听课的几百学生，就是固定下来接受阅读推广的读者。阅读推广活动可以看成广义的教学活动，读者是活动的主体，馆员起主导作用。利用课程平台，可以把读者固定化。"

教育部2016年颁布的《高等学校图书馆规程》明确要求"图书馆应全面参与学校人才培养工作。""积极参与校园文化建设，开展阅读推广等文化活动。"利用好公选课平台就是要为了落实好京津冀一体化协调发展和促进全民阅读两大国家战略。

2.5 启动明星馆员会客厅项目

图书馆以明星馆员为核心，突破传统的阅读推广模式打造了"明星馆员会客厅"项目，让社会文化名人走进高校，和读者零距离。接触2015年进行的明星馆员会客厅活动，明星馆员和中国作协会员、著名诗人孟醒石交流诗歌创作经验，给同学们带来了不同风格的阅读推广。石家庄教育网报道了活动情况。

2.6　走出校门进行全社会文化交流互动

燕赵讲堂是石家庄市委宣传部举办的大型公益文化讲座，是市民近距离聆听专家学者分享学术成果的好地方。明星馆员受聘成为石家庄市燕赵讲堂的特聘讲师，经常深入街道社区、厂矿学校进行文化讲座，这个平台就是很好的阅读推广平台。

明星馆员在实践中，也经常把京津冀三地优秀阅读推广人邀请到平台上，进行阅读推广，效果良好，还应邀出席省作协活动参与石家庄市高新区经典诗文朗诵大赛等活动，提升了图书馆的社会影响力，落实了图书馆的服务职能。

3　活动成效：

3.1　明星馆员阅读推广取得的成效

石家庄学院图书馆从 2015 年开始截止到 2016 年春，共进行明星馆员阅读推广及文化传播活动 52 场，获得了业界好评，明星馆员阅读推广案例还获得了 2015 年度河北省图书馆学会服务创新案例大赛一等奖。

其中：

①登陆卫视节目 6 场

利用电视节目平台做全领域阅读推广，提高了图书馆美誉度，节目有：河北卫视《中华好诗词》、陕西卫视《唐诗风云会》、贵州卫视《爸爸请回答》、湖南卫视《好好学吧》、江苏卫视《一站到底》、广西卫视《收藏马未都》。

②石家庄市燕赵社区大讲堂活动：10 场

为石家庄市桥西、裕华、长安等区街道社区做阅读推广及弘扬传统文化讲座，深受社区干部群众欢迎。期间邀请京津冀优秀阅读推广人共襄阅读推广盛举。

③校外大型阅读推广活动 10 场

先后为河北省新华书店、石家庄市开发区文化中心、石家庄市第一中学、石家庄市外国语小学、石家庄市桥西区外语小学、石家庄精英未来学校、河北科技大学、河北医科大学做阅读推广活动及讲座，深受大中小学生欢迎。

④深入贫困山区传播传统文化活动：随河北电视台深入井陉县平望村，

为农民诗会朗诵诗歌，为乡村诗人指导阅读。

⑤深入农村学校为留守儿童做阅读推广活动：去石家庄市长安区南村镇南村小学，为留守儿童做传统文化在身边的讲座。

深入军营为解放军做传统文化及阅读推广活动：随河北电视台赴宣化古城，为当地驻军做好诗词在军营特别活动。

⑥校内阅读推广及大学生传统文化教育活动 23 场

⑦明星馆员会客厅活动 1 场，邀请著名诗人孟醒石讲座。

⑧明月诗社活动 7 场，编辑《明月诗集》

⑨明月诗社优秀社员赵慧同学，发挥古诗吟唱特长，成功登陆河北电视台，和明星馆员共同参加文化节目。

⑩校内讲座 4 场，为教育学院、音乐学院、数信学院、化工学院做阅读推广及文化传播讲座。

⑪为师范生做教师资格考试及对应的阅读指导活动 10 场。辅导学生高分通过教师资格证考试。

⑫开设公选课三门：《传统文化与人生发展》《中国文化史纲要》《大学语文》

⑬参加其他社会活动情况：

受聘成为石家庄市燕赵社区大讲堂专家团成员，加入河北省硬笔书法协会和石家庄市作家协会。

参加中国硬笔书法协会及教育部考试中心联办的书法培训，取得国家硬笔书法高级培训师资质。

4 用户评价及反馈

4.1 媒体报道

河北卫视、陕西卫视、湖南卫视、江苏卫视、贵州卫视、广西卫视均有明星馆员王子龙参与的高收视率电视文化节目播出，优酷、搜狐等视频网站更是可以随时检索王子龙的节目，电视媒体对王子龙和石家庄学院图书馆进行了宣传报道，明星馆员有效利用电视平台开展了阅读推广。

人民网、新华网、中国新闻网、河北新闻网、河北德育网、石家庄教育网等主流网站都对明星馆员的阅读推广活动进行了系列报道。

《燕赵晚报》记者孟醒石专程采访了明星馆员，并以《满腹经纶观青史，一怀书卷写文章》为题，整版报道了王子龙。

4.2 思考

4.2.1 "明星馆员"可以复制

明星馆员不一定要上电视才算"明星",只要是一个领域内有知名度和正能量的人就可以作为阅读推广的示范人来主持阅读推广事业。各馆都可以根据自身情况试着打造自己的"明星馆员"。比如陕西省宝鸡文理学院图书馆的张筠涵馆员。多次以汉服展示参与宝鸡当地文学文化活动,虽未上电视,但仍取得了一定的社会知名度,在读者群中具有了非常良好的明星示范阅读效应。凡有张筠涵这位汉服才女参与的阅读推广活动,大学生读者都很欢迎,这就是明星馆员可以复制的道理。

4.2.2 开放的心态与高度站位

石家庄学院图书馆馆长李文革(研究馆员)多次勉励明星馆员团队:"站位要高、眼界要宽、多走出去,延伸图书馆的文化职能和教育功能。"也正是在李文革馆长高屋建瓴的指导下,明星馆员阅读推广团队才取得了骄人的成绩。明星馆员的实质就是全新的阅读推广人。王子龙2016年1月1日,在《图书馆报》二版发表了一篇长文,系统论述了阅读推广人对于阅读推广活动重要性,文章提到:我们需要的"具有开放的心态和一定影响力、有扎实的专业基础和授课才能、能站在文化的高度推动阅读事业前进的全新的阅读推广人。"[1]《图书馆报》是行业第一大报,该文的刊发,标志着业界对全新的阅读推广人的强烈呼唤。

4.2.3 图书馆要为阅读推广人的活动提供有力保障

图书馆对于促进新时代阅读推广人成长要有制度性保障。如高校要为图书馆员开课、上课提供便利。图书馆要鼓励馆员上课,鼓励阅读推广活动的创新,为阅读推广提供经费保障等。有条件的图书馆还要建立区域一体化阅读推广人整合中心,尽可能吸收区域内有一定知名度的优秀阅读推广人,为本区域的阅读推广活动助力。

明星馆员团队还很年轻,尚需要不断历练,不断进取。最后用三闾大夫的名言作为总结:"路漫漫其修远兮,吾将上下而求索。"相信在全国图书馆界同仁的共同努力下,阅读推广事业,一定会大放异彩。全民阅读乐读的书香中国,一定会早日实现。

5 资料附录：

5.1 电视阅读推广节目视频资料和媒体报道链接

1. 王子龙登陆河北卫视《中华好诗词》2015 年 1 月 3 日播出，视频网址：http：//tv. sohu. com/20150104/n407493073. shtml

2. 陕西卫视 唐诗风云会视频

http：//vod. kankan. comv8888493/476003. shtml？ id＝731021

3. 贵州卫视爸爸请回答视频

http：//v. pptv. comshowcdEiaoQlv3x2AicgI. html

4. 江苏卫视一战到底视频

http：//v. youku. com/v_ show/id_ XMTM1ODMzNjM0MA＝＝. html

5. 河北影视频道争分夺秒视频

http：//www. hebtv. com ‖ 0410/319220. shtml

6. 人民网报道链接：青年教师酷爱传统文化 参与诗词闯关栏目蝉联擂主

http：//bj. people. com. cn/n-0228/c82841-24022425. html

7. 河北新闻网报道链接：石家庄学院教师王子龙蝉联"中华好诗词"六期擂主

http：//hebei. hebnews. cn/2015-02/28/content_ 4584715_ 2. htm

8. 石家庄教育网报道链接：石家庄学院教师王子龙蝉联六期中华好诗词擂主

http：//www. sjy. net. cn/a-03/11/1426032960981. html

5.1 图片资料

图 1 人民网报道明星馆员王子龙截图

图 2 河北德育网报道同龄示范阅读推广活动

图3　石家庄教育网报道明星馆员会客厅阅读推广活动

图4　明星馆员登陆河北卫视《中华好诗词》，弘扬传统文化

图5　明星馆员在江苏卫视《一站到底》栏目现场阅读推广

图6　明星馆员在河北影视频道现场介绍阅读推广经验

6　参考文献：

［1］　　王子龙．我们需要全新的阅读推广人［N］．图书馆报 2016.1.1.

作者联系方式：

王子龙（1983-），河北石家庄人，历史学硕士。石家庄学院图书馆明星馆员。河北省硬笔书法协会会员、石家庄市作家协会会员。石家庄市燕赵讲坛特聘讲师。研究方向：阅读推广及传统文化教育。

电话：13803375603，0311-66617432

邮箱：78173469@ qq. com

地址：石家庄市长江大道 6 号 石家庄学院图书馆

邮编：050035

书院静雅　相约悦读
——"成栋书院·相约两小时"阅读活动

赵一霖　杨世静　王连伟

（东北林业大学图书馆）

摘要："成栋书院·相约两小时"阅读活动的根本意义在于让读者回到了阅读的本真状态，从阅读到悦读，让参与者于良性的读书气场中收获超越书本自身的价值。一卷在手，潜心而读；一书共读，清谈感悟；一人领读，张扩意境；众心同向，悦纳书香。

1　活动宗旨：

东北林业大学图书馆一直坚持开展阅读推广工作。图书馆在 2009 年成立业务推广部，部门工作的重要组成部分就是以广大读者为对象，从他们的实际出发，灵活机动而又组织有序地进行阅读推广工作。先后开辟了"读者沙龙"、"影音欣赏"、"书画笔会"、"学子论坛"、"百家对话"、"国学精粹"、"秀空间"、"追随你的视界"、"指尖逐梦"、"我爱记诗词大赛"、"成栋书院"等多个活动版块，结合每年进行的阅读推广主题系列活动，这些活动版块相应地进行着各有特色的活动，以满足读者的不同需求。

随着全民阅读活动的广泛深入开展，党和政府对全民阅读日益重视，李克强总理连续三年将全民阅读写入政府工作报告，"全民阅读"上升为国家战略的发展蓝图。在这样一个大背景下，高校图书馆自觉地进行阅读推广工作更是责无旁贷。2015 年，东北林业大学图书馆在多年来自觉进行阅读推广工作的基础上，与学校党委宣传部、团委等多部门联动，将阅读推广工作提升到"书香东林"建设的新高度。学校成立了阅读推广委员会，聘请了首批"领读者"11 人，建立了"成栋书院"。并在"成栋书院"推出了"相约两小时"读书活动。书院的建立成为东北林业大学"书香东林"建设的一个新阵地，也是东北林业大学图书馆阅读推广工作的又一个品牌项目。

"成栋书院"之"成栋"二字，取自东北林业大学首位校长刘达之名，一则表达对这位革命者、教育家的纪念，再则表达对莘莘学子的期望：希望学子们成长为国家的栋梁之才。"成栋书院·相约两小时"读书活动，旨在尊重读者的阅读需求，引导读者关闭手机，沉静心态，潜心于书籍的品读，或在领读者的引领下，研读作品，领悟作品作精髓。"摒弃躁念，片晌明静，手捧一卷，潜心阅读"，在这样的阅读情境下，让参与者储蓄知识，积累文化，提升鉴赏能力，收获心灵的美育。

"成栋书院·相约两小时"阅读活动的根本意义在于让读者回到了阅读的本真状态，一卷在手，潜心而读；一书共读，清谈感悟；一人领读，张扩意境；众心同向，悦纳书香。从阅读到悦读，让参与者于良性的读书气场中收获超越书本自身的价值，且此项活动的开展，在学校的各类读书活动中，以特点突出而引人注目。

图1　成栋书院内读者进行自主式阅读活动现场

2　活动概况：

"成栋书院·相约两小时"阅读活动，以两种形式开展。

图2　领读者刘文超老师就《读书与梦想》主题进行引领式阅读活动现场

2.1　读者自主阅读式

读者自主阅读式，是以学生社团"悦兰书会"为主要发起者，在全校范围内发出倡议，倡导"摒除躁念、潜心阅读"，每周在成栋书院进行两次阅读活动，每次两小时。

2.1.1　活动流程：

通知联络：活动进行前，社团负责人、图书馆方面会在微信中通知提示，参与者按时到达成栋书院。

2.1.2　阅读过程：

参与者必须关闭手机，静心读书。可将成栋书院内已备图书捧卷在手，也可以根据某个共同关注的阅读问题进行交流探讨，或读者将阅读中积累的问题提交到书会择时共同分享。参与者阅读书籍种类多样，书院会时时根据阅读者需求调配图书。阅读者的阅读体会以"一言推荐"、"佳言妙意"或"问题求解"等方式在阅读者中流转。

2.1.3　活动后续：

阅读活动结束，图书馆会及时将参与者的情况进行跟踪统计，筛选有价

相约成栋两小时，尽染书香气自华。第四期成栋书院"相约两小时"活动与您如期相约。

"双龙戏珠"、"天命玄鸟"……这些神秘的动物形象，承载了无数的文化信息。动物文化——中国独特的文化现象，蕴涵了先民的思考与认知，昭示了古老文明的雄浑与悠远，虽经岁月的沉淀，仍然瑰丽神奇。

主　题：《中国动物文化》精讲

领读者：马玉堃（野生动物学院教授）

　　动物作为人类赖以生存的自然生命物质，是人类社会存在和发展的基本条件之一。纵观中国的文明进程，动物作为文明的重要影响因素，一直发挥着不可忽视的作用。

　　本期嘉宾马玉堃教授，将从"动物文化"的视角，与我们探秘动物与人类不可分割的深层联系，解读作为我们精神生命之深刻源泉的动物文化，对人类文明及文化发展的影响；从语言、文字、绘画、建筑、哲学、政治、宗教等方面展示"动物文化"所给予的或明或暗的滋养与渗透。

欢迎广大师生积极参与

时间：3月29日（周二）18:00

地点：图书馆多功能厅（A区）

举办方：党委宣传部、图书馆、校团委、成栋书院

联系电话：82192551　　82192123

图3　书院静雅相约悦读成栋书院相约两小时阅读活动海报

值的问题或读者阅读心得在社团微信或馆报等处进行推送。或将问题引入下次活动的讨论，读书感悟的佳作可刊登于馆报、校报。

2.2　领读者引领阅读式

领读者引领阅读式，是以领读者为核心人物，以该领读者自创图书、自选图书或他选图书为读本，以领读者设定的问题、预告调查得到的问题及现场阅读产生的问题为阅读立足点，以听、读、诵、议等多种方式进行的阅读活动。

2.2.1　活动流程：

预设安排：将学校聘任的首批领读者邀约进行活动开展的总方案讨论，确定活动进行的程序、次数（每月一期），明确领读者领读的内容、次序安排。在校园网、图书馆网、微信等媒介发送活动预告。在校园内以横幅、海报等形式进行地推广宣传。

2.2.2　阅读过程：

参与者必须关闭手机，静心读书，静心听讲，参与诵读。领读者将预设问题进行分析讲解，或根据选读书本的内容采取相应的领读方法，或诵读精彩片断，或分析重要文段，或提要核心论断……领读者的领读方式各有千秋，听读者沉潜其中。在阅读活动中还设有互动环节，领读者针对现场读者提出的问题或答疑解惑、或点播引导、或求谋良思……不一而足，读者也可以即兴展示自己的才华，现场往往以良好的氛围，让阅读者品到静心阅读的淳厚滋味。

2.2.3　活动后续：

①在校园网、图书馆发布活动报道。
②接收并整理读者反馈参与活动的体会、感悟或意见建议。
③整理活动全过程及现场视频，馆内收藏。
④制成光盘，给领读者，读者有需求亦可赠予。

2.2.4　活动成效：

成栋书院自 2015 年 4 月 23 日成立以来，两种形式的"相约两小时"阅读活动一直按部就班地进行。读者自主阅读式，活动地点在成栋书院，书院每次接纳 40 余人，截至目前，已有一千余人次参加过此项阅读活动。领读者引领阅读式，活动在图书馆学术报告厅或多功能厅进行，因前期需进行有关程序等问题的商定，截至目前共进行四期活动，分别是《如切如磋话读书

——从<诗经·国风·卫风·淇奥>说起》、《<红楼梦>漫读》、《读书与梦想》、《<中国动物文化>精讲》，阅读活动每次的参与者限240人以内（场地有限），截至目前，已有近千人次参加过此项阅读活动。

"成栋书院·相约两小时"阅读活动，因读书活动目的明确、阅读方式灵活多样、阅读内容丰富广泛、时间安排合理、场地环境雅致，受到读者欢迎。在读者中的影响日益深入，在东北林业大学的"书香东林"建设工作中，彰显出它独有的魅力。

3　资料附录：

3.1　方案

成栋书院·相约两小时阅读活动方案

主题：如切如磋话读书——从《诗经·国风·卫风·淇奥》说起

领读者：赵一霖

时间：2015年10月23日

地点：成栋书院（图书馆B区201室）

前期准备：

1. 发布预告：拟好预告稿件，以图书馆微信、图书馆网主页、校园网主页、校内海报与条幅张贴、悬挂等多种形式进行活动宣传。

2. 印制读书所需材料：《诗经·淇奥》《诗经·鹿鸣》《短歌行·对酒当歌》。

3. 准备摄像、照相等设备及人员布置。

活动进行：

1. 录制全过程。

2. 活动即将开始，音乐播放营造气氛。

3. 领读者按个人领读计划具体实施领读活动。

4. 准备留言本，让领读者和参与活动的读者留言。

后期总结：

1. 写作报道稿件并及时发布于图书馆主页、校园网主页。

2. 整理视频，刻录成光盘，赠送领读者或参与活动的读者；视频留待上传为图书馆或东北林业大学精彩讲座。

　　3. 整理活动参与者的留言，了解读者的读书的要求或愿望。

3.1　媒体报道

首页>>东林要闻>>详细内容

漫读《红楼梦》畅叙两小时
——成栋书院"相约两小时"活动如期开展

　　11月28日晚6时，成栋书院"相约两小时"活动在图书馆B201室成栋书院如期举行。活动由成栋书院领读者之一、图书馆业务推广部主任、中国古代文学博士赵一霖主持，吸引了来自我校不同院系的20余名师生以及韩国留学生参加，大家在静读与热议的交替过程中，品味着"轻启《红楼梦》书扉，叩听《石头记》绝响"的经典绝世。

　　"相约两小时"阅读活动是成栋书院和悦兰书会共同打造的专题栏目，活动倡导参与者

　　在摆脱电子设备控制的读书环境中，静静地捧着一本纸质图书，进行一种返璞归真的阅读，全身心地享受阅读的美好。

　　活动开始之初，赵一霖邀请悦兰书会负责人李颜慧同学对《红楼梦》的人物关系进行了介绍。李颜慧同学以曹雪芹小传开篇，介绍了《红楼梦》的成因，又以金陵十二钗为重点，为大家厘清了《红楼梦》的人物关系图谱。

　　活动中，赵一霖为大家介绍了《红楼梦》作为"显学"的研究情况，并节选了《红楼梦》中《黛玉之死》一段，带领大家进行阅读赏析。阅读者们轮流朗读，自觉接续，认真地诵读，专注地倾听，并在赵一霖的引导下，静心思考，用心感悟。在整体感知之后，赵一霖与大家进行了自由的讨论，阅读者们或就情节设置，或就人物述评，或就写法鉴赏，不一而足，各抒己见。

　　在美好的阅读中，2个小时转瞬即逝，赵一霖最后鼓励大家不要放弃对经典的阅读，如果有时间，就捧书在手，用心阅读，用心感悟，坚持下来，受益良多。

　　成栋书院成立于今年的"4·23"世界读书日，旨在通过书院活动营造书香东林浓厚的读书氛围，为广大师生搭建读书交流平台，培养师生爱读书、勤读书、善读书、读好书的良好习惯。书院成立之初聘任了11位师生为首批领读者，定期开展读书分享活动，带领更多师生一道畅游文学殿堂，领略人类思想丰富多彩的精品华章。（杨世静）

作者联系方式：

单位：东北林业大学图书馆 业务推广部
联系电话：15303601963 15945186725 15846614048 0451-82192551
Email：836461422@qq.com
地址：哈尔滨市香坊区和兴路 26 号
邮编：150040

校园书香精品案例

"开卷有益　读书活动"
——澳门大学阅读推广案例

潘华栋

（澳门大学伍宜孙图书馆）

摘要：澳门大学伍宜孙图书馆与澳门大学学生事务部自 2012 年起合办"开卷有益读书活动"，旨在提倡校园阅读风气，丰富学生生活，同时配合大学"四位一体"新教育模式中的通识教育，培养融会贯通、见识广博的人才。学生阅读书籍，撰写读书心得，赢取书券等奖品。呈交的读书心得必经过严格的防抄袭检查。"读书周2015"为 2015-2016 年度读书活动揭开序幕，并将其推向新的阶段。"开卷有益　读书活动"具有一定的影响力、创新性和典型性，成效较显著。

1　引言及活动宗旨

阅读开阔眼界，阅读激发想象，阅读促进思考，阅读使人进步，从而推动国家和民族的进步。故此，阅读和阅读推广有着不言而喻的重要性，这个事实已经越来越受到业界和社会的认可。2016 年全国"两会"再次提议建立中国国家阅读节，把全民阅读纳入到国家的立法计划中。

图书馆具有丰富的信息资源，是传播知识的重地。而现代图书馆学的核心研究领域之一是社会阅读与阅读推广，并把促进社会公众的阅读定为图书馆的核心价值。[1]澳门大学伍宜孙图书馆（以下简称"澳门大学图书馆"）历来重视阅读的推广，在为学生提供与专业有关的书籍以外，还积极购置和鼓励学生阅读其他书籍，力求营造一个愉快阅读、轻松阅读的氛围，以拓宽学生的视野，促使他们通过书本探索世界和思考人生。从这个宗旨出发，2012 年 9 月以来，澳门大学图书馆协同澳门大学学生事务部每年举行"开卷有益读书活动"（英文名称：Free to Read，Read to Free），以推动校园内和澳门地区的阅读，同时配合澳门大学"四位一体"新教育模式中的通识教育，培养融会贯通、见识广博的人才。

2　"开卷有益读书活动"概况

自 2012 年创办，读书活动的具体活动时间是每学年第一学期的 9 月或 10 月到第二学期的 3 月。在 2012-2013 学年到 2015-2016 学年期间，主办方共收到 832 份读书心得，其中 653 份参与杰出作品大赛，40 份获奖。收到的读书心得逐年递增，各年具体数目，请见图 1。

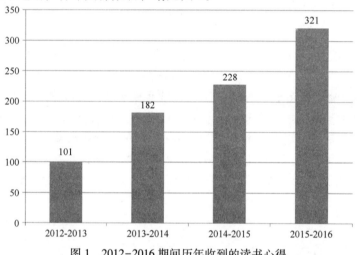

图 1　2012-2016 期间历年收到的读书心得

在实施方面，大学图书馆与学生事务部挑选一定数量的中文、英文和葡萄牙文书籍，包括不同体裁的小说和非小说类作品，并把书单公布在图书馆和学生事务部的网站上。同时，也在图书馆的显眼处展示这些书，方便学生借阅。学生在阅读完书籍和写完读书心得后，通过电子学习软件-Moodle 提交读书心得。工作人员收到心得后，在决定作品是否进入杰出作品大赛前，先使用反抄袭软件 Turnitin 检测其重复率。如果内容的重复率高于 40%，该心得就被视为抄袭之作，不得获取奖品，更不能参加大赛。同时，学生事务部老师会找心得的作者谈话，指出错误，使其认识到学术操守的重要性。

大学图书馆与学生事务部重视学生阅读兴趣的培养，提倡阅读不拘泥于媒介，鼓励用电脑和手机看书以及阅读推荐书目以外的书籍，并给出实用的建议，例如，建议学生根据个人兴趣读书。喜欢打篮球的，可以读姚明的成长故事。希望将来做生意、创业的，可以读比尔盖茨的自传。热爱烹饪的，可以从描绘名厨学艺经历的书籍入手。而对于学生的阅读需求，大学图书馆总是尽量满足，努力购买他们想读的书籍。

读书活动截止后，杰出作品大赛评选委员会评选收到的作品，通常评出 3 名优异奖和 7 名优胜奖。学生按照阅读的书籍和提交的读书心得的总数，赢得面值不等的可在澳门各书店购买书籍的书券，以及作者亲笔签名的书籍一本。获奖学生按照所赢的奖项，赢得另外数额不等的书券。每年的颁奖典礼在活动结束一个月后进行，由大学图书馆馆长潘华栋博士和学生事务长余小明博士亲自为获奖同学颁奖，并与学生分享读书心得。颁奖典礼后，主办方还会举办一个由知名学者主讲的读书讲座。例如，2013-2014 学年的颁奖典礼结束后，澳门大学中文系杨义教授为学生作了一场题为《读书的启示与方法》的讲座。大学图书馆也定期展出获奖读书心得，以鼓励学生积极参与活动。

让学生及时有效地了解"开卷有益读书活动"的内容以及参与方式，对于保证活动的成功至关重要。为此，大学图书馆和学生事务部每学年通过海报、网站、电子邮件、社交媒体（微博、Facebook 和 Twitter）、报纸等多种方式，对"开卷有益读书活动"进行宣传。海报风格每年各异，且选择不同的颜色作为主色调，以突出当年读书活动的特征。大学图书馆的网站上建有中英双语的活动专题网页，具体内容，请参考表 1[2]。

表 1   "开卷有益   读书活动"专题网页主要内容

栏目	内容或功能
首页	本年度活动海报（活动名称和时间、主办单位、奖励、联系方法和活动的 QR 码）
活动章程	宗旨、活动对象和时间、参加办法和奖励、交件方式、指定书单和附则
书籍清单	书单和书目信息
上载心得	有关上载读书心得的方法
阅读贴士	如何确立阅读目的、选择书籍和阅读的时机，如何在有限的时间下阅读，提供阅读技巧的网站，等等
最新资讯	历年活动海报、颁奖典礼暨讲座报道和花絮、得奖学生名单、读书周信息等

3   2015-2016 年度"开卷有益   读书活动"和"读书周2015"

2015-2016 年度的"开卷有益   读书活动"开始于 2015 年 9 月 1 日，截至 2016 年 3 月 13 日，活动对象同往年一样，是澳门大学的全体学生。主办方为今年的活动共推荐了 27 本课外读物，其中 11 部英文著作，12 部中文著作，2 部葡萄牙文著作，1 部日文小说的中译本，包括各类题材的小说和非小说类作品，涉及心理学、经济学、文学、励志、环境、信息科学等领域和主题。覆盖的著者包括莫言、林清玄、余秋雨、贾平凹、余华、村上春树、普林斯顿大学的经济学家 Alan Blinder、宾夕法尼亚大学的心理学教授 Martin E. P. Seligman 以及西方畅销书作家 Sheri Fink 和 Daniel Goleman。这些书寓教于乐，学生读来既能获取知识又能享受读书的快乐，充分体现了图书馆的休闲读书活动是一项充满活力、生机勃勃的对学生的人生有帮助的举措。[3]

本年度读书活动的奖励共分两大类，具体内容如下：

①读书奖

✦　　提交 3 份读书心得：价值 300 元澳门币的书券及奖状

✦　　提交 6 份读书心得：价值 600 元澳门币的书券及奖状

✦　　提交 10 份读书心得：价值 1 200 元澳门币的书券及奖状

②杰出作品奖

✦　　优胜奖 7 份：价值 500 元澳门币的礼券及奖状

✦　　优异奖 3 份：价值 1 000 元澳门币的礼券、奖状及作者亲笔签名书一本

于 2015 年 9 月 9 日到 9 月 16 日期间举行的"读书周 2015"是新增的项目。读书周期间举办的活动有读书周开幕礼、讲座（例如《西游记》为什么好看？什么是中国式幽默？）、电影观赏、书中寻宝、手工书制作工作坊、"好书交换"双倍印章等。读书周参加者共计 925 人，活动内容丰富多彩，充分体现了业界人士所强调的阅读推广策略应因地制宜、阅读推广活动应多样化富有创意的指导思想。[4]另外，图书馆还专门举办了阅读书展。读书周是 2015–2016 年度的读书活动的一个亮点，期间举办的活动获得多方好评。

4　活动成效和用户反馈

"开卷有益　读书活动"不仅因举办新书导读、书目推介、读书心得撰写等阅读推广活动，更因注重阅读教育和阅读品质，而在 2015 年"首届全国高校图书馆阅读推广案例大赛"总决赛中获得特别大奖。大赛评委和观众赞扬澳门大学图书馆和学生事务部工作认真细致，对读书报告的质量尤其重视。读书活动也给澳门大学的学生和教授留下宝贵的体会和感受，部分意见如下：

"我以前对读课外书没有兴趣，总觉得是一件浪费时间的事。我最初抱着

赢书券的心态来参加'开卷有益'读书活动。但是参加活动后，我发现课外阅读有很多好处，它不仅开阔我的视野，而且培养我思考和质疑的习惯，同时也是紧张的学习生活的一种调剂。而且，读英文的书多了以后，我的英语水平也有提高。我曾听说这样一个故事，犹太人在家中孩子刚懂事的时候，会让孩子去吻滴在《圣经》上的蜂蜜，目的是让他们知道书籍是甜美的，阅读是件好事。'开卷有益'活动就是让我理解和认同这个故事。"（张同学）

"自从'开卷有益　读书活动'开办以来，我已经参加了不止一次，而且今年是我参加的学校举办的唯一学生活动，因为我从这个活动中受益匪浅。我不仅读到了新书，而且重读了一些我高中时代读过的名著，使我对这些书从主题、时代背景和风格等各方面都有了更深的理解。而且，读书活动推荐好书，节省了自己选书的时间。我除了读活动推荐的好书外，还会去图书馆找类似的书看，这对提高自己的阅读水平很有帮助。"（王同学）

"'开卷有益　读书活动'的最大意义是在写作上训练了学生，培养了他们在这方面的信心和技能。因撰写读书心得而获奖的同学，以后必定知道这一类的文章应该如何撰写，这对他们的学习和研究无疑有深远的影响。没有获奖的同学也从中学到了写作技巧。有些同学的文章的内容很不错，但是因为不遵守基本的写作规范而在评选中被淘汰，这对他们是一个教训。在获奖作品颁奖典礼上讲解写作问题，对他们的写作有帮助。"（朱教授）

5　"开卷有益　读书活动"特征

澳门大学的阅读推广活动有一定的历史，已经形成真实性、创新性、典型性、具有影响力等特色。

第一、真实性。"开卷有益　读书活动"已经历时四年，每年组织的活动有数据、文字和图片记载。大学图书馆网站上的"开卷有益　读书活动"的"最新资讯"一栏，提供每年活动的主要信息。哈佛大学中国文学荣休教授李欧梵、北大中文系陈平原教授、澳门大学中文系杨义教授曾亲临澳门大学图书馆为学生讲授读书之道，见证了澳门大学"开卷有益　读书活动"的发展和成果。

第二、创新性。读书活动的创新之处主要体现在以下三点。首先是活动的英文名称："Free to Read，Read to Free"。这个名称用词简单，但是含义深刻，准确传达出阅读的真谛，并且读来朗朗上口，给人留下深刻的印象。澳门大学图书馆第一个使用这个寓意丰富的名称，是活动的一大创新之处。其次是活动的防抄袭理念和运作。活动鼓励学生读书，获取知识，但更注重培养学生诚实的学术品格。对于每一份呈交上来的读书心得，工作人员都会使用反抄袭软件检测内容的重复率。通过读书活动培养学生的学术风范，体现开卷有益的重要意义和创新之处。最后，读书活动开创澳门地区大学图书馆品牌化的阅读推广服务。澳门有九所高校，而澳门大学图书馆是唯一一所几年来系统地、持续地推广阅读的高校图书馆。在主办方的不懈努力下，"开卷有益　读书活动"已经成为本地高校阅读推广的一个特色。

第三、典型性。"开卷有益　读书活动"鼓励学生读课堂以外的各类好书，拓宽视野，培养人格和情操。活动以阅读为主，又辅以讲座、游戏、电影欣赏、手工制作等生动活泼的形式，并建立颇有意义的奖励机制，吸引学生踊跃参加。因此，对于一个高校阅读推广项目而言，"开卷有益　读书活动"在宗旨和内容上都比较到位，形式多样，且具有较强的可操作性，堪称典型的高校阅读推广活动。

第四、影响力。自 2012 年开办以来，提交的读书心得逐年上升，更多的学生在参与活动，显示活动的影响力在不断扩大。2015 年 11 月 11 日澳门本地最有影响力的报纸《澳门日报》对澳门大学的"开卷有益　读书活动"、"读书周 2015"以及活动在"首届全国高校图书馆阅读推广案例大赛"取得的成绩作了专门的报导。此篇报道被《澳门人才网》、《澳门综合资讯网》等其他媒体转载，为澳门社会广泛知晓。此外，由澳门高等教育辅助办公室主办和出版的《澳门高等教育杂志》，在 2016 年总第 14 期中报告了"开卷有益　读书活动"，肯定澳门大学图书馆和学生事务部通过此项活动，在用新颖方式推动校园阅读风气鼓励年轻一代爱上阅读方面，所作出的成绩。

6　展望未来

大学生除了阅读专业书籍，还应该阅读与他们心理成长和人格完善有关的课外书籍，而大学图书馆是大学校园中读书活动的策源地、总后勤和大舞台，因此大学图书馆应该对大学生的课外阅读起很好的帮助作用。[5]澳门大学深谙此理，大学图书馆与澳门大学学生事务部自 2012 年开始举办"开卷有益　读书活动"，迄今四年，得到学生踊跃参与，2015-2016 学年新增的"读书周 2015"更得到多方好评。过去的成绩带来很多鼓舞，未来将总结经验，推出更多不同形式的读书活动，以进一步推动校园和本地的阅读文化。

7 资料附录

图2 "开卷有益-读书活动2015-2016"颁奖典礼

图3 "读书周2015"活动花絮

今日日期： 2016年5月9日星期一　　　　　　　　　　　　　　▣ 版面導航

當前報紙日期： 2015 年11月11日　 星期三

◂ 上一篇 下一篇 ▸　　　　　　　　　　　　　放大⊕　缩小⊖　默认▣

全國閱讀賽澳大獲佳績

余小明與潘慧儂

全國閱讀賽澳大獲佳績

【本報消息】澳門大學兩項鼓勵閱讀的活動——"開卷有益：讀書活動2015-2016"及"讀書周2015"於"首屆全國高校圖書館閱讀推廣案例大賽"總決賽中突圍而出，奪得特別大獎。

图 4　《全国阅读赛澳大获佳绩》

8 参考文献：

［1］ 范并思. 图书馆学与阅读研究［J］. 图书与情报，2010，（2）：1-4.

［2］ 澳门大学图书馆. 开卷有益 读书活动 2015-16.［2016-03-30］. http：// library. umac. mohtmlevents/reading/index_ c. html

［3］ Catherine Sheldrick Ross, Lynne（E. F.）McKechnie, Paulette Rothbauer. Reading Matters：What the Research Reveals about Reading［M］. Westport, CT：Libraries and Community, 2015.

［4］ Jessica E. Moyer, Kaite Mediatore Stover. The Readers' Advisory Handbook. Chicago：American Library Association, 2010.

［5］ 范并思. 阅读推广：高校图书馆服务"新常态"［J］. 上海高校图书情报工作研究，2013，（2）：1-4.

作者联系方式：

潘华栋 澳门大学伍宜孙图书馆

电话：853 8822 8097

邮箱：jzxie@ umac. mo

地址：中国澳门特别行政区凼仔大学大马路澳门大学伍宜孙图书馆

邮编：无

阅读无止境，借书不限量
——中山大学阅读推广案例

何　韵　何　祯　司徒俊峰

（中山大学图书馆）

摘要： 2014 年 4 月 23 日，中山大学图书馆以"阅读无止境，借书不限量"为主题开展一系列阅读推广活动。活动在四校区同步举行，广受师生欢迎，具有主题新颖、关注度高、内容丰富、形式多样、受众广泛、持续性强、成效显著七大特点。活动不仅切实提高了馆藏文献利用效率，亦对高校图书馆打造持续性的阅读推广品牌活动、营造校园良好阅读氛围具有积极的意义。

1　活动宗旨

1995 年，联合国教科文组织确定每年 4 月 23 日为"世界读书日"。近年来，我国高度重视阅读推广工作。2012 年 11 月，十八大首次将"全民阅读"列入党的工作报告。2014 年两会期间，李克强总理在政府工作报告中首次提出"倡导全民阅读"。可见，从政府到社会再到一般民众，全民阅读正受到越来越多的重视，全民阅读的内涵也进一步丰富。

然而，在高校里，大学生的阅读现状却不容乐观。中山大学图书馆的图书外借总量持续下降，2013 年的外借总量比 2010 年下降了 41%，而图书的人均外借量也从 2010 年的 10.93 册下降至 2013 年的 6.42 册。一方面，学生的图书馆借阅率持续走低，另一方面，《2014 当当中国图书消费报告》指出中山大学荣列全国最爱图书消费的高校之冠。究此原因在于随着信息和通信技术的发展，传统阅读受到数字阅读的猛烈冲击，高校图书馆亦面临着用户阅读模式转变带来的服务模式变革的挑战。图书馆作为大学精神的守护者与文化传承的阵地，对营造书香校园责无旁贷。

为此，中山大学图书馆不断探索，努力打造具有创新性的、可持续性的品牌活动，提升师生的阅读兴趣，保障师生的阅读权利。2014年4月23日，中山大学图书馆推出"阅读无止境，借书不限量"政策，并以此为主题同步开展阅读推广系列活动，主线为宣传"阅读无止境，借书不限量"的借书新规则及"阅读有礼之环保袋、帆布袋设计征集及借阅赠送活动"，支线为"与书相伴的时光摄影大赛"、"阅读新星评选活动"以及"微书评大赛"，这些不同形式的活动都旨在全民阅读的大背景下开展师生喜闻乐见的阅读活动，切实践行"智慧与服务"的馆训和"用户永远是正确的"人本理念。

2　活动概况

从2014年4月23日"世界读书日"起，中山大学图书馆正式实施"阅读无止境，借书不限量"的新政策，该政策的具体内容为：取消原有每人每次限借10册书的规定，持校园卡借书的读者借书册数无限量，预约册数亦无限量。与此同时，借阅期限从原来的60天缩减为30天，允许续借一次，期限亦为30天。意味着每本书的周转期为60天。如遇其他读者预约同一本书，则不可续借，按期归还。此外，为活跃阅读气氛，图书馆向广大师生征集"环保袋和帆布袋"设计创意图，并以获奖设计为底本制作精美环保袋和帆布袋，作为活动期间的赠品送给借阅量排行前列的读者。

为了让新政策顺利实施，中山大学图书馆同步实施相应的配套保障措施。考虑到借书不限量可能导致的需求矛盾，图书馆进一步完善原有的预约和催还制度。具体措施包括：（1）确保在线预约及校区互借的顺利进行。当某位读者所需图书被他人借走或馆藏地非所在校区，读者可自行登录图书馆主页办理图书预约请求，并选择相应的取书校区。（2）提供邮件预通知服务。图书到期前五天，图书馆的自动化系统会自动发邮件提醒读者，到期后会再次发送；当借出图书被他人预约，图书馆会发出预约催还通知，提醒读者在规定时间内归还图书。

在推行"阅读无止境，借书不限量"新政策的同时，中山大学图书馆借此契机开展一系列的阅读推广活动，主要有以下三个：

（1）"与书相伴的时光"摄影大赛

该大赛旨在通过寻找与书相伴的最美画面，与读者一起分享校园书香生活的点点滴滴。活动共收到参赛作品65幅，经投票最终评选出优秀作品30幅，在四校区巡回展出。

（2）"阅读新星"评选活动

该活动根据2014秋季学期的借阅数量，在大一新生中评选"阅读新星"，活动中共有 98 名新生获选为中山大学首届"阅读新星"，借阅量排名第一的新生在秋季学期借书 219 册，排名 1 000 名以内的新生最少借书 23 册。图书馆为这些喜爱阅读的新生赠送了精美的借阅史清单信件和纪念品等。

（3）"微书评大赛"

图书馆从凤凰网、当当网、新浪、亚马逊、三联书店等图书榜单中精选 100 种优秀图书，以图文并茂的方式发布在四校区图书馆微博及网站上，读者以此作为书评对象，在微博上发表评论作品。活动得到读者广泛参与，共收到参赛作品 148 篇，评选出一等奖 5 篇、二等奖 10 篇、三等奖 30 篇。对这些优秀作品，图书馆除制作优秀微书评海报在各校区展出外，同时在主页、微博及微信平台中进行展播。

新政策实施一年后，中山大学图书馆配合"借书不限量"这一主题，又设立一年四个图书借阅超期豁免日，即每年 4 月 23 日（"世界读书日"）、9 月 10 日（教师节）、9 月 28 日（孔子诞辰纪念日）和 11 月 12 日（孙中山诞辰日、中山大学校庆日），归还超期借阅图书的读者，享受豁免超期借阅图书责任的普惠待遇；超期借阅图书的读者亦可在"超期豁免日"办理图书续借手续，原有借阅超期责任同时自动免除。这一举措旨在消除读者超期不还书的心理顾虑，进一步鼓励读者多借书，多阅读，并尽量按期归还图书，提高图书的周转率和利用率。

3　活动成效

中山大学图书馆多年来着重在服务意识、服务模式、服务品牌等方面下工夫，从"智慧与服务"馆训，到践行公平、开放、共享和"用户永远是正确的"的图书馆理念，在国内率先取消图书借阅"超期罚款"制度而改为做题温习规章制度，从 2014 年实施"阅读无止境，借书不限量"这一创意到 2015 年设立超期豁免日，图书馆时时刻刻地都在思考如何最大限度满足读者需求，并通过一系列举措来提高馆藏文献的利用效率。实施"阅读无止境，借书不限量"政策后，图书馆借阅量显著提升，读者反馈热烈，活动卓有成效。

"阅读无止境，借书不限量"的借阅制度大地激发了读者的借书和阅读的热情。据调查显示，2014 年 4 月 23 日-30 日活动期间，全馆日均借书量为 2 953 册，比同年前四个月（2014 年 1 月 1 日-4 月 22 日）的日均借书量（1 871 册）增长了 57.8%。从全年来看，2014 年图书外借量亦比 2013 年增长约 3.9%，图书馆在借阅量上首次实现扭亏为盈的局面。

3.1　借阅总量

对比 2013 年与 2014 年秋季学期的单月借书总量数据，2014 年的单月借书总量要明显多于 2013 年的单月借书总量。2014 年秋季学期（共计五个月）的借阅总量较 2013 年秋季学期上涨了 22%，每月的借阅量也明显多于 2013 年同期的借阅量。且这个上涨随着时间还有逐渐增加的趋势（详参图 1：单月借书总量对比图）。

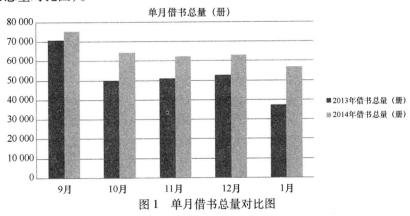

图 1　单月借书总量对比图

3.2　预约总量

作为"借阅无限量"政策的辅助手段，中山大学图书馆的预约服务也是与借阅一样是不限册数的。对比两年秋季学期的数据，预约图书的总量有了飞速的增长，除了即将临近放假的 1 月份，9-12 月的单月预约册数均突破了8 000 册。而 2014 年 9 月至次年 1 月的一个学期预约总量比上一年同期增加超过一倍（详参图 2：单月预约图书总册数对比图）。

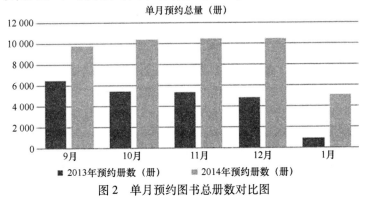

图 2　单月预约图书总册数对比图

3.3　人均借书量

2014 年 9 月以来，每月人均借书量同比均多于 2013 年。据统计：2014 年 9 月到 2015 年 1 月总的人均书量为 11.00 册，2013 年 9 月到 2015 年 1 月总的人均书量为 8.76 册，实施"借阅无限量"后，人均借书量同比增加 25.57%。这说明"借阅无限量"政策对于读者多借阅图书起到了一定的鼓励作用（详参图 3：单月人均借书量对比图）。

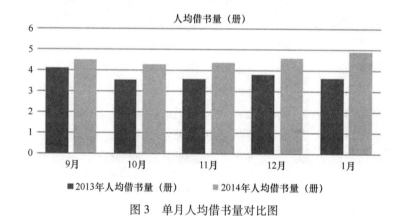

图 3　单月人均借书量对比图

3.4　读者在借图书册数统计

自 2014 年 4 月 23 日开始施行"借阅无限量"以来，中山大学图书馆有借阅行为的读者共有 36 810 人，其中曾经持有图书超过 10 册的读者共有 4 505 位①。换言之，有 14% 的借书读者确实享受到了"借阅无限量"带来的好处。根据统计结果，施行"借阅无限量"政策以来，读者持有图书册数最多的高达 129 册，而持有图书册数在 50 册以上的读者则有 62 位。借书册数在 10 册以下的读者仍占据 80% 以上。这说明，放开借阅册数限制后，读者借阅图书仍较为理性，按需借书，没有出现恶意借书的行为（详参表 1：读者在借图书册数最大值分布表）。

① 统计时间：2015 年 2 月 5 日

表1 读者在借图书册数最大值分布表

类型	读者人数	占借书人数的百分比
1 册-10 册	32 305	87.76%
11 册-20 册	3 596	9.77%
21 册-30 册	608	1.65%
31 册-40 册	173	0.47%
41 册-50 册	66	0.18%
51 册及以上	62	0.17%

3.5 读者单本图书平均借阅天数

读者单本图书平均借阅天数 2014 年的数值较之 2013 年有明显减少，从原来的平均 40 天左右，降低到 27 天左右。这说明了随着"借书无限量"政策的实施，缩短为 30 天的借阅期限使得读者单本图书平均持有时间缩短。而从统计数字看出，作为配套政策的缩短借阅期限这一政策的确影响了读者的借阅习惯。9 月后，读者平均借阅天数已经不超过 30 天，说明读者已经习惯了 30 天内还书。一定程度上促进了读者借书尽快利用，减少借书后闲置不归还的不良借阅行为，提高了图书的流通速度（详参图 4：单册图书平均借阅天数对比表）。

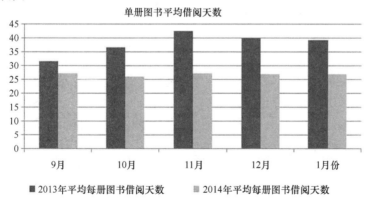

图 4 单册图书平均借阅天数对比图

3.6 品牌效应与新闻媒体报道

"阅读无止境，借书不限量"主题活动既是一次成功的阅读推广活动，也是一场持续性较长的品牌活动。从"环保袋和帆布袋"设计、实施"借阅无限量"制度开始，各项活动接踵而至，持续将近一年时间。2015 年又在此基础上推行"超期豁免日"，将各项制度不断完善的同时，也让活动继续发挥热力。同时，中山大学图书馆将"猫头鹰"作为吉祥物，除"环保袋和帆布袋"的设计外，还有一系列纪念品和宣传品诞生，以其睿智聪明彰显"智慧与服务"的馆训，以生动的形象吸引校内外读者关注的目光，形成品牌效应。

除此以外，此次活动受到省内各主流媒体如《南方都市报》、《信息时报》以及网络媒体凤凰网等的广泛报道，产生了一定的社会影响力。

4　用户评价及反馈

"阅读无止境，借书不限量"制度推行后，师生们对外借册数无限量，预约册数无限量纷纷表示非常高兴和欢迎。一位读者在 4 月 23 日当天借了 20 多册书，他说："在图书馆读书几年，终于盼到了外借无上限的政策，感觉非常激动。"还有读者说："以前预约只能是 2 册，每次只能从东校区预约来 2 本书，要研究某个方面的课题的时候，只能是慢慢等书借回来。现在就方便很多了。我一次性预约了 23 册图书，把需要的书籍都借回来，复印后就可以进行研究了。"

与此同时，也有读者持不同见解，认为借书不限量会导致图书馆无书可借，又或者借书太多借期太短导致图书被囤积，特别是热门的图书。但是，从实施后的经验来看，这些情况无需过分担心。中山大学图书馆拥有丰富的馆藏资源，而且每年增加文献购置经费的投入，实施兼顾品种与复本的采访策略，是为新政策的基础保障。此外，据调查显示，新政策实施后，80%的读者的持书量仍在 10 册以下，并没有出现恶意借书现象，单本图书的平均借阅天数也从 2013 年的 40 天降为 2014 年的 27 天。可见，绝大多数读者均比较理性，根据自身需要借书，并逐步适应新的借阅制度，加快图书的流通速率，形成良好的借阅习惯。

中山大学"阅读无止境，借书不限量"阅读推广活动将"用户永远是正确"的以人文本的服务理念真正融入实践，在阅读推广专业委员会指导下高效有序地开展工作，从最基本的流通服务入手，整合现有资源，提高资源利用率，与时俱进地推出提升借阅量的新举措，全方位地开展阅读推广活动，营造书香校园，让读者重新认识图书馆，爱上图书馆。该活动具有主题新颖、关注度高、内容丰富、形式多样、受众广泛、持续性强、成效显著七大特点，并为高校图书馆解决借阅量下降，阅读率走低的难题提供有益的思路。

5 资料附录

图 5 "阅读无止境 借书不限量"活动当天现场

图6　"阅读无止境 借书不限量"活动宣传海报

图7　"阅读无止境 借书不限量"信息时报报道

6 参考文献：

［1］ 中山大学图书馆．关于设立"超期豁免日"的通告［EB/OL］．［2016.05.07］．
［2016.04.23］．

［2］ 何祯，司徒俊峰．高校图书馆"借阅无限量"的实践与思考［J］．大学图书馆学
报，2015（4）：14-18.

［3］ 贺雪平．"阅读无止境，外借无上限"外借服务探析——以中山大学图书馆为例
［J］．图书馆学刊，2015（9）：1-3.

作者联系方式：

通讯作者：何韵
单位：中山大学图书馆
联系电话：13822282360
EMIAL：详细地址：广东省广州市海珠区新港西路 135 号
收件人：何韵
邮编：510275

"在复合式阅读中享受发现的快乐"
——云南师范大学阅读推广案例

张　昱　　蒋金和　　王顺英

（云南师范大学图书馆）

　　摘要：本阅读推广案例旨在通过复合式阅读途径多角度提升阅读，让读者在体验式阅读中享受阅读发现的乐趣，从而让阅读插上翅膀，多元化支撑阅读，以期更好地服务于"全民阅读"。案例推广后，阅读量得到显著提升，示范性强，读者反映强烈，得到了师生的广泛好评。

1　案例推广目的及意义

　　2004 年，中国图书馆学会首次将 4 月 23 日"世界读书日"引入中国，提出了开展全民阅读的倡议[1]。近年来，党中央从国家战略角度把"全民阅读"提上了议事日程，文化部也策划推出全年系列阅读活动，充分发挥各级各类图书馆在促进全民阅读工作中的主阵地作用，以世界读书日、图书馆服务宣传周、全民读书月为载体，推出一批示范活动和地方主题阅读活动，树立"让阅读成为一种生活方式"的理念，推动全民阅读常态化、长效化。

　　高校图书馆作为学校的文化信息中心，是这种新常态的引领者，对大学生思想和阅读具有重要引领作用。在此背景下，高校图书馆以"世界读书日"为契机，加强阅读推广，努力探寻适合自己特点的阅读推广活动，倡导读书、组织读书、服务读书。虽然各高校图书馆在阅读推广上目标一致，但尚处于各自为政、形式单一、难以形成常态化分散开展状态。

　　"复合式"一词，已经逐渐运用于英语[2]、语文[3]以及考试[4-5]等领域，但尚未拓展到阅读推广中。但阅读是一个复杂的过程，好的阅读需要眼到、手动、心入和神会，其"复合式"阅读恰好发挥听说读写体验为一体，能最大的调动读者阅读兴趣和感悟，有效服务读者，具有实用性强和便于推广的特点。云南师范大学图书馆为丰富学生的课外生活，充分利用好"文艺、体育、学术"三个平台，结合自身实际，利用"文化月"为平台，推广复合式阅读。通过结合新形势、新媒体、新现象，通过形式多样的专题活动，为师生提供全方位的阅读体验，提高阅读兴趣，引领读书热潮，打造文化精品，营造书香生活。活动囊括馆内读者体验、专题读书会、掌上阅读、经典图书推荐、专题阅读征文、专题讲座和免超期滞纳金月等活动，提供一个多元阅读推广样本，在复合式阅读中体验发现的乐趣。创新性开展复合式阅读推广，倡导深度阅读，快乐阅读，走出了一条相对可行、操作简便、易于推广、影响广泛、反应良好、示范性强的多元化复合阅读推广之路，在开展阅读推广活动方面已初现成效。

2 阅读推广案例实施

2.1 复合式阅读的内涵与定位

复合式阅读，区别于传统单一阅读模式，是集听、说、读、写和读者亲身体验等多重观感于一体的阅读方式。为了充分发挥高校图书馆的资源优势和学校文化中心地位，云南师范大学图书馆多年来一直在探索能够有效体现自身特色，充分展现馆藏资源，并且易于让更多读者接受并参与的阅读推广模式。在总结了以往开展各项活动的经验教训，通过连续 3 年的"图书馆文化月"活动的探索和实践，创造性的总结了一套以推行复合式阅读为基础的阅读推广活动方案。

方案定位于提供一种框架性的多元化阅读推广案例蓝本，从多种不同的感官体验开展阅读推广，让图书馆开展的活动能够迅速被读者接受并推广，同时活动开展所需经费、人力资源较少，容易被大多数高校图书馆借鉴参考，有一定的示范作用。

2.2 复合式阅读活动开展的平台和主体

2013 年，为配合世界读书日阅读推广活动，云南师范大学图书馆在往年开展活动的基础上，开始尝试"图书馆文化月"系列活动，将以世界读书日为中心的阅读推广活动时间延长，以期覆盖更多读者，扩大活动的范围和影响力。2014 年，"文化月活动"在图书馆主导下，联合校团委、学生处和党委宣传部共同开展"书香师大"系列活动活动，通过联合从事学生管理和宣传的部门，有效扩大了活动的覆盖面，并且使活动资金来源有保障，便于校内推广。2015 年，在总结两次文化月活动成功举办的基础上，图书馆提出了以"复合式阅读"为主的长期阅读推广计划，确立了以"文化月"系列活动为平台，"复合式阅读"为手段的阅读推广方案，确保在未来较长一段时间内能够建立起经典的活动品牌，并且每年有创新。

同时，在图书馆的指导下专门成立了校级学生社团：云南师范大学学生馆员协会，社团拥有完整的管理团队，健全的规章制度，参与图书馆的管理服务工作，是图书馆面向全校，服务全校师生读者的社团，为师生读者和图书馆搭建起了沟通的桥梁。现有会员 400 余名，是一个爱心的传播站，奉献的天堂，社团为图书馆开展相关活动，搭建读者和图书馆之间的桥梁起到了积极的作用，为阅读推广提供了广泛的传播媒介。社团自发开展读书会、书法、绘画获奖作品比赛以及馆内摄影大赛，倡导爱心传递，让即将毕业的同学将图书文献捐赠到图书馆的"爱心接力站"，传递爱心，营造良好的图书馆环境和文化氛围。依托学生馆员协会作为活动的主体，让图书馆开展的阅读推广活动可以普及到学校的各学院、各年级。通过鼓励发挥大学生创造性和自主性，让学生不仅作为活动的参与者，更作为活动的组织者，使得活动开展能更贴近大学生的实际需求，真正开展一些"接地气"阅读推广活动。

2.3　复合式阅读推广内容

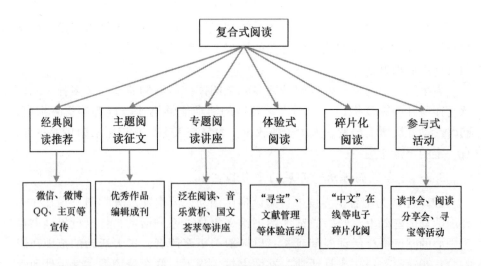

复合式阅读活动内容主要有：一是图书馆通过利用电子屏幕、图书馆网站、微信、微博以及 QQ 等平台对经典图书进行推广，倡导经典阅读、碎片阅

读等。二是搭建阅读交流平台，开展"图书馆与经典"和"国学赏析"等主题征文，并已将优秀稿件编辑为《湖畔之音》共两期。三是开展"书香校园悦读时间"、"书香依旧——电子书的阅读体验"等专题讲座。四是与中文在线—书香师大和书生之家等公司合作，开展掌上阅读、手机阅读等手段，以碎片阅读、实时阅读等形式，让阅读进入生活的每一个瞬间。五是通过发动学生馆员带动读者广泛参与，有利于阅读的深入推广和传播，通过开展读书会、书法绘画作品比赛和编辑阅读小报等方式开展阅读推广，覆盖面广，参与性强，在读者和图书馆间搭建起桥梁作用。六是开展馆内创新性体验式阅读活动。

3 案例推广成效

复合式阅读除了包含传统意义的读书以及讲座、征文、交流会等听书读写活动外，最大的特色就是注重开展读者体验式活动。图书馆通过开展的馆内体验，如读者服务调查，文献资源整理与建设，爱馆建馆活动，爱心接力站赠书，图书寻宝等活动，让读者亲身获得体验感，丰富阅读的内容和乐趣。以图书寻宝为例，2015 年文化月活动期间图书馆组织了"留住历史印迹，探秘图书宝藏"文化寻宝活动。通过学生馆员带领读者，深入图书馆二线书库和旧书书库，寻找到一大批盖有"国立西南联合大学图书馆"、"长沙临时大学图书馆"和"东陆大学图书部图记"等藏书印章的图书。这样的活动不仅还历史以真实，具有重要文献整理价值，而且使读者在书海中了解图书馆文献资源建设工作的特点，体会到了西南联大历史的厚重，在书山中探寻隐秘，激发阅读欲望，珍惜宝贵的读书机会，让读者的体验从单纯的读书转化为寻找自己有兴趣、有意义的图书，进而发现自己的兴趣和目标。

3.1 入馆读者数及读者借阅量持续提高

云南师范大学图书馆新馆于 2012 年完成主要搬迁及整理工作，在开启全面服务工作的同时，也加大了对阅读推广工作力度，效果趋于明显。随着 RFID 自助借还系统在图书馆的使用，读者可带包进入书库，极大地方便了读者，同时，随着复合式阅读推广活动的实施，图书馆年入馆人次数和读者借阅量得到显著提升，受到校内读者的广泛好评。

年份	入馆人数（人次）	图书借阅量（本）
2013 年	1 076 640	272 836
2014 年	1 185 263	352 840
2015 年	1 210 477	357 279

3.2　体验式学生馆员已发展成为云南师范大学图书馆的一张名片

依托图书馆，面向全校师生，开展读者服务。完成《大学生搜集和利用时政信息能力的研究》等大学生科研训练项目和课外素质项目 3 项，编辑完成了学生馆员交流平台学生馆员协会会刊"湖畔之音"三期。学生馆员协会发展，一方面有效缓解了图书馆职工人员不足等问题，提高了图书馆的读者服务质量，维护了校园的和谐与稳定，为学校教学和科研做出了积极贡献。另一方面，发挥了服务育人和管理育人的作用，培养了学生馆员组织协调能力，提高了他们的综合素质。因工作开展较好，示范性强，已成为了师大图书馆的一张名片，山东师范大学、青海师范大学、广西师范学院、云南经济管理学院等高校图书馆纷纷来馆交流学习管理经验。

3.3　阅读推广得到全校师生的积极响应和关注

经过发展和建设，云南师范大学图书馆每年一度的文化月活动已经成为品牌，并且成为由学校宣传部牵头，校团委、学生处、研究生部和各学院配合参与，图书馆主办的校级活动。2014 年，以学校名义推出了大学生必读书目、知名学者推荐书目，受到了校内读者的广泛关注，所推荐图书也被抢借一空。2015 年，在推广"复合式阅读"的指导下，校内各部门学院举办各种阅读体验交流活动近百次，有效地把全民阅读，快乐阅读的思想普及到了老师和同学之中。

4　师生读者评价好，示范性强

通过参与"复合式阅读"活动，读者表示这样的活动把传统单一的阅读体验转变成在探索和发现中去学习新知识，认识新朋友，享受这个过程的快乐。这些活动把原来枯燥的阅读变得生动有趣，重新让大家获得对阅读、对学习的渴望。图书馆通过这些活动的开展，让阅读成为了读者的一种生活常态，一种人生态度，成为他们的精神追求。

2014 年文化月活动总结作为典型材料在中国图书馆协会高校图书馆分会网站上分享后，由中国现代教育装备杂志社、中国图书馆学会高等学校图书馆分会网站于洋老师作为经验交流在通讯员 QQ 群交流。同时也得到云南网、云南日报等多家媒体的宣传报道。

图1　分管副校陈勇教授参与"书香师大"启动仪式并致辞

图2　学校党委书记叶燎原等领导参加读书会

图 3　"留住历史印迹，探秘图书宝藏"文化寻宝活动现场

5　参考文献：

［1］　文化部邀专家研讨图书馆与全民阅读［EB/OL］. 新华新闻网, http：//news. xinhuanet. com/book/2015-03/26/c_ 127625112. htm.

［2］　徐星海. 四级听力复合式听写真题详解［J］. 新东方英语, 2004, 8：9-13.

［3］　黄淑琴. 中学语文阅读教学教师反馈话语研究［D］. 广州：暨南大学, 2007 年.

［4］　沈蕾. 大学英语考试复合式听写的效度研究［D］. 南京：南京大学, 2010 年.

［5］　田兰霞, 田美玲. "复合式"作文教学模式初探［J］. 新课程学习, 2009, 4：48.

作者联系方式：

姓名：张昱：13888060850　14502070@ qq. com

蒋金和：13577178887　240306210@ qq. com

王顺英：13888082506　459203916@ qq. com

单位：云南师范大学图书馆

地址：云南省昆明市呈贡新区　云南师范大学图书馆

邮编：650500

"聆听经典，品味书香"
——哈尔滨商业大学阅读推广案例

（哈尔滨商业大学图书馆）

摘要： 为引导全校师生阅读国内外经典名作，营造良好读书氛围，哈尔滨商业大学图书馆 2015 年联合学校团委举办了"聆听经典，品味书香，哈尔滨商业大学首届名家名作朗诵会"。整个朗诵活动历时近 4 个月，分为各学院初赛、复赛、决赛和集中展演等几个阶段，集中展示了全校师生阅读名家名作的成果，为广大师生奉献了一席精神大餐，在全校引起了强烈反响。

1　活动背景和主题

经典，是超越时空局限、有影响力的权威著作。高校图书馆作为传播人类文明的重要场所，汇集了众多不巧的经典著作。这些超越时空、影响久远、历久弥新的传世之作，是我们共同的精神瑰宝。然而，目前很多大学生对经典缺乏阅读热情，普遍存在"阅读目的不明确"、"功利性阅读倾向"、"热衷娱乐消遣性的网络阅读"等现象，接触经典越来越少，这种状况令人担忧。

为引导读者阅读国内外经典著作，提升师生阅读品味，营造良好读书氛围，哈尔滨商业大学以图书馆为主阵地，专门成立了"哈尔滨商业大学经典阅读指导委员会"，制定了经典阅读推广年度计划和方案，开展了"经典阅读沙龙"、"经典图书推介"、"名家名作朗诵会"等一系列阅读推广活动，收到了良好效果。图书馆每月举办一期"经典阅读沙龙"活动，定期开展经典图书推介等活动，宣传优秀馆藏，指导学生阅读。图书馆联合药学院、校团委先后举办了"药学院师生诗文朗诵会"、"哈尔滨商业大学首届名家名作朗诵会"，在全校范围掀起读书热潮。这些阅读推广活动的开展，不仅提高了读者的阅读兴趣，而且提升了馆藏资源利用率。

2　活动概况

2015 年 4 月 23 日，在第二十个"世界读书日"到来之际，图书馆与学校团委联合举办了首届"聆听经典，品味书香"名家名作朗诵会。本次朗诵会以丰富校园文化为宗旨，以"聆听经典，品味书香"为主题，以获奖节目展演的形式，集中展示了全校师生阅读名家名作的成果，从而为广大师生奉献了一席精神大餐，在全校引起了强烈反响。

2.1　活动内容和形式

本次朗诵活动以比赛方式进行。参赛选手朗诵古今中外名家经典作品，诗歌、散文、戏剧、小说片段等均可，体裁不限。朗诵时可采取独诵、齐诵、对诵、合诵等形式。个人朗诵时间不超过 4 分钟，多人朗诵时间不超过 8 分钟。参赛选手可根据朗诵作品的内容配乐或配舞，根据需要设置场景、选配道具和服饰以增强朗诵作品的艺术感染力和舞台表现力。

2.2　活动过程

整个朗诵活动分为部署阶段、初阶段赛、复赛阶段、决赛阶段和展演阶段等五个阶段，历时近四个月。

部署阶段从 2014 年 11 月 15 日起至 2015 年 3 月 31 中旬结束。本阶段，图书馆作为活动发起者从 2014 年 11 中旬开始进行朗诵活动的策划、撰写活动方案，主动联系宣传部、学校团委及各学院协商活动的相关事项，下发活动方案。各学院做好朗诵活动的动员、部署工作。在此阶段，图书馆向各学院推荐了经典作品朗诵参考篇目及全文，各学院师生开始进行诵读活动。

初赛阶段从 2015 年 3 月中旬起至 4 月初结束。本阶段，各学院在全员诵读的基础上，在本单位内部进行初赛。初赛前，由基础科学学院专业教师对各单位参赛人员进行朗诵方法、技巧等方面培训，以提高每位选手的朗诵水平。初赛结束后，全校 20 个单位共推荐出 26 个节目参加复赛。

复赛于 2015 年 4 月 16 日学校大礼堂举行，由评委打分，确定了 19 个节目入围决赛。复赛结束后，图书馆与相关部门立即着手决赛的相关准备工作，包括决赛现场多媒体设备的布置、摄像人员、主持人及朗诵嘉宾的确定等。

决赛于 2015 年 4 月 22 日举行，经评委打分，药学院选送的《钢铁是怎样炼成的》（图 1）、金融学院选送的《少年中国说》获得本次朗诵比赛一等奖，药学院选送的《我的南方和北方》、金融学院选送的《与妻书》、财政与公共管理学院《少年志·中国梦》等节目获得二等奖，外语学院选送的《雨巷》、研究生学院选送的《夜莺之歌》轻工学院选送的《中华颂》等节目获得三等奖。决赛结束后，立即进行了展演晚会的彩排。对参加展演的节目进行重新整合，确定出场顺序，对主持人串词进行了重新编排。

图1 药学院选手朗诵名著《钢铁是怎样炼成的》片段，该节目获比赛一等奖。

2015 年 4 月 23 日晚 18 时，我校首届"聆听经典，品味书香"名家名作朗诵会展演晚会正式举行。全校两千余名师生和演职人员，在近两个小时的时光里，以饱满的精神和真挚的情怀，一起"聆听经典，品读书香"。校长辛宝忠、党委副书记李秉治、副校长张志军、校工会主席李晓梅和部分中层干部全程参加并为获奖者颁奖。

整台展演晚会分为"诗满中华"、"情韵商大"、"励志青春"三大篇章，充分诠释和实现了"汇聚经典美文，共享名家名作"的设想和追求。

在弥漫《茉莉花》香的《雨巷》，在《我的南方和北方》，拥有《中华魂》的人们，共同吟唱《你的祖先名叫炎黄》；从《少年中国说》（图2）到《少年志·中国梦》，再到《走向复兴》，一篇篇《诗词情韵》，豪迈地表达了《我骄傲，我是中国人》的壮丽情怀；《在商大遇见最美的自己》《感恩的心》《春江花月夜》，体现着、记录着"情韵商大"的《青春对话》；《与妻书》《钢铁是怎样炼成的》，激励着人们践行核心价值观，坚定理想和信念。深刻的思想，精湛的语言，优美的韵律，深情的朗诵，启迪了智慧，丰富了心灵，提升了境界，涵育了文明。声情并茂的演绎，多媒体的运用，引起了全场的共鸣，收获了阵阵掌声。

图 2 金融学院选手朗诵梁启超名篇《少年中国说》，该节目获比赛一等奖。

这次朗诵会是我校纪念第二十个"世界读书日"和推进"书香商大"系列活动之一，是在初赛、复赛、决赛的基础上，最后经过评比选择、精心编排的一次集中展示，成为学校文化活动的又一个亮点和品牌。

3 活动效果与体会

本次阅读推广活动由图书馆组织策划，联合学校团委、学生社团等单位共同实施，达到了在全校范围阅读经典、朗诵美文的阅读推广目的。

在整个朗诵活动中，全校师生踊跃参与。全校 20 个学院全部派出选手参加朗诵比赛，各学院在本学院内举行初赛，进行选拔。在朗诵会中直接登台表演、朗诵的师生多达 500 余人。4 月 23 日朗诵会展演晚会，能容纳 2 000 人的学校大礼堂座无虚席，学校领导、部分兄弟馆馆长和全校师生一起聆听经典、品味书香，盛况空前。

通过开展一系列经典阅读推广活动，我们收获了以下体会：

　　第一，学校领导的高度重视是经典阅读推广活动得以实施的首要前提。本次朗诵会的成功举办，离不开校领导的大力支持。主管校长亲自部署朗诵活动、审阅活动方案并提出修改意见，督促各单位积极参与。学校领导和部分中层干部全程参加朗诵会展演并为获奖者颁奖。学校领导的高度重视，确保了朗诵活动的顺利开展。

　　第二，各学院和职能部门的配合是经典阅读推广活动顺利进行的关键。学校团委等职能部门在本次朗诵会中发挥了重要作用，正是他们对整台晚会精心组织，对朗诵节目巧妙编排，才给所有观众呈现出如此精彩的朗诵晚会，从而更加激发出师生朗诵名家经典的热情。

　　第三，图书馆的引领和主阵地作用的发挥是经典阅读推广活动深入开展的必要保证。图书馆在朗诵活动中充分发挥了引领作用和资源优势。本次朗诵活动由图书馆发起和策划，在活动中发挥了桥梁和纽带作用，把图书馆打造成了阅读推广活动的主战场。在活动中，图书馆精心编选了"经典作品朗诵参考篇目"推荐给各学院，并将经典篇章的原文提供给他们，为阅读推广活动做好了资源保障。同时，图书馆员也积极参加了朗诵活动，在朗诵会展演中朗诵了张若虚的著名诗作《春江花月夜》（图3）。

　　第四，学生积极性的调动及社团作用的发挥是经典阅读推广活动的强大依托。在朗诵活动中，我们充分调动了学生积极性，发挥了学生社团的作用。图书馆与书友会、校文学社、图书馆学生管理委员会等社团紧密结合，这些社团的成员不但是阅读活动的积极参与者，也是我们开展活动的协助者。通过这些学生社团，以点带面，辐射全校，在校园内营造了更好的读书氛围。

　　第五，阅读推广长效机制的建立是保障书香校园建设的可持续发展的基本路径。要打造真正的书香校园必须建立阅读推广的长效机制，在打造适合本馆的阅读推广活动品牌的同时，长期深入开展阅读推广活动，才能在校园内营造良好的读书氛围，达到阅读推广的目的。

　　本次朗诵会取得了圆满成功，从部署、动员、初赛到复赛、决赛、展演，全校师生的"读经诵典"的参与热情让我们看到阅读推广的重大意义及图书馆肩负的责任。全校范围的经典作品朗诵活动是推动"全民阅读"的一种非常好的形式，今后，我们将每年定期举办一次经典诵读活动，并将其打造成新的校园文化品牌，让这些经久不衰的民族瑰宝激荡我们思想的火花，支撑我们人格的脊梁！

图3　图书馆馆员朗诵张若虚名作《春江花月夜》。

4　资料附录：

哈尔滨商业大学首届"聆听经典，品味书香"名家名作朗诵会活动方案

一、活动背景和主题

在人类文明的历史长河中，历代先贤创造的经典作品数不胜数，这些作品语言精辟、思想深邃，像一面面镜子，映照我们的心灵，启迪我们的心智。这些超越时空、影响久远、历久弥新的传世之作，是我们共同的精神瑰宝。

为进一步激发全校师生阅读经典的兴趣，提升阅读品味，营造良好的读书风气，我校定于2015年"世界读书日"期间举办首届"聆听经典，品味书香"名家作名朗诵会。本次朗诵会以弘扬社会主义核心价值观为主旋律，以丰富校园文化为宗旨，以"聆听经典，品味书香"为主题，通过朗诵比赛，激励、引领广大师生"爱读书、读好书、善读书"，打造商大校园文化品牌，提高图书馆馆藏利用率，积极有效地促进学校的文化内涵发展。

二、组织机构

主办：哈尔滨商业大学经典阅读指导委员会

承办：图书馆　校团委

协办：宣传部　校工会 药学院　网络中心 基础科学学院

总策划：张志军

策划：陶颖　贾妮燕

执行：孙明 王鹤腾 徐旭 刘文军 纪明奎

指导：李德学　卢翠莲　王桂清　王翠荣

三、活动内容

参赛选手朗诵古今中外名家经典作品，诗歌、散文、戏剧、小说片段等均可，体裁不限。

四、活动形式

朗诵以比赛方式进行。可采取独诵、齐诵、对诵、合诵等形式。个人朗诵时间不超过4分钟，多人朗诵时间不超过8分钟。鼓励朗诵形式的多样化与创新。可根据朗诵作品的内容配乐或配舞，可根据需要设置场景、选配道具和服饰以增强朗诵作品的艺术感染力和舞台表现力。

五、活动日程

（一）准备、部署阶段（2014年11月15日—12月31日）

1. 进行活动策划及宣传海报的准备。

2. 联系宣传部、校团委及各学院，协商活动宣传的相关事项。

3. 各单位做好朗诵活动的动员、部署工作。由校经典阅读指导委员会向各单位推荐经典作品朗诵参考篇目，仅供参考，自选为主。

（二）初赛阶段（2015年3月19日—4月3日）

各单位在阅读、朗诵基础上，自行组织初赛。初赛前，由基础科学学院专业教师对各单位参赛人员进行朗诵方法、技巧等方面培训，以提高每位选手的朗诵水平。初赛结束后，各单位推荐1—3个节目参加决赛评审。2015年4月3日上报初赛结果、参加复赛人员名单、朗诵作品篇目内容、时长及视频录像。

（三）复赛阶段

1. 对各单位推荐节目进行复赛，确定最终参加决赛的参赛作品和选手：2015年4月8日—20日。

2. 做好决赛的相关准备工作（包括场地、设备、主持人、朗诵嘉宾的确定等）

（四）决赛阶段

1. 决赛晚会彩排：2015 年 4 月 22 日

2. 决赛晚会：2015 年 4 月 23 日（星期四）

六、奖励办法

本次朗诵比赛将评出一、二、三等奖及单项奖若干名。

七、评比标准

评分采用百分制，评分标准如下：

1. 普通话（25 分）：吐字清晰，普通话标准。

2. 流利程度（20 分）：朗诵熟练，声音洪亮，正确把握诗歌节奏，韵律明显。若能够脱稿，则适当加分。

3. 情感表现（30 分）：能正确把握诗歌内涵，声情并茂，朗诵富有韵味和表现力，能与观众产生共鸣。能够很好地表达该诗歌的主题和内涵，升华了青年朝气蓬勃的气质，具有震撼感。

4. 总体效果（25 分）：精神饱满，姿态得体大方；感情饱满真挚，表达自然，能通过表情的变化反映诗歌的内涵。

朗诵形式富有创意，有配乐并情景切合，效果充分。

哈尔滨商业大学经典阅读指导委员会秘书处

作者联系方式：

作者单位：哈尔滨商业大学图书馆

联系电话：0451-84865081（陶颖馆长）

Email：hsdlib@163.com

邮寄地址：哈尔滨市松北区学海街 1 号 哈尔滨商业大学图书馆

收件人：纪明奎（手机 13115557856）

邮编：150028

"读书唤你追梦　技能助你圆梦"
——包头轻工职业技术学院图书馆

郭丽华

（包头轻工职业技术学院）

摘要：阅读、推广、创新是包头轻工职业技术学院图书馆连续12年开展读书活动的永恒主题！包头轻院图书馆在阅读推广活动中，拓宽服务领域，面向全社会服务，采取"三开放"、发挥"十平台"，实现资源推送。带领"巾帼文明岗"团队，建立了八大博学文化阵地，传承弘扬传统文化，努力营造智慧殿堂，得到了包头市乃至内蒙古自治区同仁的一致认同。

包头轻工职业技术学院图书馆从 2005 年开始，持续 11 年，以推进全民阅读、营造书香校园为目标，以"走进图书馆，畅游知识的海洋"、"书香传能量，技能强素质""读书唤你追梦　技能助你圆梦"等作为主题，开展形式多样、内容丰富的读书月活动，组建了 300 人的睿智读书协会、成立了二级学院的博雅书友会、创建了"翰墨书法、国学讲堂、茶艺飘香、精巧手工"等 8 大博学文化阵地、在校外设立了 6 个"流动图书馆"，在校内各二级学院创立了"师生读书园"，在班级开辟了"温馨阅读室"，在区内外开展了高校馆与公共馆的馆际交流与联盟共建，向社会捐赠图书杂志近千余册，每天敞开大门面向社会各界读者服务，让广大读者与书籍为伴，同智慧牵手。在校内外营造了"爱读书、读好书、善读书"的浓厚氛围，使包头轻院这一职业院校图书馆，通过开拓创新，着力打造读者的智慧天堂，成为阅读推广、彰显特色的文化名片！

1　阅读引领，团队前行

12 年来，图书馆在校内外"播撒书种、播撒爱"，秉承"铸品牌、构和谐、丰资源"的服务宗旨，以"敬（爱岗敬业）、默（默默奉献）、博（博学多才）、雅（举止文雅）的工作理念，开展创建"一流环境，一流设施，一流服务，一流业绩"的巾帼创建活动，践行"读者第一、服务至上"的办馆理念，紧紧围绕图书馆六大中心任务（教学科研中心、文化传播中心、借阅检索中心、信息资源中心、学术交流中心、会议接待中心），坚持环境育人、服务育人、知识育人、文化育人，合力打造智慧型数字化图书馆。在"巾帼展风采、书香育英才"、"服务成就梦想、书香传播文化"的理念感召下，创新性地开展"阅读推广"活动，员工们以"累，并快乐着"，大胆创新、勇于实践，取得显著成效。12年间，每年成功举办20多项读书活动，受到校内外广大读者的高度称赞，屡创佳绩。2015年图书馆荣获各类奖项12项，其中国家级6项，自治区级1项，包头市级3项，院级2项。分别是：荣获"全国巾帼建功先进集体"、全国"全民阅读先进单位"、首届"全国高校图书馆阅读推广案例大赛三等奖"、全国出版界图书馆界"全民阅读案例三等奖"、"全国高职高专院校图书馆论坛三等奖"、"全国最美图书馆"。曾被内蒙古自治区图书馆学会授予"2010—2014年度先进集体"、被包头市委组织部授予"基层服务型党组织示范点"、荣获"包头市首届妇女手工艺大赛优秀组织奖"、4月21日图书馆馆长郭丽华被授予包头市"阅读之星"荣誉称号、被学院授予"2014—2015年度优秀党总支"、"2014—2015年度先进集体"等荣誉称号。

2015年图书馆以"读书唤你追梦、技能助你圆梦"为主题，开展了22项读书活动。

（1）好书推荐活动。充分利用"微信悦读"平台（btqytsg）、校园网、图书馆网页，学生QQ群等，每周定期向校内外读者推荐30本畅销书目、专题书目和文津奖获奖书目等，让读者与名作结缘。

（2）师生共读一本书活动。在全院上下掀起阅读《中国梦 我的梦》一本书活动，举办阅读专题交流会36次，收到读书体会497份。

（3）读书征文活动。广大读者以诗歌、散文为题材，紧紧围绕"中国梦、轻院梦、我的梦"主题，憧憬未来，撰写读书感悟，活动共征集文章548篇。

（4）微信阅读分享活动。图书馆创建"包头轻院微悦读"公众平台，向社会各界发布信息共72期194条。内容包括：新书快讯、读者排行、馆内动态、节庆文化、国学经典、茶与健康、红酒品鉴、摄影技巧、励志名言等栏目，图文阅读次数达上万人次。

（5）智慧树有奖竞猜活动。在图书馆一楼大厅的两棵智慧树上，定期在每棵树上悬挂 100 张答题卡，周周更换，同学们争先恐后踊跃答题，有奖竞猜，拓宽广大师生知识面。

（6）数据库资源培训活动。图书馆特邀同方知网（北京）技术有限公司、软件通公司、方正阿帕比公司、北京超星集团公司、银符考试题库等技术专家来我院进行数据库资源培训，场场爆满。广大师生参学率高。目前在内蒙古自治区高职院校图书馆中，包头轻院 CNKI 点击率名列前茅。

（7）优秀影视展播活动。为丰富大学生校园文化生活，图书馆利用每周三和周日晚 7：00 至 9：00，在图书馆第二多功能厅，为全院学生免费放映最新优秀影片，传递正能量。

图 1　"我读书，我快乐"知识大比拼

（8）专家学者读书分享活动。为了激发大学生追梦，圆梦，图书馆采取读"真人图书"的方式，在国际会议厅邀请知名人士进行阅历分享。让榜样的力量在校园中迸发。

（9）手机移动图书馆宣传推广。为了加强数字图书馆建设，在全院推广使用手机移动图书馆，并采购 3 台歌德电子图书借阅机，为广大读者提供"口袋里的图书馆"的便捷服务。

（10）"传承经典、弘扬文化"国学讲座活动。特聘请公共服务学院杨梅老师为全院学生进行为期一个月的"传承经典、弘扬文化"专题讲座。让广大学生传承美德，提升修养。

（11）亲子阅读活动。为进一步拓展图书馆的校外服务功能，培育书香家庭，激发孩子们阅读兴趣，图书馆与社区幼儿园联系，开辟亲子阅读区，让小朋友们走进图书馆博雅书屋，感受阅读带来的乐趣。

（12）演讲比赛活动。"青春让梦想飞扬"，通过各学院层层选拔、推荐和激烈的初赛、复赛，26 名决赛选手用智慧和才艺彰显着青春的活力。

（13）书评活动。"阅读增长智慧"书评活动已成为图书馆每年在馆内外读者中营造读书氛围，开展读书推荐的一项日常活动，推荐优秀书籍开展读书沙龙分享，已成为图书馆阅读推广的一大亮点。

（14）茶文化讲座。图书馆与包头鸿林茶文化公司采取跨界合作，在全院开展茶文化培训。组建了女子茶艺表演队，对校内外读者免费开展茶文化传播。目前此课程已成为包头市志愿服务学院一项重点文化推广项目。

（15）书法、篆刻笔会交流活动。"文化提升素养"特邀包头市书法家协会成员及包头市大自在印社的书法、篆刻艺术家来我院图书馆翰墨书法室进行笔会交流活动，诠释文化真谛。

（16）剪纸作品大赛活动。剪纸作为包头市申报"国家非物质文化"项目，在全市广为普及，为将民间艺术瑰宝发扬光大，图书馆特邀包头市民间文艺家协会主席要红霞等一行十几名剪纸艺术家亲临现场进行指导。全院近百名剪纸爱好者参加了本次剪纸大赛，大家在娴熟的技艺交流中，展示着艺术的魅力。

（17）才艺展示活动。阅读形式丰富多彩，知识载体层出不穷，在每年读书月活动中，学生们以琴、诗、书、画、歌、舞等表现形式，展现艺术天赋，使经典诵读更富有内涵。

（18）葡萄酒品鉴活动。特邀逸香国际（包头）葡萄酒文化传播有限公司资深品酒师曹志峰经理，以"葡萄酒与春天的约会"为主题，就葡萄的种植和葡萄酒酿造工艺以及葡萄酒的鉴赏、储藏、饮用等知识和大家分享，让读者在品鉴中体验红酒文化。

（19）诵读与情景剧大赛。"品读书香 传诵经典"是我院读书月活动精华部分，选手范围之广，参与人数之多，规模宏大，气氛热烈，各位优秀选手声音甜润、抑扬顿挫，并于 4 月 23 日代表学院参加了包头市图书馆举办的诵读展演，均获得了市级表彰和奖励。

（20）"中国梦"有奖知识竞赛活动。这是一场由 320 名学生集体参加的

图 2　非遗传承人要红霞老师指导学生剪纸

大型现场答题活动。200 道试题围绕"中国梦"精心选出，师生广泛参与，海选现场活跃，赛事新颖，全场同学既是观众，也是选手，最终评出 20 名学生上台参加决赛，比赛精彩纷呈。

（21）读者之星评选活动。为吸引读者到馆阅读，激励学生热爱读书，图书馆定期评选"读者之星"，设立读者排行榜，并在每月予以表彰。

（22）开展全民阅读志愿服务活动。轻院图书馆设立了 12 个"志愿服务文化阵地"，为包头市志愿者搭建了文化育人平台，并专门采购志愿服务书籍，设文明网络培训，进行"文明引导""公益广告"等文化讲座，为包头市文明之城作出贡献。

2　阅读推广、服务创新

图书馆充分发挥智慧殿堂的作用，将纸质、电子资源通过"三开放"（"馆内开放""校内开放""社会开放"）；十平台（微博、短信、微信、QQ群、手机移动图书馆、电子阅览室、触摸屏、借阅机、图书馆网页、CRP）等，促进馆际与读者间的信息交流、互动和资源服务。

2.1 馆内开放

包括馆藏资源的全开放，即采用藏、借、阅、网、研、读一体化服务格局，当读者步入图书馆，就如同置身于大型书市，所需资源，伸手可及，一卡通、汇文系统简便快捷。

2.2 校内开放

在校内各二级学院创立"师生读书园"，在班级开辟了"温馨读书室"，以二级学院各班级为单位集体办理借书卡，在全院范围内组建了"博雅书友会"、"睿智读书协会"，全面开展各项读书活动。让学生以书为媒，经常交流读书体会，参加读书沙龙，广泛培养阅读兴趣和习惯。同时图书馆为学院部门及教职工个人"量体裁衣""按需定制"，建立了"机构数字图书馆"和"个人数字图书馆"，实现馆藏资源"模块化""个性化"，真正达到"为书找人"的目的。

2.3 社会开放

图书馆为更好地发挥高校图书馆服务社会的功能，在全市范围内建立了"营区、社区、校区"三区联动，推进"全民阅读"，从开馆至今，面向社会广大读者全面开放，校外读者可凭本人身份证直接到馆办理借阅证。积极在武警包头市支队教导队、武警包头市支队二大队、武警包头市森林警察中队、中国人民解放军63726部队包头站、包头边防检查站、包头市青山区乌素图办事处建华社区、包头市南海老年养护院、包钢洗衣房、轻院幼儿园、包头白云区图书馆等地创建"流动图书馆"，扩大服务范围，传播文化知识，拓展和延伸了高校图书馆文化传播范围及领域。

3 传承文化、凝练特色

图书馆以"服务成就梦想，书香传播文化"为主题，着力打造文化特色，以哲理文化、美德文化、专业文化、书香文化、艺术文化，传播能量，提升素质。

38名员工，合力营造智慧天堂，创建"书香三八"，"八大博学文化阵地"；"八个特色资源书室"；"八种魅力员工之星"，每一项内容都凝练出丰富的服务内涵。

"八大博学文化阵地"；图书馆先后与国际逸香葡萄酒教育公司、包头市鸿林茶文化有限责任公司、包头市纳美文化传媒公司、包头市大自在印社等社会企业共同筹建"葡萄酒品鉴""茶艺飘香""微电影视界""篆刻艺术"

等文化阵地，同时又与我校二级学院共创"摄影沙龙""翰墨书法""国学讲堂""艺术创想""精巧手工"等8个博学文化阵地，为传承中国文化，创新服务理念进行着大胆尝试，目前8个文化阵地已为广大读者免费开展培训96场，为丰富全院师生文化生活搭建了广泛的学习交流平台。

"八个特色资源书室"；为构建读者之家，各借阅室结合自身特点，营造了八个特色资源书室：有"研读书室"、"文雅书室"、"睿智书室"、"经典书室"、"馨阅书室"、"博览书室"、"慧智书室"、"博雅书室"，每个书室都有它特殊的元素和含义，同时图书馆在各阅读区域放置读者学习、生活工具箱，设有天气预报提示栏，学习时间表等，处处营造人性化的温馨书房。

"八种魅力员工之星"：为激励员工"爱国、敬业、诚信、友善"，在工作、学习、生活中彰显馆员自身价值，图书馆开展了"八种魅力之星"评选活动，大家用自己感动的故事，生动地诠释了生命的闪光点，38名员工，通过感动事迹评选出八种魅力之星：有学习之星、智慧之星、勤奋之星、文雅之星、善良之星、快乐之星、厨艺之星和孝敬之星，每个人对这些荣誉都相当珍惜，因为她是一种骄傲、是全馆人员对彼此人格魅力的充分肯定。

图书馆阅读推广活动的开展，得到了学校领导的大力支持及全校师生的广泛参与，2015年各项活动参加总数达到16 738人，获奖人数达380人。接待读者85 510人次，图书整理上架归位10万余册，借阅图书11 173册，使用同方知网的总次数达到216万人次，其中通过漫游账号访问的总次数达到了13.8万人次，其中本年度访问知网次数达到80万人次。歌德电子图书借阅机，内置2 000本最新的电子图书，每月更新电子图书200本，学生下载频率高。阅读推广，让轻院图书馆焕发了生机与活力，每天到馆读者络绎不绝，座无虚席，学生们借助读书活动平台，展现了自己的聪明才智，为成就梦想"充电补钙"。

2015年6月10日，包头日报专版刊登"拿什么留住你、我的读者——包头轻院公共馆生长记"，记者以读者访谈、到馆纪实、查阅资料等形式，对包头轻院图书馆进行专访，最后获得的感悟是：包头轻院图书馆用环境吸引、服务牵引、文化指引长期服务于校内外各类读者，持续12年开展全民阅读活动，取得良好效果，得到广大读者一致认同。

2015年馆员发表论文共计57篇，研讨论文35篇。获批内蒙古自治区高等学校科学研究项目立项（图书专项）1项，获批包头市科技局课题1项，获批学院科研课题2项。3年来受到全国各大媒体报道65次，其中：中国图书馆学会高校分会和中国图书馆界报道共42次。

图3　手机移动图书馆宣传推广

在阅读推广过程中，图书馆全馆人员潜心学习，用心服务；每天以饱满的工作热情，塑造着"巾帼岗位"的文明形象，营造着阅读推广的良好氛围，全力打造热心、细心、耐心、专心、诚心的"读者满意"服务特色。始终秉持——让阅读成为习惯，让书香溢满社会。

作者联系方式：

作者：郭丽华
单位：包头轻工职业技术学院图书馆
联系电话：0472-3629898　13284729600
Email：1661994262qq.com
邮寄地址：包头轻工职业技术学院图书馆
收件人：郭丽华　邮编：014030

畅民族文化 享民族风情
——石河子大学图书馆

　　摘要：石河子大学图书馆连续 8 年举办读书节活动，本次读书节结合国家"一路一带"战略，结合新疆特定的环境，结合本校特点，在 4 月 23 日举办"畅民族文化，享民族风情"少数民族优秀文化展示活动，通过对少数民族图书、文化、文字、服饰等的展示，吸引各族师生关注少数民族文化，促进民族团结，活跃校园气氛，丰富校园生活。

1　活动案例的思路

　　共建"丝绸之路经济带和 21 世纪海上丝绸之路"，是我国"让亚欧大陆上不同肤色、不同语言、不同信仰的人们携起手来，共同走向更加美好生活"的战略构想。图书馆参与"一路一带"共建战略，能够发挥其文化传承、大众传播、无围墙学校、开放包容的优势，打造好民心相通的软环境。

　　为此，在新疆这个丝绸之路经济带上的石河子大学图书馆举办的"书香盈满人生路"读书节之"畅民族文化，享民族风情"少数民族优秀文化展示活动依托"一路一带"共建战略为目标，以"建立书香校园"为宗旨，以世界读书日为契机，促进民族团结，和谐校园气氛，丰富校园生活。

　　开展读书活动和少数民族文化交流活动，将民族语言文字、各族优秀的文化学者及他们的著作介绍给汉族同学，促进民族团结，活跃校园气氛，丰富校园生活，用读书滋养人们的心灵，让文化搭起民族和谐的桥梁。

　　新疆是多民族聚集的地区，石河子大学少数民族师生也占相当比例。因而，这一活动是要通过展示少数民族优秀书籍和文化，在广大师生中宣传、普及少数民族文化知识，开阔视野，丰富校园文化生活，加强青年一代对中华文化的认知和认同。

2 活动案例策划

2.1 活动名称："畅民族文化，享民族风情"——2015 年石河子大学图书馆"书香盈满人生路"读书节系列活动之一

2.2 活动时间和地点：2015 年 4 月 23 日，石河子大学图书馆休闲大厅

2.3 活动目的：通过少数民族的文化、图书、文字及名人的展示，吸引各族师生关注少数民族文化，促进民族团结，活跃校园气氛，丰富校园生活，用读书滋养人们的心灵，让文化搭起民族和谐的桥梁。

2.4 活动对象：主要在校的少数民族同学及部分汉族同学

2.5 展示内容：少数民族文字起源、著名作家的优秀作品、少数民族语言、少数民族书法作品。

2.6 展览形式：将各类作品以图片的形式制作成 ppt，现场为各民族师生展示。实体展览中，少数民族同学现场展示名族文字书法，与汉族同学互动。

2.7 活动流程

（1）前期的内容准备：一是推荐书目方面，由民文阅览室挑选维吾尔族、哈萨克族、柯尔克孜族等文字的优秀作品推荐给少数民族同学。二是现场展示优秀作家的作品以及作品改编的电视剧

（2）ppt 制作：设计并制作 ppt，在 ppt 中展示维吾尔族、哈萨克族、柯尔克孜族的语言文字的起源、语音字母的构成；各族优秀的文化学者及他们的著作。

（3）布展与宣传：活动定于 4 月 23 日开幕，在此之前应通过海报、微博、人人、微信等方式大力宣传，为活动造势。

（4）活动形式：维吾尔族、哈萨克族、柯尔克孜族的同学们身穿本民族的服装，分别介绍了他们各自民族的语言文字的起源；语音字母的构成；各族优秀的文化学者及他们的著作。由少数民族同学担任语言教师教在场的汉族同学学说民族语言，气氛生动有趣。由维吾尔族、哈萨克族、柯尔克孜族同学中书法优秀者，现场书写本民族文字，展示民族语言文字的独特与优美，许多汉族学生将自己的名字或自己喜欢的名言警句交给书法家，当他们手捧着由维语、哈语、柯尔克孜语三种文字组成的书法作品时，脸上露出了新奇而满意的笑容。

3　活动参与者

本次活动由石河子大学图书馆主办、石河子大学宣传部、大学文明委员会、少数民族学生社团、心理咨询中心、大学动物科技学院、农学院、机械电气工程学院协办。

4　活动的举办过程

4.1　活动时间：2015 年 4 月 23 日

4.2　地点：石河子大学图书馆一楼休闲大厅举办。

4.3　方式：实体展览以优雅大气的海报、展板为载体，采用"图书介绍+ppt+现场展示"的形式，内容丰富，图文并茂。

5　活动的效果

5.1　读者好评如潮：

本次活动首次以少数民族文化为中心内容吸引了广大师生，一经宣传即引起了极大关注、好评和共鸣。在图书馆休闲大厅，大家被少数民族的服饰、书法所吸引，纷纷上前与少数民族同学互动。

5.2　增进了各民族之间的交流互动

现场的学说民族语言、学民族舞蹈、欣赏得奖作品将活动推上高潮，体现了各族学生对其他民族文化的欣赏之情。

5.3　民文阅读量大幅提升，取得了很好的实际效果

此次活动大力倡导民族团结、民族融合以及多读书、读好书的阅读理念，也显著提升了少数民族文字图书的被关注度和借阅量，使得图书馆少数民族阅读工作不再停留在推荐层面，而是进一步取得了实际效果。

在此次活动的影响下，大学团委于 6 月也举办了"多彩中华史，魅力民族情"大型民族风情展。《石河子日报》、《北疆晨报》、石河子电视台对本活动进行了报道。

图书馆举办的少数民族优秀文化展示活动，促进广大师生对少数民族文化的了解，有利于少数民族优秀文化知识的传播，同时也开阔了人们的视野，丰富了校园文化生活，加强了青年一代对中华文化的认知和认同，让人们的心灵盈满丰富多样的中华民族文化的精髓，增进全社会民族团结与和谐。

图 1　民族服饰展示

图 2　民族文字书法展示

图 3　民族作品展示

6　活动总结

6.1　成绩：

（1）内容丰富。此项活动既推荐了馆藏的少数民族优秀作品，又介绍了新疆少数民族文化，对同学们了解民族文化，提升文化素养、艺术素养均有帮助。大学文明委及各学院协同完成，更加贴近学生，走近学生。

（2）形式新颖独特，读者喜闻乐见。此次活动富有创意地将新疆少数民族优秀作品、优秀文化推荐给各民族同学，以现场展示的方式传递"民族文化、民族风情"，以贴近读者形式进行展现，其独特新颖的形式吸引了众多读者的目光，活动的人气和关注度大大提升。

（3）具有社会影响力。活动在社会上也引起了广泛关注，《石河子日报》、《北疆晨报》、石河子电视台对本活动进行了报道。更是扩大了此次阅读推广活动的影响力，塑造了石河子大学图书馆积极推广阅读的良好形象，更对提高公众的阅读兴趣、加强公众的阅读活动大有裨益。

6.2　有待提高的部分：

活动形式方面，如果能配合展出各类图书、作品等实物，供读者现场翻阅，可能会更方便读者，效果也会更好。

作者联系方式：

古田　　　石河子大学图书馆
联系电话：0993-2057019　　13325669269
Email：565053619@ qq. com
收件人：古田
收件地址：新疆石河子大学图书馆
邮编：832003

Multilingual Share Event
（中英语言交流"趴"）
——厦门大学图书馆针对外籍读者服务的阅读推广案例

毕媛媛

（厦门大学图书馆）

摘要："Multilingual Share Event"（中英语言交流"趴"）是厦大翔安校区图书馆立足本校特点，针对外籍读者推出的一项聚焦语言学习和文化交流的阅读推广活动。该活动旨在搭建中外读者语言学习、文化交流的平台，以沙龙形式，让中外读者在自由交流、话题分享、团队合作中练口语、学文化、提升人文素养。该活动将外籍读者群体纳入图书馆整体阅读推广的范围内，进一步拓展了校园阅读推广的广度和深度，也使得校园阅读氛围和文化气息更加多元、更加国际化。

阅读，是人类认识世界和获取知识的重要途径之一。无论是传统意义上对纸质文献的"阅读"；还是顺应时代发展，在阅读之上，佐以图像、音乐、视频、游记、走读等形成轻松、愉悦、多元的"悦读"方式；亦或是类似"真人图书馆"、分享会等注重人与人之间隐性知识交流、促进文化思想流动的"越读"形式，其目的都是使读者增加知识、提升智慧、开阔视野、修养品行，陶冶情操，使其成为一个会思考、懂情趣、有温度的人。

大学图书馆作为学校的文献信息中心和学生的"第二课堂"，理应针对学生的不同需求提供更有针对性的阅读服务。厦门大学翔安校区图书馆立足于校区外籍读者人数比例较高的现实，面对校区师生跨语言、跨文化交流的强烈需求，自 2014 年 12 月底，在图书馆的语言学习区开展 Multilingual Share Event（中英语言交流"趴"）主题活动。该活动形式活泼新颖，以语言交流为手段，为中外读者搭建文化思想交流的平台。让中国学生足不出国门，就可以"阅读"到新鲜且丰富的异国文化；让外籍读者在这里，更好地了解吸收同样原汁原味的中国语言和文化。

1 案例实施的背景及意义

1.1 因地制宜、因人制宜

2012 年，厦门大学翔安校区正式投入使用，生命科学学院、海洋与地球学院、医学院、能源学院等 8 个学院乔迁新校区。整个校区的学科分布偏重工科，学生科研压力较大，阅读氛围和人文气息较为薄弱。加之，新校区远离市区，学生的课余生活较为贫乏。经过三年筹备，于 2014 年 5 月开馆的翔安校区图书馆，在承担文献资料存储及教学科研辅助的职责之外，也将提升学生的人文素养，以营造年轻、健康、多元的校园文化作为图书馆日常运营的重要工作之一。如针对提升学生信息知识素养的"I 学堂"、将影像与阅读相结合的"光影坊"、融书本知识和手工创作为一体的"创意工坊"等，都因形式新颖、内容充实、人文气息浓郁而深受同学们的欢迎。这些活动的成功开展，为图书馆日后类似主题活动的策划与推广提供了借鉴和方向，即活动内容要满足学生的强烈需求，活动形式要新颖轻松活泼，活动周期较为稳定且频率较高。

1.2 校区外籍读者占比较高

在以理工科学生为主体的读者群之外，翔安校区还有一部分读者不容忽视，即分散在各个学院来自世界各地的外籍读者。据 2016 年 4 月由厦门大学学生处提供的统计数据来看，目前在翔安校区常驻的师生人数为 8 561 人，其中外籍师生共 1 165 人，占到整个校区人数的 14%。因此，为这群读者提供具有针对性的服务，对图书馆来说是必要且必需的。而扩大教育开放，加强教育国际化一直是高等教育发展的题中之意。在建馆之初，图书馆充分认识到跨语言、跨文化交流的重要性，在馆藏建设和空间布局方面重点规划，将二楼 C 区特设为语言学习区，设置了众多特色空间并配备了专门设施。

为更好地满足校区师生文化交流、语言学习、社群融合等需求，营造阅读氛围，建设书香校园，促进阅读推广，进一步提升图书馆的空间利用率与读者参与度，品牌活动 Multilingual Share Event（中英语言交流"趴"）应运而生。该活动旨在搭建中外读者语言学习、文化交流、社群融合的平台，以小而精的沙龙形式，寓教于乐，寓学于乐，让中外学生在自由交流、话题分享、游戏互动、团队合作中练口语、学文化、促交流、提升人文素养。该主题活动将外籍读者群体纳入整体阅读推广的范围，进一步拓展了校园阅读推广的广度和深度。在推广阅读的同时，促进了不同专业、不同文化背景的学生之间的文化交流和社群融合，提高了他们的语言表达能力与技巧，使校园阅读氛围和文化气息更加浓厚、更加多元、更加开放也更加国际化。

2 案例分析

在大学校园中，有关中外语言、文化的交流活动层出不穷，如英语角、中英文诵读比赛、英语讲座等，但这些活动或形式上或内容上都存在一定的缺陷，如英文诵读比赛忽略了语言作为沟通工具最重要的交际作用，在文化传播上也不够鲜明和直接。英语讲座依旧遵循"你听我讲"的传统交流方式，讲者和听者间的互动很难达到令人满意的效果，读者参与度也有待提升。Multilingual Share Event（中英语言交流趴，以下简称"交流趴"）通过自由交流、话题分享、游戏互动、团队合作等方式，结合书籍、电影、旅游、家乡等在"同学圈"谈论指数较高的关键词进行主题分享，按照"中国学生说英语，外籍学生说汉语"的规则，致力于搭建一个平等、轻松、愉悦的双语或多语种交流平台，通过面对面"视-听-说"交流互动，很好地满足了校区师生文化交流、语言学习、社群融合的需求，也为进一步向外籍读者推荐中文图书、向中国读者推荐外文图书提供了良好的语言阅读能力和文化基础。

2.1 活动形式

活动目的及服务对象决定活动形式。"交流趴"最重要的目的之一是为校区师生搭建一个平等、轻松地进行语言学习和文化交流的平台，因此"中国学生说英语，外籍学生说汉语"的规则很好地满足了学习语言、交流文化的目的。在服务对象上，中国学生和外籍学生缺一不可，为了保证活动的质量和交流的深入，"交流趴"采用小而精的沙龙形式，每期活动邀请30位同学参加，中外学生按照1∶1的比例各邀请15位，进行一对一交流。同时，沙龙又具有平等、轻松等特点，活动设有主持人两名，但每位参与者都有机会站在台前，成为分享者。再佐以抽签的方式决定出场顺序，可以进一步调动参与者的能动性和积极性。

2.2 流程设计

从翔安校区图书馆的现有条件出发，结合之前较为成功的活动策划经验，交流趴在流程设计上分为四个部分：注重交流和团体合作的破冰环节，进行文化交流、开拓国际视野的话题分享，与主题结合、知识和趣味性俱佳的游戏互动以及最后落脚于书目推荐的自由交流。以 2015 年 4 月份"Reading Makes a Full Man"（聊聊书、聊聊电影）的主题活动为例，破冰环节为"开卷有益"，选择两句跟阅读和电影相关的名言（"书山有路勤为径"和"Life is like a box of chocolates"），把句子打散，将字和词夹在每人面前的书本里。参与者通过与其他人交流沟通，拼对出完整正确的句子，很自然完成了团队破冰。再由主持人阐释这两句话的意义和用法，寓教于乐。

话题分享是"交流趴"的核心环节，每次活动的主题都经过精心设计，既跟自然时间相关，又具有话题性和文化差异性。如 2014 年 12 月的活动，结合跨年夜将话题确定为"Goodbye 2014，Hello 2015"（再见 2014，你好 2015），可以畅谈你过去一年的收获和遗憾，也可以聊聊未来一年的计划和安排。因为大部分外籍读者是 10 月份入校的，在刚到中国的两个月内发生了很多跨语言、跨文化的趣事，分享过程异常欢快和热烈。游戏互动环节是调节活动气氛的不二法宝，但游戏设置在保证趣味性的基础上要跟活动主题相关，如在某期以校庆为主题的活动中，游戏环节为中英版"一站到底"，现场模仿知名电视节目，将略为枯燥的校史知识换成趣味横生的选择题、填空题、音乐题等，很好地契合了主题。自由交流环节，主持人会引导参与者分享自己近期在看的书，将语言学习和文化交流延展在纸质阅读上。因为大部分参与者来自世界各地，基于参与者个人分享的阅读经验，对其他参与者来说也是很珍贵的阅读新途径之一。

2.3 活动宣传

因为"交流趴"采用的是小而精的沙龙活动形式，所以在宣传上我们会选择更有针对性的方式方法。在传统的海报张贴和新媒体宣传之外，我们会针对中国读者和外籍读者的不同特点进行分批宣传。QQ 群和群邮件在中国读者群体里使用率较高，通过图书馆读者协会的同学转发群邮件至各自的同学群里，宣传效果更为明显。而外籍读者得知某些活动信息大多来自纸质海报，经过前期调研，我们将中英版的海报张贴在外籍读者经常出现的教学楼、宿舍区、运动场、咖啡厅、学生活动中心等公共区域，吸引外籍读者报名。同时，图书馆每两周为外籍学生举办一场电影放映会，在会前预告交流趴的活动信息，宣传效果也很显著。

2.4 现场执行

活动现场执行的是否妥帖完整，是稳固活动"粉丝群"的重要环节之一。

首先在活动现场的布置上，活动地点的选择、桌椅摆放的位置和方式、与活动主题相关的空间装饰等都需要进行精心策划。位于图书馆语言学习区内的"梦享屋"，空间独立、舒适、通透，适合举办小型的学术沙龙和交流活动。为了营造中外文化交流融合的氛围，图书馆特别在梦享屋布置了英文原版书的书墙、悬挂与整体装修风格一致的中国画，并摆放了色彩鲜艳、舒适轻松的软垫和矮桌，使参与者在进行交流时更加舒适和轻松，该空间也受到了同学们的一致好评和称赞。其次是活动奖品的设置，准备一些颇有心意的小礼品，既能增强活动的吸引力，也可鼓励在活动中表现突出的参与者。印有图书馆 Logo 的移动 U 盘、马克杯、明信片、卡套等礼品，既精美实用又有收藏价值，受到参与者的喜爱。某次活动结束后，一位来自西班牙的同学说他会将这个印有图书馆 Logo 的杯子带回国，提醒自己在厦门大学有过一段美好的求学时光。最后是对活动现场的定格和记录，注意保留每期活动的图片和影像资料，及时给参与者提供下载地址，做到有头有尾，有回忆也有"像"可循。

3　活动成效

3.1　将外籍读者纳入图书馆常规的阅读推广范围内

因"交流趴"形式新颖内容丰富，且很大程度上满足了校区师生跨语言、跨文化交流的需要，自首期活动开始，每次参与活动的报名者都很踊跃。截止到目前（2016 年 4 月），"交流趴"共举行了六次主题活动，先后有近 400 人报名参加。门禁数据显示，读者特别是外籍读者入馆人次相比活动举办之前有大幅度提升，图书馆在外籍读者群中的关注度也直线上升。因为"交流趴"的活动频率是两个月左右一次，经常有同学到总服务台咨询下次活动的举办时间，也经常有热心同学跟馆员建议适宜的活动主题，活动"线上线下"互动良好。与此同时，"交流趴"还在校区范围内掀起了一股举办英语交流活动的热潮，进一步带动了整个校区跨语言、跨文化交流融合的步伐。

3.2　实现组织者与参与者"双赢"

在参与者受益的同时，负责策划执行活动的馆员也收获颇丰。策划组织活动的能力、统筹协调的能力、英语对话和交流能力等都得到了很大的提升，真正实现参与者与主办者的"双赢"模式。

3.3　紧跟需求，及时迭代

由于"交流趴"对活动人数有一定限制，为了满足更多同学跨语言、跨文化交流的需求，图书馆在两月一次的"交流趴"的基础上，又衍生出频率更高、形式更精简、更加注重语言交流的英语沙龙"TALK"，每周一晚上固定举办，与"交流趴"一起相互交映，进一步探索和拓展主打"国际牌"和"文化牌"的阅读推广模式。

4 案例的启示及不足

中英语言"交流趴"这一案例最大的亮点在于它的创新性，立足本校特点，将活动的目标群体锁定在目前大部分国内图书馆都不太关注的外籍读者身上。向外籍读者提供有效且有针对性的服务，是图书馆日常工作的重要组成部分，但语言沟通不畅是影响服务质量和深度的主要障碍。"中英语言'交流趴'"正是看到这一问题，先从语言下手，打通语言交流的壁垒，通过话题分享、团队合作、自由交流等方式进行文化交流，从而达到认识世界、获取知识这一与阅读相通的目的。

其次，随着中国教育国际化的快速发展，越来越多的外籍学生进入中国高校深造学习，大部分高校都有招收外籍学生，每个高校图书馆都有为外籍读者提供服务的责任和义务。因此，中英语言交流趴这一案例为图书馆如何对外籍读者提供服务提供了某种可供参考的范式。加之这一活动由图书馆主办，基本不涉及与学校其他部门的合作协调，活动又采用小而精的活动形式，所需人力物力较少，具有较强的操作性和可移植性。

但是由于"中英语言'交流趴'"的针对的目标群体人数较少，目前只是在厦门大学翔安校区图书馆举办活动，案例在影响力和典型性等方面确实较为薄弱。如何在未来较长一段时间内实现活动的常办常新？如何在现有基础上深化文化交流的实质和成果？如何对外籍读者提供更加深入的阅读推广服务？也是我们正在思考的问题和需要改进的地方。

5　资料附录

5.1　活动海报

图 1　活动海报

5.2 活动邀请函

图2 活动邀请卡

5.3 活动现场照片

图3 活动现场照片

6　参考文献：

［1］　张怀涛. 阅读的多重价值［J］. 华北水利水电学院学报（社科版），2013（3）：99 －103.

［2］　王波. 阅读推广、图书馆阅读推广的定义——兼论如何认识和学习图书馆时尚阅读 推广案例［J］. 图书馆论坛，2015（10）：1-7.

［3］　吴云珊. Human Library 开创图书馆个体隐性知识管理新模式［J］. 图书情报工作， 2011（11）：62-65，55.

［4］　陈进，顾萍，郭晶主编. 高校图书馆服务创新案例精编［M］. 北京：海洋出版 社，2015.

［5］　赵颖梅主编. 阅读推广理论与实践研究［M］. 成都：西南交通大学出版社，2015.

作者联系方式：

毕媛媛

厦门大学图书馆

电话：0592-2888305

邮箱：grace88@ xmu. edu. cn

地址：福建省厦门市翔安区翔安南路厦门大学翔安校区图书馆

邮编：361102

"深耕校园文化，发现书香基因，搭建阅读桥梁，筑梦幸福东大"
——东南大学留学生阅读推广系列活动

钱 鹏 陈 霞 王 骏

（东南大学图书馆）

摘要： 东南大学图书馆作为全国阅读示范单位，不断务实地寻找阅读推广工作中的新热点。随着东南大学国际化进程的加速，更多的留学生前来学习和生活，东南大学图书馆采用"九位一体"立体式多层面创新阅读推广形式与内容，为留学生群体量身打造了阅读推广系列活动，战略性地进行服务延伸与拓展，让在中国学习和生活的留学生逐渐能够运用中文交流、认知中国优良文化、熟练利用各类学习生活资源，丰富知识结构，开拓国际视野。

1 活动宗旨

东南大学是教育部直属的"211"、"985"重点大学，随着教育国际化进程的加快，越来越多的外国学生进入东南大学，开启他们新的梦想之旅。拥有丰富的信息资源及先进服务技术的高校图书馆，理应为留学生提供了解中国、学习中国文化的平台和空间。

为帮助留学生更好地利用图书馆，并与中国学生进行丰富而深入的文化交流，使其更好、更快地融入高校校园文化生活，东南大学图书馆开展了"深耕校园文化，发现书香基因，搭建阅读桥梁，筑梦幸福东大"——东南大学留学生阅读推广系列活动，取得良好效益。

2 活动概况

东南大学图书馆与海外教育学院、学生处、校团委等部门合作，采取灵活多样的形式，组织、吸引留学生走进图书馆，使留学生能够和中国学生一样合理利用图书馆空间资源、文献资源和个性化服务，并最终融入中国文化，实现自己的青春梦想。留学生阅读推广系列活动由"一帮一，one-one-help"、"汉语桥"、"向经典致敬"诵读竞赛（原"心语畅听"朗读会）、圣诞图书馆、精彩在外和留学生专场信息素养讲座组成。

2.1 定位：

"深耕校园文化，发现书香基因，搭建阅读桥梁，筑梦幸福东大"系列活动定位于"构建中外文化交流平台，共筑书香校园美丽未来"。

2.2 创新点："九位一体"立体式多层面创新阅读推广形式与内容

①学生与社团结合。②社团与阅读推广结合。③阅读推广与学科服务结合。④阅推服务与大型系列活动结合。⑤大型系列活动与图书馆服务宗旨结合。⑥服务宗旨与校园特色文化结合。⑦校园特色文化与国际主题文化结合（以留学生为特色服务对象）。⑧理论指导与实际运作结合。⑨纸质资源与电子资源结合。

2.3 运作情况：

整体活动分为四个类别
①基础活动："一帮一，one-one help"。
②竞赛活动："汉语桥"、"向经典致敬"诵读竞赛。
③娱乐活动：圣诞图书馆。
④学科服务活动：精彩在外、留学生专场信息素养讲座。

2.3.1 "一帮一，one-one help"

活动立足于"两个需求"，即刚入学留学生渴望融入中国学习和生活的需求，还有中国学生想结识外国朋友的需求。作为学校"文化交流中心"东南大学图书馆指导学生社团"中外学生联合会"每周一至周五下午3：30至5：30、周六周日上午9：30至11：30，下午1：30至3：00按照班级排序为东南大学留学生中报名参加"一帮一"活动的留学生从语音、语法、书写和日常用语进行一对一的语言辅导，同时为他们讲解如何利用图书馆的各类学习资源、学习和信息共享空间。

2.3.2 "汉语桥"

活动作为"一帮一"活动的纵深以及"向经典致敬"诵读竞赛的初赛已经成为留学生高度重视的精品活动，旨在考量留学生经过周期辅导后汉语水平、图书馆资源利用、中国文化认知以及文化交流手段的进步程度，穿插有来自五湖四海留学生的关于本土文化介绍和民俗表演，是留学生结交更多朋友和获得更多信息的优质窗口。活动周期前会进行中国经典名著文化层面的讲解。

2.3.3 全校"向经典致敬"诵读竞赛（原"心语畅听"朗读会）

活动由图书馆策划主办，周期在每年"世界读书日"、"东南大学读书节"期间，旨在提倡全民阅读与建设"书香校园"大环境，凸显出学校层面对于"中国精神"传承和中外大学生综合素质提高的重视。

活动分为初赛、复赛和决赛最后决出名次，给予学分奖励，有一人或者两人组别，诵读内容为中外经典诗歌、名著选段及原创作品。评委由图书馆、海外教育学院、校团委、人文学院、教务处联合专家组担任并进行现场点评打分。

活动从阅读到朗诵、交流与实践，走位到灯光，眼神到表情，服装到道具，配乐到背景呈现，从朗诵的内容到情感的调动，自我的表达到与心灵的交流都提出了更高的要求，对于留学生是一次收益良多的锻炼，是一次"破茧化蝶"的文化"苦"旅。

活动达到了启迪智慧、陶冶心灵和提高中外大学生人文素养的目的，为校园文化向真善美发展注入了新的活力。

2.3.4 圣诞图书馆

由图书馆精心策划和筹备的本次阅读推广和文化交流活动，包括圣诞树寄语、咖啡品鉴会、图书的影像、留学生风采、有奖互动问答、进言献策、好书展示、圣诞老人合影8个精彩环节。

活动时间是圣诞节前晚6：00-8：00。让身在异国他乡的留学生们感受第二故乡的魅力和温暖，也让非基督教的同学感受宗教文化节日的精彩。

2.3.5 精彩在外

活动充分借助图书馆"文献服务中心"的定位，依托外文图示丰富的馆藏开展针对留学生及有国外文献需求师生的阅读推广服务。将外文阅览室的分类书籍，尤其是人文艺术类的书籍做主题书展，并有精通外文的老师负责推荐交流。活动细化了外文图书推广活动，活跃图书馆国际化氛围，增加了多元人文气息。

2.3.6 留学生专场信息素养讲座

图书馆学科馆员为国际硕博研究生举办各类"如何利用图书馆资源及服务"专题讲座，已有300余名国际硕博研究生参加讲座，互动热烈。

3 活动成效

本案列充分把握"时代精神",即国内外大学交流日益密切,文化与学术交流日趋频繁与深入,加之近期"一代一路"以及"21世纪海上丝绸之路"国家大战略中对于教育、文化交流战略高度重视,在保证图书馆对于中国师生提供优质服务的同时,战略性地进行服务延伸与拓展,将日渐庞大的留学生群体作为重要的服务对象群体之一,使在中国学习和生活的留学生参加了阅读推广系列活动后逐渐能够运用中文交流、认知中国优良文化、熟练利用各类学习生活资源,丰富知识结构,开拓国际视野。

东南大学图书馆拥有恢弘的图书馆建筑、丰富的图书馆藏、优质的图书馆馆员、全国一流的读书协会和学生馆员协会、全国一流的阅读推广刊物,作为"全国阅读示范单位"在校领导和馆领导小组高度重视和高效运作下,本次系列活动也是图书馆不断完善自身职能,开展常态化各项工作,制定标准化工作流程,最大限度地将活动案例系统性地与更多的读者群、资源和自身服务相结合。

历届参与朗读会人数对照表:

	2009年	2010年	2011年	2012年	2013年	2014年
中文场	58人	82人	116人	175人	224人	298人来自25个院系
外文场	0人	0人	0人	8人,另表演嘉宾4人	12人,另表演嘉宾18人	30人,另表演及参与人员176人,共计206人

海外留学生报名从无到有,再从8人增加到30人,人数是原来的近4倍。留学生报名参加文化表演的从4人增加到206人,人数是原来的近51倍。入馆的海外留学生明显增多,外文阅览室、学习共享空间及汉语桥里都能看见很多留学生和中国学生交流的身影。

4 用户评价与反馈

用户评价与反馈:

(1)留学生普遍觉得对于朗诵这门学问的研究,包括从理论与实践,从走位到灯光,从眼神到表情,从服装到道具,从配乐到背景呈现,从朗诵的内容到情感的调动,从自我的表达到与心灵的交流都得到了质的提高。

(2)忘却了比赛本身,忘我地投入到诵读经典当中,让人置身于"人在经典中，经典在人中"的场域里，这无论对于留学生参赛者还是观众都是一次畅快的视听盛宴，真切感受了"思理为妙，神与物游"。

（3）海外留学生、少数民族学生表演的情景喜剧"我在南京"、"我眼中的南京"描绘出了不同国度、民族的人们不同的生活习惯，妙趣横生，发人深省。中国学生也以博大情怀与精致的人文构思勾勒出了"中国精神"。

（4）"东南大学'向经典致敬'诵读竞赛"，在提倡全民阅读与"书香校园"的大环境下，凸显出学校对于"中国精神"传承和大学生综合素质提高的重视。活动达到了启迪智慧、陶冶心灵和提高大学生人文素养的目的，为校园文化向真善美、向上发展注入了新的活力！

（5）善渊读书会会长雷蕾认为"经典"首先必须经历长时间的检验，每个人应该既是"经典"的阅读者，也是"经典"的创造者，并准备在图书馆老师的指导下建立东南大学图书馆"经典文化阅听室"，供留学生与中国学生交流。

（6）中外学生联合会负责人杨昭同学认为不同世界，不同国家的人对于"经典"的看法是不同的，这种不同的思想碰撞更容易产生真理的火花，图书馆给了大家一个文化和思想交流互动的平台，给予大家延续着对于"经典"的热爱。

5　资料附录

5.1　部分活动方案

东南大学"向经典致敬，为青奥喝彩"诵读竞赛活动企划书

一、竞赛宗旨

为了向国际一流大学努力迈进，丰富书香校园文化建设，搭建中外师生的文化交流平台，加强中外师生的读书观念，培养良好的读书习惯，提高"人在书中，书在人中"学以致用的能力，锻炼舞台驾驭能力和应变能力，在"世界读书日"和东南大学读书节的时间节点，举办"向经典致敬"诵读竞赛。旨在通过经典诵读达到启迪智慧、陶冶心灵和提高大学生人文素养的目的。并通过竞赛使参赛者理解能力、朗诵能力、表演能力、应变能力、合作能力、交际能力、才艺表演综合实力得以提升。

二、组织与管理

主办单位：东南大学图书馆

协办单位：东南大学人文学院、海外教育学院、教务处、党委学工部、
　　　　　学生处、总务处、教育基金会、校团委

承办单位：善渊读书会

三、参赛对象及报名

参赛对象：具有东南大学学籍的中外本科生均可参赛。学生自愿报名参加，可单独或结合组队参赛，也可由院系、校区选派优秀选手参加初赛。

参赛要求：参赛队员必须使用中文普通话进行朗诵。

参赛报名：所有参赛队员必须通过竞赛报名系统报名，否则不予承认竞赛成绩。报名系统网址：*http*：//*Srtp.seu.edu.cn.* 学科竞赛管理系统

四、竞赛时间与要求

1. 竞赛时间

初赛：2014 年 5 月 5 日：12：15 开始；2014 年 5 月 6 日：12：15 开始；2014 年 5 月 7 日：12：15 开始

决赛：2014 年 5 月 16 日 18：30 开始

2. 竞赛要求：

"向经典致敬"诵读竞赛初赛时设留学生专场，决赛时所有中外选手在同一舞台、按照统一标准竞赛。具体要求：

"向经典致敬"诵读竞赛：参赛选手可选择经典名作，也可以选择自创诗词歌赋。以个人或者团队形式参赛。

"向经典致敬"诵读竞赛（留学生专场）：参赛选手可选择经典名作，也可以选择自创诗词歌赋。以个人或者团队形式参赛，留学生选手可以请喜爱的老师进行适当引导和辅导，增设初赛丁家桥校区留学生分会场。

中外学生文化联谊会：联谊会将根据情况独立或者穿插在诵读决赛中进行。

五、竞赛评奖与奖励

初赛评分标准：表达流利 20%，真情实感 40%，表述内容 20%，时间利用 10%，展示风采 10%。每一项满分 10 分，每项得分乘以权重即选手最后得分；分数相同取推荐者。

决赛评分标准：普通话 10%，真情实感 50%，台风 20%，时间利用 10%，文章难度 10%。每一项满分 10 分，每项得分乘以权重即选手最后得分，最终

总得分采取四舍五入法，保留两位小数；

竞赛设一等奖（3%）、二等奖（6%）、三等奖（9%）、优秀奖（12%）。获奖团队将获得课外研学学分和奖励。（见《东南大学课外研学学分认定办法》）

六、异议期与申诉

竞赛设立异议期制度。自获奖名单公布之日起的十天内，任何个人均可向竞赛组委会提出异议，但不得为本队论文申诉。异议报告必须以书面形式提交，说明异议的理由，且必须有异议人的签名及所在院系盖章。竞赛组委会负责处理异议，且于10日内提供处理意见。

东南大学教务处对本竞赛具有最终解释权。

七、组委会名单

主　任：顾建新　雷　威

副主任：钱　鹏　沈孝兵　高晓红

委　员：陈　霞　方　霞　张长秀　胡华澜　陈东毅　刘占召　王　骏
　　　　彭　丽　唐　瑭　薛育祁　任　伟

竞赛组委会联系方法：冉慧宇

5.2　活动照片：

图1　《向经典致敬》诵读竞赛

图 2　圣诞图书馆

图 3　汉语桥

5.3 媒体报道:

爱书人和书的圣诞约会—圣诞图书馆活动圆满举行

发布时间: 2015-01-16   阅读次数: 378

12月24日平安夜,经过精心策划和筹备的"圣诞图书馆"阅读推广活动在东南大学李文正图书馆二楼毓琇文化沙龙和南门学习共享空间正式拉开帷幕。

该活动包括圣诞树寄语、咖啡品鉴会、图书的影像、留学生风采、有奖互动问答、进言献策、好书展示、圣诞老人合影8个精彩环节。

同学们先是在音乐环绕的南门学习共享空间里,在圣诞卡片上写上自己在新年中最想读的书和新年愿望,然后将许愿卡片挂在《书乐园》圣诞花园的圣诞树上。之后移步至毓琇文化沙龙参加由图书馆为大家精心挑选的各类咖啡进行品鉴,同时观看《2014年圣诞节沙画-耶稣的诞生》、《一本书的诞生》、《图书沙画》和《神奇飞书》。期间,由来自英联邦塞尔共和国的留学生白思礼同学用中文为大家介绍了家乡白圣节的独特风俗习惯,这个环节使得同学们知道了圣诞节在不同的国家都有着不同的风俗习惯,并对白思礼同学的汉语水平和热情报以热烈的掌声。

图书的影像活动结束后,由主持人为大家提出10个问题,其中既有针对影片的,也有涉及图书馆的,王骏老师借此机会也向大家介绍了一年来图书馆在阅读推广活动中所做的努力和成绩,并且邀请同学们为图书馆进言献策,陈霞主任现场解答了同学们在使用图书馆中遇到的问题。最后,获奖同学介绍了自己获得的新年好书,并与同学们分享了好书的主要内容。

本次活动得到了海外教育学院、图书馆办公室、学生社团、图书馆员协会和情报研究所研究生团队的大力协助,大家无私地为图书馆的阅读推广公益活动奉献了智慧和力量。

(10本好书由阅读推广小组选出,为《吾国与吾民》、《三十六大》、《霍乱时期的爱情》、《穆斯林的葬礼》、《枕草子》、《解忧杂货店》、《万物生长》、《悲观主义的花朵》、《乌克兰拖拉机史》、《回归》(英)维多利亚希斯洛普)。

流通服务部

上一篇: 移动图书馆用户使用情况有奖调研活动获奖名单(东南大学)
下一篇: 图书馆召开全馆大会

图4   圣诞图书馆[1]

新闻资讯

"汉语桥"活动在图书馆辑琼文化沙龙成功举办

发布时间：2015-04-27　　阅读次数：111

4月24日晚，由东南大学图书馆、东南大学海外教育学院主办，东南大学中外学生联合会承办的"汉语桥"比赛在图书馆辑琼文化沙龙火热进行。"汉语作桥，联中外之谊"的"汉语桥"，吸引了来自不同院系的众多留学生的前来观看。

比赛在米卡的个人简介VCR中拉开了序幕。留学生选手通过积极地展示才艺，跳一支带有中国特色的舞蹈，或唱一首耳熟能详的歌曲，表达着自己对中国文化的热爱。

观看节目的嘉宾和观众不断给予热烈的掌声，晚会的气氛轻松活泼。随着经典影视片如《情深深雨濛濛》、《康熙王朝》等的精彩片段重现荧幕，比赛进入到第二个环节——小组配音。每位选手的配音相继呈现，尽显深厚的汉语口语功底，现场欢笑不断，掌声阵鸣，空气中洋溢着欢快的气氛。

紧接着的你比划我猜游戏和知识竞答更是将比赛拉向了高潮，比划中各种奇怪搞笑的动作，使得现场充满笑声，游戏者之间的默契，竞答中选手们对中华文化的广泛了解，却又让台下刮目相看，惊赞不已。

随着时间的流逝，比赛也进入到最后现场提问的环节，嘉宾和观众与选手之间的深入交流，让在场人与各位参赛选手间又有了进一步的了解。最后，比赛在《I believe I can fly》的歌声中结束。

本次活动的顺利进行，加强了校园中中外学生间的相互了解，增进了我们之间的友谊，弘扬了中华文明雅的汉语文化。相信在今后的生活中，中外学生一定会交流不断，友谊长存。汉语桥获胜者将获得图书馆主办的"东南大学第二届'向经典致敬'诵读竞赛"决赛选手资格。

东南大学中外学生联合会 供稿

上一篇：Amazing Book

下一篇：东南大学图书馆"仁心仁术"好书推荐活动预告

图 5　汉语桥[2]

新闻资讯　　　　　　　　　　　　　　　　　　　　　首页 > 新闻资讯 > 正文

第二届"向经典致敬"诵读竞赛决赛圆满落幕

发布时间：2015-05-22　阅读次数：114

2015年5月15日晚，由东南大学图书馆、东南大学教务处、东南大学人文学院主办的，东南大学海外教育学院、东南大学学生会图管部、蓝洲读书会、中外大学生联合会承办的"东南大学第二届向经典致敬诵读竞赛"决赛在九龙湖校区梵义正图书馆润良报告厅隆重举行，以"向经典致敬"为主题的诵读竞赛活动，在全校范围内掀起了一股诵读经典，歌咏经典的热潮。人文学院副院长、教授乔光辉博士，图书馆副馆长、研究员钱鹏博士，教务处方登科长，海外教育学院胡华蕾老师，图书馆采编部主任部理家老师和学生会副主席李国强担任本次诵读竞赛的评委。

第二届"向经典致敬"诵读竞赛活动自3月19日启动以来，东大学子踊跃报名，总计有368组、532名中外留学生报名参赛。初赛、复赛部分，中国学生和留学生分为中国学生赛场和留学生赛场。中国赛场中，初赛选手或结伴参加，或一人奋战，历时4天，经过8个场次的比拼，60组选手脱颖而出进入复赛，3组表现最佳的选手直接晋级初赛。复赛形式非常创新，紧张刺激，仅给选手5分钟时间阅读朗诵隔目，即兴朗读，非常考验选手的朗读实力和灵活应变能力。最终15组选手杀出重围进入决赛。留学生选手经过前期汉语桥和丁家桥校区分赛场的选拔，也有5组选手进入决赛。最终，20组中外学生选手一起带来了这场深情与感动交织，激情与梦想齐飞的诵读盛会。

18点30分，图书馆润良报告厅人潮涌动，华风汉韵文化社的同学身着汉服缓缓走上台前，古筝悠扬，莲步轻移，决赛正式开始。主持人登台介绍到场的嘉宾评委以及比赛规则后，比赛紧锣密鼓地开始了。选手们准备充分，饱含深情，展现了东大学子深厚的文化底蕴和向经典致敬的赤诚之心。比赛过程高潮迭起，精彩纷呈。选手们或吟诵着一曲《高山流水》吟诵着"蜀道之难，难于上青天"的千古绝唱。七尺男儿用浑厚的嗓音诉说中华的源远流长，用坚定的声音向祖国宣誓："我骄傲，我是中国人！"；或琵琶伴扬琴演奏，汉服与歌声辉映，声色相宜，乐人合一，将观众和评委带回连蒙烟雨话不尽的江南水乡；建筑才女不辞辛苦，带着原创的诗歌穿越了半个南京，来到了润良的舞台，述说着自己对于诗歌，对于文学，对于经典的深深眷恋；外国友人清澈流畅的汉语和有着唐风遗韵的原创舞蹈令观众拍案叫绝。

赛后评委老师人文学院副院长、教授乔光辉博士和图书馆副馆长、研究员钱鹏博士为比赛带来中肯点评。他们从主题、情感、形式技巧上，点评了选手的朗诵，同时对选手们能综合音乐、美术、舞蹈等现代手段，来诵宣志表示高度肯定。海外教育学院胡华蕾老师对留学生进行点评，他对留学生们寄予厚望，希望他们继续提高汉语水平，在诵读过程中融入更多的情感，使诗歌饱满且富有感染力，同时他还高度赞扬留学生为沟通中外文化，加强国际交流所作出的杰出贡献。最终留学生季玛丽和米卡获得文化交流大使的美誉。管菲、张鼎恒、王钟麒等共十一组选手获得本届经典诵读竞赛的一等奖，黄于亮、赖冠男、郑华明洲等选手获得二等奖。选手张息塬和朱紫兴凭借优异的表现打动现场观众，获得最多的投票支持，赢得了最佳人气大奖。

本届经典诵读竞赛在热烈的掌声中落下帷幕，琅琅书声，款款美韵，东南百载文粗于繁华一陨，守得宁静，以诗言志，将经典传颂。今日，我们少年学子秀口吟诵，将经典之根植于九龙湖畔。明朝，我们青年栋梁锐意进取，把华夏之梦播散中华之地。愿东南学府再绕育人伟章，愿中华经典与江水同流不绝！诵读经典，以文会友，我们明年再会！

文/李文娟

上一篇：东南大学附属中大医院院庆80周年暨"爱书人的春天"东南大学第七届读书节学术活动
下一篇：江苏科技大学图书馆一行来我馆交流

图6　"向经典致敬"诵读竞赛[3]

6　参考文献：

［1］　爱书人和书的圣诞约会——圣诞图书馆活动圆满举行［EB/OL］．［2015-01-16］．http：//www.lib.seu.edu.cn/html/list.htm？parent_id＝3&this_id＝-1&id＝1858．

［2］　"汉语桥"活动在图书馆毓琇文化沙龙成功举办［EB/OL］．［2015-04-27］．http：//www.lib.seu.edu.cn/html/list.htm？parent_id＝3&this_id＝-1&id＝1943．

［3］　第二届"向经典致敬"诵读竞赛决赛圆满落幕［EB/OL］．［2015-06-22］．http：//www.lib.seu.edu.cn/html/list.htm？parent_id＝3&this_id＝-1&id＝1977．

作者联系方式：

作者单位：东南大学图书馆

联系电话：025-52090335　13851851258

Email：867252874@qq.com

详细邮寄地址：南京市江宁区东南大学 图书馆

收件人姓名：钱鹏 陈霞 王骏

邮编：211189

"阅读学"课程开讲啦！
——以阅读学课程促进阅读推广

张怀涛　　王小美　　朱振宁

（中原工学院图书馆）

摘要：中原工学院图书馆重视"阅读学"课程的建设，以此作为促进阅读推广活动、加强进阅读文化建设的重要措施。"阅读学"课程采用了"知识讲授＋好书欣赏＋活动体验"的三位一体教学模式。"阅读学"课程促进了图书馆教育职能的拓展、带动了学术研究、激发了学生们的读书热情。

在高等学校进行人才培养的过程中，使大学生不断增长能够广、快、精、准地获取信息资源、认知信息资源、利用信息资源的能力，无疑是不可或缺的重要环节。中原工学院图书馆在为人才培养服务的过程中，越来越重视"阅读学"课程的建设，并以此作为促进阅读推广活动、加强阅读文化建设的重要措施，从而达到增进学生综合素质、改善学生知识结构的目的。

1　"阅读学"课程的开设缘起

早在 1990 年代，高等教育在改革的过程中面临着诸多新问题，其中包括大学生阅读中存在的问题。据当时的山东省《面向 21 世纪教育教学内容和课程体系改革》项目组在 9 所高校开展的调研发现，大学生阅读中存在的问题主要包括 6 个方面：一是缺少精选读物的能力；二是缺少科学的计划性、次序性；三是缺少科学有效的读书方法；四是缺少良好的阅读习惯；五是缺少追踪新的知识信息的敏锐性；六是阅读速度普遍较低[1]。

为了提升大学生的阅读水平和自学能力，我们立即开始尝试利用举办专题讲座的形式推动文化经典阅读、传播阅读学的理论与方法。当时开设的讲座主要有"信息时代的大学生学习观"、"书的品位与人的品位"、"《论语》

导读"、"《道德经》导读"、"《红楼梦》导读"、"鲁迅的著作导读"、"艾青的诗导读"等。

2005 年,我们与中原工学院信息商务学院合作,为该院大一新生开设了"读书与修身"课程。这门课程采用了"经典解读模式",在教学安排里除了有"读书与修齐治平"、"读书策略与读书方法"等概论性知识外,更主要的内容是解读中外文化经典,如《论语》、《道德经》、李白的诗、杜甫的诗、苏东坡的诗、《红楼梦》、鲁迅的著作、《理想国》、《堂吉诃德》、莎士比亚的戏剧、《老人与海》、《文明的冲突》、泰戈尔的著作等。

2010 年,随着高等教育教学改革和校园文化建设的全面铺展,大学生读书活动越来越受到来自方方面面的关注。为了营建优良的校风、教风、学风,我们在促进阅读推广活动和阅读文化建设的基础上,提出了开设"阅读学"课程的方案,得到了学校的大力支持,被列入学校的正式教学计划。这门课程是面向全校本科生开设的通识教育课,旨在"激发读书热情,强化读书意识,洞悉读书规律,把握读书策略,使大学生掌握必要的阅读方法"。

2　"阅读学"课程的教学模式

将"阅读学"作为一门独立的课程推向大学讲坛,可供借鉴的经验和模式并不多。我们经过反复调研,结合中原工学院自身的特点,推出了"知识讲授+好书欣赏+活动体验"的三位一体教学模式。

2.1　"知识讲授"环节

"知识讲授"环节是"阅读学"课程的主体,我们共安排了 16 个课时,规划了 8 章可以继续扩充的内容。每章各具特色,又相互关联,并冠有生动有趣的标题以助于理解[2]。

(1) 阅读的内涵——我们为什么阅读:使学生从宏观上把握人类阅读活动的内涵、特点、对个人以及社会的基本作用,并感悟阅读发展的历史和规律。

(2) 阅读的客体——我们阅读什么:使学生了解到不同时代读物的类型、内容、载体,有助于学生从丰富的信息资源中选择最适合自己阅读的对象,特别是文化经典。

(3) 阅读的主体——我们能阅读么:使学生明晰读者的特点、属性以及读者的个性成分(如年龄、知识结构、修养等),不断提升自己的阅读能力。

(4) 阅读的心理——我们憧憬阅读:使学生掌握人们的阅读心理特征、

阅读兴趣、阅读意志、阅读目的、阅读思维，以期达到最佳阅读状态，并用阅读影响、调整自己的心理状态。

（5）阅读的行为——我们走向阅读：使学生熟悉阅读行为的表现形态、阅读过程、阅读步骤等，不断地完善自身的阅读行为，以期养成良好的阅读习惯。

（6）阅读的策略——我们谋划阅读：使学生能够根据博约相济、读思相兼、情理相融、知行相资、学创相生等原则，制定自己的合理的阅读策略和阅读计划。

（7）阅读的方法——我们有效阅读：使学生能够熟练掌握广读法（扩大阅读的涵盖度）、精读法（提升阅读的深刻度）、速读法（加强阅读的快捷度）、联读法（拓展阅读的关联度）等读书方法，以提升阅读效果、阅读效率、阅读效益。

（8）阅读的环境——我们创造阅读：使学生能够分析人文、物理、信息、语文等不同层面的阅读环境，能够利用有利的阅读条件，并努力去构建文明健康的阅读文化，进而实现书香社会的愿景。

选择教学参考书时主要考虑了理论的指导性和案例的启示性。最初推荐的是《阅读学原理》（曾祥芹，大象出版社 1992 年）；后来又增加了《读书有方》（张怀涛，郑州大学出版社 2015 年）、《读经阅典》（崔波，郑州大学出版社 2015 年）。

2.2 "好书欣赏"环节

学生们非常希望伴随"阅读学"课程的学习进程，能更多地了解、欣赏、分享经典名著，这就要求任课教师熟悉国内外文化经典的情况，跟踪书刊出版动态，荟萃全校师生阅读经验，多途径、多层面向学生们推荐好书、美文。

（1）根据教师的读书感悟推荐书：一是任课教师榜样示范，推荐在读书治学过程中影响自己的著作；二是与校工会联合举办"教师荐书"活动，动员全校教师关注学生阅读问题，以"推荐语"的形式推荐好书。

（2）根据学生的读书体验推荐书：一是学生现身说法，鼓励学生在课堂上讲述自己认为值得一读的著作；二是与学生处、校团委、研究生工作部联合举办"学生荐书"活动，组织学生踊跃推荐自己读过的好书。

（3）根据名人的读书经验推荐书：名人影响力不可忽视，例如朴槿惠在自传性散文《遇见我人生的灯塔》中讲述了冯友兰《中国哲学史》对其人生的启迪，我们就将冯友兰著作、朴槿惠文章一起介绍给学生阅读。

（4）根据媒体介绍推荐书：各类媒体经常推荐图书，例如中央电视台的"读书"栏目、《河南日报》的"读书观影"栏目。专门的阅读类报刊、网站，有关这方面的信息更为密集，例如《中华读书报》、《图书馆报》、《读书》、《博览群书》、"中华全民阅读网"。

（5）根据推荐书目推荐书：推荐书目具有一定的选优性，可推荐给学生参考，例如中国图书馆学会阅读推广委员会自 2012 年起每年都发布《好书中的好书》，该书目从多家媒体遴选的年度好书中优中选优，按照被各个榜单提及的次数排序遴选。

（6）根据书评文章推荐书：书评是专门评论并介绍书籍的，是向学生推荐读书的重要参考，例如中国图书馆学会阅读推广委员会自 2013 年起每年都推出馆员书评征集活动，并结集出版《书读义见：图书馆员书评佳作选》。

2.3 "活动体验"环节

开设"阅读学"课程是建设书香图书馆、履行图书馆教育职能的重要组成部分。我们坚持以"阅读学"课程拓展为中心，长期开展"六个一活动"，作为大学生学习"阅读学"课程的"活动体验"平台。

（1）一本刊物——《中原书廊》：该刊以"好书传文明，阅读向未来"为出发点，依托了中原工学院读书节组委会，发挥着大学生读者协会、书友会、中工文协等学生社团的积极性。主要栏目如下：

"书笺专递"，邀请专家撰写阅读专论。

"锦言嘉行"，精选名家阅读言论与事迹。

"书山观景"，展示阅读方面的不同观点和见解。

"师长书情"，教师畅谈读书经验以及推荐好书。

"书生意气"，同学发表读书感想以及推荐好书。

"书海串珠"，选载各种推荐书目和好书排行榜。

"阅读学堂"，介绍阅读学知识和著作。

"书事剪影"，记录阅读推广活动和经验。

该刊每年 4 期。作为"阅读学"课程的教学指导园地，它不仅仅是师生发表读书体会、推介好书的校园文化建设园地，同时也是中国阅读学研究会、中国图书馆学会阅读推广委员会的指定书香园地。

（2）一场诗会——"中工诗会"：通过一场场持续不断的诗文名篇朗诵会，传播了经典，锻炼了学生，给一所工科院校增添了浓郁的人文色彩。历届"中工诗会"从选诗、编排、配乐到表演，均由学生自己策划组织。"中工诗会"每年均有不同的主题和篇章结构。

表1　历年"中工诗会"的主题和篇章结构

年份	主题	篇章
2010	悦读青春	"中工之歌"、"青春之歌"、"祖国之歌
2011	迎着阳光	"血泪之路"、"峥嵘岁月"、"丰碑永存"
2012	品读高尚	"弘扬社会主义核心价值观"
2013	经典永恒	"精神洗礼"、"崇仰高尚"、"中华颂歌"
2014	以书筑梦	"梦伴旅途"、"梦系岁月"、"梦萦未来"
2015	师生共读	"青葱步旅"、"师恩如山"、"故乡明月"

（3）一次征文——读书征文比赛：每年鼓励学生撰写书评与读书生活感悟，参加读书征文比赛，其中优秀篇章还结集印行。此项活动涉及面宽，可以充分调动学生的积极性和主观能动性，不仅增强了读书活动的吸引力，还能让学生留下在母校的永久纪念文字，深受学生欢迎。

（4）一项推送——"每周一书"：通过校内办公系统 OA 每周给师生选送一本好书。推送图书包括诺贝尔文学奖获奖作品、茅盾文学奖获奖作品、各种好书榜作品、获得读者好评的作品等。

（5）一个网站——"书香校园"：这是我们建立的网络阅读推广园地，旨在利用网络的优势加强大学生的阅读交流，共有五个子栏目：好书荐读、获奖征文、读书活动、菩提树下、中原书廊刊物（电子版）。

（6）一次漂流——"图书漂流"：图书漂流是让书籍在素不相识的人之间传递阅读的一种活动，一方面可以让学生方便的传阅图书，另一方面鼓励学生把自己读过的好书放在图书漂流驿站供大家分享[3]。

3　"阅读学"课程的积极效应

3.1　"阅读学"课程促进了图书馆教育职能的拓展

我们通过构建立体型阅读教学平台，形成了"二新五课多讲座"的信息素质教育体系。其中，"二新"指的是开展"新教工、新学生图书馆资源利用培训"；"五课"指的是开设必修课《信息检索》（解决如何获取信息资源的问题），通识课《阅读学》（解决如何解读信息资源的问题）、《竞争情报》（解决如何应用信息资源的问题）、《信息文化》（解决如何提升信息道德和信息素养的问题)、《论语解读》(给学生一个范例，使学生感悟如何全面深入阅读一部经典文献);"多讲座"是指持续举办专家现场讲座和播放视频讲座。

在这个信息素质教育体系中，《阅读学》课程是上承获取文献、下启利用文献的关键环节。通过该课程，将阅读的理论与方法推向了大学讲坛，使之不断科学化、系统化;同时提高了大学生的阅读素养和阅读品位，使图书馆教育职能得到进一步拓展。

3.2　"阅读学"课程带动了学术研究

通过《阅读学》课程的开设，促使我们的学术研究有了新的增长点，凝练了自己的学术研究方向，逐步形成了自己的学术研究特色。

首先，我们参与了国家社科基金重点项目"基于读者需求的图书馆阅读推广活动与服务创新研究"，主持了国家社科基金项目"阅读推广活动评价指标体系的构建及其实证研究"、河南省哲学社会科学规划项目"大学校园阅读文化建设研究"、河南省教育厅人文社科项目"多元文化环境下大学阅读工程建设研究"。

其次，出版了著作《读书有方》(郑州大学出版社 2015 年);在各类刊物上发表了阅读学、阅读推广方面的学术论文、调研报告 30 余篇。

3.3　"阅读学"课程激发了学生们的读书热情

《阅读学》课程于每个学期在学校的三个校区(南区、北区、西区)全面开设，选课注册人数均达到最高限额，并且还有一些未选课而旁听的学生。该课程得到了同学们的广泛好评，同学们在网上留言评价说:"这是最值得学习的一门课程。""喜欢。书中有一个新的世界，课程带给我们思考。""学习阅读学使我更喜欢读书，通过读书使我增长知识，提升修养。"

在教学过程中，我们先后开展过两次大学生阅读现状、阅读倾向调查研究。在调查中发现，大学生在阅读期间遇见的困难主要有四方面:一是忙于学习或活动，读书时间不足;二是想借的书图书馆没有，自己购买负担重;三是不知道读哪些书，读书目的不明确;四是不善于阅读，缺乏阅读方法与技巧。

在调查中还发现，大部分学生都喜欢读书，但是阅读的目的差别很大，大致分为五种:一是为了获取知识，拓宽视野，增加自己的阅历，了解未知的领域;二是为了陶冶情操，提高素养，多方面发展自我;三是通过读书深入思考问题，提升自己的思维能力;四是通过读书了解自己，读别人的故事走好自己的路。五是充实生活，消磨时间。

通过调研，我们及时将结果和分析意见向学校反映，为改进学风和改善图书馆服务提供了依据。

无疑，"阅读学"课程促进了我校阅读文化与大学文化、校园文化、学习文化、创新文化、信息文化等方面的密切融合，并同步提升了阅读本体（丰富、引人的阅读活动）、阅读主体（具有阅读能力和阅读热情的大学生）、阅读客体（大量的优秀的书刊）、阅读环体（安谧的空间、舒适的设施、畅通的渠道）的水准，形成了使全体学生受益的良性机制。

4 参考文献：

［1］ 孙彦杰. 高校开设阅读学课的必要性［J］. 滨州师专学报，1999（3）：65-67.
［2］ 朱振宁. 全民同读宏道开：我听阅读学课之体会［J］. 中原书廊，2014（3）：65-67.
［3］ 白玉静. 中原工学院图书馆：将阅读进行到底［N］. 2011-07-01（A13）.
［4］ 刘锦山. 文化引领 书香满园：访中原工学院图书馆馆长张怀涛［J］. 河南图书馆学刊，2014（9）：1-5.

作者联系方式：

单位：中原工学院图书馆
联系电话：15939021957
Email：15939021957@126. com
详细邮寄地址：河南省郑州市中原工学院图书馆
联系人：张怀涛
邮编：450007

读览天下　智赢未来
——成都医学院第十届主题读书节活动

龙兴跃　曾满江　丘琦　易雪媛

（成都医学院图书馆）

摘要："读览天下·智赢未来"主题读书活动，通过开展"读览天下"纸书系列、"智赢未来"数字图书系列、"经典励志"视频图书系列、"名家点津"真人图书系列、"榜样引领"评优系列、"青春永恒"社团风采展示系列等活动，使"多读书、爱读书、读好书"的阅读氛围成为引领大学生社会主义核心价值体系建设的新常态，为读书育人、文化育人、智慧育人提供强大正能量。

1　活动宗旨

1.1　背景

开展全民阅读活动是党的十八大的重大部署，也是全体图书馆人的共同责任。以丰富多彩的读书活动为载体，努力营造"多读书、爱读书、读好书"的浓厚氛围，是实现伟大中国梦的强大精神动力和智力支持。

成都医学院图书馆已经连续 10 年开展每年一次的主题"读书节活动"，致力推进以校园读书活动为牵引的全民阅读活动，每年根据当前形势和任务确定读书活动的主题，如："5.12"地震后的读书节活动，确定了"携手共建美好家园"主题，号召全体师生读者积极主动参与灾后重建家园工作。近年来的读书节活动，还与"麦田"联合策划开展了关心"山那边的孩子"主题献爱心捐赠图书活动，在四川省凉山州的贫困山区援建一所希望小学图书室；还开展了"撷成医芳华·谱青春交响"、"中国梦·我的梦"、"读秀人生·书香成医"、"阅随我行·读创青春"等主题读书活动，均收到有效成果。中央、省市多家新闻媒体进行了宣传。活动成果曾被评为四川省高校校园文化成果二等奖。

1.2 目的

于 2014 年 4 月 23 日第 19 个世界读书日开幕的"成都医学院第八届'读览天下·智赢未来'主题读书节活动",旨在响应"倡导全民阅读、建设书香社会"的号召,努力营造"多读书、爱读书、读好书"的校园阅读氛围,让阅读成为习惯,让书香溢满校园,使全民阅读成为引领社会主义核心价值体系建设的新常态,为读书育人、文化育人、智慧育人提供强大正能量。

1.3 意义

此次"读览天下·智赢未来"主题读书活动,历时一个月,既是学校推广全民阅读的一个有效载体,更是展示学校大学生青春风采、展现学校德育文化、读书文化、环境文化、体育文化等综合文化艺术的节日。读书文化氛围营造、精品图书展销、经典书目推荐、读书系列比赛等活动,精彩纷呈,形式多样,学校领导机关高度重视、全校读者广泛参与、各图书合作商家大力配合,较好地形成了上下联动、内外协调、全面渗透的良好格局,对促进阅读推广具有重要现实指导意义。

2 活动概况

"读览天下·智赢未来"主题读书活动,作为落实全民阅读的载体、推进读书育人的手段、丰富读书文化的途径来抓,列入学校党委行政的年度重要工作日程,由图书馆主办,机关主要职能部门协办,全校师生共同参与,历时一个月,学校官网、官方微博、官方微信、图书馆主页及相关新媒体等全程配合宣传报道,邀请国内主流新闻媒体跟踪宣传报道,不断扩大读书节活动的感召力、凝聚力和渗透力。

本次读书节活动,主要分三大板块、6 大系列活动。

2.1 启动仪式板块:

举办规模盛大的开幕式产生轰动效应,增强读者自觉阅读的吸引力、助推全民阅读的感召力、引领读书成才的驱动力。

启动仪式,以学校行政名义提前发出书面通知,要求各二级单位按照指定人数组队参加,校党委常委成员集体出席,校办公室、党委宣传部、学生处、校团委等职能部门的领导出席,驻地(新都区)党政相关领导应邀出席并为"新都区全民阅读基地"揭牌。启动仪式上,"成都医学院女子军乐团"

作为有 25 年建团历史、曾参加建国 35 周年天安门现场演出、获得教育部文化成果二等奖的学校传统文化品牌社团进行现场演奏；大学生社团文化体育精品项目参与演出；大学生素质教育成果现场展示；馆配书商大力支持，人数多、氛围浓、场面大，已经办成了一个文化节日。本次读书节启动仪式，特邀图书馆界学界知名专家武汉大学邱均平教授出席，提升了影响力。

启动仪式现场，图书馆制作了历届读书活动节成果的宣传海报展示，图文并茂，扯亮观众眼球；图书馆整理了本校教师为主的专著，进行"成医人著作"专项实物展览，从一个侧面展示本校教学科研成果；大学生摄影协会组织了"美丽校园"摄影比赛作品展览，点缀开幕式现场，营造深厚文化氛围；邀请新华文轩书店组织了畅销书现场展销，助力全民阅读推广；大学生自演的朗诵"劝学篇"、街舞表演、茶艺表演、花式篮球表演等精选的才艺表演，将启动仪式推向高潮。

2.2　主题活动板块（6 大系列活动）：

2.2.1　"读览天下"纸质图书系列：

（1）"我读书、我快乐、我推荐"读者荐书活动：由图书馆文献资源建设部组织实施，向读者发放荐书问卷表，列出若干详细参考书目供大家勾选，大家也可根据需要自主推荐心目中的优秀图书，图书馆筛选采购。在图书馆主页和校园网上开通"好书快递"栏目：将近期热议或有代表性的图书，通过"图书封面、内容简介、读者评论、在线阅读"等做网上链接，为大家选书提供深入的依据。

（2）"青春永恒"有奖读书征文活动：主要面向校内青年学生和青年教师开展有奖读书征文。图书馆每月推荐阅读书目 10 本以上，并附内容简介，确定征文主题和明确要求。最后，由校内专家评审组，评出一等奖、二等奖、三等奖，在读书节闭幕式上统一颁奖。

（3）"开卷有益"读书交流会：由大学生社团"浣沙文学社"承办，图书馆老师指导。在文化爱好者中挑选部分读者，集中交流读书心得体会，邀请学校部分专家现场参与读书心得分享。分享者可将学习心得制作成 PPT，也可现场交流。好的体会文章集中打印张贴展示，或者通过新媒体进行推广，让更多读者分享。

（4）馆藏优秀图书展览：精选出畅销书、专业书、考试辅导书等集中展览展示，同时接受现场借阅。

（5）图书现场展卖：邀请与图书馆有合作的馆配供应商，来馆进行中外文图书展览、展销。也接受读者现场挑选图书，图书馆购买，列入馆藏后供读者借阅。

2.2.2 "智赢未来"数字图书系列：

（1）医学论文资料收集与检索实用技能培训：图书馆信息服务部的学科馆员承担授课任务，集中进行主题实用技能培训，全年每月至少进行1次集中培训。同时，接受读者预约培训，校内各院系、教研室、大学生社团均可预约。个别专家有特殊需求，也开展上门一对一培训服务。

（2）"读秀杯"电子资源检索大赛：由合作数据供应商"超星集团"冠名并提供奖品赞助，图书馆主办。面向全体读者开展，在线报名，线上答题，内容分为网络免费资源检索与利用、学位论文、医学论文检索技巧、期刊论文检索与利用、视频资源检索与利用等。网络自动评分，按得分高低产生一等奖、二等奖、三等奖，在读书节闭幕式上统一颁奖。

2.2.3 "经典励志"视频图书系列：

（1）经典电影播放周：图书馆系统与技术部承办，大学生社团协办。读书节期间，利用一周时间，精选播放5部经典励志电影，每晚在图书馆影视播放厅免费放映。放映前，分别制作电影内容简介宣传海报，在校内各宣传栏张贴，造势推广，吸引观众。

（2）配合开展电影海报制作比赛：除图书馆指定的5部经典励志电影外，读者可根据自己喜欢的电影选题，制作宣传海报，图书馆统一组织评奖。读书节活动闭幕式上统一颁奖。

（3）影评征文比赛：读者根据观看的5部电影中的任意一部，撰写观影读后感。也可根据自己喜欢的电影，撰写影评文章，体裁不限。图书馆统一组织评奖，读书节闭幕式上统一颁奖。

（4）影视歌曲演唱比赛：电影播放周期间，学校广播室集中播放电影主题曲、插曲、片尾曲，大学生社团组织歌曲演唱比赛，以独唱为主，小合唱、合唱、表演唱等均可。校团委组织实施，并评奖，读书节闭幕式上统一颁奖。

2.2.4 "名家点津"真人图书系列：

特邀国内、校内5位馆界、业界、学界的专家，现场开讲，传送读书真经，指点读书迷津。引导读者学会阅读"真人图书"。

（1）邱均平：中国文献计量学泰斗、国内图书情报学知名专家、武汉大学教授、博士生导师。讲座题目：中国大学及学科专业评价的意义做法与结果分析—成都医学专场报告。

（2）郭曰方：中国科学院机关党委书记、教授、诗人、作家。讲座题目：科学家与读书—兼谈我的读书之路

（3）徐雁：南京大学教授、中国图书馆学会阅读推广委员会副主任委员。讲座题目：读书与人生——阅读"名人传"、汲取"正能量"。

（4）唐平：副校长、心理学博士、教授。讲座题目：成功心理学—让阅读助你成功。

（5）刘萍：学校学生处处长、教授。讲座题目：家庭教育重要性之发现母亲。

2.2.5 "榜样引领"评优系列：

公开公正评选优秀读者十佳之星、优秀勤工俭学十佳之星、优秀服务十佳之星。

（1）读者之星：通过金盘系统查出近一年读者借阅图书量，结合到馆数量、征求学生所在单位意见，综合取前 10 名。对有任何违规违纪记录者，一票否决。

（2）优秀勤工俭学之星：从图书馆固定工作的勤工俭学同学中产生，同学互评、老师点评、征求所在单位辅导员其平时表现的意见，查询有无违规违纪行为等，综合评比，产生 10 名。对有任何违规违纪记者录，一票否决。

（3）优秀服务之星：从图书馆全体馆员中产生，面向全校读者进行网络投票，投票系统公开 20 天接受校内读者网上投票，按统计得票数并结合平时的服务、教学、科研等工作表现，综合评定产生 10 名。对在服务工作中有错误失误、工作有违规违纪、有读者投诉等问题者，实行一票否决。

2.2.6 "青春永恒"社团风采展示系列：

（1）"古风诗韵"古诗词背诵听写大赛：倡导大学生从提高汉字书写能力做起，书写规范汉字，说普通话，爱汉字，爱汉语，增强做中国人的自信心，增强民族自豪感。校团委、图书馆共同主办，大学生社团承办。分初赛、复赛、决赛。初赛由团支部组织，复赛由分团委组织，决赛由校团委组织。决赛现场评出一等奖、二等奖、三等奖，读书节闭幕式上统一颁奖。

（2）"翰墨铸情"书画大赛：传承中华民族优秀文化，丰富和培养大学生的文化艺术修养，提升文化品位，浓厚文化氛围。由校团委统一发布比赛通知，分团委协助收集参赛作品。学校组织相关专家进行评比，产生一等奖、二等奖、三等奖，读书节闭幕式上统一颁奖。

2.3 总结表彰板块

读书节活动结束后，由学校发布红头文件，对所有参与活动的获奖者进行通报表扬，举办隆重表彰大会，总结成绩，表彰先进，部署今后阅读推广工作。

3 活动成效

创新亮点：一是主题明确、立意深远。"读览天下、智赢未来"，一语点题有高度，内涵深刻有广度，励志省思有力度。二是自成体系、便于实施。"三大版块、6 项系列活动"井然有序，体现读书、文化、育人有机结合。三是上下联动、全员参与。读书活动上升为学校的年度重大活动，校领导全体出席盛大开幕式，师生员工全程参与系列读书文化艺术活动。四是凝心聚力、弘扬正气。"读览天下，智赢未来"主题活动历时一个多月，读书与育人、励志与省思、铸品牌与展风采相结合，增强活动吸引力，有看点、有新意、有成效。

运行效果：中国网、四川日报、中国高校之窗、图书馆报等国内多家主流新闻媒体，对开幕式及相关活动进行了宣传报道，展示了读书节活动的成果，扩大了读书活动的影响力、渗透力，声势浩大的开幕式、系统的读书活动在校内读者中产生轰动效应，受到读者广泛好评和充分肯定，有力地助推了全民阅读工作向纵深发展。本届读书节活动方案，获得 2015 年全国图书馆界、出版界组织的阅读推广案例大赛三等奖，全国高校图书馆界阅读案例推广大赛优秀奖，还获得四川省全民阅读推广工作先进单位。

有益启示：本届读书节活动的成功举办，我们得到有益启示，1. 高格调的方案设计，有利于促进读书育人工作创新发展，体现阅读推广的大思路、大气魄、大手笔；2. 高品位的开展活动，有利于引领社会主义核心价值观正向发展，体现读书活动的思想性、科学性、长远性；3. 高标准的氛围营造，有利于规范读书活动健康发展，促进全民阅读向多层次、广渠道、大范围推进；4. 高质量的服务读者，有利于架通图书馆和读者之间的连心桥梁，促进全民阅读活动长效发展。

4 用户评价与反馈

本届读书节活动包括纸书、电子书、视频书、真人图书等读书系列，也涵盖榜样引领、风采展示系列，将吸引读者、推介资源和开展服务等工作紧密结合起来，因此，相关度、参与度、认可度都很高。本次活动成功举办得到广泛好评，校内读者反馈意见很好，校外多家主流新闻媒体进行跟踪宣传报道，提升了本次活动的影响力，对助推全民阅读活动产生很好的渗透力。图书馆的到馆率、借阅率、读者满意率明显上升，教学、科研成效明显，大学生综合素质得到全面提升。

成都医学院一年一度的主题读书节活动，不仅成为了推广全民阅读的一个有效载体，更是成为了师生员工的文化综合艺术的节日。已基本形成了学校领导机关高度重视、全校读者广泛参与的上下联动、内外协调、全面渗透的良好格局。

5 资料附录：

5.1 附件1 成都医学院第八届"读览天下·智赢未来"读书节活动策划案

（2014.3.26）

为认真贯彻落实党的十八大关于开展全民阅读活动的重大部署，推动《四川省全民阅读活动方案》的深入实施，努力形成多读书、读好书的良好风尚，报请学校党委、行政同意，在全校举办第八届"读览天下·智赢未来"读书节。本届读书节，以邓小平理论、"三个代表"和科学发展观为指导，以丰富多彩的读书系列活动为载体，努力营造多读书、爱读书、读好书的浓厚氛围，着力打造我校阅读品牌，为实现伟大中国梦、建设幸福美丽成医提供强大的精神支持。

整个读书节活动历时约一个月，主要有三大板块、6大系列活动：

开幕式板块

具体包括读书节启动仪式；学生社团才艺展演；畅销书、热门图书优惠展销；成医人著作展示；大学生"创新杯"成果展示、历届读书活动节活动成果展示、"美丽校园"摄影比赛展览等项目，从不同角度展示我校读者的别样风采。

主题活动板块（6大系列活动）

（1）"读览天下"纸质图书系列

具体包括："我读书、我快乐、我推荐"读者荐书活动；兴科杯"青春永恒"有奖文学征文活动；"开卷有益"读书交流活动暨"成都医学院书友会"

成立；新华文轩图书现场展卖等。

（2）"智赢未来"数字图书系列

具体包括：由万方数据、超星电子、金图国际、中科考试数据库、中国知网等数字图书供应商，派专家前来进行论文资料收集与检索、数据库使用技术等专业培训，针对研究生、本专科生开展"读秀杯"电子资源检索大赛，引导全校读者提升信息素养，提高文献检索能力，找到打开智慧库的钥匙，插上实现人生梦想的翅膀。

（3）"经典励志"视频图书系列

活动期间将精选5部以上经典励志电影播放，配合开展有奖电影海报制作比赛、有奖影评征文比赛、影视歌曲演唱比赛等。

（4）"名家点津"真人图书系列

真人图书是历届读书节最受欢迎的活动之一。本届读书节，将特邀国内、校内5位名家开展系列专题讲座。包括，中国科教评价网总裁、中国科学评价研究中心主任、享受国务院特殊津贴专家、武汉大学博士生导师邱均平教授；中国科学院文联主席、著名作家、诗人、画家、享受国务院特殊津贴专家郭日方教授；中国图书馆学会阅读推广委员会、南京大学徐雁教授；副校长、博士、知名心理学教育专家唐平教授；学生处处长，知名教育管理专家刘萍教授。相信大家会受到启迪、启发和启示，为实现自己的梦想找到新的推力。

（5）"榜样引领"评优系列

公开、公正评选优秀读者之星、优秀勤工俭学之星、优秀服务之星等。

（6）"青春永恒"社团风采展示系列

包括"古风诗韵"古诗词背诵听写大赛；"美丽校园"摄影比赛优秀作品展览；"翰墨铸情"书画大赛；"魅力粤语"粤语文化讲座等。

总结表彰板块

总结表彰本届主题读书节活动的先进单位和优秀个人，为开展好下一届读书节活动积累经验。

本届读书节活动，设计新颖、内容丰富，亮点多，形式活。旨在引领全校师生员工在参与中会有新的收获、新的提高。

活动联系方式：

成都医学院图书馆三楼301室、302室。

办公室主任：易雪媛，电话：62739751。

馆长：龙兴跃，电话：62739750。

5.2 附件1 成都医学院第八届"读览天下·智赢未来"
读书节活动一览表

项目		目的	内容	地点	负责部门	备注
4月23日16：30；红星广场；启动仪式	展示项目	以"读览天下·智赢未来"为主题，深入开展大学生社会主义核心价值观教育，培养青年学生责任感和使命感。	主席台背景、标语横幅、飘空气球、专项宣传栏	红星广场	技术部文献资源建设部	提前召开协调会商定开幕式具体方案；现场组织师生入场；提前制作院系、社团、供应商的名称牌。
	启动仪式		1. 奏《成都医学院院歌》（音乐）2. 宣读活动方案（书面稿）3. 校领导致辞（凌书记）4. 读者代表发言（李洋）5. 宣布读书节活动开始（余校长）6. 合唱《团结就是力量》（军乐团）		馆务办公室	
	展演项目		1. 华慧社：书法、古筝、绘画表演 2. 街舞社：街舞表演 3. 轮滑社：轮滑表演		信息服务部	
	展览项目		1. 成医人著作展；2. 畅销书、热门图书展；3. "创新杯"成果展；4. 历届读书活动节活动展；5. "美丽校园"摄影比赛展览。		文献资源建设部	
"读览天下·智赢未来"主题高端论坛		大力开展读书育人活动，吸引更多读者使用图书馆。图书馆与馆配商家合作双赢。	向所有供应商业务代表发出邀请函。图书馆中层干部、特邀专家、大学生骨干代表参加座谈交流，达成共识。	图书馆会议室	办公室	提前确定参加人员

	项目	目的	内容	地点	负责部门	备注
「读览天下」纸书系列	"我读书、我快乐、我推荐"读者荐书系列	使同学们能够丰富自己的课余生活，在闲暇时间多读书、读好书，向同学推荐有益书目。	①新书快递：近期热议或有代表性的图书，将网上的"图书封面、内容简介、评论、在线阅读"等做链接。②好书推荐：推荐在库好书。	图书馆	文献资源建设部	与开展年度读者荐书工作相结合
	"青春永恒"文学征文活动	收集校园优秀文学作品，促进同学们对文学的热爱，激发同学们的写作热情。丰富校园生活，增强文学素养、弘扬优良传统。	①作品收集②作品评比③作品展览	新都校区教学楼		一等奖3名二等奖5名三等奖10名
	"开卷有益"读书交流会	激发阅读兴趣，培养读书习惯，开拓文学眼界，在阅读中积累，提高表达能力。	①中华文化（华服、茶）展示表演②文学交流③诗歌朗诵、话剧表演④交流作品展示	图书馆影视播放厅		
	新华文轩图书现场展卖	方便师生现场"淘书"，为读者提供一个更为便利的阅读平台	现场图书展览	新都校区图书馆一楼		

	项目	目的	内容	地点	负责部门	备注
『智赢未来』电子图书系列	电子资源实用技巧专题讲座	培养大学生信息素质，提高大学生文献检索能力	①网络免费资源检索与利用（新老校区）②学位论文检索③期刊论文检索与利用④医学论文检索技巧⑤视频资源检索与利用等	新都校区教学楼天回校区教学楼	信息服务部	电子阅览室配合活动
	第一届"读秀杯"电子资源检索大赛	使读者进一步了解图书馆电子资源的检索方法，展示广大读者的信息检索能力	通过在线的方式进行电子资源检索大赛	新都校区图书馆天回校区图书馆		检索比赛在线上举行一等奖3名二等奖5名三等奖10名
	真人图书"名家点津"讲座系列	请专家通过"我的梦想与人生"为主题的讲座，组织和引导学生在读书中学会思考、开阔视野、感悟人生，在读书中成长成才，成就自己的梦想。	讲座一：科学与人生（中科院：郭曰方教授，4月25日）讲座二：大学评价（武汉大学：丘均平教授，4月下旬）讲座三：成功心理学（副校长：唐平教授，5月上旬）讲座四：阅读"名人传"、汲取"正能量"（南京大学：徐雁教授，5月中下旬）。讲座五：发现教育之母亲（学生处长：刘萍教授，5月中下旬）	新都校区阶梯教室	馆务办公室	
	影视图书励志经典电影展播周	提高和培养广大同学们的艺术欣赏力，激励同学们励志成才	①播放五场电影②影评收集与评奖	图书馆影视放映厅	技术部浣沙文学社	一等奖3名二等奖5名三等奖10名

项目		目的	内容	地点	负责部门	备注
「榜样引领」评选系列	读者之星勤工俭学之星	评选优秀读者之星 优秀勤工俭学之星	优秀读者之星、优秀勤工俭学之星评选与公示	新都校区图书馆	读者服务部	附录评奖细节标准
	服务之星	我心目中的最佳图书馆员网络评选	在图书馆网页上对图书馆馆员进行投票评选出最受欢迎的图书馆员		技术部	
其他辅助活动	"古风诗韵"古诗词背诵听写大赛	倡导广大学生从提高汉字书写能力做起，向全社会倡导书写汉字，保护汉字的意识，倡导爱汉字、爱汉语、爱中国传统文化的价值观	①初赛 ②复赛	新都校区教学楼	信息服务部 社团联合会	一等奖3名 二等奖5名 三等奖10名
	"美丽校园"摄影比赛优秀作品展览	展现我院学生的青春风采和精神面貌，丰富同学们的课余文化生活、提高学院学生学习气氛，展示美丽校园。	①作品收集 ②作品评比 ③作品展览	新校区图书馆二楼		一等奖3名 二等奖5名 三等奖10名

续表

项目		目的	内容	地点	负责部门	备注
其他辅助活动	"翰墨铸情"书画大赛	继承并发扬中华民族优良传统，丰富和培养当代大学生的艺术修养、文化底蕴、创新精神和想象力。	①作品收集 ②作品评比 ③作品展览	红星广场	信息服务部 社团联合会	一等奖3名 二等奖5名 三等奖10名
	专题网站开通	为本届读书活动节建立新闻报道和宣传平台	①读书节活动宣传 ②征文上传平台 ③我最喜爱的图书馆员投票平台	图书馆网站	技术部	
闭幕和颁奖		读书节结束时举办闭幕式暨颁奖仪式，对读书节进行总结与颁奖	①读书活动节总结 ②对读书活动中获奖学生颁奖	新都校区学术报告厅	图书馆 宣传部 校团委 学生处	

5.3　活动照片

图1　"读览天下·智赢未来"读书节开幕式，业界知名专家邱均平教授出席

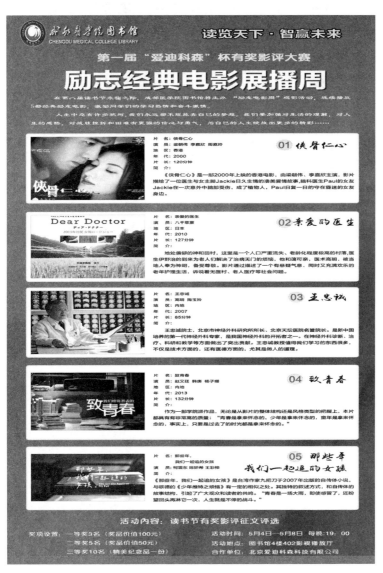

图 2　"读览天下·智赢未来"读书节之经典励志：电影展播宣传海报

图3　"读览天下·智赢未来"读书节之真人图书：中国阅读学研究会会长、
中国图书馆学会阅读推广委员会副主任、南京大学徐雁教授作精彩学术报告

5.4　　　　　　　　媒体宣传报道截图

图4　成都医学院读书节开幕让学生"读览天下 智赢未来"——四川日报

Webpage Screenshot

开幕式上

图 5　媒体宣传报道：中国网四川频道_ 网上四川_ 四川新闻

图6　图书馆报：读好四种"书"——成都医学院第八届读书节落幕

6　参考文献：

1.《普通高等学校图书馆规程》

作者联系方式：

通讯作者：龙兴跃
作者单位：成都医学院图书馆
联系电话：028-62739750。手机：13708198126
邮箱：790267180@qq.com
地址：四川省成都市新都区新都大道783号图书馆301室
邮编：610500

Yue 读 Yue 精彩
——湖北经济学院图书馆阅读推广案例

吴　鹭　叶　莉

（湖北经济学院图书馆）

摘要： 在社会读书风气有所下滑的大背景下，当代大学生的阅读状况不容乐观，图书馆的利用率不高，湖北经济学院图书馆为此成立了阅读推广工作室，针对大学生的阅读特点和兴趣，锐意创新，开展图书宣传推介服务和别具特色的读书活动，激发了大学生的阅读兴趣，推动了校园读书文化建设，营造了良好的书香文化氛围。

1　我馆开展阅读推广服务的背景和活动宗旨

1.1　大学生陷入"阅读危机"的现状分析

随着数字阅读的增长迅猛，手机、电脑、平板等阅读方式的兴起，快节奏的生活方式衍生出了快阅读、浅阅读、功利性阅读等病症，阅读变得逐渐碎片化、浅显化。大学生以往频繁去图书馆查阅文献资料等行为被大众媒体和网络的普及所代替，传统的需要思考的阅读渐渐失宠，大学生阅读出现了阅读消费化、享乐化和功利化的倾向，导致"阅读危机"的出现。近年来，我馆的统计数据表明，每年的流通量、阅览量都呈逐步下降趋势，图书馆花大量经费购置的馆藏资源仍未得到有效利用，大学生很难有充足的时间和兴趣对阅读进行深度地思考和耐心地体味，当代大学生的阅读状况不容乐观。

1.2　成立阅读推广服务工作室，开展以"Yue"读为目标的服务模式

近年来，在我国的政府工作报告中，"全民阅读"已经成为国家战略的一个部分。阅读推广活动对高校图书馆来讲，首先是对图书馆资源的推广和利用，通过我们的图书馆员、专家的引导来进行阅读推广、开展阅读活动，是

对馆藏资源有效利用的重要手段。同时，通过阅读推广也能充分地展示图书馆的信誉、地位和影响力。因此，参与全民阅读、推动全民阅读，传承文化、开展通识教育，营造书香校园，高校图书馆责无旁贷。基于此目的，馆领导经过认真思考，于2014年9月在读者服务部成立了"阅读推广服务工作室"（以下简称"工作室"），将阅读推广服务作为一项专门工作开展，由一名副馆长负责，设专职人员1名，兼职人员6名。工作室成员经过多次头脑风暴后，最终形成了以"Yue"读为目标的阅读推广服务模式。每学年策划科学的阅读推广方案，整合我馆丰富的馆藏资源，深入挖掘读者的多元化需求，开展丰富多元的阅读活动，帮助大学生养成良好的阅读习惯。2015年10月，以我馆阅读推广工作室的工作实践为例，制作的"Yue读Yue精彩——湖北经济学院图书馆阅读推广工作室的故事"案例，在首届全国高校图书馆阅读推广案例华中分赛区比赛中获得二等奖。笔者现结合我馆阅读推广的实践与探索，和大家进行交流和探讨。

2　我馆开展阅读推广服务的创新和实践

2.1　"阅"推荐——图书推荐导读服务深入人心

工作室做好传统型阅读推广服务，加强对大学生的专题阅读指导，在阅览室设立专题图书导读区，如"新书专栏、经典名著、经济学、毕业生就业、心理健康教育"等主题图书专栏，让读者深入了解丰富的馆藏资源，经过精挑细选的荐书思想性和启示性强，相应的图书借阅量也得以提升。每月及时公布借阅热门书排行榜，方便读者参考利用，上榜图书总会吸引读者积极借阅；而公布院系借阅排行榜、读者借阅前十，促进读者积极借阅图书，提高图书借阅率。此外，工作室每年评选校园十大"借阅之星"并举行表彰仪式，并将"借阅之星"的照片、读书心得和推荐图书张贴到读者园地进行广泛宣传，树立校园热爱读书的榜样。

2.2　"悦"互动——以"读者园地"为媒，传播拓展知识服务

2014年，工作室在公共阅览区开办了"读者园地"文化墙，契合读者需求进行主题策划，定期将有思想性、知识性和欣赏性的各类知识推荐给读者，提高读者的阅读兴趣，增长知识。工作室及时和读者分享读书知识、分享阅读热点，提高读者的阅读兴趣。目前已经做了12期，如"世界读书日，约你来悦读"、"遇见你，经院——是我一生最美好的故事"、"Hello，cookie（你好，大一生）！"、"一起脱单——创新创业版"、"经院好书虫十大借阅之星"

"我和春天有个约会"、"读经典书，做书香人"等专栏，主题鲜明、画面美观、内容新颖、可读性强，让读者获取信息、增长知识、开阔视野、积累智慧，受到广大读者的喜爱。工作室还在读者园地开辟图书推荐专栏，已开设"那些年，我们一起读过的书"、"新书路放"、"抗战胜利70周年"、"为创业者提供精神食粮"、"相约两会"、"阅然纸上"等，并设置主题图书专架，方便读者及时借阅；工作室还在读者园地开设"借阅之星推荐"、"学霸推荐"、"名师荐书"等专栏，通过名人效应挖掘潜在的读者群，吸引读者的阅读兴趣。工作室还在读者园地开辟了"心语心愿"墙，方便读者自由发表读书体会、好书介绍或对图书馆的意见和建议，安排专人及时回复。通过读者园地文化墙的建设，多渠道地宣传推介馆藏资源，实现了读者与图书馆交流的零距离，提高了图书馆的美誉度。

2.3 "越"便捷——"以人为本"延伸借阅服务

在"互联网+"的浪潮下，我馆积极运用互联网的先进技术进行改革创新。在2014年9月，我馆借鉴电商模式精粹，以网络信息技术为依托开发网络预约平台，开展个性化定制服务，面向全校教职工开展"预约借书配送"服务。开发了预约借书系统，订制了预约借书配送单，并成立了由学生馆员组成了配送队伍。[1]2016年4月，针对研究生的需求，我馆又面向全校研究生读者开展此项服务。我校读者只需要一部手机或一台电脑，登陆本馆主页"预约借书"栏目，完整填写并提交"预约申请单"，就能在1个工作日内本校指定地点免费收到预约图书。此项服务在全国高校图书馆首开先河，是图书馆从被动的"等借书"到主动的"去送书"的重要转变，拉近了读者与图书馆的距离，读者成为最大的受益者，足不出户就能分享借书的方便与快捷，此举得到广大师生读者的广泛赞誉，通过网络进行预约借书下单量大大提高，图书利用率得到持续增长。

同时，我馆考虑到读者还书的便利，又推出了"便捷诚信还书"服务，在我校行政楼、教学楼及各院系办公楼设立了十个便捷还书点，读者无需亲临图书馆，只需在就近还书点将符合条件的欲归还图书投入还书柜内，1个工作日内由工作人员收取图书并及时办好图书归还手续。

"预约借书配送服务"和"便捷还书服务"由工作室负责，这项服务在全国高校图书馆中具有开创意义，打破了物理图书馆有限的服务范围，将借还服务从馆内延伸至馆外，让读者服务更贴近读者的工作、学习与生活，真正做到了"读者在哪里，图书馆就在哪里"和"无处不在的图书馆"。因为这项服务的时效性、便利性以及无偿性，得到很多教职工和研究生读者的喜爱，通过广大师生读者的口碑宣传，预约借书配送服务已经成为我馆阅读推广的服务特色之一，这一做法得到一些兄弟院校图书馆的认同，并专程到馆学习和交流。

2.4 "乐"成长——以活动提升读者的阅读体验

阅读推广工作室在每年的"世界读书日"、"读书月"都会开展新颖有趣的阅读活动，与一般阅读推广活动不同的是：工作室更注重大学生的体验价值，不断提升创意策划能力，推出主题响亮、口号鲜明、内容精彩的主题活动，并通过网站、宣传栏、微信、海报、读者群等多种载体发布活动信息，吸引读者的参与度。目前已经开展了"奔跑吧，读客"、"图书置换"、"读书分享会"、"相阅经典.我演经典"大赛等各具特色的主题活动，有效地利用和展示了丰富的馆藏资源，营造了浓厚的校园读书氛围。下面笔者和大家分享三个典型读书活动：

2.4.1 开展"奔跑吧，读客！"的大型读者互动活动

2015 年的"世界读书日"，工作室结合当前深受广大民众喜爱的综艺节目的创意，设计了"奔跑吧，读客！"为主题的读者活动。[2] 活动分为找书、阅书、评书三个环节，经过前期宣传，参与读者非常踊跃，共有 200 多大学生报名，活动设计了团队建设环节，各组自行设计团队名和口号，团队精神和荣誉感瞬间爆发，选手们兴趣盎然、精神振奋，取得了良好的活动效果。具体活动分为三步：

（1）每组成员在指定阅览室找到任务卡，根据任务卡的要求找到指定图书，用时最短且准确完成任务的团队获得"最佳效率团队"；

（2）参与团队抽签选取图书并在一周内巧写书评交给工作室；

（3）工作室在"读者园地"对书评进行展示，请读者投票评选最佳书评，得票最高的团队将荣获"团队之星"。

活动特色：以宣传图书馆的资源和推广阅读为目标，开展喜闻乐见、参与度极高的大型互动类活动，寓"阅"于乐。"快速找书"环节具有一定神秘感，考验选手通过线索查找图书的熟悉程度，提升了读者的体验价值；"巧写书评"环节组织读者写下读书心得，分享读书体会，进一步深化读者对读书的认识，提高阅读兴趣；而"品书评"环节让读者深刻地认识到该书的精华，有了较强的借阅意向。先找书后读书，有效地引导了大学生利用图书馆，体味读书乐趣。

2.4.2　举办"相阅经典，我演经典"创意表演大赛[3]

本次大赛由工作室策划并在 2016 年的"世界读书日"圆满举行，大赛推出"用青春演绎，向名著敬礼"的活动口号，以工作室推荐的优秀经典书目为参考，征集热爱经典图书、有一定阅读感悟的大学生自由组团报名，希望同学们阅读经典、改编经典、演绎经典。参赛团队将一些经典名篇笔下的人物鲜活地呈现在舞台上，与大学生共同分享经典的独具魅力。活动成功地调动了读者阅读经典的兴趣，营造了校园良好的读书氛围，相关经典图书的借阅量均有明显上升。

活动特色：工作室采取向全校大学生征集报名的方式极大地拓展了参与度，借助大学生对经典图书的热爱和阅读兴趣，为他们提供表演的平台，通过大学生的自编、自导、自演，展示了新一代大学生崇尚知识的青春风采，让读者们得到视觉上的享受和心灵上的共鸣。以读者带动读者，以读者感染读者，吸引身边的人加入到经典阅读中来，培养大学生的文化素养与阅读品位，营造了浓郁的书香氛围。

2.4.3　举办"Yue 读 Yue 精彩"读书分享会活动

网络时代，阅读已不再局限于书本及电子书等形式，"真人图书馆"活动能将书与人很好地融合在一起，不仅能扩大图书馆的资源范畴，也创新了图书馆的服务方式，弥补了"快餐式"阅读缺陷，帮助大家认识自我，增加理解。于是，工作室组织"真人图书馆"活动，如[4] 2015 年 11 月 26 日，围绕着"互联网+"时代下"创新创业"这个主题，举办了"创业路上的小黑马"读书·创业经历分享会。邀请了被《央视直播间》、《湖北日报》等多家媒体报道的我校大学生创业的佼佼者—黄鹏，听他讲述创建"马邦文化"的创业故事，介绍自己的团队文化、创业项目，还和大学生分享了自己读书体会。活动现场气氛热烈，"真人图书"以其真实的生活实例和经验来引导大学生"勤读书、善读书、读好书"，让学习和阅读成为一种习惯和风尚。有读者评价："通过倾听和交流，我们就像读了一本内容深刻、故事生动的书，增长了自己的见闻，收获了经验。希望图书馆经常举办这样的活动。"

活动特色："真人图书"活动改变了以往传统的图书馆阅读模式，具有立体化、综合化的特征，以一种真人面对面沟通的形式让读者来完成"图书"的阅读，分享和体验真人图书的精彩故事，不仅为图书馆注入了新的活力与激情，使图书馆更具人文关怀与亲和力，同时也为读者提供了一种用平等的交流碰撞出思想火花的全新的阅读体验，实现了为读者提供从"读书"到

"阅人"的实践平台，在校园中掀起一种返璞归真式的阅读潮流。

为了保障阅读推广活动的延续性、创造性和规律性，工作室建立了完整的阅读活动记录，活动结束后都会设计一些综合评价指标体系，如对阅读活动的主题、环境、内容、效果等满意度问卷调查，了解读者的真实需求和反馈建议。通过不断改进和完善，建立整体规划和长效发展机制，形成了适合我校特色的阅读推广方案。

3 阅读推广案例实施的特点和成效

我馆通过成立阅读推广组织，有针对性地宣传阅读、组织阅读，打造多元化的阅读平台，组织切实有效的阅读活动，使阅读推广服务能真正融入到读者的学习与生活中，带领读者多读书、读好书、善读书，激发了读者的阅读兴趣，激活了馆藏资源的利用率，为丰富校园文化生活，建设"书香经院"起到了积极作用。

3.1 案例实施的特色（创新点）

我馆将传统的阅读推广活动进行改善与创新，将"传统型"阅读推广结合"创新型"阅读推广，将"新媒体"新技术引入阅读推广，把文明素养、阅读文化等教育内容贯穿于活动之中。工作室抓住读者的需求和服务的本质，尊重大学生的阅读体验，丰富阅读过程，提升阅读质量，采取 1 个阅读推广工作室+"Yue"读推广 4 种服务模式，始终围绕"Yue"读为目标，发挥团队优势，挖掘馆藏资源的特色内容，提升创意策划能力，利用多种形式的推广平台，线上线下结合，有很强的逻辑性和完整性，通过"阅"推荐、"悦"互动、"越"便捷、"乐"成长 4 个创意策划，让传统型阅读越新颖、创新型阅读越精彩。

3.2 案例的基本思路

策划上，紧密贴近 95 后大学生的特点

内容上，寓阅于乐，激发智慧，快乐阅读

设计上，多种元素，静动结合，书香氛围

宣传上，多种渠道并驾齐驱，口碑相传

组织上，密切联系学生社团，合作共赢

3.3 案例的活动成效

对大学生——通过寓阅于乐的方式，营造自然和谐的阅读氛围，激发读者的阅读兴趣，贴近 95 后读者的心理需求，让更多读者在参与式、体验式、互动式的阅读活动中享受阅读的乐趣，从而喜欢阅读、崇尚阅读、善于阅读。

对工作室成员——在策划、组织、实施活动中受到锻炼，激发馆员对阅读推广服务创意的设计乃至图书馆其他服务创新的热情与思考，实现了图书馆人的精神价值。

对图书馆——展现了图书馆的文化魅力和特色，读者对阅读推广活动有了强烈的价值认同，提高了读者的忠诚度和凝聚力，提升了图书馆的影响力，让更多学子爱上阅读，增进了图书馆与读者之间的距离，营造了健康向上的读书氛围。

我馆阅读推广案例源于实践，注重创新，注重新技术、新手段的广泛应用，将阅读推广工作糅合到大学生的素养教育和服务创新上。案例内容可复制、可操作、持续性强，影响面广，有效地推动了校园读书文化的建设和读书风气的营造，达到了"推广阅读文化、弘扬大学精神"的目的。

4 资料附录

图 1　工作室集体照

图 2　图书推荐

图3 真人图书交流会分享活动

5 参考文献：

［1］ 研究生读者可免费享受"预约借书、配送上门"服务 http：//tsg. hbue. edu. cn/9f/19/c1566a106265/page. htm.

［2］ 奔跑吧读客投票通知 http：//tsg. hbue. edu. cn/4f/af/c1566a20399/page. htm.

［3］ 读书日，我们去哪里嗨？ http：//mp. weixin. qq. com/s? biz＝MzA3NTAyODM4Mw＝＝&mid＝2652028739&idx＝1&sn＝93ba832f96c6438c7c253a29f0d4c335&scene＝23&srcid＝0423sxYwFzExP7nORGrajsUG#rd.

［4］ 微信"Yue 读 Yue 精彩"之"创业路上的小黑马"读书 & 创业经历分享会即将开讲 了！ http：//mp. weixin. qq. com/s？ biz ＝ MzA5MTIwOTIyOQ ＝ ＝ &mid ＝ 400784495&idx ＝ 2&sn ＝ 06f7da49218caaf8a394494dfb1bd0e2&scene ＝ 23&srcid＝05115xiaw9EAWUoES8mXawX5#rd "Yue 读 Yue 精彩"首期读书分享会活动圆满结束 http：//tsg. hbue. edu. cn/22/e7/c1566a74471/page. htm.

作者联系方式：

作者单位：湖北经济学院图书馆

联系电话：叶莉 13667280956   027-81974168（办公）

通讯地址：武汉市江夏区藏龙岛开发区杨桥湖大道 8 号湖北经济学院图书馆 叶莉

邮编：430205   邮箱：1550781817@ qq. com

"边读边享"
——顺德职业技术学院图书馆阅读推广主题活动

吕庆川　　曹国凤　　张丽

（顺德职业技术学院图书馆）

摘要："边读边享"作为我馆阅读推广主题活动，在高职图书馆阅读宣传活动项目的拓展方面，采用"以推引读，以享促读"的思路，促进了高职学生个性化阅读与综合性阅读的融合。通过活动，引导学生把阅读方式从网络跳跃式浏览、快餐式阅读转移到选择性精读上来；把课外阅读重点从以消遣娱乐为主，转移到有益于培养各方面能力上来。营造了校园良好的阅读氛围，促进了内涵式校园文化的发展，取得了良好的效果。

1　活动的背景、目的及意义

改革开放三十多年来，广东顺德的经济发展取得了举世瞩目的成果。顺德职业技术学院的创建，为顺德经济的进一步腾飞添柴加力。十五年来，顺德人"敢为人先"的精神，渗透到学院的各个角落。我馆的读者服务工作也不例外，一直秉承了学院"立足地方，以人为本，崇尚品位，办出特色"的理念，力创高职特色的阅读推广品牌。图书馆是阅读推广的中坚力量。北京大学信息管理系王波博士根据于良芝教授介绍的美国图书馆专家在研究阅读推广案例后所得出的重要结论之一反向推导出"图书馆阅读推广"的定义，即：图书馆阅读推广，是指图书馆通过精心创意、策划，将读者的注意力从海量馆藏引导到小范围的有吸引力的馆藏，以提高馆藏的流通量和利用率的活动[1]。保障图书馆阅读推广效果的前提是了解现状和读者行为，挖掘读者阅读心理。崔波、岳修志在《图书馆加强阅读推广的途径与方式》一文中指出："只有持续地研究读者心理和阅读行为，图书馆才能更好地满足读者对知识和阅读的需求，从而把阅读服务工作深化和细化"[2]。一直以来我馆和众多图书馆一样，每学期都进行热闹的图书宣传活动，往往活动结束后，没有起到预期的效果，单一的书刊推荐或阅读分享，在学生当中没有产生良好的作用。基于以上这些因素，我馆专门进行读者调查，研究发现：我校大多数学生来自本地，他们生长在珠三角比较富裕的地区，思维活跃，个性突出，容易接受新生事物，实操能力较强。但与本科学生相比，自主学习能力不强，阅读思考水平较低，需要更多的引导和交流。只有形式轻松、门槛较低、互动性强、效果易显的阅读推广活动，才真正符合我馆的实情。为此，2013年初我馆在以往读者活动的基础上，升级成立了阅读推广小组，倾力推出以"边读边享"命名的系列主题活动。通过活动的常态化、多元化开展，搭建读书平台，推进阅读交流，吸引并拥有相对稳定并不断扩大的阅读群体。这对培养读者的阅读兴趣，营造浓郁的书香校园氛围，具有十分重要的意义。

2　活动的思路定位、特点及实施过程

阅读推广小组定位了"以推引读，以享促读"的活动思路。分为两大版块："推读"与"享读"。"推读"版块为读者搭建阅读平台，拓展读者的阅读视野。是根据分享主题在网络、实体空间向读者推介相关书刊，同步推出专业专题书刊；"享读"版块为读者搭建交流平台，让读者分享阅读体验。组织流程按照策划→宣传（图书馆微博、宣传单、电子屏等）→实施（过程调控、现场拍摄、侧记等）→报道（学校门户网、图书馆"边读边享"专题网）→反馈→展示推广（当期现场报道、图片展示，留言空间、下期活动主题介绍）等过程逐步推进。"边读边享"力争成为我校师生"书式生活的净土，阅读分享的乐园"。

"边读边享"主题活动，它不同于一般的读者活动，具有五大特点。特点一，协同合作性。由图书馆牵头，联合学生社团清晖文学社和读者协会来共同组织活动，他们既是活动的组织者之一，又是活动的参与者，起到了良好的宣传作用。特点二，持续常态化。它有固定的活动LOGO、固定的周期、固定的地点、完备的活动流程。通过持续的开展，它已成为了我馆的一项常态化工作。特点三，实效性。我们以挖掘读者的阅读倾向和了解读者的心理需求为突破口，开展推读和享读的系列活动，"一读一享"的运作模式，既满足了读者阅读需求，又释放了读者的交流情怀，取得了比较好的实际效果。特点四，循环运作性。活动自开展以来一直保持在推读、享读、推广的良性循环状态。特点五，自创活动刊物。为了更好宣传推广我们的资源和活动，图

书馆创办了刊物《百草园》，两个学生社团也分别创办月报《清晖文学报》和《读者驿站》。

　　自活动以来，"推读"版块专题突出，成绩斐然，是"边读边享"主题活动的前奏和基础。我们通过实体和网络，每月一次，每次四版，经过几年的推送，已经推介了七十多个专题的书目。时间在分享会前，主推与分享会内容相关的书刊，为分享会作前期引导；辅推各专业专题书刊。让读者在满足兴趣爱好的同时，关注本专业相关专题书刊。读者可在一楼展厅随时挑选自己喜爱的图书，可在各楼层的专题图书推荐宣传栏快速地查到自己所需图书，也可在网络上看到我们主推的专题书目。有目的地引导学生读者快捷地进入图书阅览的状态。从最初的粗放的大类推介，到某个专题的精推，先从新生入手，着眼于让新生一入学便得到良好的学科引导，培养新生读者群，使他们成为阅读分享的主力军，一年后，带动下一届新生，三年后有一群热爱阅读的读者群。由此良性循环，带动校园文化的推进。

　　"享读"版块，形式多样，品评与交流相结合，是"边读边享"主题活动的高潮与升华。每次活动我们都严格按照策划→宣传→实施→报道→反馈→推广的流程一一推进。为读者搭建了一个"自由、互动、思考、受益"的交流平台。阅读推广小组成立后，除考试月份，每月一场，共分享了近二十场交流会。主持人从一开始由图书馆老师担任，到培养出学生骨干，一级一级往下接棒主持；参与人员从一开始组织一些同学参加到现在同学自觉自愿参与，阅读分享的队伍不断壮大；分享内容从一开始单一的文学欣赏到现在的涉猎各个学科；分享嘉宾从一开始聘请专家教授主讲到现在的各种形式融合，嘉宾专家和学生读者自由式畅言。每一个脚步，都留下坚实的印记。首先，对每一场分享会进行了认真策划。按照不同的时段，策划不同形式不同内容的阅读分享主题。其次，实施阶段。分享会前期宣传：精心制作的宣传单，通过协会同学、辅导员，深入班级以及网络同步广泛宣传。最后，分享会中嘉宾老师激情慷慨，循循善诱；读者交流，现场踊跃，气氛热烈。每一场分享会都各有亮点，在此选取几场精彩的交流会与大家分享。

　　（1）精彩交流之品读《白鹿原》：分享会之前由书商免费赠送200册《白鹿原》小说，分送给有兴趣的读者先期进行阅读，邀请了本校知名专家——人文社科学院院长陈建华教授，陈教授深入浅出，图文并茂的评点，将名作厚重深邃的思想内容，复杂多变的人物性格，跌宕曲折的故事情节，绚丽多彩的风土人情评析到位，引人入胜。本场分享会首开了"边读边享"阅读推广主题活动的序幕。由专家引导阅读，师生共同分享的模式得到了师生们的高度认同，吸引了我校设计学院教授、电信学院老师、各院系辅导员以及各年级学生等阅读爱好者前来分享交流。极大地鼓舞了我们办好阅读推广活动的信心。

（2）精彩交流之诗词鉴赏：活动以诗词朗诵、分析探讨、交流个人作品等方式展开，同学们分享了各自阅读诗词的美妙心境、心得和感悟。从古诗词到现代诗词，从抒情诗词到励志诗词，交流推荐了李白、辛弃疾、毛泽东、席慕蓉、徐志摩等名家作品，同学声情并茂地朗诵了自己的作品。活动高潮引来了当晚正在图书馆巡查的督导教授们，他们被现场气氛所感染，并充满兴致地参与到活动中。彭教授优雅的粤语吟诵，热情洋溢的情绪，深深地感染了在场的每一位读者。徐教授也分享了他对诗词中经典文字、美好意境的理解和看法，并意味深长地建议同学们多多阅读、细细品味和深刻领会，让优秀的诗词作品不断地传承下去。最后两位督导肯定了我们的工作。一致表示，对这样的活动形式、内容和氛围感到非常欣慰，希望图书馆一定要坚持开展下去，只要坚持，就会有成效。之后的活动，督导教授们常常前来分享。

（3）精彩交流之"公益青年"：邀请了现任佛山市顺德区新思维公益项目推广中心总干事熊耀宗，和顺德电台901的知名主持人谢东。此次书友会采取真人图书馆这种新颖的活动形式。参加交流会的人员可以自由选择自己感兴趣的真人图书，坐在一起零距离交流。熊耀宗的书名是《选择》，他从高职班到就业班，后来又辗转，换了很多的工作。那些经验和尝试一直用到现在。他告诉读者：别人会教你做什么样的选择是现实可行的，可是只有你自己去尝试才可以看到不一样的风景。谢东的书名是《声音传递价值》，作者从21岁报考电台，从此踏入广播业，用声音传递价值。他认为沟通是最重要的，只有沟通才能更好地了解对方的感受。由于模式新颖，交流畅快，引来了大量读者。值得一提的是交流会分享到一半遭遇上图书馆突然意外停电，但读者们并不想离开，依旧兴趣盎然，最后摸着黑讲完，而大家还都意犹未尽，欲罢不能。

分享会后的后续报道，也是我们的一个重磅环节。每场分享会后作两个版面的报道，一版是对当期活动进行报道，另一版是为下期话题作引导宣传，征集书目。与此同时，两个学生社团每月一次分别通过月报《清晖文学报》和《读者驿站》进行强力推荐，使活动呈现出良性循环的态势。

3 "边读边享"阅读推广主题活动实施成效

阅读推广活动的最终目的是使读者获得终身受益的阅读能力。2006年，由国际教育成就评鉴协会（IEA）主导的促进国际阅读素养研究（PIRLS）在评估9-10岁儿童的阅读能力时，提出了"阅读素养"的概念，并指出："一个有策略的优质读者必须具备一定的阅读素养，即：（1）能够理解并运用书写语言的能力；（2）能够从各式各样的文章中构建出阅读的意义；（3）能从阅读中学习；（4）参与学校及生活中阅读社群的活动；（5）能够通过阅读获得乐趣。"[3]可见，阅读素养体现了对一个人进行阅读活动的综合能力的评估，涉及语言、认知、心理发展等多种因素，可作为评估阅读推广活动对参与者所产生影响的参考依据[4]。

3.1　活动口碑在校内广泛传播，得到读者普遍好评

活动得到了广泛认同。阅读量较之前有明显增加，读者急切期盼下期阅读分享，无形中图书馆文献借还率和电子资源利用率大大提升。每场活动精彩多样，融合了以名师专家品评面对面、个人作品交流、吐露心声、解答疑惑、分析探讨等方式。分享内容丰富，涵盖了名作品评、诗词鉴赏、明清文史、诸子百家、易经、关于爱情、公益青年、中国梦等方面的主题。读者们在分享中表示，读书不仅能学到知识，更能得到快乐，读书让人保持很好的心态，会对未来的人生、事业、家庭产生潜移默化的作用。读者的自发参与，使参与群体稳定并呈不断上升趋势，累计参与人数过千人，甚至有些毕业生特地返校参加活动。最令人感动的是我校一位11级毕业生。在得知活动信息后，曾多次、晚上、专程从校外赶回来参加我们的阅读分享活动，风雨无阻，准时到场。他曾多次地感慨：这种活动太好了，真希望一次都不要错过。随着活动的深入，带动专家积极投稿，督导教授不约而至，其中李金坤教授还多次发来他的稿件。学生们更是踊跃参与书评活动，从收到的书评类别上看，已涵盖各学科各领域，初步达到我们期待的从推读到享读，发散到品读的目标。参与者由以前的零星、分散，逐步发展到现在的有相当数量的稳定读者群，而且还会不断壮大！由最初的图书馆独自组织，发展到与学生社团联合开展，活动像蒲公英的种子一样向不同院系、不同班级、不同圈子扩散。作为活动沉淀，阅读推广小组接办了馆刊《百草园》，每年出版两期，春夏版和秋冬版，特色鲜明，反映了我馆阅读推广活动的常态。精美刊印，及时向学校各部门、各学院部、各班别以及到访兄弟馆派送，扩大影响力。

3.2 "边读边享"阅读推广主题活动在校外得到高度评价，在省内外高职院校图书馆中盛享美誉。

一路走来，有了一定的影响力。在省际馆交流中浙江省高职馆、广西壮族自治区高职馆、广东省高职馆同行前来交流，"边读边享"阅读推广主题活动得到高度评价。同行们把我们的一些做法借用回去，产生良好的效果。学校网站、地方报《珠江商报》与地方网络媒体多次对有关活动进行了专题报道。顺德区的中、小学得知我们的分享活动，也各组织了优秀学生近二百人到我馆参观学习，到馆内与专家、老师进行精彩的阅读分享和书刊阅览。会后还达成了定期借还图书的协议。目前该项活动仍在持续并辐射到周边学校。取得了良好的活动宣传效应。

"边读边享"阅读推广主题活动，有利于我馆进一步加强资源建设、提升服务品质，也更加坚定了我们将活动品牌做强、做大的信心和决心。案例在首届全国高校图书馆阅读推广案例大赛广东省赛区以三等奖高职馆排名第二的成绩进入华南赛区复赛；以华南赛区三等奖排名第一的名次进入全国优秀奖的行列。作为高职馆，实属不易。然而，没有最好，只有更好！"边读边享"是走进青年读者内心的活动。我们充满了期待和设想，也许不久，网上虚拟书友会将和大家见面。与书相约，与您相约，让我们边读边享，且行且歌！

4 资料附录

4.1 活动方案

顺职图书馆"边读边享"阅读推广主题活动方案

活动意义：

1. 阅读推广旨在通过引导、激励学生扩大阅读量、改善阅读内容和方式使学生养成良好的阅读习惯，开阔视野，培养观念，励志成才。引导学生把课外阅读的重点从以消遣娱乐为主，转移到有益于培养宏观决策、危机处理和心理调适等能力上来，把阅读方式从网络跳跃式浏览、快餐式阅读转移到选择性精读上来，让学生从网络游戏、聊天、交友等业余生活中抽出更多时间进行阅读，以培养学生成熟、健康的思想。从而加强校园文化建设，促进先进文化发展。

2. 大学生求学阶段，对未来还很茫然。阅读、交流、分享可以促使其养成读书的习惯，通过交流与分享，彼此信任和欣赏、建立友谊，缔造良好的学习、分享、收获的文化，更加充分的利用图书馆，提高读写能力、丰富文化底蕴、提高综合实践能力。经典的力量是伟大的，一本好书可以影响人的一生。

活动目标：

1. 使同学们认识到读书的重要性。

2. 交流阅读感受，加深对作品的理解。

3. 采用"阅读、思考、交流、分享、收获"的形式，促使个性化阅读与合作性阅读的融合。

4. 感受作品的魅力，体悟作品的生命诠释，提高自己的思想水平。

5. 通过活动，在校园内形成热爱读书的良好氛围，促进学校内涵式文化的发展，努力创建"学习型社会"。

参加对象：全校师生（主要面对学生）

组织实施：阅读推广小组全体成员（由吕庆川老师组织统筹，小组全体成员参与）

活动开展：

阅读推广小组定位了"以推引读，以享促读"的活动思路。分为两大版块："推读"与"享读"。

"推读"版块为读者搭建阅读平台，拓展读者的阅读视野。是根据分享主题在网络、实体空间向读者推介相关书刊，同步推出专业专题书刊；每月一次，每次四版。

"享读"版块为读者搭建交流平台，让读者分享阅读体验。组织流程按照策划→宣传（图书馆微博、宣传单、电子屏等）→实施（过程调控、现场拍摄、侧记等）→报道（学校门户网、图书馆"边读边享"专题网）→反馈→展示推广（当期现场报道、图片展示，留言空间、下期活动主题介绍）等过程逐步推进。定期开展阅读交流分享读书活动，活动中，参与师生自由交流分享读书心得体会。记录师生分享书目，定期制作展架、喷画等推广，并根据内容，从图书馆馆藏中补充推荐相应书目；从师生分享、讨论中提取关注热点，以供不定期重点推广。读者协会干部、成员到场，培养干部或优秀读者成为活动主持引导者。

阅读分享活动时间：

每月约一次，每学期3-4次。活动时间控制在两个小时左右，建议周三下午或利用晚上时间。

前期准备：

宣　传：活动宣传形式可多种多样。以网络、微博、校园广播、宣传栏、宣传单派发等形式。由康芹老师主要负责文字组织，张雪梅老师协助完成。全小组老师协助宣传。

报　名：活动人数不限。但为保证活动的顺利进行，掌握读者情况，先采取报名方式。报名有两种方式：1。网上报名。邮箱：shunzhilib@ 163. com 由康芹老师汇总。2。服务台登记。在服务台前放置报名表，由服务台老师指导填写，由韦瑛老师汇总。之后视活动开展后，自由参与，无需报名。

主持人：首次活动由康芹、林文珊老师主持，下一场及以后分享会根据实际情况再定，慢慢培养学生干部，使优秀的学生干部成为主持活动引导者。

活动思路：阅读推广小组成员要求到场，并做好幕后工作。如签到、安排位置、会场秩序等工作。

1. 小组成员关注活动节奏，配合主持人，做好问题穿插，避免冷场。

2. 读者协会成员、部分学生管理员到场，协助阅读推广小组老师组织活动。

3. 提前布置会场，结束后打扫。由陈泳、韦瑛、屈玮雯老师负责。

4. 活动过程热点记录：除主持人外的全体小组成员。

5. 准备必要的拍摄设备：由陈泳、张丽老师主要负责。

6. 购买奖品，包括证书，奖状等。

7. 邀请有德高望重的嘉宾参与，提升活动品质。

8. 具体经费以及奖品可视具体情况删减。

具体交流活动流程：

一、主持人为活动开始致辞 向读者介绍读书的重要性，推广的目的意义。之后根据具体专题，灵活主持。

二、设置每场分享会的分享主题，把握时间节奏。

可设置的形式 1. 邀请专家、学者进行主讲式分享
　　　　　形式 2. 读者之间互相交流阅读作品
　　　　　形式 3. 真人图书馆模式分享

可设置的环节 1. "真情告白"（感悟篇）

a、阅读完一本书后，每个人在心中都有或多或少的感悟，对现在及今后的人生，有着哪些启示。进入环节："真情告白"，谈一谈，读了哪本书以后，你最大的感悟是什么？

b、参与者谈自己的感悟。并把自己的感悟浓缩成一句话或几句话说出来。

d、参与者交流自己的人生格言。

PS：时间视人数而定，如果有30人参加，要在2个小时内搞定。每人三四分钟。

环节2. 精彩回放（朗读篇）

a、大家的感悟是非常多的。设置环节："精彩回放"，在这么多蕴涵哲理的故事里，把你认为最精彩的，读给大家分享。

b、参与者可以自由选择自己认为最精彩的段落配着音乐（没有条件就不用）朗读，并适时分享一下自己阅读的经历以及感想。

PS：每人1—2分钟，自由上

环节3. "推而广之"（推广篇）

a、我想读书带给我们的收获是很多很多的，我们应该分享之后共享，收获他人阅读经历，进入环节："推而广之"。

b、参与者之间互相推介阅读作品

c、通过同学的相互交流和介绍，评出值得大家一看的好书。（由于时间有限，这个项目可不进行）

PS：每人1—2分钟，自由上

环节4. "阅读之星"（奖励篇）

推选出一至三等奖数人，优秀奖数人。比例应达到一半以上。

（获奖人数及奖品视情况待定）

三、主持人为活动加以陈述总结。

活动后续：

由周辉老师主要负责，屈玮雯、张雪梅、韦瑛、曹国凤老师协助，收集记录师生分享书目以及小组其他老师收集记录，进行汇总，精选值得推荐的图书作四个展板的推广介绍。精选一定数量的书目交屈玮雯老师，作为书刊推荐部分的重点推荐书目，向读者推荐。

活动次数：

以一年为计。每月约一次，每学期约3-4次，一年共计6-8次。

活动预算：

奖项设置：一等奖数名，二等奖数名，三等奖数名，优秀阅读者数名，比例应达到一半以上。参加学生加素拓分。由曹国凤老师主要负责，其他老师协助。

出版刊物：馆刊《百草园》。每年两期，由吕庆川老师总编辑，屈玮雯、曹国凤、陈泳、张丽、张雪梅老师责任编辑

总经费：约2.5万元（包括日常宣传经费：书刊推荐、宣传喷画及出版刊物和奖品）

　　　　　　　　　　　　　　　　　　　　　　阅读推广小组

　　　　　　　　　　　　　　　　　　　　　　2013.04.18

4.2　活动照片

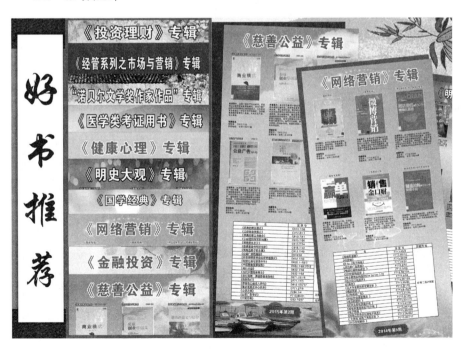

图1　"边读边享"之推读：专题书刊推荐

图 2　"边读边享"之享读：交流分享会现场

图 3　"边读边享"之宣传与积淀：图书馆馆刊《百草园》& 社团月报《清晖文学报》、
《读者驿站》

5 参考文献：

［1］ 王波．阅读推广、图书馆阅读推广的定义———兼论如何认识和学习图书馆时尚阅读推广案例［J］．图书馆论坛，2015（10）：1-7.

［2］ 崔波，岳修志．图书馆加强阅读推广的途径与方式［J］．大学图书馆学报，2010（04）：37-39.

［3］ 柯华葳．阅读素养的培养［EB/OL］．［2012-01-05］．http：//www.cw.com.tw/article/article.action？id=5009393&page=2.

［4］ 刘金涛，谭丹丹，孙阳阳．推动引导大学生课外阅读 培养提升终身学习能力———上海财经大学图书馆阅读推广案例研究［J］．图书馆论坛，2013（3）：145-150.

作者联系方式：

作者姓名：吕庆川　曹国凤　张丽

作者单位：顺德职业技术学院图书馆

联系电话：0757-22323758　15916590258（吕）15088015548（曹）13703060258（张）

Email：372796016@qq.com

详细邮寄地址：广东佛山顺德大良德胜东路　顺德职业技术学院图书馆

收件人姓名：吕庆川

邮　　　编：528300

沐浴书海·学满校园

——兰州财经大学图书馆 2015 年世界读书日系列活动

贾晓旸　　魏　婧

（兰州财经大学图书馆）

摘要：高校图书馆的阅读推广工作近年来备受重视。阅读推广作为图书馆服务的一种基本形式，也得到了图书馆业界和学界的普遍认可。高校图书馆承担着教学辅助功能，其所面对的是以高校师生为主体的阅读群体，因此在大学生中进行阅读推广活动是高校图书馆所要进行的核心任务。本文通过对兰州财经大学图书馆 2015 年世界读书日系列活动案例的背景、内容、意义、活动成效、评价等几方面的分析，为高校图书馆今后开展阅读推广工作提供借鉴与参考。

2015 年 4 月，在第二十个世界读书日来临之际，为了在校园倡导多读书、读好书的文明风尚，进一步促进阅读活动深入开展，促进学习型校园的建设，提高全校师生的阅读热情、阅读兴趣和阅读水平，兰州财经大学图书馆举办以"沐浴书海，学满校园"为主题的世界读书日系列活动。并以此案例参加了由教育部高等学校图书情报工作指导委员会主办，由上海交通大学、上海财经大学、华中师范大学承办的首届全国高校图书馆阅读推广案例大赛，在此次比赛中，分别获得西部赛区三等奖和全国优秀奖。

1　活动背景

"世界读书日"全称"世界图书与版权日"，又称"世界图书日"，最初的创意来自于国际出版商协会。1995 年正式确定每年 4 月 23 日为"世界图书与版权日"，设立目的是为了推动更多的人去阅读和写作。

在全社会"倡导全民阅读，建设书香社会"的时代潮流下，高校图书馆的阅读推广工作近年来也备受重视，我馆在第二十个世界读书日来临之际，以此为契机，举办了以"沐浴书海，学满校园"为主题的世界读书日系列活动，旨在促进学习型校园的建设，让同学们在读书中感受学习的快乐，不断提升自我阅读品味，养成良好的读书习惯，提高全校师生的阅读热情、阅读兴趣和阅读水平。

2 活动内容

本次活动包括六个板块及海报展示，分别是讲座类、宣传类、体验类、比赛类、新媒体参与类、展销参观类。而案例的创新点在于将世界读书日 4 月 23 日所在月——整个 4 月作为读书月开展相关一系列活动，在校园及全校师生中形成较集中的影响。

2.1 活动版块

2.1.1 讲座类活动

讲座类活动包括两项内容，分别是名师讲座和馆藏资源讲座。此次讲座依托于我馆长期举办的"一小时讲座"，并在此期间邀请我校刘公望教授举办了"四库全书与中华文化"的系列专题讲座，邀请数字资源商来我馆举办馆藏数字资源系列讲座，厂商对电子资源的理解更透彻、全面，是对"一小时讲座"的有效补充。

2.1.2 宣传类活动

宣传类包括以我馆的资源和服务为主题的活动展板及名师荐书。展板包括图书馆主页介绍、读者服务内容展示、电子资源介绍、推荐书目等内容，使读者更加直观的了解图书馆的各项资源与服务。名师荐书部分是我馆与学校 HR 协会联合举办了图书推荐活动，分别邀请我校十三位学院院长每人推荐一本书，并制作了"大学生必读 100 本书"大型展板，得到了各位读者的热情赞许。

2.1.3 体验类活动

体验类活动包括，移动图书馆的使用，专业参考咨询馆员一对一解答以及与图书馆相关的问卷调查。在移动图书馆及移动设备利用上邀请超星图书馆相关工作人员参与到当天的活动中，并且让专业参考咨询馆员走进同学们中间，现场互动相关检索操作，详细解答读者关于数据库使用、电子信息检索与利用、查收查引、定题服务、原文传递、馆际互借、场地服务等各类问题。

图书馆在读书日当天开展了关于图书馆资源建设与深化服务的问卷调查，共发放问卷 150 余份。本次调查问卷主要包括两部分内容，一是关于图书馆资源建设及相关服务的调查了解，如"您认为我校图书馆文献资源应在哪些方面加大投入采购？"、"您最希望图书馆提供的信息服务有哪些"、"您认为一小时讲座应该开设的讲座内容有哪些"等问题。二是关于图书馆深化服务的系列调查，如"您最常用我馆开通的 CALIS、CASHL 服务的内容是哪些"、"您使用过图书馆开展的哪些学科服务"等。同时，发放读者推荐书目建议单五十份，此项活动对于读者与图书馆的沟通起到了非常积极的作用。

2.1.4　比赛类活动

比赛类活动包括 2014 年度优秀读者评选、书评征文、文献检索技能大赛。图书馆拥有图书、期刊、会议论文等多种类型的信息资源，是教学、科研水平提高的信息保证，充分利用好图书馆可以扩充知识面，提高信息素质水平，养成终生学习的好习惯。2015 年 4 月 20 日图书馆举办了一年一度的"优秀读者"评选、书评征文大赛及文献技能大赛及表彰活动，以鼓励师生继续更好的使用图书馆资源。

2.1.5　新媒体参与类活动

新媒体参与是本次活动中全新加入的板块，借助图书馆官方网页、官方微博、本校微博协会、图书馆 LED 大屏等新媒体在学生中进行推广，跨越了空间的距离，使得同学们能够及时了解到活动动态，能够更直接的参与到活动中来。并在微博发起"图书馆我想对你说"话题，收集广大师生读者对图书馆的建议及意见。

2.1.6　展销参观类活动

展销参观类活动包括在读书日当天邀请书商走进校园进行新书展销活动，由专业馆员带领读者参观图书馆的精品书库、我校科研成果展厅等。让读者走进图书馆、了解图书馆、融入图书馆。

2.2　海报展示

海报以此次读书日的主题"沐浴书海·学满校园"为主题，浅绿色为背景，象征阅读景象生机勃勃，以素描我校和平校区图书馆为底色，指明活动地点。海报的主要版面以一颗茁壮成长的大树为依托，飘散的树叶映射出读书日活动中的各种场景，其中六片树叶绕成一个环，每片树叶代表一种类型的活动，表示活动环环相扣，相辅相成。海报整体体现出清新自然的风格。海报图片见图1。

2.3 活动特点

2.3.1 活动主题鲜明

自2013年10月后我校和平校区新馆落成开放以来，我馆于2014年4月及2015年4月均以世界读书日为契机，开展了每年的读书日系列活动。活动主题鲜明，2014年主题为"书香校园"，2015年主题为"沐浴书海，学满校园"。这项活动也将持续开展下去，并不断增加新的创意元素。随着每年越来越丰富的活动，终会建设及营造一个美好的书香校园环境。

2.3.2 活动形式多样

我馆本次读书月活动分为六大类，不断尝试新的活动内容，新的活动形式，旨在吸引更多的读者走进图书馆。内容方面，我们从馆藏资源的介绍讲座扩展到校内名师的专题讲座；从馆内资源服务的主题展板扩展到院长荐书、大学生必读100本书等荐书展板；从单一的读书征文比赛扩展到征文、文献检索及借阅量等多种比赛齐头并进；形式方面，我们从传统的讲座、征文等常规活动发展到现在的咨询体验活动、移动图书馆体验活动、精品书库参观活动、问卷调查等，更注重与读者之间的互动，也把读与写，纸本阅读与其他介质的阅读等结合起来，并且充分利用了微博等新媒体，拓宽了活动的辐射面。

2.3.3 活动宣传及时

以世界读书日为契机开展系列活动，目的就是营造一股浓浓的读书氛围，提高全校师生的阅读热情、阅读兴趣和阅读水平。除了活动本身的开展，有效、及时、全方位的宣传更是不可缺少的。在各项活动开展前，我们利用海报、网络、微博等各种媒介以及校内相关部门及学生社团组织进行有效的宣传，让更多的人参与到活动中来。活动过程中实时通过微博等对活动进行报道，活动结束后，及时进行资料收集整理，并总结刊登在我馆馆报《图苑采风》中，分发到学校各部门、各学院以及兄弟院校图书馆。

3 活动实施成效

"沐浴书海，学满校园"——兰州财经大学图书馆2015年世界读书日系列活动紧扣读书的核心，以多种多样的形式和内容吸引了大量的读者参与。利用海报、网络、微博等各种媒介以及校内相关部门及学生社团组织进行及时有效的宣传，让更多的人参与到活动中来。

2015年世界读书日系列活动虽然仅仅是我校和平校区新馆落成开馆后的第二届活动，但是相比以前，已初见成效。主要表现在以下几方面：

3.1　活动参与者增加

本次活动共分为六个大类，共开展了十多个子活动，万名师生同参与。丰富了师生的业余生活，也营造了浓厚的读书氛围。活动不仅包括对我馆馆藏资源及服务的介绍，也包括读书征文比赛，不仅有移动图书馆的体验使用，也包括文献检索技能的比赛，不仅利用问卷调查及其他形式了解读者对本馆更深层次的意见和建议，也通过一对一的咨询体验及评选优秀读者调动了更多师生的积极性。传统活动与新媒体相结合，丰富了活动形式，更加注重读者的体验，使得活动参与者增加，阅读推广效果显著。

3.2　校园读书氛围浓厚

读书日促进了学校读书活动的开展。系列活动期间，我馆联合学校 HR 协会共同举办了图书推荐活动，分别邀请我校十三位学院院长每人推荐一本书，并制作了"大学生必读100本书"大型展板。同时，根据2014年全校全年的图书借阅量，评选了借阅量前十名同学为2014年度优秀读者。一年一度的征文大赛，让同学们有了施展自己才华的机会，活动期间，我馆不仅评出了征文大赛的奖项，而且将获奖的文章刊登在馆刊《图苑采风》中，使得同学们的才华得以传播。不同类型的活动使得广大学生开始亲近书本，读有所得，借阅量及微博阅览量相比之前都得到了增加，校园中读书氛围浓厚。

3.3　馆读关系改善

以往因图书馆活动较少，图书馆馆员与各学院、学生之间交流较少。而在本次系列活动中，各项活动不仅得到了学院院长的大力支持，开展了院长荐书活动，而且得到了学生社团组织的积极响应。学校的微博协会、HR 协会、青年志愿者协会等通过与图书馆老师共同组织活动，不仅更加深入地了解了图书馆及相关工作，也在广大师生中有了口口相传的好评价。通过各项活动，他们更加尊重图书馆各位老师的劳动，也成了图书馆与师生之间的桥梁与纽带，馆读关系越来越和谐。

3.4 图书馆认可度增加

通过此次世界读书日系列活动，图书馆认可度也得到了增加。各项活动开展以后，广大学生认识到图书馆不仅仅是上自习借书的场所，而且图书馆还提供了更多的资源和服务，学生的入馆率及电子资源的使用率均得到了提高。目前，已有越来越多的学生社团主动和图书馆联系，组织不同类型的活动，如摄影协会与我馆在 2016 年共同举办的"我与图书馆"摄影大赛和即将在 2016 年 5 月举办的"图书馆寻宝"活动等。也有越来越多的兄弟院校前来我校图书馆进行参观交流。而我馆提供的教师研修室也已成为教师及学生进行教研活动的重要场所。

4 用户评价与反馈

2015 年世界读书日系列活动得到了读者的热情参与和积极反馈。读者不仅通过调查问卷及微博征集对图书馆提出了各种意见和建议，也对此次系列活动进行了评价。

综合读者的各种意见和建议，主要包括文献资源建设方面 26 条，图书与期刊管理方面 12 条，馆舍条件方面 10 条，读者管理方面 18 条，馆员服务方面 8 条，系统技术保障方面 2 条，信息咨询与数据库培训的问题 6 条等。

总之，收到读者评价很多，简要摘取以下几条：

"你很棒，你霸气的外形，丰富的内涵，一直是我们财大学子的骄傲！你很好，你无私的奉献，默默的给予，一直是我们财大学子前进的动力！"

"图书馆让我们受益良多，希望以后越来越好！"

"12 级的学生见证了图书馆成长，作为兰商的一员总有一种特殊的自豪感，因为我们拥有高大上的图书馆，希望图书馆越来越好，多多举办活动，让更多的学生在图书馆扬帆起航。"

"最神圣的地方——图书馆，是你让我们越来越好，无数的知识储藏在你的心中，很感谢，感谢，感谢。"

"最美的地方，遇见最美的书籍。"

……

5 结束语

此次活动是图书馆关于阅读推广的一项重要内容。在全民阅读工程日益深入发展的大背景下，高校作为高素质创新型人才培养基地，民族优秀文化与世界先进文明的聚集地，更要通过推广阅读实现大学图书馆应有的职能。对于高校图书馆而言，阅读推广是一项长期性、普遍性的工作。

首先，领导重视是搞好阅读活动的关键。若能成立以主管校长为组长的领导小组、以图书馆馆长为组长的工作小组，因地因校制订活动方案，责任层层落实，必将使得各项活动有效、深入、持续开展。

其次，在馆内建立阅读推广团队。由馆长或主管副馆长带队，从各个部门抽调人手，不同部门、不同专业共同组成专门的阅读推广团队。想法多，创意多，技能多。各个部门之间相互配合，才能更好地进行阅读推广工作。举办好的活动，需要好的点子，而好的点子需要大家一起想一起完善。

再次，与学校其他职能部门密切合作。举办大型比赛活动都需要学校其他机构的配合，比如校团委，各学院的分团委、学校的学生工作部、宣传部、教务处等。各部门联动能够提供更大的活动场地，多渠道的动员和广泛的宣传发动，提供学生参与的积极性。

最后，稳定的学生骨干是重要力量。图书馆提供平台，给予财力和物力支持，图书馆相关老师起到指导引导的作用，通过学校各种社团、协会等开展调查、培训、宣传、读书活动组织、促进交流学习等，使得学生成为活动的主力军。只有学生自己组织，自己参加，才能影响身边的更多的人投入阅读。

总之，图书馆所有的工作都要落实到为读者的阅读服务，包括为读者提供良好的阅读环境，建设专业化的丰富馆藏，提供学习研究的平台以及发挥的助读性作用等。通过此次活动，总结经验与不足，改善大学生的阅读质量，提高大学生的阅读能力，在全校范围营造出积极向上的学习氛围，真正推动书香校园的建设。

6 资料附录

6.1 海报图片

图 1 海报图片

6.2 活动方案

沐浴书海，学满校园——2015年世界读书日系列活动方案

在"4.23世界读书日"到来之际，图书馆将开展"2015世界读书日"系列活动。具体活动事宜安排如下：

一、活动主题

1995年，联合国教科文组织宣布每年的4月23日为"世界读书日"，以推动更多的人去阅读和写作。2015年，在第二十个世界读书日来临之际，为了在校园倡导多读书、读好书的文明风尚，进一步促进阅读活动深入开展，图书馆特举办以"沐浴书海，学满校园"为主题的世界读书日系列活动，促进学习型校园的建设，提高全校师生的阅读热情、阅读兴趣和阅读水平。

二、活动时间

2015年4月1日–2015年4月30日

三、活动地点

兰州财经大学段家滩校区图书馆广场

和平校区图书馆二楼大厅及广场

四、活动内容

活动一：读书日专题讲座——开幕活动

活动内容：邀请校内外知名教授进行读书日专题讲座，作为本次世界读书日活动的开幕活动。

主题暂定为阅读与文化、阅读与兴趣等。

活动时间：2015年4月21日

活动二：图书馆资源以及服务展板

活动内容：图书馆是通向知识之门，通过系统收集、保存与组织文献信息，实现传播知识、传承文明。图书馆人经过不懈的追求与努力，逐步扩大和深化我馆的服务，读书日活动期间，我馆将展出以我馆的资源和服务为主题的活动展板，读者可以了解我馆的资源和服务，以便在今后的学习中与我馆建立良好的沟通交流，充分利用我馆的信息资源。展板包括图书馆主页介绍、读者服务内容展示、电子资源介绍等。

展示地点：图书馆大厅

活动三：2014年度"优秀读者"评选及表彰活动

活动内容：图书馆拥有图书、期刊、会议论文等多种类型的信息资源，

是教学、科研水平提高的信息保证，充分利用好图书馆可以扩充知识面，提高信息素质水平，养成终生学习的好习惯。图书馆举办一年一度的"优秀读者"评选活动，评选标准为 2014 年外借图书册数前 10 名。活动期间将对"优秀读者"进行表彰，届时为其颁发证书并给予奖励，前两名为一等奖，三到五名为二等奖，六到十名为三等奖。以此拉开读书日系列活动的序幕，以鼓励大家继续更好的使用图书馆资源。

颁奖时间：2015 年 4 月 20 日

颁奖地点：读者培训室 108

颁奖人：馆长

活动四：读书心得体会或书评征文大赛

活动内容：面向全校学生开展读书心得体会或书评征文大赛，评选优秀文章颁发证书，并给予奖励。设一等奖 1 名，二等奖 3 名，三等奖 5 名。

征文时间：2015 年 4 月 1 日-2015 年 4 月 19 日

颁奖时间：2015 年 4 月 20 日

颁奖地点：读者培训室 108

颁奖人：馆长

活动五：文献检索技能大赛

活动内容：为了提高我校学生信息意识与获取信息的能力，培养学生掌握网络检索和资料查询的基本方法，带动全校学生学习网络信息技术的热情，促进学生实践能力、创新能力和综合素质的全面提高，图书馆特举办文献检索技能大赛，并给优秀者颁发证书及奖励。设一等奖 1 名，二等奖 3 名，三等奖 5 名。

参赛时间：2015 年 4 月 1 日-2015 年 4 月 19 日

颁奖时间：2015 年 4 月 20 日

颁奖地点：读者培训室 108

颁奖人：馆长

活动六：移动图书馆体验活动

活动内容：为了使同学们运用多种移动设备利用图书馆资源，图书馆提供移动图书馆体验活动，以激发同学们使用手机、pad、电脑等设备利用图书馆资源服务的兴趣。

活动时间：2015 年 4 月 23 日

地点：图书馆大厅

活动七：图书馆体验式咨询服务

活动内容：大数据时代，面对激增的文献资源你做好准备了吗？你可以利用哪些资源，如何高效获取你所需的专业信息？读书日当天专业参考咨询馆员将一对一答疑解惑并现场互动相关检索操作。咨询范围涵盖数据库使用、电子信息检索与利用、查收查引、定题服务、原文传递、馆际互借、场地服务等。以读者为中心是图书馆永远遵循的指导思想，我们真诚的希望让您在愉悦轻松的体验中有所收益。

活动时间：2015 年 4 月 23 日

地点：图书馆大厅

活动八：写给图书馆的话

活动内容：为征集广大读者意见，加强图书馆与读者的沟通，以提供更优质、高效、人性化的服务，特举办"图书馆我想对你说"互动活动。期间，读者可以在图书馆官方微博活动页面下参加相关主题活动，或者在图书馆大厅服务台留下推荐书目、在意见本写下希望图书馆改进的建议（例如服务内容、服务形式、购书范围等等），也可写下有关读书的过程中喜欢的名言警句或深受启发的话，参与者可获得赠书及小礼品。

活动时间：2015 年 4 月

活动九：馆藏数字资源讲座

活动内容：邀请数字资源商来我校举办馆藏数字资源系列讲座，厂商对电子资源的理解更透彻、全面，是对"一小时讲座"的有效补充。

活动时间：2015 年 4 月

活动地点：和平图书馆读者培训室 108，段家滩图书馆文献检索阅览室

主讲人：各数字资源讲师

活动十：精品书库等参观活动

活动内容：图书馆现有四库全书精品书库及教学科研成果展厅，通过带领学生参观并讲解，激发读者阅读兴趣。

活动时间：2015 年 4 月每周五

活动十一：新书展销活动

活动内容：联合图书公司举办图书展销活动。

活动地点：图书馆门口广场（4 月 23 日全天）

书商：待定

活动十二：组织部分学生体验一天"图书馆管理员"

活动内容：为培养学生服务校园、尊重劳动的意识，同时也普及图书馆知识，提高学生利用图书馆的意识与能力。特开展"图书馆管理员"体验服务，组织部分有兴趣的学生体验。

活动时间：2015 年 4 月每周一

6.3　活动照片及说明

图 2　图书馆领导、相关负责老师与获奖同学一起合影留念

图 3　同学们纷纷驻足参加读书日各种活动

6.4　媒体报道

除了利用兰州财经大学图书馆官方微博、图书馆 LED 大屏进行各项宣传以外，还在校园主页及其他学生团体微博中得到报道。

以下为 2015 年 4 月 22 日兰财新闻报道：

我校 2015 年读书月活动拉开帷幕

为进一步加强校风学风建设，营造浓厚的校园文化氛围，点燃在校大学生的读书热情，4 月 22 日，由校团委、图书馆举办的兰州财经大学 2015 年读书月活动在和平校区图书馆拉开帷幕。

本次读书月活动以"沐浴书海·学满校园"为主题。活动期间，图书馆将根据各学院特色向老师们征集百种精品书目向广大学生推荐阅读。校团委同时也向全校学生发出了"春光晨读"倡议书。

副校长蔡文浩教授亲临活动现场，并对活动推荐的"大学生必读 100 本书"做了点评。蔡文浩希望大家能够养成"多读书、读好书"的良好习惯，将阅读与学习常态化，通过品读经典与哲人对话，与智者交流让心灵徜徉在书海之中，达到增长知识、拓宽视野、陶冶情操、提高文化修养的学习目的，同时希望通过活动举办，进一步激发大学生的读书激情，营造浓厚的校园学习氛围，彰显当代大学生热爱学习、奋发向上的青春朝气。

作者联系方式：

作者姓名：贾晓旸　魏婧

作者单位：兰州财经大学图书馆

联系电话：15193196232、0931-5337793

18693169367、0931-5252043

Email：详细邮寄地址：甘肃省兰州市薇乐大道 4 号兰州财经大学（和平校区）图书馆

收件人姓名：贾晓旸、魏婧

邮编：730101

读者参与特色范例

从品牌化进程看鲜悦
（Living Library）的发展

陈晶晶　徐　炜　郭　晶

（上海交通大学图书馆）

摘要： 2008 年，上海交大图书馆国内首家引进"Living Library"，并创立品牌"鲜悦"，寓意新鲜知识在愉悦中传授。经过 8 年的品牌推广，收获众多奖项和广大读者的好评，积累了丰富的经验和人气。从品牌维护来看，鲜悦拥有独有的选"书"标准、不断优化的主题、隐性知识显性化加工及良好的品牌宣传。鲜悦（Living Library）的出现打破传统，对于深化阅读推广意义深远，作为一项长效服务机制，图书馆将进一步深化和提升鲜悦的内涵品质，积极探寻活动发展的新思路，使鲜悦逐步成为高校学子的一种生活方式。

1　品牌创立

上海交通大学图书馆高度重视阅读推广工作，2008 年推出 IC^2 创新服务体系，以"点亮阅读、启迪人文、弘扬文化"为主旨，系统推出了全面助推校园文化建设的 IC^2 人文拓展计划，通过持续开展"阅读，让校园更美丽"等一系列主题活动，弘扬大学精神、推进校园文化建设、提升校园人文素养。"鲜悦"是 IC^2 人文拓展计划的主要活动品牌，来源于对 Living Library（常译作"真人图书馆"）服务的创意设计。Living Library 最早源于 2000 年的丹麦，后在丹麦、匈牙利、挪威、澳大利亚、意大利、美国、加拿大、英国、日本等世界各地多个国家开展，大部分活动设在公共图书馆或其他教育机构，大众参与程度越来越高，参与面也越来越广。上海交通大学图书馆于 2008 年在国内首家引入 Living Library 并赋予中文名称"鲜悦"，随着 8 年的发展，鲜悦已成为上海交大图书馆阅读推广工作中的一项特色品牌活动。

品牌创立是基于品牌定位的品牌命名和形象塑造。品牌命名是品牌创立至关重要的一步。"鲜悦"是上海交通大学图书馆赋予"Living Library"的中文名称，是一种以人为书的全新图书馆借阅模式和服务模式。读者直接从被当作为书的人的大脑中获取"鲜活"的知识或 Know-how，在愉悦的环境中完成阅读式知识传播，在互动的过程中享受"悦读"的快乐。"鲜悦"丰富了"living library"的内容，丰满了它的形象并使其具有典型的交大特征，易于传播和引起关注。品牌定位是以图书馆和图书馆学生管理委员会（下简称学管会）为主体，以全校师生为主要服务对象，一方面，联合校职能部门，充分调动院系师生和学生社团的积极性，营造氛围，深化校园阅读推广的内涵；另一方面，走出校园面向社会，联动区图书馆、市文化单位等，吸收优势资源开展大型活动，有效辐射周边社区，拓展校园阅读推广的外延。在形象塑造方面，包含了征集并定制专属 LOGO、定制文化衫、打造专属网站等一系列行动，使"鲜悦"日趋成为交大乃至行业备受瞩目的服务品牌和亮点。

2　品牌推广与收获

品牌推广是指产品或服务被广大读者广泛认同的系列活动过程。品牌推广包括规模扩张和延伸扩张两部分，前者是规模的扩大；后者是指不断给品牌注入活力。鲜悦（Living Library）以图书馆搭建平台、总体指导，学生社团学管会全面参与、灵活操作的模式开展。通过即时互动、平等交流、自由讨论、深度沟通实现思想火花的碰撞、"鲜活"知识的传播。

鲜悦（Living Library）自命名起历经 8 年品牌推广过程，截至 2016 年 4 月底，共开展 73 期活动，馆藏真人书 138 本，形成了具有一定规模的真人图书馆体系，同时也形成了一支层次清晰、分工明确、保障有力的组织团队。

2.1　图书馆：搭建良好的平台

鲜悦不仅是一项品牌活动，更是一个充满活力的平台，上海交通大学图书馆协调、整合内外部资源重点打造和维护这一平台。读者服务总部除了对鲜悦活动进行具体业务指导，总部下设各学科部所开展的活动与鲜悦有常规化的合作，例如工学部举办的信息专员"创新交流沙龙"、专利学堂等，在活动的互动、分享环节与鲜悦对接，活动效果得到明显提升。此外，技术服务总部在网站建设、宣传材料制作、活动摄影摄像等方面提供技术支撑，行政管理总部在活动宣传、场地资源等方面提供有力保障。

图书馆与校宣传部、学生处、团委、心理咨询中心、各院系、区图书馆、市文化单位及书店等校内外单位建立长期合作关系，吸收优势资源开展大型活动，有效辐射周边社区，拓展校园阅读推广的外延。

2.2 学管会：培养阅读推广人

学管会从内部的管理实践部、调研宣传部、企划外联部、网络管理部等部门抽调热爱阅读并致力于阅读推广的精兵强将，成立鲜悦工作组，由会长担任组长，各部门部长担任副组长。图书馆读者服务总部为学管会及项目组配备指导老师，由分管 IC^2 人文拓展计划的馆领导担任顾问。定期开会讨论鲜悦工作思路，鲜悦对于阅读推广的意义，制定品牌发展规划及分析成效。

鲜悦工作组成员多为热爱阅读的志愿者性质，在每期活动的策划、联络、宣传、会务等各环节都有明确分工，将流程标准化，并设专人进行总体协调，在面向全校的活动 Logo 征集大赛、主页改版、活动组织中都发挥着巨大的作用。由学管会自主建立的活动主页（http：//living. lib. sjtu. edu. cn/）功能丰富，界面清新友好，现有新书上架、鲜悦书库、读者指南、预约窗口、留言簿、读者专区等功能模块，具备活动管理、预约、tag 添加、标签云、分享等系统功能，为鲜悦品牌推广提供了有力的技术支撑和高效的网络平台。此外，学管会与校学联、学业分享中心、南洋通讯社、秋水书社、书法篆刻协会和华师大友轶工作室等校内外学生组织建立友好关系，这些学生组织各有特色，为鲜悦的发展做出巨大贡献。

学管会加入主办方，一方面，可以提高学生组织参与图书馆服务的热情与主人翁意识；另一方面，学管会的成员来自学校各院系，自身也是读者，在与真人图书及读者接触时有一种天然的亲切感，有利于品牌的推广。

2.3 收获

2.3.1 书的感言

参与的"真人图书"宋昀昀谈到为什么参加活动时，她说：我是过来人，能了解学弟、学妹在不同阶段的困惑和期望，希望通过分享自己的经验和体会，帮助他们树立信心和追求梦想的勇气。红学专家孙逊老师表示他并没有想到工科院校的学生也能这么喜爱红楼梦这类文学作品；著名配音演员曹雷老师表示，鲜悦与她以往参加的讲座都不一样，互动拉近了彼此的距离。

2.3.2 读者的好评

根据"小秘书"在活动现场发放的问卷调查、评价表以及活动结束后的回访结果，鲜悦活动形式及理念得到众多真人图书与读者的支持与鼓励。读者普遍表示鲜悦带给他们很大收获，对以后学习、工作、生活安排及人生规划有不同程度的启示和帮助，甚至出现了忠实的活动关注者，多次参与活动。读者潘坚来信写道：大一，是一个崭新的开始，正因为新，所以充满活力，因为新，所以无所畏惧，也正因为新，所以也难免迷茫，不知所措！不经意间，看到了鲜悦（Living Library）这个有趣的名词和活动形式，很是惊喜，感觉就像找到了一本大学的百科全书，可以帮我解答疑惑，可以让我了解大学！鲜悦给了我一个平台，可以不再迷茫中挣扎，可以借鉴学长的征程，走出误区，避免弯路，脚踏实地地走好大学路！读者王恬评价道：参加鲜悦，让我看到了一位优秀大学生的成长。我在心里暗暗下了决心，大学 4 年，我也要过得多姿多彩，绝不虚度！

2.3.3 对阅读的促进

不仅读者与"书"有具体的收获，鲜悦在促进阅读推广方面也有一定贡献，活动鼓励真人图书推荐阅读书单，图书馆从馆藏中抽取或优先采购书单中的纸质图书放在活动现场，供真人图书与读者使用，对传统阅读有促进作用。第 41 期活动，心理咨询中心老师推荐的关于心理学的著作，在活动后的借阅量明显增加，更大的贡献在于对传统阅读的科学引导，提升阅读品质。

2.3.4 收获关注

鲜悦受到了同行、相关课题研究者和媒体的一定认可与关注。南开大学、中山大学、西北大学、宁波大学等高校研究"Living Library"课题的图书馆馆员和学生先后来到上海交通大学图书馆调研。2009 年 6 月《中国学生健康报（大学生版）》以《活人图书馆：以人为书，"读"出自信》，2011 年 9 月《徽尚生活》杂志以《读一本鲜活的"书"》，2014 年 9 月《中国教育网络》杂志以《上海交通大学：我们是怎么做真人图书馆的?》为主题对活动进行报道。2014 年 12 月，《文汇报》现场采访鲜悦活动，并在教科卫版面刊发《上海交通大学党委书记姜斯宪——人生当本书，我写了 60 页》文章。2014 年，校党委副书记朱健接受采访时说："鲜悦"已成为交大"书库"的一列优秀品牌"书架"，鲜悦的影响力可见一斑。

2.3.5 荣获奖励

除了良好的品牌口碑，鲜悦也荣获了来自不同层面的奖励，肯定了其品牌实力。包括：2013-2014 年，上海交大文明创建特色项目；2014 年，校学生工作特别贡献奖；2015 年首届全国高校图书馆阅读推广案例大赛的一等奖；此外，学管会以出色表现，于 2013 年荣获上海交大优秀"四自组织"奖励。

3 品牌维护与创新

品牌维护是品牌发展过程中至关重要的环节。一个品牌从最初的定位、命名到阶段性成功、被认可可能需要历经漫长的时间，如果不实时、妥善进行宣传和维护，那么品牌的衰落可能就在一夜之间。图书馆服务品牌的维护不同于市场中商业品牌维护那么复杂，但仍需要馆员细心的经营，针对每一类图书馆用户量身定制服务来支撑品牌的发展。从鲜悦8年的发展历程来看，具体操作包括：第一，独有的选"书"标准；第二，不断优化的主题；第三，隐性知识显性化；第四，品牌宣传。将以上几点结合，并运用创新思维不断推陈出新，才能永葆服务品牌的价值。

3.1 独有的选书标准

真人图书的来源：主要有两种，一是由师生读者、图书馆馆员、鲜悦工作组成员或合作单位推荐，二是真人图书与鲜悦工作组联系自我推荐成"书"。产生的备选"书目"由鲜悦项目组负责召集读者代表进行集体研讨，初步确定活动主题及选用"图书"，并完成相应活动策划。

从书的特性来看，有思想性的书是必不可少，例如：熊光楷将军，他一生戎装、官拜上将，却有着一颗挚爱文化收藏的心，他用深厚的文化修养诠释了阅读对于人生境界提升的重要性；又如深受交大学子关注的姜斯宪书记，以他60年的人生经历为书，分享心得、传递精神、让读者感受到榜样的力量。此外，书的影响力一方面也体现了鲜悦的影响力；当然，知名度是最好的品牌创建和推广策略，早在活动初期我们就邀请了明星、名人的加盟；而鲜悦馆藏中更多的是一些贴近大学生生活的普通而不平凡的人，这里有学霸、创业达人、与病魔抗争的坚强生命等等，还有深受学生喜爱的老师们。例如我们与心理咨询中心开展过鲜悦·心悦系列活动，同学们表示，去心理咨询中心往往需要很大的勇气，而鲜悦轻松愉悦的氛围为他们和心理师之间搭建了一座更为便捷的桥梁。

3.2 不断优化的主题

阅读推广工作的一项基本要求是提供合适的阅读内容，这就要求鲜悦具有贴近读者需求的主题，而读者需求的变化，也导致了主题的不断优化。鲜悦围绕国家、学校当前重要事项、社会热点以及大学生涯发展规律，经过多年的经营和筛选，形成出国留学、外语学习、人生导航、校园生活、社交技巧、考研指导、考试与论文、艺术人文、就业与创业、馆藏利用等10大类主题。每期活动会预先设定一个交流主题，但不局限于主题，真人图书和读者可以在自愿的前提下适当延展。

有了读者关注的活动主题和喜爱的真人图书，"悦读"成为可能，鲜悦致力于让每位读者都能够有机会和真人图书进行一个平等、自由、面对面、深层次的交流，读者可以多角度、全方位地去了解一本"书"，同时通过思想火花的碰撞，"书"在这个过程中也可得到更多灵感和信息。

3.3 隐性知识显性化

每一本书的组织都经历"编目、推广、借阅、典藏"这几个阶段，将大脑中的隐形的知识显性化，形成一种纸质、电子资源之外的新型特色馆藏资源。

鲜悦对读者不设门槛，校内外有兴趣的读者均可参加，网络预约与现场借阅相结合，读者只要填写登记表即可参加活动。图书馆提供规模不等的讨论室、培训教室、报告厅等场地，在进行室内布置时，会充分考虑"书"与读者的距离，方便交流。

考虑到学生的课程安排，活动时间一般安排在周三下午、周中晚上或周末，保障多数读者有时间参加。鲜悦项目组安排"小秘书"穿针引线，鼓励和引导读者主动发问，使读者与"书"能够充分交流。不仅现场交流内容富有弹性，鲜悦鼓励读者撰写书评，并支持线下交流，读者可以在活动主页发表"读者来信"，或撰写书评发往活动公共邮箱，并对优秀者给予奖励，鼓励"书"与读者、读者与读者之间互留联系方式建立线下联系，使交流得到拓展和延续。

鲜悦还对真人图书进行编目，每本"书"都有自己的索书号、书名、出版单位、简介等信息，方便读者选择借阅，并通过活动主页等网络平台的搭建，完整存储"书目"信息，为活动长期开展提供机构仓储的空间，以此形成自己的虚拟馆藏，而且鲜悦项目组为真人图书颁发馆藏证书，证明"书"已被收入鲜悦虚拟图书馆。真人图书没有"副本"，"小秘书"负责现场文字及影像记录工作，先征询"书"与读者意见，在活动结束后将口语化的对白进行加工整理并在主页发布。甚至创造性地将交流内容编撰成一本可直接阅读的图书，进行编目成为图书馆的实体馆藏，将精彩的瞬间变成永久的记忆，让未能参加活动的读者也能分享交流成果，形成智慧传承的长效机制。

3.4 品牌宣传

鲜悦在宣传推广方面突出特色、注重策略，充分利用实体和网络两个平台，将活动理念用易读的文字、生动的图片呈现在读者面前。每期活动会在信息发布屏滚动播放活动简介和通知、馆内放置海报、食堂发放传单、宿舍楼张贴海报；同时会在图书馆主页、活动主页、BBS、同去网等网络渠道发布信息，更结合当下最受学生热捧的新媒体、微平台同步宣传。鲜悦会通过合作单位和学生组织的平台同步发布信息，也会与图书馆学科馆员进行合作，将信息推送到所负责的院系，还会与校外媒体取得联系，努力提高活动认知度。这种多平台、多层次的立体式宣传对于活动理念的传播、影响力的提高有着很强的助推力。

4 未来发展思考

在上海交通大学校园内，经过 70 余期活动，鲜悦已具有一定的品牌知名度，并且获得多项奖项。鲜悦对参与方和组织方都有着积极正面的影响，对阅读推广有一定促进作用和示范作用。在不断地摸索过程中，鲜悦收获了一些宝贵的经验，但随着探索的深入以及外部环境的变化，未来发展也存在诸多难题，这需要更大的毅力去破解。

鲜悦目前主要存在三大问题：一是真人图书来自校内外，但读者范围比较狭窄，主要是校内读者，活动的开放性、公益性不够，需要改变观念，欢迎社会人士尤其是周边社区居民的参与，二是高校图书馆由于受到地域、资源等方面的限制，活动主题相对比较单一，难以形成多文化、多领域的交流，需要继续加强内部协调和外部合作，提高活动主题和真人图书的多样性；三是活动的评估和总结力度不足，方法不够科学，难以全面有效的收集读者意见，需要改进评估方法，及时总结和解决问题。

鲜悦已成为上海交通大学图书馆一项长效服务机制，目前处于深化和提高的阶段，需要拓宽视野，继续积极探寻活动发展的新思路。鲜悦的发展目标是：以国家、学校发展战略和读者需求为导向，构建人"书"深度交流、知识在愉悦的环境中阅读与传播的开放式人文拓展平台，促进阅读推广，协同弘扬大学精神、传承大学特色文化，进一步成为一个具有广泛影响力、旺盛生命力的文化品牌。鲜悦未来将不仅是一种新的阅读方式，而是校园里的一种生活方式。

5　资料附录

图 1　鲜悦 Logo

图 2　第 40 期校党委书记姜斯宪与学生共话大学生活和成长成才

图 3　鲜悦纪念册

作者联系方式：

作者信息：
姓名：陈晶晶
单位：上海交通大学图书馆
地址：上海市闵行区东川路 800 号图书馆主馆 B109 办公室
电话：15921579963
Email：jjchen@ lib. stju. edu. cn
邮编：200240

以书评促阅读
——重庆大学系统化推广案例

王 宁 杨新涯 袁 辉

重庆大学图书馆

摘要： 重庆大学图书馆"书评中心"串联重庆大学图书馆 OPAC2 系统，以馆藏图书为基础，通过更改借阅流程、积分制、评选优秀读者等一系列措施，构建了在线知识共享社区——"书评中心"。"以书评促阅读"是重庆大学图书馆 Lib2.0"资源、管理、服务"三位一体理念的进一步延伸，是图书馆从简单的文献服务转向读者广泛参与的阅读推广新实践。鼓励读者撰写书评，参与图书评价，分享读书心得，从而引导更多的读者阅读，达到推广阅读的目的。

1 案例背景及目的

"以书评促阅读"的书评中心是重庆大学图书馆 Lib2.0"资源、管理、服务"三位一体理念基础上，从简单的文献服务转向读者广泛参与的知识服务的新实践。2007 年，重庆大学图书馆"我的书斋"读者个人图书馆正式上线运行，"书评中心"是个人书斋的重要组成部分。书评是读者产生的内容，属于新产生的知识，具有重要的价值。书评的积累对于阅读的提升、指导阅读、引导阅读具有重要的作用。"书评中心"串联重庆大学图书馆 OPAC2 系统，以馆藏图书为基础，鼓励读者撰写书评，参与图书评价，分享读书心得，从而引导更多的读者阅读，达到推广阅读的目的。"书评中心"实现了读者之间、读者与图书馆的交互，对于图书馆指导阅读、引导阅读非常重要。

2 "书评中心"的实现

2005 年以来，"图书馆 2.0"的风潮席卷国内图书馆界，各高校图书馆开始尝试 2.0 的服务实践。2007 年 10 月，重庆大学图书馆自主开发的数字图书馆系统 Lib2.0 正式上线运行，为更好地实现资源、管理与服务的"三位一体"，提高读者在阅读推广中的参与度，数字图书馆个人门户"我的书斋"中的"书评中心"应运而生。

"书评中心"发展轨迹：

2007 年 12 月，"我的书斋"个人图书馆初步上线试运行；

2009 年 01 月，"我的书斋"正式运行，开通书评功能；

2011 年 03 月，"书评系统"正式运行；

2011 年 04 月，成立"书香重大"书友会；

2011 年 09 月，"书评系统"实行积分制；

2011 年 10 月，虚拟书友会推广，开展"加入书友会，奖励积分和借阅权限"活动；

2011 年 11 月，开展"每月书生"、"阅读达人"评选；

2013 年 10 月，为了提升用户体验，"书评系统"更名为"书评中心"；

发展至今，重大书斋"书评中心"由推荐书评、我的书评、好友的书评、大家的书评组成。

2.1 创新点与特点

2.1.1 倡导阅读分享，营造阅读氛围，实现"以书评促阅读"的推广模式

"书评中心"与 OPAC 系统对接，读者直接对图书打分评论，参与到馆藏资源的评价，累计书评可供其他读者参考，精华书评也能提升书友的阅读质量。读者书评是对文献资源内容的再次深入揭示，是新知识的产生，可以帮助其他读者更深入的了解文献内容，具有重要价值。通过书评的方式让读者也参与到图书推广中来，实现"以书评促阅读"的推广模式。

2.1.2 必要的激励机制鼓励大学生阅读

（1）"积分"制度

个人书斋系统全面实行积分制度，按照积分累计情况，读者以书生身份分为童生（0-99）、秀才（100-999）、举人（1000-2999）、贡士（3000-7999）、进士（8000-19999）、状元（20000）六个等级。为了鼓励大家撰写书评，表扬优秀书评，2011 年 8 月起实行书评积分制度。六项分值分别是 1-

5分、外加"推荐书评"10分，读者撰写书评由书友会两名优秀读者对其根据字数、内容、质量进行打分，分值将加入到读者的"我的书斋"的系统积分中。

（2）"阅读达人"、"每月书生"评选

评选优秀读者，鼓励撰写优质书评，我们采取了长效的激励措施。书评中心每月评选十名读者为"阅读达人"，五名读者为"每月书生"，"阅读达人"和"每月书生"是主要针对书评质量开展的活动，系统根据书评数量、书评质量、借阅次数、读者信誉度等多方面综合对读者进行综合评定，奖励购书卡、U盘等小礼物。2011年11月至今，已评选读者"阅读达人"330名，"每月书生"66名，产生了广泛且良好的影响。

（3）"精品书评"推荐

优秀书评具有良好的导读作用，为了扩大优秀书评的关注范围，增强其关注度，图书馆将优秀的书评进行不同渠道的定期推送。如：最新"推荐书评"会在"我的书斋"主页中进行实时展示，读者登录个人书斋即可阅读；每月的优秀书评将定期在重庆大学图书馆官方新浪微博公布；"推荐书评"还将有机会发表在重大图书馆馆办刊物《砚溪》杂志和《书苑》报纸上，或单独刊印的图书推介资料中。

（4）积分兑换礼物

积分兑换是现代商业体系中常用的促销策略，积分兑换有助于增强用户黏性，加强用户体验等。我们将积分策略引用到了书评中心。读者撰写书评所得个人积分可用于兑换图书馆纪念小礼品、图书借阅册数、节日礼物、参与图书馆书生达人的评选活动。如1 000个积分可用于换取2册图书借阅权（500分1册，最多5册）、500积分兑换《重庆大学学习生活羊皮书》等。此外，我们还会不定期进行书友福利活动，如圣诞节、元旦节礼物兑换等。

2.1.3 系统化的书评保障机制

（1）构建虚拟书友会

"书香重大"书友会创建于2011年4月23日，是以阅读为导向的书友社团。在网上，读者可在"书评中心"看到自己撰写的所有书评、推荐书评、好友的书评和所有用户的书评，以书寻友，为友荐书。在现实中，"书香重大"书友会引导读者按照兴趣形成自由阅读主题圈，举办各类读书活动，鼓励读者参与网上评书，读书沙龙等。2011年起，书友会每月一期"好书推荐"，共36期，每周一次"与书同名"电影放映，共150多场。

（2）借阅规则变化

"虚拟书友会"设计了一些规则，如：书友会成员，除了拥有相应的借阅权限外，对所借阅图书的评论或评分将成为借阅流程中的必须环节，并且可以通过书评得到的积分换取图书的借阅权限。书评可以是对图书内容的具体评价，也可以是对图书的评分。读者自愿加入虚拟书友会，即默认自愿撰写书评，分享书评给其他读者以做参考。

3　书评中心运行效果与影响

3.1　构建了庞大丰富的原创书评数据库

目前，重庆大学图书馆已积累原创书评 158 730 余条，精品书评 12 740 条，平均每周新增书评 1 000 条左右（数据采集于 2015 年 5 月 20 日）。2009 年，我的书斋系统运行还不成熟，书评中心也没有做相关推广，因此 2009 和 2010 两年书评量非常少。2011 年 10 月，图书馆改版提升了书斋系统，同时实施了积分制度、最佳书生评选、积分兑换礼物等一系列推广活动；2011 年 11 月和 12 月，书评总量有了一个巨大的提升。此后，随着激励制度的稳定持续实施，在 2012 到 2014 年，每年的书评量达 4 万多条。据统计：2011—2014 年，总书评数量达到 136 378 条，是 2007-2010 年四年总量的 94 倍。图 1 展示了 2009 年至 2014 年书评数量增长情况：

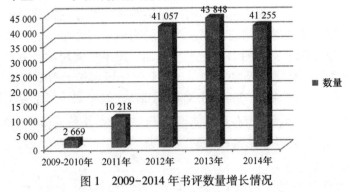

图 1　2009-2014 年书评数量增长情况

3.2　促进了馆藏借阅率

为了考察书评对借阅率的影响，笔者对馆藏图书进行了抽样，选取了累计书评量前 20 位，2009 年以前入馆藏的图书，调查了其书评、推荐书评量和年均借阅量的变化。本次数据统计截止于 2014 年 12 月。如表 1 所示：

表 1   书评量前 20 位图书借阅数据对比

序号	图书	分类号	书评数/条	推荐书评/条	年均借阅情况/次	
					书评系统前	书评系统后
1	藏地密码	I247	58	16	54	86
2	恐惧与希望	I267	48	6	9	1
3	俞敏洪传奇	K825	43	8	10	13
4	高等数学重要习题集	O13	39	9	28	23
5	狼图腾	I247	32	15	41	32
6	读大学，究竟读什么	G64	30	9	28	45
7	那年的梦想	I247	30	8	66	31
8	生命中不能承受之轻	I514	28	7	74	79
9	十日谈	I546	28	14	8	5
10	许三观卖血记	I247	27	9	34	49
11	世界 500 强面试实录	F27	26	5	18	33
12	货币战争	F83	24	11	36	58
13	追风筝的人	I712	28	14	36	61
14	高效能人士的七个习惯	F27	23	9	55	67
15	东方快车谋杀案	I561	22	10	58	65
16	数学分析解题指南	O17	21	5	29	31
17	S7-300/400 PLC 原理与实用开发指南	TP332	20	4	12	13
18	数学建模及其基础知识详解	O22	20	2	51	32
19	数字电子技术基础（第五版）习题解答	TN79	20	2	25	39
20	数学分析习题集精选精解	O17	18	3	34	47

可以看出，在书评中心推出后，所选取的图书有 15 种年均借阅量明显的有所提高，尤其是文学类和教辅类文献，书评书和年均借阅量变化较大。表明这类图书的借阅率受到书评内容的影响较大。可见，书评中心的实施对图书借阅率有一定的促进作用。

3.3   读者参与度逐步提高，评价深入

以 2011 年 3 月书评中心正式运行为界点分析，个人图书馆"我的书斋"读者数量从 23 117 人增加至 35 694 人；书友会成员在评论中的人数比例从 18%增加至 78.4%。书友会成员逐年增加，如表 2：

表 2　书友会成员增长数量

年份	2011 年	2012 年	2013 年	2014 年	2015 年
书友会人数	4053	5368	6552	7173	7321

"书评中心"运行之初，很多读者无法适应借阅流程的变化，出现了诸如纯字符、书评内容与图书无关、单纯的复制粘贴类的无效评价。为此，我们不断采取了一系列的激励和奖励策略。经过观察，读者的积极性有明显的提升，书评质量有了较大的提高，评价也逐渐认真深入。如我们随机选取了2008、2012、2014 年三年的九名读者书评，如图 3、图 4、图 5：

田读者 评论了《十年》
十分不错的一部青春疗伤小说
2008-04-18 18:26 发表　　　　　　　　　　　　　　　　　获得积分：5 分

开心馆员 评论了《MATLAB仿真技术与实例应用教程》
这是本好书，借了这么多次了
2008-04-17 20:31 发表　　　　　　　　　　　　　　　　　获得积分：5 分

代读者 评论了《一代军师》
这本书中的江哲，和我心有戚戚焉
2008-04-17 19:59 发表　　　　　　　　　　　　　　　　　获得积分：5 分

图 3　2008 年读者书评展示

陈读者 评论了《日本》
中央电视台播出的《大国崛起》很有历史韵味，很值得一读！
2012-10-24 18:58 发表　　　　　　　　　　　　　　　　　获得积分：3 分

鲜读者 评论了《苏雪林散文选集》
长期被大陆学者所规避的作家 近年来以一种是不可挡的气势席卷而来 苏雪林的文字 可以说是抗战时期人们生活的一种真实写照的记录 文章中的爱国主义与必胜的信念 相信是底层民众当时的真实心境
2012-10-24 18:56 发表　　　　　　　　　　　　　　　　　获得积分：5 分

慕玖 评论了《不周山》
因为小说 对炎黄时期的历史很感兴趣 虽历史久远 演绎成神话传说 真实性已无法考证 但此书大致展现了作者自己的看法与见解 与小说有很大不同 替我还原了一个相对真实的世界 文字风格也颇为幽默
2012-10-24 18:52 发表　　　　　　　　　　　　　　　　　获得积分：5 分

图 4　2012 年读者书评展示

对比发现，相较于 2009 年简单的一句话评价，2012 和 2014 年的书评内容是读者发表自己观点或看法，原创性提高，书评质量也提升不少。

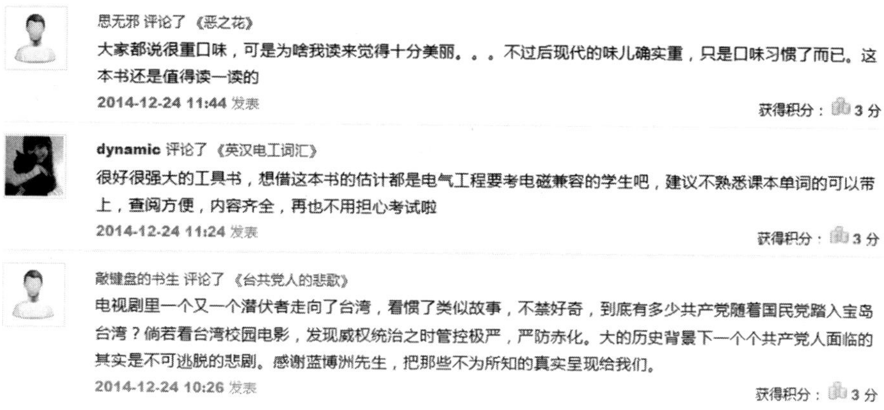

思无邪 评论了 《恶之花》

大家都说很重口味，可是为啥我读来觉得十分美丽。。。不过后现代的味儿确实重，只是口味习惯了而已。这本书还是值得读一读的

2014-12-24 11:44 发表   获得积分： 3分

dynamic 评论了 《英汉电工词汇》

很好很强大的工具书，想借这本书的估计都是电气工程要考电磁兼容的学生吧，建议不熟悉课本单词的可以带上，查阅方便，内容齐全，再也不用担心考试啦

2014-12-24 11:24 发表   获得积分： 3分

敲键盘的书生 评论了 《台共党人的悲歌》

电视剧里一个又一个潜伏者走向了台湾，看惯了类似故事，不禁好奇，到底有多少共产党随着国民党踏入宝岛台湾？倘若看台湾校园电影，发现威权统治之时管控极严，严防赤化。大的历史背景下一个个共产党人面临的其实是不可逃脱的悲剧。感谢蓝博洲先生，把那些不为所知的真实呈现给我们。

2014-12-24 10:26 发表   获得积分： 3分

图5　2014年读者书评展示

3.4　来自读者的反馈

为了了解读者对"书评中心"的看法，笔者随机采访了5名不同学院的读者。其中两名读者表示不了解，从来没有用过；一名读者表示用过，但坚持不了，退出了书友会。来自机械学院的陈同学说：亚马逊当当的排行榜书籍也是图书馆外借率最高的，评价最多的，从别的同学的书评中，他受益匪浅。外语学院的田同学说，自己因撰写书评3次被评为"阅读达人"，收到了图书馆的书卡，可以买自己喜欢的书籍，非常开心。

作者联系方式：

王宁，重庆大学图书馆，

邮箱：wangning@cqu.edu.cn

电话：15086808393

地址：重庆市沙坪坝区重庆大学虎溪校区图书馆

邮编：401331

创意悦读
——以青年志愿者为主体的创新阅读推广

苏　军　吴继伟

（山东师范大学图书馆）

摘要： 本案例着重在于发挥青年志愿者的主体作用，探索信息化环境下图书馆阅读推广模式与方法，开展阅读推广活动。以读者喜欢适宜的方式、以趣味浓郁、读者参与度高的活动开展为载体，组织、吸引和鼓励广大师生走进图书馆，体味阅读的乐趣，建设新媒体阅读环境下的"活动＋内容＋平台＋阅读"的镶嵌式创意悦读体系。

1　活动宗旨

李克强总理倡导"把阅读作为一种生活方式"；"全民阅读"被写入政府工作报告，阅读推广的重要性不言而喻。眼下，阅读推广活动大多以讲座、书展、书评等形式开展，大学生的兴趣点难以维系，活动的亲和度、参与度、吸引眼球度不高、效果难尽人意，阅读推广的宗旨难以达到。山东师范大学图书馆有一支成立六年的志愿者队伍，由研究生读者协会、本科生志愿者协会、长清校区书友会组成，队伍人数达 1 200 人之多，他们既是志愿者又是读者，还是图书馆的粉丝。能在图书馆的管理和服务方面大显身手，在阅读推广活动中有自己独特的见解。以一带十、十传百的传播方式，宣传推广图书馆阅读文化，提高师生文化素养。这种类型的活动以推广阅读为目标，参与度高，互动性强，更能吸引广大读者积极响应，从而达到了"推广阅读文化弘扬大学精神"目的。

2　活动概况

我们常说阅读要有形、有行。苏轼曰："孔子圣人，其学必始于观书。"作为一种精神活动，阅读只有依托有形的方式，才能释放出无形的力量。本案例的创新点在于充分发挥志愿者的主体作用，借助他们对图书馆的热爱和阅读兴趣，发挥他们的主力军作用，在图书馆的指导下，自发地组织活动，使阅读活动有"形"更有"行"。以读者带动读者、以读者感染读者、以读者指导读者，依托创意性的活动吸引身边的人加入到阅读推广中来，让悦读活动"活"起来，让悦读活动"火"起来，让越来越多的读者"走近图书馆"，实现"书香满校园"。

2.1　传统型阅读推广悦读越新颖

依托"4.23 世界读书日"举办读书节，进行阅读推广活动。每届都有不同的主题，释放同样的精彩。重点进行弘文讲坛、读者沙龙、书虫表彰、书立方（读书·评书·荐书·演讲）等活动。

2.1.1　悦读沙龙活动，讨论热门话题，畅享阅读体验，传播优秀文化，使阅读成为时尚，独乐乐，不如众乐乐，找一群志趣相投的人来聊一聊读书心得，讨论热门话题，畅享阅读体验，传播优秀文化。绝对是精神"吃货"交流心得的好去处，让阅读成为时尚！

2.1.2　志愿者自发组织的"书影随行"活动、"佳片有约、好书共享"系列活动，为读者提供了一种文化视听盛宴，调动了同学们欣赏经典影片的积极性，让读者们得到视觉上的震撼，心灵上的共鸣。这些活动由志愿者自己策划组织，先观影后读书，读书观影后的书评、影评活动更是掀起了读书热潮。

2.1.3　真人图书活动，为读者提供了一种用平等的交流碰撞出思想火花的全新的阅读体验，实现了为读者提供从"读书"到"阅人"的实践平台，在校园中掀起一种返璞归真式的阅读潮流。

本次真人图书馆活动由志愿者联合济南市"I THINK"图书馆策划、组织，共邀请了六位风格迥异、经历独特的"真人图书"，包括术德生与《长途跋涉的返璞归真》，杨静雯与《一生一世的远征》，眼队与《户外知识普及》，逯铭昕与《木与夜孰长》，刘军豪与《左顾右盼》，暨明敏与《勇敢踏出第一步》。

活动伊始，图书馆志愿者协会工作人员安排预约读者有序入场，并分发借阅卡、感言明信片。活动共分为三个环节，首先，主持人对真人图书馆进行了简单介绍，使大家对真人图书有了初步的了解；然后，以读者与真人图书面对面阅读交谈的方式来进行一场 30-45 分钟的深度对话，读者通过与真人图书的对话来探知不同，完成观念的更新和思维的碰撞。真人图书是具有独特的生活、工作经历以及丰富的人生阅历，或是处于社会边缘少数人群体不被大众主流所了解和接受的个人，通过向读者讲述自己的故事经历，分享对生活和生命的独特见解，使读者对于特定群体，特定职业，特定经历有更深入的接触和理解，对不同的思想理念与观点产生共鸣，从而形成和"阅读一本书"相似的效果。

图书交流环节共分为两轮，第一轮于晚上 18：30 到 19：15 进行，第二轮于 19：30 到 20：15 进行。六位真人图书分别跟各自的借阅者围坐在一起，通过讲述自己的阅历，分享人生体会，使读者通过面对面交流、倾听的独特方式完成对活书籍的"阅读"，在共同的探讨中得以完成知识传承与文明交流的回归式尝试。"阅读"期间，"图书"与读者由一开始的认真聆听到彼此沟通与交流，活动逐渐升温。活动现场真人图书声情并茂的讲述不时引得借阅者的声声赞许，反响热烈。活动最后，读者们纷纷留下自己的阅读感悟，并期望能再次"借阅"。

本次"真人图书馆"活动，为读者提供了一种用平等的交流碰撞出思想火花的全新的阅读体验，不仅调动了同学们阅读的积极性，让读者们得到心灵上的慰藉，同时也实现了为读者提供从"读书"到"阅人"的实践平台，在校园中掀起一种返璞归真式的阅读潮流。

2.1.4　图书漂流、谜说书语活动，以书会友，谜中找书，书香弥漫校园。

在图书馆一楼大厅创设"爱心图书漂流岛"，由志愿者自主管理，倡议全校师生捐献图书，以书会友、爱心漂流、传播知识。在读书节和毕业季期间，将漂流岛移到广场和学生宿舍等场所，接受现场捐赠并开展"谜说书语"等活动，让书香溢满整个校园。

2.2　创新型阅读推广悦读越精彩

2.2.1　依托庆祝"12.5 国际志愿者日"为契机，开展全校规模的大型互动类"CUPS 快闪"宣传活动，寓"阅"于乐。将阅读推广活动贯穿其中。我们组织 800 人的阅读推广队伍，将阅读嵌入多样式的活动中：有 5 个表演小分队，统一戴有标志的小红帽，在图书馆门前、东方红广场、学生餐厅等学生聚集的区域，组织志愿者用自创的庆祝方式，以宣传图书馆的资源和推广阅读为目标，开展全校规模的大型互动类，学生喜闻乐见、读者参与度极高的"CUPS 快闪"宣传活动，看似娱乐活动，实则寓"阅"于乐。还有 3 个推广小分队在活动现场大力推广图书馆的资源与服务，用创意展板，搞有奖问答等多种形式推出一系列的移动图书馆推广与使用、电子资源利用宣讲大会等。

2.2.2 悦动晚会，贴近馆情，妙趣横生。志愿者将阅读体验以小品、话剧、歌舞等形式呈现在舞台上，又是一种阅读推广。依托"志愿者元旦晚会"，以别开生面的形式进行阅读推广。舞台全部由读者策划、布置，节目类型丰富多彩，演绎读者阅读经历。元旦晚会已连续举办四届；其中很多节目的灵感来源于图书馆的所见所闻、阅读推广的实践活动。让读者体验不一样的悦读。

2.2.3 running books 活动喜闻乐见，设计精妙，让读者在奔跑中享受快速阅读新体验。

由志愿者创意组织的 running books 活动，依据提供的线索，在规定的时间内寻找答案；也许是一句诗、也许是一个地名或许就是答案所在。让参与者在奔跑中、在快速阅读中体味阅读的乐趣。在"running books"进行时，通过期刊赠送、图书交换等具体形式给广大师生传递阅读正能量。

2.3 新媒体阅读推广让悦读无处不在

充分利用微信用户群数量庞大，信息推送覆盖面广，互动便捷等优势，使读者通过图书馆微信平台随时随地都能接受阅读推广服务，参与到"悦读"服务之中，最终实现从被动阅读到主动阅读再到主动推广阅读。推广内容上，除了传统的"好书推荐"、"新书速递"，平台还设有名师讲坛、人物专访、真人图书馆等专栏，从读者身边挖掘阅读素材，让阅读无处不在；推广形式上，紧跟潮流风向标的图文推送，寓教于乐；MAKA 等第三方软件的加入使得传统图文以动态形式呈现；视频、音频的加入也使得平台的阅读推广"声情并茂"。

图书馆志愿者微信平台上线之前，图书馆进行了平台潜在受众调研，做了设计模块以及推送内容的问卷调查，并借助于国际志愿者日和读书节两次大型活动大力推广与宣传。借助国际志愿者日，策划举办了由 800 余名志愿者参与的 CUPS 舞快闪表演，在三天的时间里平台关注人数翻了一番，很好地提升了微信的关注度；读书节，又策划组织了"running books"、"一词一画，妙笔生香"大赛、"书影随行"电影展播、"漂流处"捐书及借书活动、谜说书语、真人图书馆等一系列推广宣传活动，线上线下同时推广阅读，宣传了微信自定义菜单功能，更好地提升了微信平台的知名度和美誉度。

2015 年，图书馆微信平台最终确定了以"悦"为主题的内容推送版块，并推出以"悦动我心、与你同行、请听我说"三大版块的自定义菜单功能，包括悦斑斓、悦动听、悦读坊、悦光影和悦新潮等，同时还实现了微平台与 OPAC 和超星数字图书馆两大功能的衔接，增设了馆长信箱、互动社区等更具吸引力的子菜单。

在微信平台运行维护团队建设上，图书馆志愿者微信公众平台开发由图书馆指导老师负责，在志愿者协会成立微信宣传部（以下简称"微宣部"）进行维护运营。团队建设突出"家"文化，即"志愿者之家"和"读者之家"，不仅为志愿者们提供成长和自我发展的平台，而且能让志愿者们各展所长并乐于奉献的工作，也要调动读者主动参与进来，让他们一起维护、充实和完善平台，以此让读者在这个"家"里找到主人翁的感觉；从目标功能上来讲，平台主要是服务广大师生的，不但要让来这里的读者感到温馨快乐，要为读者提供温暖如家的服务，还要让读者在这里得到成长与锻炼。

3　活动成效

策划组织主题沙龙 60 场，参加读者 6 800 余人；
策划组织快闪、书影随行创意悦读活动 16 次，参加读者 5 000 余人；
策划组织真人图书活动 30 多场，爱心图书漂流 3 000 余册；
策划组织佳片有约 好书共享活动 24 期；参加读者 4 000 余人；
举办四届志愿者元旦悦动晚会，参与读者 2 000 人；
建立与阅读推广相关的 QQ 群 20 多个；
微博、志愿者微信公众平台发送阅读推广信息上万条。

相继成立了山东师范大学志愿者阅读推广实践基地；山东省政协、济南市图书馆阅读推广基地；志愿者协会荣获 2014 年度山东省志愿服务先进集体。

读者组织类的创意悦读系列阅读推广活动使馆藏资源利用率上升 2 个百分点。

4　结语

创意阅读活动由图书馆发起或学生自发组织，让书香弥漫校园，让所有人知道一个崇尚阅读的校园一定是一个健康而充满生机的校园，一个书香充盈的校园必然是绽放美丽的校园！各项推广活动侧重点不同又遥相呼应，相得益彰，从而使阅读活动贯穿整个年度，进一步促进阅读推广活动的持续性。活动组织有创意，影响面广，可复制、可借鉴、可推广。

这些活动得到了人民网、大众网、腾讯网、齐鲁晚报、济南时报、生活日报等多家媒体的宣传和报道。

5 资料附录1

5.1 附录1

12月5日山东师大图书馆志愿者协会
"国际志愿者日"阅读推广活动方案

一、活动目的：

为了加大图书馆志愿者微信平台的宣传力度，扩大图书馆志愿者的影响力，打造山东师范大学图书馆的品牌效应，特借12月5日"国际志愿者日"之际，采用线上（微信）和线下两种宣传方式，推出大型图书馆志愿者互动活动——CUPs（杯子舞）。

二、主办单位：山东师大图书馆

承办单位：山东师大图书馆志愿者协会

参与对象：山师图书馆二层书库，三层书库，三层东、西阅览室，四层期刊阅览室、志愿者实践基地，漂流处，五层阅览室以及长清的所有志愿者。

三、活动方式：

1. 参演组员当天穿戴整洁、精神（为上镜做准备），头戴小红帽、下身统一着牛仔裤；使用统一配备的杯子。

2.12月5日中午，参演小组在图书馆楼前和东方红广场前进行表演；开幕式后各小组不定期的在例如餐厅、楼梯、广场等人群聚集的地方"快闪"式演出；演出结尾展示小海报、二维码，迅速撤离转换地点。

3. 演出过程中，现场工作人员摆放宣传易拉宝、海报、帐篷、桌椅和咨询部宣传材料，并安排专人进行演说和维护。

4. 闭幕式：周日组织表现优秀的同学前去长清汇演并进行宣传。

四、前期准备工作：

1. 各层尽快号召组内所有志愿者参与本次活动，并根据志愿者的空余时间或学院分布设置活动小组；选派专人负责联系组员、监督组内"杯子舞"的学习进度，及时向秘书处汇报情况。

2. 提交活动策划，与馆内领导老师们协商好学习、演出的地点，并敲定最终活动方案；争取馆内支持帽子、二维码不干胶的制作和奖品的采购。

3. 秘书处挑选适宜的学习材料和视频，微宣部进行加工重组；各部门配合完善演出形式。

4. 外联部负责准备本次志愿者活动的设备和器材，包括：争取校外公司的经济支持，为此次活动争取物资支持；购买杯子、奖品等

5. 微宣部成员设计微信平台二维码，并参与设计活动所需的杯子、帽子、横幅和海报。

各层在组内下发微信小分队纳新通知，尤其关注有特长的志愿者，推荐其加入微信小分队（负责人林倩倩），协助其完成设计工作。

五、宣传工作：

微信小分队成员集体加入微宣部，负责本次所有宣传工作：

1. 计划启动两周内，微宣部成员完成微信平台二维码不干胶、宣传海报和便携式小海报的设计，并参与设计演出帽子和横幅。

2. 演出开场前，与监察部共同安排工作人员进行现场布置，包括在地点上摆放小海报，布置演出现场等。

3. 活动期间联系校内外新闻媒体跟踪报道；安排摄制组负责拍照和视频制作；活动结束后及时撰写活动稿、通讯稿，并在图书馆的各个社交平台上进行实时转播。

六、具体过程：

1. 11 月 18 日晚召开本部各层组长会，征集活动意见，进行工作安排；会后立即下发通知、鼓励各层志愿者积极参与，并根据实际情况以 20 或 30 人为一个学习小组来进行划分，每组设立一个专门负责人。

及时联系长清图书馆志愿者负责人，落实参演人数。所有小组组员和负责人的名单最晚于 11 月 19 日 17：00 前汇报给秘书处。

同时，微信小分队成员着手开始设计志愿者微信平台二维码不干胶、宣传小海报和杯子。

2. 11 月 19 日晚秘书处汇总、确定小组名单；

11 月 20 日分发学习材料和视频，各组根据自身情况组织志愿者自学或团体学习。（要求：排练期间对外保密）

3. 11 月 25 日本部和长清分头进行学习成果的检查。

4. 11 月 30 日——12 月 3 日各组在图书馆五层报告厅和各自活动地点进行合作练习和交叉练习，届时请音乐学院的同学们进行现场指导。

微信小分队初步提交二维码不干胶、宣传海报、横幅、小海报和易拉宝

的效果图，并联系校外厂家赶工。

5. 截止到 12 月 2 日晚，申报统一任务地点的负责人汇总考察结果，上报演出当日的活动场地情况、时间、演出形式和参演人数。

6. 12 月 4 日组织所有志愿者馆内彩排，安排工作人员进行培训。

7. 12 月 5 日正式演出：微宣部和监察部的工作人员在演出前，安排工作人员进行现场布置；参演组员统一服装、帽子和杯子。

中午 11：40 图书馆下班铃声转换为《CUPs》主题曲，安排一部分志愿者在图书馆楼梯表演。11：45 左右，图书馆宫少波书记讲话宣布活动正式开始。11：55 校园广播开始播放由微宣部提供的广播稿；随后播放志愿者自己改编并录制的活动主题曲，表演开始（图书馆门口和东方红广场）。

第四大节无课的同学需提前来馆做好准备工作，有课的同学下课后马上赶到图书馆门前广场。按照彩排的计划加入到队伍中。

8. 开幕式结束后，各小组分别开展"快闪"活动，演出形式自己设定。

9. 闭幕式：周日组织约 100 个同学前去长清汇演并进行宣传：上午 10：00 出发，下午 13：40 返回。（工作人员随行）

七、具体活动地点：

前奏：图书馆楼梯（2-4 层阶梯）队员面对面坐着表演

1. 开幕式：（两个地点同时开始）

图书馆门前广场：大部分志愿者参与

东方红广场：5 个小组

一团三组刘小帆 15165157163

二团二组于晓洁 15165151271

三团三组彭元坤 17865182389

四团一组李伟 15168802781

五团六组李冉 15165168629

2. 红烛、桃李园之间：

五团三组李璐ⅱ17865181558 （高竹英 17865182926）

五团一组董婧 17865181556

四团二组王煦 15165165270

中午集体汇演完毕后

3. 水房对过—大礼堂门口：

三团一组李璐 15165313793

三团五组岳河 15165170297

中午集体汇演完毕后，坐着表演

4. 田家炳南门小广场：

一团一组孙丽鹏 15165119759　（李倩霞 15165102810）

一团二组赵敏 17865182391

二团三组赵芹 15153175372

三团二组吴朝阳 17865181650

三团四组刘怡汝 15165319085

5. 南苑门口：

五团四组许凤森 15165199620

五团五组葛群 17865182117

二团一组韩利民 18396855682　（刘爱 15165130115）

中午集体汇演完毕后

6. 红烛园餐厅里：

一团四组孙小蔼 17865181815

五团二组崔玥 17865181763

中午集体汇演完毕后

7. 餐厅（晚饭）：

四团三组王青凤 17865187358

四团四组焦瑞 17865182162

17：00——17：30

8. 东方红广场（晚 19：00）：全体志愿者

八、人员安排：

总负责人：苏军老师、杜萌老师、冯少卿老师

总监制；杜萌老师、杨文爽

总策划：张靖晨

统　筹：仝镭、傅里腾

外事总监：滕霄 胡亚洁

宣传总监：林倩倩

活动执行：秘书处、微宣部、外联部、监察部

山东师大图书馆志愿者协会

2014 年 12 月 2 日

5.2 附录2

山东师范大学图书馆读书节——
"创意悦读"系列活动方案

主办单位：山东师大图书馆志愿者协会

阅读，涵养底色；奉献，塑造未来。

一、活动目的：

为激发同学们"悦读书、读好书"的学习热情，加大图书馆志愿者微信平台的宣传力度，承接12月5日"国际志愿者"活动，山东师范大学图书馆志愿者协会特开展"读书节_创意悦读"系列活动。通过这次活动，推动更多同学主动阅读和写作，共同参与到维护书籍、爱护图书馆环境行动中，也为了进一步塑造健康向上、积极昂扬的志愿精神，吸引更多新生力量了解、加入志愿者团体中，共同打造和谐、向上的校园氛围。

二、活动对象：山师全校学生

三、活动内容：

（一）running books"系列活动

（二）"一词一画，妙笔生香"主题征集比赛

（三）"书影随行"电影展播

（四）爱心图书"漂流岛"捐书、漂流活动

（五）谜说书语

（六）真人图书馆活动

四、活动时间：

4月10日开始前期宣传工作

4月20日图文作品征集截止

4月15——4月20日：图文作品微信平台展示和投票阶段

4月20日开始进行书香随行电影展播活动

4月23日优秀志愿者表彰及志愿者纳新、漂流处捐书和借书活动、running books活动、真人图书馆阅读活动等

"读书节"后陆续对优秀作品、活动新闻进行展出。

五、活动流程

（一）running books系列活动（张靖晨、沈新玉、李倩霞负责）

活动目的：

为了响应"世界读书日"的号召，营造主动阅读的读书氛围，山东师范大学千佛山校区图书馆现决定举办"running books"系列活动。本次活动采用线上微信和线下宣传两种方式，进一步扩大图书馆志愿者的影响力，增强志愿者、老师和读者之间的沟通与合作，弘扬优良的志愿精神，让更多学子自觉投入到读书爱书的行动中去。

活动时间：世界读书日当天（2015年4月23日14：00）

活动地点：户外：山东师范大学千佛山校区

　　　　　室内：图书馆三、四、五层阅览室和五层报告厅

活动方式：5人为一队，每队至少1名志愿者；可自由组队，将队长姓名和联系方式上报到秘书处指定人员处；在户外和馆内做任务寻找线索，考察参与人员的创新思维和应变能力。活动过程中与检索机、代书板、查架等日常志愿工作相联系，串联读书节系列活动——漂流处捐书和赠书活动等。

前期准备：

1. 工作人员安排：

① 15日召开会议，由各层申报工作人员（为保证公平，工作人员不参与活动）

② 监察部负责安排工作人员进行现场布置和工作

2. 前期宣传：

①17日秘书处下发活动通知，鼓励各层志愿者积极参与；与团委沟通合作，多平台同时宣传。

②微宣部成员参与设计本次活动所需要的海报，提前放于图书馆门前展示

③活动期间，微宣部联系校内外新闻媒体跟踪报道；安排摄制组负责拍照和视频制作；活动结束后及时撰写活动稿、通讯稿，并在图书馆的各个社交平台上进行实时转播。

3. 场地准备：

① 和图书馆老师沟通，申请活动地点以及部分活动需要的桌椅

②工作人员提前对室外场地进行踩点，并进行划分区域

③把通行证还有最后的通关验证密码发放到相应的工作人员的手中。

4. 统计参与选手：

①秘书处统计报名参与人数，并统计报名队长的联系方式

②提前给队长们进行开会，通知他们有关的活动流程

③ 通知队长活动时间，确保队员们能够按时参与

5. 物质准备：

①准备制作室外活动需要的卡片

②准备制作各环节的通关密码

A 买彩色卡片纸，制作小卡片，每张 A4 纸裁成均匀的六块备用。

B 第一环节获得的线索的制作（一句诗写在纸上）

C 通行证的设计和制作，

D 通关密码碎语前段的制作：整理好文字，编辑打印出来裁剪即可，还需要在裁剪后每组话的其中一张上写上室内追逐赛第二环节和第三环节的通关地点。

③准备多台相机设备，记录下读者们的最美瞬间

④外联部争取外界支持，制作宣传横幅，海报等；与各学院负责人商议，制作奖状和奖励（奖品可以是学校名人签字的书）。

活动流程：

1. 活动开始前布置现场：

① 事先备好的线索藏到户外场地中，工作人员在 22 号晚上或者 23 号中午将彩色卡片纸用粘胶贴到四个教学楼外围（以防打扰上课）或者宿舍楼周围，图书馆周围等

同时在户外目的地安排好相应的工作人员。

② 把事先备好的线索藏到指定阅览室的书架间。

③ 在事先规定好要整理的书架中抽出 10 本书放起来备用。

④ 安排布置报告厅，准备好奖状或奖品。

2. 活动进行时：

①组织所有参与选手于图书馆门前小树林集合，工作人员宣布比赛流程以及注意事项

②每队由工作人员带到指定活动场地等待比赛开始

③游戏流程

一、户外淘汰赛环节

本环节为淘汰赛，最先完成任务的十五支队伍可以进入图书馆内继续参与游戏，剩下的队伍则被淘汰。

A. 淘汰赛第一环节

本环节任务：集齐五种颜色的卡片。卡片分布在校园的各个角落中，参与者找齐五种颜色的卡片后，在校园中找带有志愿者工作证的工作人员，然后对暗号，暗号统一为"参赛者问：今年是图书馆聚办的第几个读书节活动？

工作人员答：这是第×次读书节活动。"之所以对暗号是因为会派出干扰者混淆参赛者。而回答正确的工作人员手里才会有下一环节的线索。该线索是一首诗的其中一句，工作人员会告诉参赛者需要查出整首诗，诗里面蕴藏着你所要到达的地点。最后，利用这条线索找到目的地（漂流处），至此第一环节结束。

此环节需要有效线索的工作人员五名，混淆线索的工作人员 10 名，共计 15 名

B. 淘汰赛第二环节

到达漂流处的队伍找工作人员领取第二环节的任务：在校园中找六个人扫图书馆微信平台的二维码。安排 5 个扫码区，这时工作人员会在扫码区旁监督并记录每队的完成人数，最先完成任务的队伍可以获得进入图书馆的通行证，通行证上写有下一环节的目的地，且通行证由指定工作人员发放！最先完成任务的前十五名可以进入图书馆，其他队伍被淘汰。

每个扫码区安排两名工作人员，加上发放通行证的一名志愿者，此环节共需要 11 名志愿者。

二、室内追逐赛

本环节为追逐赛，进入图书馆内的十五支队伍将不再淘汰，但是会按完成任务的时间长短，设置一等奖 2 支，二等奖 3 支，三等奖 4 支，优秀奖 6 支队伍。

追逐赛的任务是通过完成任务得到散落的卡片来集成一句话，这句话是最终的通关密码！

A. 追逐赛第一环节

进入图书馆内的队伍按照通行证上的指示进入某个阅览室，并派出该层的一名志愿者监督此队伍。到达指定阅览室后，由该层值班老师发放任务：老师会指定参赛者查找一本书。参赛者用检索机找到该书所在的位置，该书所在的架子上有三本左右的错架，找出来，下一环节的线索就夹在错架的书里。该线索是一张卡片，卡片正面是几个大字，反面是下一环节的指定的各层阅览室。如果卡片背面没有线索，则需要继续找。错架书中会有×张不同的卡片，必须集齐，否则无法进入最后一关。集齐后根据线索即可进入第二环节。

此环节需要监督人员 15 名。

B. 追逐赛第二环节

到达指定地点后领取第二环节的任务：帮老师上十本书。要求：必须是

非志愿者的参赛者来完成这个任务，因此需要队伍中的中的志愿者同学教其他队员如何排架。工作人员要做好监督！如果上架错误需要改正，此时准确上好书之后可以获得老师提供的线索，该线索依然是卡片，卡片背面会有下一环节的指定地点（四楼阳台）。

此过程需要每层阅览室必须有一个老师值班。

C. 追逐赛第三环节

参赛者到达四层阳台即开始答题，由工作人员出5道题，全部答对者才可以获得最终通关武器：粘胶。并告诉该队伍最终通关地点是五层报告厅。队员需用粘胶将本队所得卡片连成一句话，进入报告厅需出示本队伍连成的那句话才可进入！最后按照先来后到的顺序记录名次。至此，第三环节结束！

此处需要5名工作人员提问！还有五层报告厅门口需要1名工作人员验证通关密码。

①在五层报告厅，进行现场颁奖。由图书馆领导老师颁发奖状和奖品，进行活动总结。

②主持人宣布活动结束，选手们展示凑起来的那段话并进行合影。

3. 后期工作：

①微宣部迅速整理素材，将新闻发布到各平台上

②制作展板，展示选手们的最美瞬间

③访问在活动中表现优秀的选手以及工作人员，写活动感悟。

（二）"一词一画，妙笔生香"主题征集比赛（林倩倩等负责）

活动背景：一本书、一处风景、一个人生，与经典同行，与名著为伴；墨香偶遇，记录那一瞬的怦然心动。让我们手牵手挥洒笔墨，一同体验合作的快乐，感悟青春的精彩。通过书画合作，找到共同阅读的惊喜与价值。

活动前期：

微宣部负责写策划书。

撰写作品征集通知，并于4月10日在微信平台，联系团委网站挂出征集通知。

征集要求

作品要求：以图配文，自备A4纸，可是手绘作品，也可是摄影作品，但需要配有文字。

作品主题：阅读，从图书馆来，到读者中去。以读书节、图书馆或志愿者为中心进行创作。

参赛形式：多人合作，2~3人为一团队参加。提交作品时需注明作品名

称，参赛者姓名、院系、班级、联系方式。

截止日期：截止到 4 月 20 日，需把纸质版作品交到图书馆一楼漂流处。

活动期间：

图书馆漂流处协助收集好纸质作品，截止时间后交给微宣部进行评选。

作品评选：

初赛：4 月 21 日~4 月 22 日。微宣部评委对征集来的作品按照比例做出初选，初选标准解释权最终归主办方志愿者协会微宣部所有。

决赛：4 月 23 日~4 月 25 日。决赛成绩由两部分构成，专业分数（60分）加拉票分数（40分），我们会邀请美术学院专业同学对作品进行打分。经过初选的作品会发到微信平台上，开启投票模式，并通知作品作者进行拉票。根据票数高低给予不同拉票分数。二者相加得出最后分数。

颁奖：获奖名次将会在微信平台上公布。

活动的获奖作品均有图书馆颁发奖品证书。

（三）"书影随行"电影展播（刘怡汝，曲雅欣负责）

活动目的：

1. 追随"阅读经典"的文化潮流，引领全校阅读风尚。

2. 为广大师生提供中外优秀的文学经典，伴之以影片形式，增强师生对经典著作的阅读兴趣。号召读者多读书、读好书。

3. 协同长清湖校区"书友会"活动，加大阅读推广的力度，增强图书馆的影响力。

活动准备：

1. 初定影片《狼图腾》《红高粱》《巴黎圣母院》《傲慢与偏见》，需在相关视频网站下载高清影片。

2. 与读者协会沟通合作，以展板的形式进行活动宣传。展板设计与制作，四部影片设计二个展板，需用 2~3 人负责（4 月 20 日之前完成），展板内容应包括——图书作者简介、本书内容介绍、相关图片、馆藏信息（馆藏地、索书号等）、作者的其他著作等。写明影片播放时间及播放地点

3. 利用微信平台进行辅助宣传，宣传形式与展板形式相类似。需在 4 月 20 日之前推出。

4. 影片播放前，图书馆志愿者需进行影片介绍（安排 4 名志愿者代表进行准备），首次介绍时需介绍此次活动的意义。剩余介绍只需对播放影片和相关著作进行简单介绍，作为影片的前导入。

5. 准备明信片和图书馆小书签。（最好自行设计。包括图书馆照片、馆

徽或志愿者会徽、微信二维码。)

6. 播放影片前期与图书馆老师协商，用五层报告厅作为影片播放地点。

活动流程：

1. 扫码入场。读者进入报告厅观看影片之前，需在报告厅门口扫微信二维码，关注图书馆及图书馆志愿者微信平台。，并领取评论卡片。（明信片用来征集观后感，书签或卡包则作为图书馆赠与读者参与活动的纪念品）

2. 影前介绍。志愿者代表上台介绍。

3. 播放影片

4. 征集观后感及影评。活动结束后现场征集。形式不限，内容可以是电影的感想，想说的话。（影片播放结束应在门口摆放好征集箱。）

5. 影片播放结束后，选出优秀观后感及影评进行展示。展示地点为图书馆西侧道路。

物质准备：定做或购买明信片和评论卡，购买展示明信片所需的小夹子和线绳。

（四）爱心图书"漂流岛"捐书、漂流活动（张旭、付文丽负责）

活动目的：加大对图书馆漂流处的宣传力度，引导更多同学加入到传递书籍、分享知识的过程中，倡议师哥师姐们将自己曾经阅读的优秀书籍传递给下一级师弟师妹们，也将自己丰富的学习经验和总结传递下去，形成良好的知识互动。

前期准备：

捐书倡议海报（漂流处负责创意，微宣部协助制作）、手抄报展板、单页宣传，多平台进行活动宣传，图书、捐书登记本、便利贴、桌椅等。

活动安排：

读书节当日，由漂流处志愿者负责在图书馆门前和餐厅门前进行捐书、借书活动；每班次至少两名同学

1. 现场捐书：捐书登记，包括书名、捐书人的姓名、学院、联系方式等

2. 现场借书：现场即可借书（包括以前漂流岛的图书和现场捐的），只需登记，留下联系方式即可。

3. 拍照留念：鼓励捐书的同学拍照留念，或进行视频采访说出自己的读书宣言。

（五）谜说书语（孟令琪 陈美静负责）

活动目的：

"谜说书语"活动通过猜谜语、名人格言等形式展开，同学们可根据自己

的兴趣和擅长领域自行选择题目，竞猜答案。本次活动旨在开阔大学生的阅读视野，激发大家的阅读兴趣，从而鼓励大家多读书，读好书，从书中学习名人的伟大事迹，感受他们的美好德行。

物质准备：双面胶、若干同样大小的谜语纸、奖品、二维码海报

活动流程：

1. 由秘书处工作人员搜索谜语（名言、书名等）写在谜语纸上，标上序号粘在图书馆前报刊栏上

2. 参与者将自己能猜出答案的谜语纸揭下，写上谜底，找到指定序号的工作人员对答案。

3. 工作人员将对应序号的谜底揭开，正确者即可扫码获取奖品。

（六）真人图书馆系列活动（林倩倩负责）

1. 真人图书馆简介

【什么是真人图书馆？】

"真人图书馆"从丹麦走来，一步步的苦行是为了用平等交流的态度减少偏见，增进不同观念之间的相互理解。它以读者与真人图书面对面阅读交谈的方式来进行一场30-45分钟的深度对话，读者通过与真人图书的对话来探知不同，完成观念的更新和思维的碰撞。以一种全新的形式呼吁大家关注少数人的生活，让平等和理解成为社会共识。

【什么是真人图书】

真人图书是具有独特的生活、工作经历以及丰富的人生阅历，或是处于社会边缘少数人群体不被大众主流所了解和接受的个人，真人图书向读者讲述自己的故事经历，分享对生活和生命的独特见解，使读者对于特定群体，特定职业，特定经历有了更深入的接触和理解，对不同的思想理念与观点产生共鸣，从而形成和"阅读一本书"相似的效果，故称为真人图书。

【什么人可以做真人图书】

●自身有精彩的经历或独特的思维见解并且乐意与他人分享

例如——徒步旅行者，新公益青年等

●自身能够代表某些特殊群体和从事某些特殊职业，希望能够通过真人阅读打破刻板印象

例如——罕见病患者，同性恋，艺术工作者，调酒师，摇滚乐队主唱等

2. 合作组织——I think 真人图书馆

【什么是 I think 真人图书馆？】

I think 真人图书馆是山东省第一家真人图书馆，通过"阅读一个人，看

到另一个世界"的方式，让人们有机会面对面地深度讨论人们的不同信仰、生活方式、社会领域。

【I think 真人图书馆的发展】

原 I think 团队于 2011 年 10 月初由 5 名核心成员在美丽的大明湖畔组建，活动形式以沙龙、微讲座为主，共举办了 9 期活动。而后在 2012 年 3 月 1 日，原 I think 团队推出 I think 真人图书馆这一全新的概念，并以 I think 原团队两位核心成员成立 I think 真人图书馆。此后团队规模由一开始的 6 位逐渐扩展为现在的规模并仍在不断壮大。

作为山东首家真人图书馆，I think 真人图书馆已是个三岁的孩子，几十次活动，上百本图书，千余名读者是它茁壮成长的养分。它一路走来有幸受到大家的瞩目，先后接受过济南多家媒体采访和报道，形成了自己特有的风格与特色。I think 真人图书馆有你相伴，脚步愈加坚实！

3. 活动目的：

通过真人阅读的方式，为山师的读者们提供一种全新的阅读方式，一道平等自由对话的桥梁，一股走进读者内心深处的清泉，以读书之名，与他人对话，学会包容，学会理解。

4. 活动时间：世界读书日当天（2015 年 4 月 23 日晚上 6 点半）

5. 活动地点：图书馆五层报告厅

6. 活动方式：

①真人图书人数：一共 6 人，I think 真人图书 3 名，具体人员和 I think 组织进行联络和协调。志愿者协会真人图书 3 名，主要以受同学们喜爱的老师和学生为主。

②真人图书轮数：两轮

③真人图书时间：每一场持续 45 分钟。中场休息 15 分钟。

7.（1）前期准备：

①20 日召开真人图书馆工作人员会议，确定好真人图书的人数和具体人员（为保证公平，工作人员不参与活动）。工作人员包括 I think 真人图书馆以及志愿者协会志愿工作人员。志愿者协会的真人图书们在活动之前要先了解真人图书的形式以及流程，志愿者协会提供的志愿者要提前接受培训，提供至少 12 名志愿者。

志愿者在活动中所起作用：a 活跃气氛，不冷场。b 维持现场秩序 c 引导读者到指定位置 d 服务性工作：活动前接待真人图书到活动地点，活动时为真人图书加水，活动后送下真人图书。

②I think 真人图书馆提供借阅卡，当晚确认读者身份使用。

③本次活动所需要的宣传海报设计由 I think 真人图书馆负责，但是图书馆出资打印海报，提前三天放于图书馆门前进行宣传。

④21 日秘书处下发活动通知，鼓励各层志愿者积极参与；与团委沟通合作，在图书馆网上和山师图书馆微博上多平台同时宣传。提前在平台以及网上挂出真人图书馆活动的通知。

⑤每位真人图书可供6~8 名读者进行阅读，图书馆微宣部程序员提前把平台设置成抢票抢位模式，想参与阅读的同学需要提前根据通知上的要求进行报名预约。以便举办方了解参与同学的情况，好及时做方案的调整。

志愿者协会提前准备小台子（放在桌子上区别真人图书使用），小卡片（用于活动结束后写感想使用），参加活动的小奖品。

⑥提前和图书馆老师沟通，申请活动地点以及部分活动需要的桌椅。

⑦活动当天晚上 5 点半监察部负责安排工作人员进行现场布置和工作，工作人员要持续跟进到活动结束，包括对工作人员进行培训。

⑧微宣部提前准备好活动 PPT，用于当天放置。

⑨志愿者协会为真人图书馆所提供的条件：三位真人图书的打车费用、餐费。

（2）活动期间：

①微宣部联系校内外新闻媒体跟踪报道；和 I think 真人图书馆宣传组一起合作，微宣部安排两名通讯员进行活动的记录以及结束后的即兴采访，一名摄影师进行活动当天照片的拍摄；活动后期的宣传报道共享。

②活动流程：

23 日晚上六点 10 分开始安排预约读者有序入场，分发借阅卡，感言明信片，小礼品，扫描二维码。读者到达指定位置就座好

6 点 30 分由主持人说开场白，简短介绍真人图书馆，说出明信片使用方法，（在阅读真人的空闲时间或者阅读后写下感想，离开时交给我们工作人员，作为后期展出），宣布活动开始。

7 点 15 分左右，主持人上台引导第一场交流结束。读者有序退出，工作人员收齐明信片，组织第二场同学确认预约并且有序入场，

7 点半开始第二场真人图书的交流。

8 点 15 分结束第二场真人图书的交流。

8 点 15 分到 8 点半，组织大家写好感言明信片，读者离开。

（3）活动后期

活动结束后及时撰写活动稿、通讯稿，双方共同享有，并在图书馆的各

个社交平台上进行实时转播。

5.3 活动照片

图 1　CUPS 快闪

图 2　图书漂流

图 3　真人图书

6　参考文献：

［1］　苏海燕. 大学图书馆阅读推广模式研究［J］. 山东图书馆学刊, 2012, (2).

［2］　陈斌华. 基于问卷调查的高校图书馆阅读推广活动分析［J］. 图书馆论坛, 2012, (3).

［3］　朱小玲. 校园文化品牌活动构建和阅读推广［J］. 大学图书馆学报, 2011, (2).

［4］　胡渊. 以高校图书馆为主导的阅读推广模式研究［J］. 价值工程, 2011, (28).

［5］　秦鸿. 英国的阅读推广活动考察［J］. 图书与情报, 2011 (5).

［6］　郎杰斌, 吴蜀红. 美国国会图书馆阅读推广活动考察分析［J］. 图书与情报, 2011, (5).

［7］　李园园. 高校图书馆阅读推广机制研究［J］. 2014, (7).

［8］　魏秀娟. 协同创新：共谋共享高校图书馆阅读推广的新形势［J］. 大学图书馆学报, 2014, (2).

作者联系方式：

苏军（1967 年 1 月），男，山东师范大学图书馆副研究馆员；吴继伟（1960 年 3 月），男，山东师范大学图书馆副馆长

单位：山东师范大学图书馆
通讯地址：济南市文化东路 88 号（邮编 250014）
Email：suj688@163.com
联系电话：0531-86180803（办）　　15966068828（手机）

大学生讲坛
——大学生阅读推广活动的新模式

刘　芳　陈　芳　宋群风

（三峡大学图书馆）

摘要：大学生讲坛是一个属于大学生自己的讲坛，切实践行三峡大学"求索"校训，以"坚持主导性，尊重主体性，让大学生在讲坛活动中实现自我发展"为理念，鼓励大学生在图书馆充分阅读、掌握知识的同时，能从中发现研究课题，用自己的眼光去观察社会、思考问题、解决问题，通过大学生讲坛与同学们交流学术思想、分享研究过程、展示研究成果，培养主动参与、勇于探索、乐于合作的精神，为每一位在校大学生的个性化发展提供更为开放宽容的空间和环境，真正体现了素质教育的观念。

大学生讲坛是一个由本科生、研究生担任主讲人的开放式讲坛。形式上既有教师与学生、研究生与本科生、文科学生与理科学生、高年级学生与低年级学生之间的交流，也有校内与社会、校际之间的沟通；内容上注重科技与文化、文学与艺术、思想与理论的交融。大学生讲坛作为第二课堂的一种创新形式，也是校园文化的重要载体，更是大学生阅读推广活动的新模式，为学校培养和发展人才个性提供了广阔空间，是大学生进行"自我服务、自我管理、自我教育"必须要借助的平台。

"大学生讲坛"由三峡大学图书馆与校团委联合主办，自2011年4月正式启动以来，坚持每周举办1场，截至目前，已成功举办167场，直接听众十万多人（次），并荣获2012年三峡大学校园文化建设成果"二等奖"。

在众多的校园文化活动中，"大学生讲坛"作为一种校园文化常态，不断探索和创新活动的载体和形式，提升活动的品质和内涵，正成为三峡大学的主流文化活动方式；同时作为校园文化发展的一种价值导向，它将不断地促

图1　"大学生讲坛"海报

使高雅校园文化风尚的养成，在学校文化建设中起到引导性和基础性的作用。

1　活动宗旨

著名教育家苏霍姆林斯基曾指出："能够促使人去进行自我教育的教育，

才是真正的教育"。现代高等教育的核心目标是实现大学生的全面发展，培养和提高大学生的自我教育和自我管理能力是"全面素质教育"的重要内容。高校图书馆要把培养大学生的信息获取能力与培养学生的创新能力结合起来，让大学生站在前人的肩膀上创新。大学生根据自己的需求、兴趣、特长在图书馆文化活动中发现自己、丰富自己、完善自己、发展自己，在潜移默化中陶冶情操，实现高尚人格的升华，从而开拓思路、发现问题、深入研究，获得知识的创新。

三峡大学大学生讲坛以"坚持主导性，尊重主体性，让大学生在讲坛活动中实现自我发展"为理念，为每一位在校大学生的个性化发展提供更为开放宽容的空间和环境。讲坛由图书馆主办，各年级大学生组成的活动组委会负责组织实施，他们承担着讲坛的报名宣传、活动主持、设备调试、视频拍摄等工作，增强了大学生的自我管理、自我教育和自我服务的能力。

大学生讲坛是一个属于大学生自己的讲坛，切实践行三峡大学"求索"校训，鼓励大学生在图书馆掌握知识的同时，广泛阅读，从中发现研究课题，用自己的眼光去观察社会、思考问题、解决问题，通过大学生讲坛与同学们交流学术思想、分享研究过程、展示研究成果，培养主动参与、勇于探索、乐于合作的精神，真正体现了素质教育的观念。

1.1　激发大学生的主体意识，充分发挥大学生的主观能动性。

大学生讲坛上，学生由以前讲坛的"座上客"变为主讲人，完成知识重构、课题研究、课件制作，在三尺讲台上分享自己的学术见解和文化感悟，与其他同学相互交流探讨。大学生不再是被动的受教者，而是教学活动的主体，从自发学习转向自觉追求，变"要我学"为"我要学"，变消极被动为积极主动，增强大学生自主学习的意识，提高自我管理的能力，培养学生自主分析、解决问题的能力。

1.2　丰富大学生视野，自主培养自己的特长和能力，提高综合素质。

讲坛鼓励大学生用自己的眼光去观察社会，了解当今科学技术的前沿，积极思考问题、解决问题，勇敢展现自我、挑战自我。大学生根据自己的兴趣爱好和现有基础，自主确定自己的特长发展目标，制订特长发展计划，培养主动参与、勇于探索、乐于合作的精神，提高大学生的人文艺术修养和自身综合素质，促进其全面发展。

1.3　培养学生的自我设计、自主管理、自我完善的能力。

大学生讲坛中全校每一位大学生都有机会参与讲坛管理，从主题的确定、问题的提出、目标的明确、计划的制订、方案的实施到人员的组织、条件的准备、实践的过程、事后的总结等各个环节都要求学生主持或参与完成。由学生来管理学生，让更多的学生在集体活动中承担责任，服务于集体，在集体中互相学习、互相教育、取长补短，培养学生的组织能力、协调能力、应对突发事件的能力等，从而客观地认识自我，正确地评价他人，通过大学生自我管理和自我教育达到自我发展、自我约束、自我成长、自我完善的境界。

2　活动概况

2.1　"大学生讲坛"实施方式

"大学生讲坛"模式运作由以下过程构成：报名——选题——教师指导——学生讲演——听众互动——考核评价。

（1）报名。学生自愿报名，在报名处领取登记表，报名登记；社团推荐，由校团委社团活动指导中心统一组织学生社团报名，各社团可推荐1—2名同学参加。

（2）选题。每次选题确定一个中心议题，议题由指导教师和学生共同确定。选题提前一个月布置，以便学生有充足的时间进行准备。选题内容不限，凡主题健康向上，如：政治、经济、文化、历史、地理、军事、科技、教育、个人成长历程、生活感悟、学习方法、社会实践经历等题材皆可。要求做到贴近实际、贴近生活、贴近大学生，激发学习的热情和探究知识的欲望，以提高问题意识，增强社会责任感。

（3）教师指导。在学生讲演前，指导老师和学生分析准备素材，为讲演提供参考；并指导学生注意逻辑层次，掌握演讲方法，以提高讲演的水平。

（4）学生讲演。大学生讲坛采取类似于百家讲坛的形式，每次拟定人数1人，讲座时间不超过30分钟。学生讲演力求形式多样，如演讲、舞台表演（小品、歌曲、朗诵）、访谈等，融知识性和趣味性于一体，做到寓教于乐。

（5）听众互动。讲坛后安排主讲人与听众互动，充分调动大学生探究问题的兴趣，相互启发、集思广益，时间约20分钟。

（6）考核评价。大学生讲坛组委会每年组织评选，通过专家评审、设置投票箱、网上投票等方式评选产生年度"讲坛明星"，图书馆联合校团委对获奖选手予以表彰和奖励。

2.2 "大学生讲坛"的运行保障

（1）健全的组织结构

大学生讲坛中的"自我服务、自我管理、自我教育"活动并不等于学生个体的分散活动，而是有组织、有计划、有目标、分步骤地进行。讲坛成立活动组委会，由自愿参加讲坛日常管理的大学生报名并经筛选后组成，组委会办公室设在图书馆。讲坛的日常活动由图书馆、校团委指导，图书馆读书俱乐部、青年志愿者服务队负责组织实施。

（2）得力的骨干队伍

图书馆、校团委负责讲坛的题材审理和通知发布，由各年级大学生组成的活动组委会成员们负责讲坛的报名登记、材料收集整理、海报张贴、场地准备、活动主持、安全维护、设备调试、视频拍摄及后期处理等工作。讲坛活动充分有效地发挥学生社团的桥梁、纽带与示范作用，这支得力的学生骨干队伍，成为大学生讲坛发展的左膀右臂。

（3）完善的激励机制

大学生讲坛组委会每年组织评选，通过专家评审、设置投票箱、网上投票等方式评选产生年度"讲坛明星"，图书馆联合校团委对获奖选手予以表彰和奖励。凡参加讲坛的学生均可获得由图书馆提供的纪念品一份，荣获年度"讲坛明星"的同学将由校团委和图书馆颁发荣誉证书和奖品；凡参加活动的学生社团参加一次按一次常规活动计算，社团推荐成员获评"讲坛明星"的按两次常规活动计算，完善的激励机制为讲坛的发展提供了人才保障。

3　活动成效

3.1　工作成效

大学生讲坛的开展，真正体现了素质教育的观念，推进教学方式和学习方式的转变。讲坛是对第一课堂的升华，即在经由实践活动而掌握知识的同时，又能从中发现研究课题，找到创新实践的方向，是知行合一的重要环节。

目前，"三峡大学大学生讲坛"已成功举办了 167 期，主讲人中有三峡大学"十大杰出青年"获得者，有被美国大学录取的优秀生，有来自日本的志愿者，有本科生科技创新团队成员，有参加过长江源头生态考察活动的探险家等。在大学生讲坛上，这些来自不同学院的大学生讲师们，在这个舞台上淋漓尽致地展现了他们澎湃的激情、骄人的智慧、沉静的思索和不羁的才华，为听众们带来了一场场精彩的视听盛宴，共同分享了自己对民俗艺术、国学文化、科技创新、团队建设、学习创业和阳光生活的理解和思考。主讲人结合自己的心得体会和独到见解，为广大同学讲授了《磨砺玉汝成 鲲鹏展翅飞——分享大学生活》、《合理规划加执著地拼搏，常春藤名校不再是梦》、《求索在科技创新之路上》、《用生命影响生命——一个日本志愿者的自述》、《浅论国学》、《漂流在世界最高的河流——长江源区探索之旅》等精彩讲座，赢得在校师生的一致好评。

大学生讲坛自 2011 年推出以来，在学校内引起强烈反响。其全新的表现形式、富有吸引力的话题、生动活泼的内容、朴实的主讲人，都给听众留下深刻的印象。据现场调查，90% 的同学认为讲坛形式新颖；85% 的同学认为选题独特、内容生动；70% 的同学表示希望走上讲台，与他人分享学术见解与文化感悟。

三峡大学大学生讲坛
2011 年

	时间	内容	主讲人	学院
1	4 月 29 日	中国非物质文化遗产——京剧、剪纸	刘川	医学院
2	5 月 6 日	从《三字经》说如何学国学	向飞	经济与管理学院
3	5 月 13 日	磨砺玉汝成 鲲鹏展翅飞——分享大学生活	陈德	科技学院
4	5 月 27 日	浅谈中国纸扇艺之百年评书	王玉玺	经济与管理学院
5	6 月 3 日	合理规划加执着的拼搏，常春藤名校不再是梦	习文	电气与新能源学院
6	6 月 10 日	积极心理 阳光生活	熊麟书	经济与管理学院
7	6 月 17 日	交流分享科技创新过程中的经历和感受	郑云	化学与生命科学学院
8	6 月 24 日	如何带好一只本科科技创新团队	何苦	土木与建筑学院
9	9 月 16 日	灵动的黄土凤韵——我所了解的陕北	刘喻	护理学院
10	9 月 23 日	大学生理财与合理消费	田东亚	科技学院
11	10 月 14 日	在迷茫中前行	严岩	水利与环境学院
12	10 月 14 日	用生命影响生命——一个日本志愿者的自述	原田耕太郎	
13	10 月 21 日	大学必修课与选修课——大学生活感悟	熊麟书	经济与管理学院
14	10 月 28 日	追随我心	黄旦	经济与管理学院
15	10 月 28 日	《论语》发微	周子建	水利与环境学院
16	11 月 4 日	Be Part of My Dream——我在美国休斯敦大学的交换生生活	刘磊	电气与新能源学院
17	11 月 11 日	复习中的心态——考研经验分享	田香丽	马克思主义学院
18	11 月 18 日	梅花香自苦寒来——考研之路	郑楼川	水利与环境学院
19	11 月 25 日	走向远洋的中国海军	潘鹏毅	文学院
20	12 月 9 日	我读《中国法治发展报告 No 月 9（2011）》——透析中国法治现状及其未来展望	李洲	法学院
21	12 月 9 日	中国式奔跑——看看中国经济发展	童文娟	医学院
22	12 月 16 日	从三峡大学"求索杯"到中国大学生科技的"奥林匹克"盛会	董勇	计算机与信息学院
23	12 月 16 日	魔术改变生活	徐阵易	经济与管理学院
24	12 月 23 日	我与我的团队——优秀科研团队的创建与执行力建设	李小双	土木与建筑学院

图 2　三峡大学大学生讲坛时间表（2011 年）

3.2　项目的创新点

（1）大学生学习技能体系的构建。图书馆通过大学生讲坛活动了解和帮助大学生发展各种学习技能，包括学习技巧与方法、时间安排、考试准备、图书馆利用、论文写作以及就业创业指导等，并基于框架设计相应的"大学生讲坛"主题内容，帮助大学生成为更加积极主动的学习者，培养大学生发现问题和解决问题的能力，收集、分析和利用信息的能力，并学会分享与合作，从而使他们能够更好地完成学业。

（2）开拓互动机制。大学生讲坛鼓励主讲人和听众双方说出自己不同的想法或见解，相互讨论，相互学习。这个开放课堂让大学生带着理论走向讲坛，在实践中发现问题、分析问题、解决问题，真正体会到学习的乐趣。

3.3　与读者、资源和服务的相关度

大学生讲坛形式上既有研究生与本科生、文科学生与理科学生、高年级学生与低年级学生之间的交流，也有校内与社会、校际之间的沟通；内容上注重科技与文化、文学与艺术、思想与理论的交融。在大学生讲坛上，这些大学生讲师们与听众们共同分享了自己对国学文化、科技创新、团队建设、学习创业和阳光生活的理解和思考。

图书馆是读者终身学习的场所。通过大学生讲坛帮助学生充分利用图书馆各种文献资源发展学习技能，培养学生发现问题和解决问题的能力，提高获取、分析和利用信息的能力和语言表达能力，学会评价和反思，变"要我学"为"我要学"，推进学生素质教育。

大学生讲坛作为一种学术服务，鼓励大学生在图书馆掌握知识的同时，能从中发现研究课题，用自己的眼光去观察社会、思考问题、解决问题，通过大学生讲坛与同学们交流学术思想、分享研究过程、展示研究成果，培养主动参与、勇于探索、乐于合作的精神。

3.4　经验及特色

（1）关注读者需求，精心组织策划

"大学生讲坛"立足校园，力求突出三峡大学的"文化亮点"和"知识风景"，关注社会热点及读者需求，做好讲坛的前期选题和策划工作。

（2）选题、定位注重特色

"大学生讲坛"首先需要一个正确的定位。我们始终把面向大学生、传播先进文化、普及科学知识、提高大学生科学文化素质奉为活动的宗旨。把讲座定位为"讲坛"而不是"论坛"，主要是因为"讲坛"普及面更广，更能体现图书馆主动传播、教育大众的功能。其次是确定选题。我们始终坚持"三贴近"，即贴近读者、贴近生活、贴近实际的选题原则，关心时事、热点问题和读者需求，力求突出地方特色和学科特点。此外，对于具体每场讲座

主题的确定，我们采取了以下三种形式：一是根据实际情况确定主题；二是根据专家推荐确定主题；三是根据听众需求确定主题。

（3）富有成效的媒体宣传

听众是讲座的核心，听众的参与程度是做好讲座的关键。为此我们主要做了以下工作：一是做好计划安排工作，开讲前一个星期在馆内宣传栏、电子屏、网页中发布信息，张贴海报，详细介绍讲座的内容、主讲人简历等情况以吸引读者。二是针对主题内容深入到学校各院区做宣传，精心组织听众。三是加强与校媒之间的合作。通过《三峡青年》、校广播台、网站、微博等媒体进行立体化传播，让听众广泛了解讲坛，从而提高"大学生讲坛"的知名度和影响力。

（4）丰富讲座形式

"大学生讲坛"采用讲、展、演等多种讲座形式，由"授教式"转为"表演式""展览式"。如：《魔术改变生活》讲座中学校星光魔术社徐陈星同学现场表演魔术，讲座与舞台艺术有机结合，生动形象；《舞动的土家族》讲座中巴楚文化社周若和同学们现场跳起了土家巴山舞；又如在《漂流在世界最高的河流——长江源区探索之旅》讲座中，探险家徐晓光老师通过详细的知识介绍和精美的图片展示，给同学们展示了长江三源楚玛尔河、沱沱河等地区的实地考察成果。

图3 "大学生讲坛"活动截图

4　进一步改进大学生讲坛的思考

为了更好地发挥大学生讲坛的教育功能，我们要正确定位讲坛功能，打造高校讲坛品牌，强化讲坛管理，使其更好地融入校园文化生活。

4.1　健全选拔培训机制

如何从众多的报名者中选出优秀的主讲人，是讲坛组委会面临的一个难题，因此要建立健全的选拔机制，确定选拔标准，引入竞争机制，规范选拔程序。讲坛要求主讲人不仅要对所讲内容理解深刻、见解独特，而且要善于表达，有较强的逻辑思维能力和临场应变能力。候选主讲人确定后，邀请专业教师对其进行培训，对学生的讲稿、课件进行初审，试讲及点评、指导，提出改进之处，进行适当的点拨和帮助，引导学生利用图书馆资源，大量阅读资料，就自己的选题进行全面性地学习，对选题的目标、内容、方式等有充分的理解，以确保内容质量。

4.2　开拓互动机制

大学生讲坛鼓励主讲人和听众双方说出自己不同的想法或见解，相互讨论，相互学习，促进与拓展了大学生第一课堂学习，这个开放课堂让学生真正体会到学习的乐趣，对学生专业素质的提高有重要的促进作用。因此，需要进一步提高讲坛的层次性、专业性和学术性，使第一课堂与第二课堂有机联系起来。让学生带着理论走向讲坛，在实践中发现问题、分析问题、解决问题。

4.3　构建长效机制

如何使大学生讲坛成为一个富有生命力的校园文化品牌，增强讲坛的导向性和吸引力，成为同学们业余学习交流的长久的思想高地，也是值得思考的问题，这就需要构建一套长效机制。长效机制不是一劳永逸、一成不变的，它必须随着时间、条件的变化而不断丰富、发展和完善。要通过制度设计、评比活动等一系列激励措施吸引更多的同学参与到其中，进而构建长效机制。

大学生讲坛创造一个自由交流的平台，以更加贴近大学生、吸引大学生、凝聚大学生为目标，给大学生提供一个上台发表自己独特见解的空间，在校园里营造一种良好的人文氛围，让大学生成为更自由、更开放的思考者，从而使其真正成为大学生自己的"百家讲坛"。

5 活动启示

三峡大学大学生讲坛是一个属于大学生自己的讲坛,切实践行三峡大学"求索"校训,传承大学精神,是开拓学生视野、拓展学生知识结构的一门"选修课"。

大学生讲坛为广大学子展现了一个多彩的学术世界,受到宜昌三峡电视台、三峡商报、三峡晚报等媒体的关注,增进图书馆与社会的相互了解,吸引更多的读者来图书馆阅读或聆听讲座,提高了三峡大学图书馆的社会效益,充分彰显了图书馆的时代精神,成为引导大学生成长成才的文化平台。

作者联系方式:

刘芳(1975-),女,三峡大学图书馆副研究馆员,通讯地址:湖北省宜昌市三峡大学图书馆。邮编:443002。手机:13197324424。电子邮件:47823351@qq.com。

陈芳(1984-),女,三峡大学图书馆馆员,通讯地址:湖北省宜昌市三峡大学图书馆。邮编:443002

宋群风(1966-),女,三峡大学图书馆副研究馆员,通讯地址:湖北省宜昌市三峡大学图书馆。邮编:443002。

图书馆英才书苑主题读书沙龙
——中国科学技术大学阅读推广案例

占　裕　汪忠诚　周国华

（中国科学技术大学图书馆）

摘要： 阅读推广是高校图书馆的一项重要职责，是校园文化建设的重要组成部分。中国科学技术大学图书馆英才书苑主题读书沙龙是中国科大图书馆对于阅读推广所做的有益尝试，首先以文化报告作为引导，继之以新媒体微信平台的互动宣传展示，引之以趣味活动讨论，结之以校内其他单位合作，延之以定期书单推荐，线上与线下齐飞，文化共阅读一色，对我校阅读推广工作起到了极大的促进作用。

1　活动背景和目的

随着网络时代的发展，信息量呈几何级的增长，人们阅读的形式日趋数字化和碎片化，阅读的数量和质量都受到很大影响。大学生是阅读的重要群体，且正处于为未来发展打好基础的重要时期，如何引导大学生在浮躁的社会大环境下静下心来享受阅读，成为当下高校文化建设的重中之重。高校图书馆通过组织开展主题鲜明、内容丰富、形式多样的阅读推广活动，寓教于乐，激发学生的阅读兴趣，增长学生见识，提升大学生综合素养，丰富大学生文化生活，能够真正意义上实现拓展图书馆读者服务、践行文化育人职能的目的，促进高校良好阅读氛围的形成，并对书香校园的构建起到了重要的推进作用。

中国科学技术大学作为一所世界知名的理工科院校，向来因人文氛围的缺失而为人诟病，在培养综合型、创新型人才的道路上，提升人文素养的问题显得尤为突出。文献信息资源建设是阅读推广的基本保障，中国科大图书馆为此开设了大型新式新书展厅——英才书苑。英才书苑是一个集收藏、阅览及购买为一体的大型新书展厅，占地 1 000 平方米，为目前国内高校中最大规模的特色书苑，放置中文图书 7.5 万种，外文原版图书 3 500 种，定期更新。科大图书馆致力于将英才书苑打造成一个特色化的阅读共享空间，以其为依托举办了一系列阅读推广活动，如读书沙龙、英才论坛、新书推介、图书荐购等，希望能把阅读活动更多、更好地融入校园文化之中，以润物细无声的方式为大学生的全方位发展提供服务。

2 活动概况

在网络环境下，中国科大图书馆推陈出新，基于系列经典文化论坛报告，采取线上线下结合的运作模式，吸收歌舞、服饰、书法、讨论等多种形式，开展读书沙龙活动，并与学生社团、学工处、校团委等部门联合，推出每月书单，同时借助图书馆微信平台和学校邮箱系统作为宣传、展示与交流平台延展活动效果，力求将图书馆打造成一个开放的平台，走出传统的束缚，开拓新的传播形式，充分将书籍之外的智慧加以收集与传播，使图书馆成为一个知识收集扩散的立体多功能平台。下面以第二届汉文化主题读书沙龙为例进行详细介绍。

2.1 前期策划宣传

近年来，"国学"成为热门词汇，中国传统文化的继承与发展也日益受到重视，中国科大图书馆英才论坛刚刚做了一系列相关内容的报告会，如关于中国四大发明、汉字的演化发展、文化交流与碰撞、经典阅读思考等，在学生中引起了相当大的反响，具有一定的思考基础。为了让同学们多了解国学的内涵与外延，陶冶性情品德，取其精华，去其糟粕，我们确定以汉文化作为此次读书沙龙活动的主题。在内容设计上，此次活动加入汉服和歌舞的元素，将文字阅读与视觉阅读结合起来对同学们开展阅读指导，丰富了大学生的阅读形式。对于活动的宣传采用传统媒介和新媒体全方位结合的方式，充分利用海报和图书馆的主页、微信、微博、读书交流 QQ 群等多种渠道。

2.2 活动内容

（1）参与活动的所有学生分为 6 个小组，以汉文化及相关书籍为主题进行自由讨论。大家集思广益、畅所欲言，内容涉及方方面面：有探讨古典文学和礼仪文化的，有谈论饮食文化和服饰文化的，有称扬民国大师的，也有畅谈战争文化的。同学之间的互动交流碰撞出思想的火花，活动现场的气氛相当活跃。

（2）由汉服爱好者为大家作关于汉服的科普介绍，并由身着汉服的同学们进行现场展示及舞蹈表演。

（3）活动邀请了中国科大上一年度图书借阅量排名前五的同学们，请他们和大家一起分享自己的读书心得，并推荐自己喜爱的图书。图书馆也向这些同学颁发了"阅读之星"的奖项。

（4）参与活动的同学中的书法爱好者做现场书法展示，并将作品赠予图书馆。

2.3　后续跟进

每期沙龙活动后图书馆都会回收读者反馈，包括活动感想建议、下期主题推荐和读书心得等内容，同时会利用微信平台进行同步传播与报道，包括报告体会、现场展示、阅读分享、图书推荐等各种内容。除此之外，图书馆还与校团委、学工处联合推出每月书单计划，每次推荐五本以人文社科类为主的课外阅读书籍，借助微信平台及邮箱系统进行推广，引起了巨大的反响，在广大师生中引发了读书热潮，让更多的同学加入阅读的行列，由此收到不少读者的读书心得、书籍推荐和报告体验等。在每次活动后，相关图书的借阅量有明显提升，对于一些图书的纸质本无法满足读者需求量的情况，图书馆会通过追加复本及电子版本积极解决，全力保障阅读需求。这样就形成了"采访——推广——阅读——反馈——采访"的良性循环，形成知识服务共享圈，有效地提高了图书馆的服务水平和质量。[1]

3　案例特色分析

3.1　形式新颖多样化

面对大学生这样一群有激情、有创造力的读者，图书馆的阅读推广活动必须从思想上重视，满足读者的需要，以读者为本，文献为基，活动为形，创新阅读方式。[2]中国科大图书馆的主题读书沙龙活动就形式而言不拘一格，内容丰富，除了传统的主题讨论、阅读分享外，还采取服饰百科、歌舞表演、书法展示等多种方式相融合，希望同学们能够从多角度、多方面、多形式、多层次理解阅读的方法。专业的汉服讲解，优美的惊鸿舞姿，潇洒的书法展示，吸引了大学生对阅读活动的关注，也让大家感受到阅读中的乐趣与情怀，严肃而不失活泼，随意而不失典雅。

3.2 充分发挥学生能动性

读书沙龙活动由图书馆主办指导，但是策划、组织、主持、讨论等具体实施过程都是以学生作为主体来完成的。对于大学生来说，这样做有利于提升他们的综合素质和能力，培养了他们的活动组织协调能力和团队合作精神，为他们提供了锻炼自我、展示才能的实践舞台。对于图书馆来说，有利于图书馆更好地了解读者需求，依靠大学生思维活跃、辐射效应强等特点增强阅读推广队伍活力、提升阅读推广效率、扩大阅读推广影响力，从而使阅读推广工作持续快速向前发展。[3]中国科大图书馆有一个以志愿者和学生馆员为主的稳定的学生团队，根据各个学生的特长和喜好，按照活动的策划、宣传、实施等过程实行责任分工和职能协作，他们更了解大学生的需求和喜好，组织的阅读活动在形式和内容上更能贴近读者，富有吸引力，使活动取得实效，对于图书馆阅读推广活动的开展起到了极大的作用。

3.3 各单位充分合作

阅读推广仅仅依靠图书馆的力量肯定是远远不够的，中国科大图书馆在举办主题读书沙龙时还联合了校团委和学工部等校内其他单位，以及芳草社、舞蹈团、惊蛰文学社等学生社团。多部门联合可以资源共享、协同合作，使沙龙活动的开展更加得心应手，有利于扩大活动影响力，吸引更多的读者前来阅读和讨论。

3.4 新媒体平台的利用

高校图书馆的服务对象主要是大学生，他们无疑是最早接受各种新媒体平台的群体。面对走在时代前端的大学生这一服务群体，如何通过各种新媒体平台走入学生们的网络社区来推广阅读已成为高校图书馆研究的新课题。中国科大图书馆除了利用主页和BBS这些线上渠道以外，还建立了新浪微博和微信公众平台，由专人负责监管运营，并设置了阅读推广活动专栏，与读者进行多维度互动，极大地拉近了图书馆和读者之间的距离，对阅读推广活动的宣传与推广都起到了积极的促进作用。

3.5 重视活动后续延展

主题读书沙龙活动现场的结束并不意味着这项阅读推广活动的结束，在每次主题沙龙结束后，我们都会调查读者对活动的评价及建议，随之做出回应与调整，以更好地开展下一次活动。我们还会利用微信、微博等网络手段在活动后进行报道及互动，择优发表图书推荐和读书心得，再辅以与校团委、学工处联合推出的每月书单计划，力图将活动的影响最大化。

4　活动效果及评价

从前期的引导准备，到确定活动主题，到具体流程展开，再到后期活动延伸，整个读书沙龙的长链一气呵成，赢得广大读者群体的一致好评，充分发挥了图书馆立体化、多功能的服务职能，实实在在地起到了阅读推广的效果，突破了传统读书类活动的形式单一、内容简单、周期短、影响小等局限性，承传统之精粹，启现代之新篇，效果显著，反响极佳。本次活动除了在学校新闻网上进行了报道外，还吸引了多家主流媒体和网站的注意，被先后转载报道多次。

5　结语

关于读书，培根曾说过一段话："读史使人明智，读诗使人灵秀，哲理使人深刻，伦理使人庄重，逻辑使人善辩。"阅读不仅带给读者更多的思考空间，而且在阅读过程中能更好地交流思想、共享精神文明成果。"会读书，读好书"是形成优秀人格的必经之路。中国科大图书馆英才书苑主题读书沙龙是一个多主题多形式的读书交流互动活动，是大学生通识教育的一次创新，本着"兴趣驱动、内容多元、形式多样、持续进行"的基本原则，突破传统图书馆仅仅是书籍收集及借阅等局限，更跳出传统的单一孤立的沙龙活动模式，旨在引导学生深入思考探究，激发学生的阅读兴趣，提高学生的人文素养，树立科大学子"君子不器，文理一身"的风貌，同时锻炼学生策划、主持、管理、合作、思辨等综合能力，将思考变成实考，将阅读变成悦读。

6　资料附录

6.1　活动策划书

（一）活动主题

英才书苑汉文化主题读书沙龙活动

（二）活动目的

丰富科大学子的课外阅读生活，在阅读与交流中增进对汉文化的了解，提高文学素养。

（三）基本信息

1. 活动时间：2015 年 4 月 12 日 14：00-16：00

2. 活动地点：东区图书馆二楼英才书苑（室内）

3. 主办单位：图书馆　校芳草社图书馆志愿服务分队

4. 协办单位：观止茶舍

（四）参加人员

共约50人，包括图书馆老师、志愿服务分队、报名同学、学生社团代表、协办方代表

（五）前期准备内容

1. 两位主持人、一位拍照、一位摄影、一位写新闻稿、一位做海报、一位登记到场人员

2. 活动流程的PPT

3. 条幅，海报

4. 五位借阅排行榜同学的荣誉证书，奖品以及赠品

5. 布置英才书苑的会场

6. 现场设备，包括投影仪、无线话筒，需提前做好调试工作

7. 活动结束后的调查表，内容包括对活动的感想和建议、读书沙龙主题推荐、推荐图书和理由

（六）活动流程

1. 主持人致欢迎词，介绍本次读书沙龙活动的主题；

2. 汉服舞蹈展示；

图1　活动现场汉服舞蹈表演

3. 志愿者负责人代表发言；

4. 社团代表发言；

5. 主持人宣布活动规则后正式开始；

6. 现场人员分为六组进行讨论，以汉文化及相关书籍为主题，讨论自己对于汉文化的感悟及读书心得；

7. 汉服展示，并由协办方代表作汉服百科的介绍；

图 2　活动现场汉文化讲解

8. 主持人介绍上年度借书量最多的五位同学，请他们发表感言和读书心得，再发放荣誉证书、奖品等；

9. 现场书法展示，作品赠予图书馆；

10. 主办方代表（图书馆老师）发言；

11. 主持人宣布活动圆满结束；

12. 进行现场调查。

6.2　相关媒体报道

《中国科学报》（2015-04-30 第 8 版 校园）中科大"学霸"们的读书经

新浪网　中国科学技术大学学霸 1. 46 天读完一本书　2015 年 04 月 24 日

http：//edu. sina. com. cn/gaokao/2015-04-24/1529466569. shtml

凤凰网　中科大学霸们的读书经　2015 年 04 月 30 日

http：//ah. ifeng. com/humanbookdetail_ 2015_ 04/30/3847070_ 0. shtml？

图 3　活动现场书法展示

_ from_ ralated

中安在线　科大女学霸七个月读完 210 本书　2015 年 04 月 24 日

http：//ah. anhuinews. com/system-04/24/006771268. shtml

7　参考文献：

［1］　侯明艳. 高校图书馆阅读推广创新研究——以"奔跑吧，图书——寻找阅读推广大使"为例［J］. 图书馆学刊，2016（2）：1-4.

［2］　张敏，周育红，杨颖. 高校阅读推广与专业教学相结合的创新实践——以陕西科技大学图书馆"阅文品书"征稿活动为例［J］. 情报探索，2016（3）：108-111.

［3］　曹国凤. 基于学生社团的高校图书馆阅读推广实践与思考［J］. 图书馆学刊，2015（12）：10-12.

作者联系方式：

作者信息：中国科学技术大学图书馆　占裕，汪忠诚，周国华

通讯信息：安徽省合肥市金寨路 96 号中国科学技术大学东区图书馆，占裕，0551-63602329，13155110099，邮编 230000，邮箱 zhanyu@ ustc. edu. cn

读书　读人　读己
——基于读者协会的立体化阅读推广体系

苏海燕　田树彬　贾文溪

（石家庄学院）

摘要：案例揭示了石家庄学院图书馆近十年的阅读推广实践，概括起来就是一个目标、两个定位、三种途径、四个特点、五个环节、六大活动。这种新颖的自管理、自推广模式带动了周围读者阅读能力的提升，从而成为图书馆阅读教育的试验田，起到以点带面的杠杆作用，收到良好的推广效果。

1　活动宗旨：

近几年，国民阅读率急剧下降，大学校园的阅读现状也令人担忧。一方面大学生读者或者轻视阅读，或者想阅读却无从下手，又或者进入阅读却不得法，急需阅读知识的普及与指导。另一方面随着新媒体的发展，以数字化阅读为典型特征的大阅读时代如约而来，新内容，新载体，新形式层出不穷。图书馆传统的导读方式已经不能适应读者的需求，并且有限的馆员数量也限制了阅读推广服务的发展。如何拓宽阅读内涵，创新阅读形式，更好满足和引导读者需求，如何突破图书馆资源的限制，成为迫切需要解决的问题。石家庄学院图书馆在这方面进行了艰苦的探索。

2007 年 4 月成立大学生读者协会，设立专门岗位进行管理与指导，8 年累计会员 1 500 余人。确立核心会员+兴趣小组的管理模式，通过指导其组织举办面向全院读者的多层次多形式的阅读推广活动，促使其带着任务阅读，引导其形成"读书·读人·读己"为核心的阅读体系。

2 活动概况：

读者协会在图书馆支持下，在馆员指导下，提高了阅读素养和信息素质，又反过来以图书馆资源与服务为题材，创造性的利用多种形式向全院读者推荐，在带着任务实践过程中刺激了他们提升自己的阅读欲望。这种自管理自推广模式不但促进了读者协会会员的全面发展，也提升了更多读者的阅读热情，当然也为图书馆提升服务新的思路，实属一举而三得。这种模式概括起来就是下述六点。

（1）一个目标：让阅读世界生动起来，通过促进读者协会会员的阅读素养和文化能力的提升，带动越来越多读者的全面发展。

（2）两个定位：实现图书馆阅读推广服务能力的提升；实现读者阅读素养和文化能力的全面提升，实现读者的全面发展。

（3）三种途径：读书，读人，读己。读书是读相对静止的思想，是读人们已有思想的积淀和阶段性总结；人是一本行走着、思考着的"书"，因而读人即是与人沟通交流，相互阅读的过程；读己是三省吾身的自我认识与剖析。

（4）四个特点：①普遍性和个性化、集中性和分散性相结合：一方面以读者协会为媒介，面向全院读者集中开展系列阅读推广活动：一方面面向小团体或个人的个性化阅读推广活动：②实体与虚拟结合：一方面在实体空间包括图书馆、教室、食堂、操场、礼堂举办书目推荐、晚会、立体阅读、读书沙龙等活动，另一方面整合读者发展网上相关资源，自建读者发展视频资料库，构建网上读者社区，设立阅读推广QQ群，由读者进行读书推荐；通过微信、网站、博客、贴吧等传播阅读新理念，宣传图书馆资源与服务；③不断深入的阅读体系：根据读者的不同发展阶段指导其去读不同图书以静心、养心；指导学生带着问题和任务去读书学习；通过活动的成功举办激励其持续阅读，从而达到良性循环；通过举办真人图书馆借阅以及经常性的小组讨论，了解不同层次不同背景不同兴趣的人群经验，从而达到成长的目的；通过不断审视自己，不断反思、总结，审读自己的内心，从而达到身心合一，实现心智的成熟，心灵的成长。④多重引导相结合：建立馆员、教师和读者三层引导体系：图书馆通过自己的文献保障体系及深入的阅读推广服务，引导读者阅读；教师通过课上渗透，课下留必读书目，参与图书馆读书沙龙分享读书经验来指导学生读书；读者通过网上和现场的读书交流分享读书体验。

（5）五个环节：①阅读需求跟踪：通过读者座谈、调查问卷、网络投票、访问、读者利用图书馆数据分析等方法了解大学生阅读现状、特点、问题和趋势；②阅读兴趣培养：通过设计各种项目，运用灵活的激励手段，激发读者阅读热情，发展潜在读者，保持读者群的持续阅读兴趣；③阅读方法引导：培训读者阅读技巧、掌握阅读工具、提升阅读效率；④阅读个性推荐：新书、好书榜的推荐，学者、名人的推荐，读者的互相推荐；⑤阅读体验分享：读者个人阅读经验的现场交流与虚拟世界的观点交锋。

（6）六大活动：①世界读书日纪念主题晚会：晚会采取读者经验分享式的推广策略，以读者为主体，反映读者成长，记录读者阅读生活，邀请读者参与。如2011年专题诗歌朗诵会主题为"追忆我的大学生活"，在光与影的交错中，展现了大一迷茫的生活、大二缠绵的爱情、大三不懈的奋斗和大四伤感的离别，朗诵会的诗歌、散文，部分是脍炙人口的文学经典，部分摘自《友闻报》刊载的读者原创作品。2012年纪念晚会主题为"读书·读人·读己——让阅读世界生动起来"，通过诗朗诵、经典作品舞台再现、音乐剧、相声、小品、根据古诗词编创的歌舞等艺术形式，让读者体味到文化和阅读的魅力。在历届晚会作品中，很多创作灵感来源于图书馆的读者实践，如音乐剧"何处觅书魂"取材于图书馆员与读者的冲突，小品"活图，你借了吗"来源于living Library的借阅实践，短剧"从头再来"反映的是图书漂流中发生的故事，话剧"师生情 两地书"则以读者协会的指导老师和会员之间的交流为蓝本和原型。②读者沙龙：开展立体阅读，从多角度、多方位、多层次了解书籍；主持"青春论坛"活动，发动全院有研究专长的学生分享心得；以影视书评的形式定期推荐优秀图书、影视剧和文章发布豆瓣网读书小组讨论主题，组织网上读书心得交流读者互荐图书；通过贴便笺纸写书评等灵活方式，邀请读者分享自己喜爱的图书。③图书漂流（交换）：集中全校师生闲置图书，建立起交换、漂流平台，使图书流动起来，推动了校内知识流动和资源共享，促进了资源的节约和循环利用。④真人图书馆（living library）：把人看作一本书，通过"为人找书"和"为书找人"两个环节。以"交流读书心得，分享人生体验"的主题，根据学生需要征集考研、兼职、国学、礼仪、教育、社团管理等方面的真人图书，面向全校提供借阅，2009年3月首次开展此项活动，在读者群中反响好。⑤报纸导读：图书馆指导读者编辑导读报纸《友闻报》，目前已经发行至16期，每期都设有好书推荐、国学讲堂、精彩书评、原创小文、文献检索等栏目，对增强学院读书氛围，引导大学生读者阅读起到极大推动作用。⑥心理保健阅读指导：针对读者的困惑（比如怎样实现从高中到大学的转型，如何克服学习过程中的焦虑，怎样处理与周围人群的关系等问题）进行心理疏导，开列相应的读书处方，引导学生一步步走出心理困境，目前已积累几十个成功案例。

读者协会进行的阅读推广活动，本身就是读者对读者的宣传，宣传的就是图书馆的资源与服务。

3 活动成效：

基于读者协会的阅读推广模式，取得良好的推广效果。读者协会会员来自各院系，在图书馆与读者的互动中不但实现了自身素质的全面发展，也因其成长的示范性及组织活动的宣传效果，带动了周围读者阅读能力的提升，从而成为图书馆阅读教育的试验田，起到以点带面的杠杆作用。另一方面由读者对读者进行的阅读推广实质上是一种同辈教育形式，因为是同学间的献身说法，经验分享，这样的阅读推广更有说服力。

4 用户评价与反馈：

该模式建立至今，举办世界读书日晚会9届，参加读者3 000余人；举办主题沙龙10多场，参加读者400余人；发行报纸32期，到达全校3 000个宿舍；举办阅读快闪、读书达人秀新型阅读活动10次，参加读者500人，借阅真人图书馆100余本，开展图书漂流、青春论坛、书目推荐等活动100余次，协会网站阅读量25万次；微博、微信、贴吧开通以来发送各类信息数百条，均取得良好宣传效果。目前读者协会的核心会员凭借深厚的阅读功底和丰富的社团实践，在就业过程中受到用人单位的欢迎和好评。

5 资料附录：

1. 2010年世界读书日主题晚会策划书

主办单位：石家庄学院图书馆　　石家庄学院团委

协办单位：石家庄学院音乐系

承办单位：石家庄学院读者协会

活动时间：2010年4月23日晚6：30

活动时长：约120分钟

活动地点：音乐系小礼堂

参加人：学院分管图书馆的院长、图书馆、音乐系和团委领导、各系学生会干部、各社团负责人、全院学生

活动背景：在4月23日世界读书日暨读者协会成立三周年来临之际，读者协会历时2月精心准备一场文艺晚会，旨在营造良好的阅读和校园文化氛

围，提高广大学生的阅读兴趣。

活动目的：

丰富同学们的课余生活和校园文化，响应国家全民阅读的号召，提高学生阅读兴趣，进一步营造良好的阅读氛围，促进校园文化的繁荣发展。

七、活动形式：综合性文艺晚会

八、活动主题：阅读　青春

九、资源需要：灯光音响设备、话筒耳麦、灯光、宣传条幅展牌、演出服装等

十、晚会节目单构思

主持人：李世雄　　伴颖杰

节目构思：开卷阅读的形式

序（开场）：乐器+旁白+舞蹈《书韵》

主持人致开场白

领导致辞　颁奖典礼

文艺节目：

篇章一：主题：阅读　经典

民乐合奏《奇迹》

经典朗诵《雨巷》《将进酒》《最远的距离》

短剧《何处觅书魂》

舞蹈《同行》

篇章二：主题：阅读　文化

武术表演

情景朗诵《人书情》

京剧《春秋亭》/《春闺梦可怜》

群舞《那一片芦荡》

篇章三：主题：　阅读　青春

舞蹈+演唱　《江南》

短剧　《活图，你借了吗》

情景诗朗诵《四月的纪念》

群舞《穿越》

注：其中穿插领导讲话，书目推荐揭晓，征文获奖揭晓，颁奖仪式

十一、人员安排：

指导老师：苏海燕

负责人：赵占开

顾问团：曹志勇、杨志涛、张磊、张帅、赵文龙

艺术总监：张磊

总导演、策划：严晓冬

统筹组：张旭伟、王增宝、严晓冬、刘住山、张晓芝、吴慧莹、张鑫、李振南、刘天宇、李莎莎、杨磊、吴慧莹、赵晓青、何影、刘华

策划组：王增宝、樊硕、孙雷雷、孙伟、张海灵、魏宁姣、王薇、陈晓云

外联组：丁莎、赵小青、何影影、陈建坤

文艺节目组：严晓冬、李宝柱、袁叶、张晓芝、张会永、杨兵兵、朱雅琳等

宣传组：魏莎、田少英、杨兵兵、刘璐、刘天宇等

财务组：吕贝、李莎莎、唐雅琼、张翠翠

舞美组：袁叶

常务组：杨莉、王增宝、王欣、唐雅琼、高明、张翠翠、刘亚、底冬磊、韩彬、樊硕硕

文书撰写：刘华、赵立霞、孟玲、梁振龙、陈晓云、刘亚

迎宾礼仪：陈晓云、刘晓宁、董亚杰、赵晓亚、李莎莎、何影影

主持人：李世雄　　伴颖杰

现场应急：

灯光、音响、摄像、背景音乐：专业人员

邀请嘉宾：院长、院团委和图书馆有关领导、指导老师、各系学生会主席、社团负责人

备注：活动期间，各个部门要紧密联系、配合、协作，保证庆典的活动顺利进行。所有相关负责人注意安全和相关工作安排，临时问题临时商议决定。

十二、活动流程

（一）筹备流程：（根据具体情况做调整）

1. 彩排安排

4月11日第一次正式彩排（主持人、节目协调整合、常务协调）

4月15日第二次正式彩排

4月17、18日音乐系小礼堂走场彩排（领导老师审查效果，顾问团指导）

4月22日　　最后一次彩排

备注：三月筹备，剧本成型；四月开始，三次彩排。

2. 前期宣传（4月16号）

展牌：　　　　　教学楼、食堂前

宣传海报：　　　各系通告栏、教学楼入口

宣传条幅：　　　食堂前、教学楼前

3. 场地准备

晚会舞台背景的布置　　　4月23号下午

音响、吊灯、乐器的搬运和摆设（剧务组）

4. 准备工作：

（1）地点申请　　　　　　　　　　　外联部

（2）会议现场的布置安排及人员安排　组织部

（3）宣传工作　　　　　　　　　　　宣传部

（4）赞助　　　　　　　　　　　　　外联部

（5）晚会摄像摄影　　　　　　　　　图书馆技术部、文传学院

（6）3月28—31号 选定主持人、礼仪小姐

（7）4月19—20号 邀请领导和嘉宾

5. 需要解决的重要问题：

（1）主持人的人选问题

（2）服装：舞蹈，礼仪，武术

（3）经费详细预算

（4）短剧道具：图书、书架、桌椅、借阅设备等

（二）晚会流程

1. 晚会管理工作人员务必在晚上18：00全部到位。

2. 18：05晚会男、女主持及演员、佳宾试话筒，检查剧务及演员化妆、准备工作，并说明晚会事宜

3. 18：25取消试麦、话筒，音乐静场

4. 开场节目

5. 主持人开场白

6. 领导致词

7. 颁奖典礼

8. 主持人宣布文艺晚会正式开始

9. 晚会文艺节目表演

10. 主持人宣布庆典闭幕

11. 演职人员与领导合影留念

十三、活动细节安排：

会场布置：16 人

现场剧务：20 人

现场应急：4 人

宣传展牌：4 人

人员接待：4 人

后勤服务：（矿泉水、座次）2 人

灯光、音响、摄像、背景音乐：专业人员

秩序维持：6 人

人员疏散：

活动后清理人员：全体工作人员

摄像摄影：4 人

十四、经费预算：

做字、条幅：约 100 元

演出电池：约 200 元

请柬：约 30 元

打印纸张：30 元

矿泉水：约 30 元

气球：

灯光：300 元

车费：30 元

服装租用：

器材搬运：

总计经费：　　　元

十五、宣传方案：

展牌宣传：

条幅宣传：

报纸宣传（我们的优势所在）

十六、外联方案：

见外联部策划设计文本

十七、应急方案：

舞台申请

演员服装、道具

演出设备（音响、耳麦）

演出现场观众的安排

天气情况

图1 读者推荐书目

图2 图书漂流

图3　晚会小品《书魂》

6　参考文献：

［1］　苏海燕. 大学图书馆阅读推广模式研究［J］. 山东图书馆学刊，2012，02：52-55.

［2］　苏海燕. 基于读者发展的主题信息共享空间构建模式［J］. 情报资料工作，2012，03：80-83.

［3］　苏海燕. Living Library——图书馆读者服务的另一扇窗［J］. 图书馆建设，2009，11：59-61+65.

［4］　苏海燕. Living Library 与图书馆的发展［J］. 情报资料工作，2010，03：90-93.

［5］　苏海燕. 大学图书馆读者发展模式构建研究与实践——以石家庄学院图书馆为例［J］. 图书馆，2013，01：137-138+141.

［6］　苏海燕，魏杏典. 大学图书馆读者发展实践创新研究——以石家庄学院图书馆为例［J］. 图书馆论坛，2013，03：151-154+130.

［7］　苏海燕. 基于学科馆员——教师合作的大学生导读模式［J］. 图书馆学刊，2011，08：66-68.

作者联系方式：

作者单位：石家庄学院图书馆；联系电话：0311-66617430，13832328590（手机）；邮箱：shy4079@126.com；

邮寄地址：河北石家庄市长江大道 6 号石家庄学院图书馆　苏海燕

邮编：050035

阅读·遇见之美
——基于读者共同体的阅读推广实践

赵　丹　陈江涛　韩　玺　陈　莉　梁丽明
宋　敏　梁海洋　彭庆华　于雅楠

（南方医科大学图书馆）

摘要：南方医科大学图书馆阅读分享会活动，为读者搭建了一个阅读、分享、交流的平台，得到了参与者的广泛好评。阅读分享会在嘉宾来源、环境营造、主题内容选择、后续活动拓展等方面有着较为成功的创新经验与体会。

1　案例实施的背景、意义、目的

近年来，国内各高校图书馆的人均借书量大都呈下降趋势，南方医科大学图书馆也不例外。随着网络时代、数字时代来临，人们的生活习惯、阅读习惯都因之变化。人们开始担忧：数字化的浅阅读和碎片化阅读将代替专心致志的思考，成为一种习惯；人们容易对所谓有用的功利性、娱乐化阅读趋之若鹜，但对文化内涵颇深而实用价值不高的著作置之不理。

高校图书馆作为校园文化建设最重要的前沿阵地，非常有条件且有必要为读者提供阅读指引和交流分享的平台，以此激发更多的人来参与阅读、分享阅读。在国家大力倡导全民阅读的环境下，阅读推广正以多种多样的方式在全国各地广泛开展着。基于"阅读需要分享"这样一种共识，南方医科大学图书馆自 2012 年 11 月起连续举办了六届阅读分享会，开启了在校园进行阅读推广的一种新尝试。

阅读分享会旨在为关注阅读、乐于分享和善于倾听的读者们提供交流互动的物理空间，努力营造一种宽松、愉悦的交流氛围，以期让大家能够自由表达与倾听，体会思想碰撞、偶遇知音的快乐；同时也为他们提供阅读的指引，培养阅读的兴趣，提升阅读的品位，促进好书的分享，营造浓郁的校园书香氛围。

2 阅读分享会活动概况

自 2012 年 11 月以来，图书馆已经跨校区连续举办了六届阅读分享会活动，真正为读者搭建了一个阅读、分享、交流的平台，得到了参与者的广泛好评。阅读分享会在嘉宾来源、环境营造、主题内容选择、后续活动的拓展等方面有着较为成功的经验和体会。

阅读分享会活动项目主要有以下创新：

2.1 嘉宾来源：传统报名+定向邀约+阅读兴趣小组孵化

为了使分享内容和层次更具引导性、更加多元化，除接受读者主动报名外，我们还定向邀约图书馆 2013 年"十大阅读达人"获奖者、广受欢迎的青年教师、征文大赛一等奖获得者等担任特邀嘉宾，这些嘉宾的到来，不仅保障了阅读分享的水准，同时也吸引更多读者的参与。

此外，我们尝试进行阅读兴趣小组孵化工作，通过志愿报名，依据选题不同，每学期选择三个阅读兴趣小组。图书馆提供一定的活动场地、文献资料查找、活动经费等资助，阅读兴趣小组成员承担主题导读分享和文献资源荐购的双重职责，所选主题不定期在阅读分享会上进行专题阅读分享，书目导读的 PPT 在馆内信息发布系统进行同步宣传，为读者提供阅读的指引。阅读兴趣小组的建立，让具有相同或类似阅读兴趣的读者找到了交流的知音，组内成员思想的交流和观点碰撞，不仅丰富、深化了阅读分享的主题，培养了读者独立思辨的精神，同时也为读者提供了一个积极锻炼自己、提升综合素质的舞台。

2.2 环境营造：轻松、愉悦、私密

不同于课题汇报，不同于各类比赛，阅读分享会是一个轻松、愉悦、私密的交流空间，大家本着自愿的原则因共同的阅读喜好而欢聚。为了营造这种轻松、愉悦、零压力的互动氛围，图书馆在一些小的细节方面也做出了努力。例如，每次分享会在家具的摆设，背景的修饰等方面都会进行精心的布置，要么将桌椅摆围成一个半圆，要么是面对面错落而坐，这种近距离类似聊天的环境，让大家不再陌生和拘谨，发言和讨论更加自由而热烈。在这种轻松愉悦的分享环境中进行的"头脑风暴式"的讨论，将进一步引发读者对

文本的深入思考，从而开拓思维、丰富认知，带来深度阅读的契机。

2.3　内容分享：多元、包容、向上

内容是提升活动档次的核心。阅读分享会从一开始，就以"多元、包容、向上"作为指导思想，承认阅读的"同"与"不同"，希望能为校园阅读注入生机和活力，因此在分享内容的选择上，我们考虑除了带给大家"好玩"的直观感受之外，也注重阅读趣味的引导、阅读品位的提升，促进好书的分享，希望能给读者学习生活注入正能量，同时也带来清新的阅读感觉和神秘的阅读期待。

图书馆要把阅读分享会做成美好精神的传递，而不是负面情绪的宣泄地。作为学校的第二课堂，图书馆也是开展校园文化服务的窗口单位，在举行阅读分享会此类活动的时候有责任对内容和主题进行良性的引导，让积极向上、热爱生活、勇于拼搏等正能量在读者之间传递，这项工作在报名筛选环节就要完成一大半。同时，在分享会的现场，主持人的作用也很重要，引导主讲人和听众在交流的过程中释放出正面的情绪。

2.4　借力读者的力量，实现可持续发展

图书馆还积极鼓励热心读者为阅读分享会的宣传、策划、主持、实施等工作提供志愿服务，将读者的智慧和妙想融入到工作当中，让各项工作更接"地气"，更加"本土"，更受读者欢迎，以此促进阅读分享活动的健康发展。出于对阅读分享活动的热爱和关心，越来越多的读者主动实现了从旁听者到分享者、从分享者到活动志愿者的转变，热心参与到活动的策划、宣传、主持、筹备等各项工作中，为阅读分享会的成长进步出谋划策，为阅读分享会活动项目能够持续、健康的发展提供了很多的帮助。

在近期的阅读分享会活动中，图书馆与志愿者服务协会、XIN 公益社团、临床医学八年制学生社团——八年制青年医师协会逐步建立了合作关系，随着学生社团的加入，为相关活动的策划、组织与实施提供了丰富的人力资源和无限的创新思路。

2.5　宣传与分享：全程报道、全面了解

阅读分享会活动需要学生的关注和参与，因此阅读分享会的宣传报道工作持续关注活动的全程，从活动前的主讲人招募、活动报名、正式通知、精彩内容预告到活动之后的宣传稿件、活动纪实等内容，读者可以通过微博、微信、QQ 群、图书馆主页、校内公告等方式进行全方位了解。同时，在临近活动举办的日期，会在馆内醒目位置张贴活动宣传海报，以此吸引入馆读者

的眼球。

为了让更多读者了解、知晓阅读分享会的活动内容，除了亲临分享会现场聆听外，读者还可以通过图书馆网站、校报网站等了解和回顾历届分享会精彩的分享内容 PPT、视频、音频等相关资料和现场照片等。同时，从第四届阅读分享会开始，南方医科大学校报除对阅读分享会本身进行新闻报道外，还向参与分享的主讲人进行约稿，对主讲人所分享的主题、内容和观点进行全景报道，对阅读分享会宣传的深度更进一步。

2.6 活动后续：线上与线下活动频繁

参加阅读分享会的读者除现场沟通认识之外，还可以通过 QQ 群"书虫汇"、微博、微信、易书会友等互动方式与校园内大批热爱阅读的读者保持沟通联系。每期的阅读分享会结束后，同学们还经常在群上进行后续的交流，互相通报或相约校内外各类文化阅读活动，了解换书清单，积极参加到图书馆文献资源建设中来，如参与图书推荐活动、VIP 现场选书等。此外，图书馆的易书会友活动已经成功举办三期。通过活动现场或网络登记，参与者将自己的书籍拿出来分享交换，既可以收获新知识，还可以通过同一本书遇见具有相同兴趣爱好的朋友，获得新友谊，受到爱书者的欢迎。阅读分享会已经成为读者线上与线下交流的桥梁与纽带，让阅读推广从单向推送变成双向、多方互动，读者不再仅仅是信息的接受者，已经开始转变成为过程的参与者以及馆藏内容的建设者。

3 活动成效与反馈

南方医科大学阅读分享会活动在校园内的持续开展，引起了众多阅读爱好者的关注和参与，很多读者积极参加阅读分享会的各项活动。越来越多的不同专业、不同年级的读者参与其中，尤其是很多博、硕士研究生读者的加入，使得分享的内容和层次都得到了很好的提升，良好的口碑效应扩大了活动在校园范围内的影响力，为此，《南方医科大学校报》整版进行了"图书爱好者阅读分享会上秀'悦读'"的专题报道。

"现在的大学生大一大二忙着在社团点缀青春，大四大五愁着如何从 600 多万毕业生中突围找到毕业的归宿，在象牙塔里静下心来阅读让生命得到沉淀是件高雅而幸福的享受"这是第四届阅读分享会上，阅读分享会活动志愿者主持人胡锦华同学的开场白，道出了图书馆用心举办阅读分享会的意义。阅读让大学生真正享受到象牙塔的幸福，很多参与活动的同学以纸条、QQ 或微博留言的形式，表达对阅读分享活动的肯定与支持，用"享受"与"收获"来评价图书馆的阅读分享活动。

4　工作展望

（1）加强对阅读兴趣小组的指导和支持力度，培育好的阅读分享选题和分享嘉宾，同时也为读者提供展示才华和锻炼能力的舞台。

（2）引导深度阅读。分享会只是起点，后续还应该引导读者进行深度阅读。图书馆举行的阅读分享会主要还是围绕着读书而展开，所以在后续的活动中图书馆会考虑邀请主讲人针对自己分享的书籍撰写一些书评或结合书评、书展、讲座、见面会等形式进行该阅读主题的立体化宣传，为读者深度阅读提供帮助和指引。

（3）优质内容的沉淀和分享。由于时间、空间的限制，亲临现场参加阅读分享会的读者人数毕竟有限，作为主办方，图书馆考虑将优质的内容进行整理和沉淀，或是以文字的形式记载，或以视频录像的方式整理保存，通过网络平台进行阅读推广的无障碍宣传，让更多读者能够"看见"阅读，爱上阅读。

5　资料附录

5.1　活动海报

图1　第一期阅读兴趣小组招募海报

5.2 现场照片

图2 阅读分享会活动现场，参与者认真聆听

图3 阅读分享会上读者即兴发言

5.3 媒体报道

图书爱好者阅读分享会上秀"悦读" ［N/OL］. 南方医科大学校报，2013-11-15（03）.

图书馆举办首届阅读分享会

第二届阅读分享会活动纪要 http：//lib. smu. edu. cn/Article. aspx？id=857

"遇见阅读，预见温暖"——图书馆第四届阅读分享会落幕

阅读分享会：阅读，邂逅你的世界了吗？

6　参考文献：

［1］　图书爱好者阅读分享会上秀"悦读"［N/OL］. 南方医科大学校报，2013-11-15（03）.［2014-8-10］.

［2］　陈江涛. 南方医科大学阅读分享会的实践与启示［J］. 中华医学图书情报杂志. 2014（05）.

作者联系方式：

赵丹：座机 020-62789015、手机 13570489749

Emai：邮寄地址：广州市白云区沙太南路 1023 号 南方医科大学图书馆 510515

书香校园　共享阅读
——华中师范大学"风雅读书会"阅读推广分享案例

梅　雪　朱立红

（华中师范大学图书馆）

摘要："书香校园 共享阅读——华中师范大学'风雅读书会'阅读推广分享案例"介绍了华中师范大学图书馆"风雅读书会"的创办、理念、宗旨、模式，及"风雅悦读会·师生共分享"和文华公书林讲坛"两大阅读平台，介绍了华中师范大学图书馆"风雅读书会"各项活动举办的过程，并配有相应的案例，最后介绍了这些活动产生的反馈评价，社会效果及影响。

1　活动概况

华中师范大学"风雅读书会"创办于 2011 年 11 月，以"发掘百年大学人文史料，创新立体阅读活动方式，高扬经典阅读旗帜，营造书香校园氛围"为宗旨，大力提倡"好读书，读好书，读书好"的价值理念，在倡导阅读、引导阅读和推广阅读等方面做出一系列有益的尝试，"风雅读书会"也成为华中师范大学图书馆的一个重要品牌。

"风雅读书会"依托图书馆丰富的馆藏资源，主要搭建两个阅读活动平台："风雅悦读会·师生共分享"和"文华公书林讲坛"。前者旨在揭示中华经典的成书特点、理论价值，激发读者的阅读兴趣，引领读者回归经典，引导学生"爱经典、学经典、知经典"，让师生在经典著作的解读过程中共同了解世界，关照自我，涵养精神。后者旨在借助华师百年悠久的阅读文化积淀，以开创中国开放办馆之先河的文华公书林命名，本着"百家争鸣"的原则，围绕我校"博爱"、"博学"与"博雅"之学生发展目标，为传播传统文化、帮助学生深度了解国内外时事热点搭建平台。这两大平台承载年度阅读主题季，下设的八大系列传递着人文情怀与学科精神。八大系列分别为"风雅悦读会·师生共分享"下设的书目推荐系列、读者沙龙系列、真人图书馆系列、经典电影赏析系列、经典导读系列，以及"文华公书林讲坛"下设的论文之道系列、时事热点系列、中华传统文化系列。

"风雅读书会"系列活动由图书馆专岗人员与教师、学生代表共同策划组织，与本校职能部门、校团委、院系学生会和社团、本地区各院校图书馆和社团，以及其他社会组织建立多元合作关系。读书会以馆藏图书为基础，以读书引导与交流为主线。

为了持续开展读书会活动，我馆对这项活动做出规定，一年内不得少于16场，作为考核指标硬性规定，纳入学校年度目标；我馆设有大小、功能、风格不一的专门场地，用于举办不同类型的读书会；我校每年拨出专项经费，用于支持开展阅读推广活动。此外，针对不同类型的活动流程，也都有严格的规定，如有关活动的前期宣传和后期报道、主讲嘉宾的选聘，以及各类资料整理加工形成数据库，都有严格的工作流程。

为了长期办好"风雅读书会"，我们透视目前高校普遍存在的各种阅读现象，关注广大读者的阅读需求，多角度多层次的为目标听众打造了丰富多彩的读书会活动，通过不断创新，提升读书会品质。

2 抓住读书日宣传契机，强化阅读氛围

围绕世界读书日，我馆在每年的 4 月 – 6 月举办"文华悦读季"活动。2012 年推出阅读主题为"文华阅读季"，2013 年阅读主题为"书香校园，阅读圆梦中国"，2014 年阅读主题为"经典永相伴，师生共分享"，2015 年阅读主题为"书香校园，共享阅读"。每年的年度读书活动包括了讲座、沙龙、展览、书目推荐、图书互换、读书之星评选等形式，终极目标是营造书香校园环境，推广阅读及弘扬文化。另外，我馆抓住读书日宣传契机，邀请拥有丰富读书经历的学者，与广大师生交流读书、学问、人生的经验与感悟。我馆曾邀请中国科学院院士杨叔子教授、中国图书馆学会学术委员徐雁教授等著名专家学者与读者面对面分享他们读书与学问、读书与人生的心得体会与心灵感悟。

3 扩展内涵，深化阅读理念

3.1 从纸质读本延伸至传统优秀文化。从具体的《论语》、《史记》、

图 1　2015 年读书之星颁奖典礼暨江立华教授 "读书、思考与写作" 讲座

《孔子》、《孟子》、《管子》、《诗经》、《红楼梦》等经典阅读延伸至抽象的中国传统文化,我馆还举办了四期有关中国非物质文化遗产的讲座,文华公书林讲坛第 15 期中国传统文化系列之 "剪纸艺术",第 16 期中国传统文化系列之 "书法艺术",第 17 期中国传统文化系列之 "古琴雅集",第 20 期中国传统文化系列之 "中华武术与健康养生",让听众学习传统文化知识,了解传统文化的演变,认识传统文化的价值体系,激发听众对传统文化的兴趣,以促进我们现代民族文化在传承中创新。

　　3.2　从读书延伸至读 "人"。2013 起,我馆创办了 "风雅读书会·真人图书馆" 活动,"真人图书馆" 中被借阅的 "真人图书",在不同领域有自己的造诣,还有多元的生活方式与态度,而这些都值得被书写和表达,都是我们阅读纸质文本所不太可能获得的直接感受。2013 年,我馆的 "真人图书馆" 活动,邀请一百美元只身游遍东南亚的穷游者、拥有交流经验的学霸、热心投身公益的 "洋雷锋" 等精彩人物,采用面对面的方式,与读者分享青春点滴和精彩人生。2014 年的 "真人图书馆",我们又邀请了武大、华师学子共享学术经验、讲述他们的骑行故事。

　　3.3　从纸本阅读延伸至视觉经典阅读。解读经典影视这种不一样的社会之 "书",在一帧帧的影视画面中,领悟 "风雅悦读" 的要义。读一本经典,收获的是人生箴言;看一部电影,体会的是别样人生。我馆读书会定期举办

图2 2015年风雅悦读会·中华经典导读第47期《诗经中的恋诗》讲座

图3 2013年第一期风雅悦读会·真人图书馆"洋雷锋"阿达姆

文华观影沙龙，播放了《为奴十二年》、《绝美之城》、《冰雪奇缘》、《霸王别姬》、《活着》、《朗读者》等一些具有高雅欣赏品位的电影，并邀请教师与学生一起欣赏和讨论，共同解读经典影视作品，在一帧帧的影视画面中，领悟

"风雅悦读"的要义。

3.4 从单一的讲座形式延伸至讲解加表演的情景式互动课堂。从学术讲座延伸至情景式互动课堂。情景式互动课堂，让学生对相关艺术有更直观的认识了解，并且和艺术家进行互动表演，激发学生对相关艺术的兴趣，为学生打开接触传统艺术和高雅艺术的渠道，在不知不觉中提升艺术素养和文化素养。

3.5 从个人阅读延伸至群体阅读。我馆"风雅读书会"围绕经典阅读，以院系学术部成员和学生志愿者为主体，图书馆工作人员为辅助，开展了一系列的读者沙龙活动。这种以书会友的群体阅读活动，得到广大学生的热情支持，参与者通过心得交流，拓宽了个人的心灵空间。

3.6 从阅读延伸至写作。我馆读书会推出"论文之道"系列讲座，旨在为在校学生就论文选题、撰写、投稿等问题答疑解惑。如文华公书林讲坛第十八期，由我校文学院现当代文学博士、全国百优博士论文获得者王雪松做客第十八期文华公书林讲坛，作题为《谈谈学术研究和论文写作》的讲座：要有置之死地而后生的勇气，受到同学的热烈欢迎，现场气氛踊跃。

3.7 从面对面到网络虚拟形式的读书交流活动。如我馆推出的"一分钟读书会——微视频征集"活动，由图书馆和校宣传部在微博微信各个渠道推广，同学们可随时拍摄微视频，推荐好书分享心得@图书馆专题微博，视频同步到专题页面。

我馆"风雅悦读会"系列活动的持续举办，受到我校师生的广泛赞赏，他们积极支持和参加活动，并把"风雅悦读会"称作校园里一道美丽的文化风景线。校内外诸多媒体如《光明日报》、《湖北日报》、《长江日报》、教育部门户网站、新华网、人民网、中国文明网、凤凰网、中国图书馆学会、华大在线、华大青年、华大桂声网站等媒体，都曾对读书会活动进行了报道和转载。其中，《光明日报》在题为《引领勤读书读好书的风气》的报道中称："风雅悦读会和文华公书林讲坛学术讲座已成功举办28场，成为校园里知名的讲座品牌。"《湖北日报》更是在《华中师大：百年图书馆引领阅读风尚》的报道中称赞道："在书香校园的建设中，这座百年老馆始终引领着阅读风尚。"教育部门户网站也以《华中师范大学力推"书香校园"工程建设》为标题，报道了我校以开展"世界读书日"活动为契机，打造品牌、扩展内涵、创新模式，引导学生"勤读书、善读书、读好书"，营造"大阅读"氛围，进一步推进"书香校园"工程建设的阅读推广活动，受到业内广泛好评。

阅读人生书为伴，求知修德两相宜。我馆通过一系列精心策划、形式多样、内容丰富的读书会活动，发掘百年大学馆藏资源，打造立体式阅读、树立阅读品牌，培养学生独立思考、知行合一，让更多的读者走进图书馆，热爱图书馆，让桂子山头满溢书香，让"好读书，读好书，读书好"成为我校一道靓丽的读书风景线，形成了真正具有高校图书馆特色的文化品牌，也为高校图书馆阅读推广、服务创新起到了引领和示范作用。

4 参考文献：

1. 《湖北日报》华中师大：百年图书馆引领阅读风尚．［2013-4-23］．http：//www. ccnu. com. cn/meiti/2013/0423/4943. html.
2. 引领勤读书读好书的风气．［2013-4-24］．http：//epaper. gmw. cn/gmrb/html/2013-04/24/nw. D110000gmrb_ 20130424_ 10-06. htm？ div=-1.
3. 华中师范大学力推"书香校园"工程建设．［2014-5-23］．http：//www. moe. edu. cn/jyb_ xwfb/s6192/s133/s201/201405/t20140523_ 169372. html.

作者联系方式：

华中师范大学图书馆 梅雪 027-67868117、15377695821

E-mail：vickyi@ 126. com

邮寄地址：湖北省武汉市武昌区珞瑜路 152 号华中师范大学新图书馆咨询部

收件人姓名：梅雪

邮编：430079

创意悦读精彩纷呈

奔跑吧，图书
——寻找阅读推广大使

侯明艳　赵　闯

（长春工程学院）

摘要：文章通过对长春工程学院图书馆开展的阅读推广创新案例实践活动的研究，旨在探讨信息化和新媒体环境下高校图书馆开展阅读推广活动的创新理念、定位、运作及方法，强化高校图书馆创新服务意识，提高创新服务水平，从而为高校图书馆开展阅读推广创新实践工作提供参考和借鉴。

1　引言

2015 年 3 月 15 日，国务院总理李克强在中外记者会上提出"阅读是一种享受，希望全民阅读能够形成一种氛围，无处不在"。高校图书馆作为知识存储和传播的中心，在阅读推广活动中承担着义不容辞的责任。在全民阅读的大环境下，教育部高校图工委读者服务创新与推广工作组也将于2015 年 9 月举办全国高校图书馆阅读推广案例大赛研讨会，旨在促进全国高校图书馆阅读推广工作的开展，更好地发挥图书馆在阅读推广活动中的作用。通知要求各分赛区先自行举办初赛，选拔优秀案例参加全国比赛。2015 年 5 月 12 日，吉林省分赛区高校图书馆首届阅读推广案例大赛在长春举办，本次大赛共有来自 23 个图书馆的 28 个案例报名参赛，案例包括主题活动类、读者组织类、出版物类、新媒体推广类及其他类。各参赛队伍以PPT、视频等形式，生动展示了本馆阅读推广案例，真实全面地反映了阅读推广工作成果，很多案例创新性强、可借鉴性高、可操作性强，在展示中获得了评委及与会人员的高度认可。长春工程学院图书馆（以下简称我馆）参赛案例"奔跑吧，图书——寻找阅读推广大使"在活动的创新性、读者的参与度、活动的后续推广等方面获得了评委和图书馆届同仁的认可，在吉林省分赛区中获一等奖，并将推送参加全国高校图书馆阅读推广案例大赛。文章将从本案例实施的背景、案例简介和活动启示三个方面介绍本次获奖案例。

2　案例实施的背景

"最是书香能致远，腹有诗书气自华"，读书可以陶冶情操，可以提高修养，可以知礼明德。高校图书馆作为知识和文化的收藏、传播中心，一直以来肩负着推广阅读的使命[1]。校园读书节一直是高校图书馆开展阅读推广活动的重要手段，本案例也以校园读书节为契机开展。

2.1　长春工程学院图书馆校园读书节系列活动

校园读书节系列活动是我校图书馆持续开展的阅读推广品牌活动，至今已走过十年。十年间，依托读书节，我馆举办了丰富多彩的阅读推广活动，对校园文化氛围的营造起到了重要的作用，吸引了近万名读者参与其中。今年是我馆第十届校园读书节，以"书香十年，你我同行"为主题，设计了多项主题活动鼓励大学生开展阅读、喜爱阅读、分享阅读，搭建读书、交流、分享、传播的平台，倡导师生在读书中求知，在阅读中成长，营造良好的校园阅读氛围，让书香充满校园。我馆第十届校园读书节主题活动见表1。

表1　长春工程学院图书馆第十届校园读书节主题活动

活动序号	活动名称
主题活动一	"观影品书 书影相随"——光影系列第三季
主题活动二	"读好书，听他的"——院长推荐图书
主题活动三	"你选书，我买单"——图书馆现场选书会
主题活动四	"阅有故事的人，读会行走的书"——真人图书馆
主题活动五	"你发文，我点赞"——书香中国主题征文活动
主题活动六	"润泽经典、品味书香"——中华经典诵读会
主题活动七	"品经典、扬国学"——国学知识竞赛
主题活动八	"毕业论文，e网打尽"——毕业论文写作培训讲座
主题活动九	"阅读达人、移动达人"——评选校园读书之星
主题活动十	"奔跑吧，图书"——寻找阅读推广大使

通过各类阅读推广活动的开展，更多的读者开启了阅读之旅，读书之风在校园中流转，书香润泽着整个校园！其中，"奔跑吧，图书——寻找阅读推广大使"活动是本届读书节重点打造的品牌活动之一。

2.2　案例实施的目的和意义

高校图书馆开展阅读推广的最终目的就是鼓励大学生多读书、读好书，激发他们的读书兴趣和热情。针对大学生这一特殊受众群体，传统的阅读推广方式已经无法激起当代大学生的阅读热情，新媒体平台的发展也使传统阅读方式面临困境。"奔跑吧，图书——寻找阅读推广大使"活动案例的主旨是为寻找阅读推广大使，倡导快乐阅读的理念，希望通过游戏与阅读相结合的方式，激发学生的读书热情，吸引更多同学参与到阅读中来，在游戏中享受阅读的快乐。并利用各种新媒体平台进行宣传推广，通过活动的开展，让同学们能够选择自己喜爱的图书阅读，成为阅读活动的践行者，并带动身边的同学一起阅读，成为阅读活动的推广者。

2.3　案例实施的基本思路

为了鼓励更多的同学参与其中，活动从浙江卫视热播综艺节目"奔跑吧，兄弟"的思路出发，让同学们通过参与游戏，开展阅读活动，案例共分为五个阶段、第一阶段为宣传推广阶段；第二阶段为海选报名，同时发布推荐书目；第三阶段为预赛阶段；第四阶段为决赛阶段；第五阶段为后续推广阶段。每个阶段具体的运作情况将在案例中详细介绍，案例实施的基本思路如图1所示。

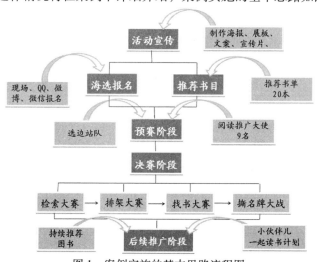

图1　案例实施的基本思路流程图

3　阅读推广案例简介

3.1　案例定位

我馆将"奔跑吧，图书——寻找阅读推广大使"案例定位为："快乐阅读、同伴分享、多向推广"。让阅读成为一种愉快的生活方式，在分享中彼此成长，在推广中吸引更多读者加入到阅读中来。

3.2　案例创新点

案例创新点在于将阅读与游戏方式结合，打破传统阅读局限性和图书馆传统开展活动的封闭性，引入"立体阅读"的创新理念，希望同学们能够从多角度、多方面、多形式、多层次理解读书的阅读方法，借助于多媒体平台交流读书心得，利用图书馆设施优势，举办活动专题书架展示、游戏竞技、与馆员互动等形式吸引读者参与[2]。用轻松愉快的游戏带动读者开始阅读，评选阅读推广大使，并将阅读推广活动持续进行。把本次活动打造成一个品牌化、系列化、合作分享多元化的活动。

3.3　案例运作情况

本次活动分为五个阶段进行：

第一阶段：宣传布展阶段

为了办好本次活动，经过紧张有序的筹备，我馆精心制作了宣传海报，张贴在图书馆门前、食堂、宿舍、教学楼等学生聚集的场所，宣传海报如图2所示；撰写文案，发布在校园网网站和图书馆主页上；拍摄制作一部宣传片——寻找阅读推广大使，在各种媒体平台上发布；制作活动展板，摆设在图书馆一楼大厅上；制作宣传条幅，悬挂在校园里。同时，利用各种新媒体平台——图书馆网站、图书馆微博、微信公众平台、QQ 群等多种方式进行宣传。

第二阶段：海选报名阶段

4 月 5 日至 4 月 20 日为海选报名阶段，活动提供现场报名、微博报名、微信报名、QQ 报名等多种报名方式，共有来自全校各个院系的 158 名同学参与报名。同时图书馆推出了 6 个系列共 20 种图书的推荐书目，提供给同学们阅读。这些图书包括经典名著类、文学类、历史文化类、哲学类、经济类和自然科学类，在图书的选择上，我们希望既能包含经典的中外大家之作，也包括时下畅销的新生代作品，力求全面满足不同专业、不同类型读者的喜好[3]。书目推出后，这些图书在我馆的借阅量明显提升，为后续活动的开展

图 2 "奔跑吧,图书——寻找阅读推广大使"活动宣传海报

打下了坚实的基础。推荐书目见表 2。

表 2 "奔跑吧,图书——寻找阅读推广大使"活动推荐书目

书目类别	书名	作者
经典名著类	西游记	吴承恩
	三国演义	罗贯中
	水浒传	施耐庵
	红楼梦	曹雪芹
文学类	百年孤独	马尔克斯
	双城记	狄更新
	生命中不能承受之轻	米兰·昆德拉
	平凡的世界	路遥
	从你的全世界路过	张嘉佳

书目类别	书名	作者
历史文化类	鱼羊野史（3册）	高晓松
	世界因你而不同——李开复自传	李开复
	文化苦旅	余秋雨
	寻路中国——从乡村到工厂的自驾之旅	何伟
	行走在爱与恨之间	白岩松
经济类	世界是平的	托马斯·弗里德曼
	国富论	亚当斯密
哲学类	苏菲的世界	乔斯坦．贾德
	中国哲学简史	冯友兰
自然科学类	万物简史	比尔·布莱森
	时间简史	史蒂芬·霍金

第三阶段：预赛阶段

4月23日是第20个世界读书日，以世界读书日为契机，我馆举办了"奔跑吧，图书——寻找阅读推广大使"预赛，预赛以"选边站队"游戏竞技形式进行，同学们只需要回答YES或NO即可。题目包括推荐书目的内容和图书馆基础知识。同学们都在赛前进行了精心的准备，阅读推荐图书并了解了图书馆的资源与服务，经过激烈角逐，最终产生9名阅读推广大使。

第四阶段：决赛阶段

为了更好地发挥阅读推广大使的作用，考察他们的基本信息素养及对图书馆资源与服务的熟悉程度，同时进一步提高活动影响力，4月24日，图书馆举办了"奔跑吧，图书"决赛，比赛共九人参赛，分为红队、绿队和黄队，每队三人。比赛由"检索大赛"、"排架大赛"、"找书大赛"、"撕名牌大战"四个环节组成。检索大赛考察推广大使的信息检索能力，排架大赛让他们了解图书馆的排架规则，找书大赛则考验其对馆藏布局的熟悉程度，前三个环节获得优胜的队伍在最终撕名牌大战中将获得不同的优势。经过紧张激烈的撕名牌大战，绿队获得了最后的优胜。通过参与这项活动，使九名阅读推广大使更加了解了图书馆信息检索及图书分类的基本知识，为进一步开展阅读推广工作做好了准备。活动结束后，图书馆领导向阅读推广大使颁发了聘书。

第五阶段：后续推广阶段

本次活动结束后，图书馆成立了阅读推广群，邀请阅读推广大使及热爱阅读的同学加入其中，持续开展阅读推广活动。目前，群成员已超过200人，阅读推广大使的工作包括三个方向，第一，利用多媒体平台宣传，包括QQ群、微博、微信等，与同学们分享阅读的感受，多媒体平台推广见图3；第二，定期推荐书目，根据自己的阅读体会及图书馆新书通报，定期向各院系发布推荐书目；第三，"小伙伴儿一起读书计划——大家共读一本书"，首期推出图书为《平凡的世界》，主要由阅读推广大使发起、以读书沙龙的形式开展，所有热爱阅读的同学们一起交流分享读书体会和心得，取得了良好的反响。

图3　多媒体平台推广

4　阅读推广案例活动启示

通过本次阅读推广活动的开展实践证明，该案例创新性高、读者参与度好、可持续性强，总结本次案例实践经验，我馆在阅读推广案例的品牌定位、活动流程设计和组织实施方面取得了突破，具有较强的可操作性和可借鉴性。通过本次活动的开展，总结出一次成功的阅读推广活动关键取决于三点：

第一，阅读推广活动的创新性。新阅读方式的出现，极大地改变了人们的阅读习惯，也给我们的阅读推广工作带来了极大的挑战，对高校学生的阅读推广，要根据时代的发展和学生的特点不断创新，要在确保学生阅读自由的前提下，引导学生的读书兴趣，养成正确的阅读动机和习惯[4]，我馆在本次案例的宣传手段、组织形式、组织内容等各方面不断吸纳新元素，实现全面创新。

第二，新媒体平台的利用。高校图书馆的服务对象主要是大学生，他们无疑是最早接受各种新媒体平台的特殊群体。面对走在时代前端的大学生这一服务群体，如何通过各种新媒体平台走入学生们的网络社区来推广阅读已成为高校图书馆研究的新课题。我馆建立了新浪微博和微信公众平台，由专人负责监管，设置阅读推广活动专栏，与读者线上线下互动，极大的拉近图书馆和读者之间的距离，对阅读推广活动的宣传与推广都起到了积极的促进作用[5]。

第三，阅读推广活动的品牌性与可持续性。高校图书馆的阅读推广活动不能四月来，五月走。每年读书节是高校图书馆阅读推广的集中期，期间会组织形式多样的活动吸引读者、引导阅读，然而从后续来看，不管是推广力度，还是推广手段都存在不足，没有长期的阅读推广机制，只是为了读书节而开展活动，这样的阅读推广工作表面热闹，对读者的阅读影响不大[6]。图书馆要根据自身的特点选择不同的方式来组织后续的阅读推广活动，并将本次活动打造成品牌活动。我馆将继续选拔，每年都通过各种形式举办寻找阅读推广大使活动。通过阅读推广大使，开展丰富多彩的活动，带动全校同学加入到阅读活动中来，拉近图书馆与读者之间的距离，使图书馆成为广大师生的伙伴，让阅读成为一种力量。

一本好书会带来一个全新的视角，在阅读中思考、品味、碰撞、升华，让人生变得更加的丰富而有内涵。高校图书馆在阅读推广活动中承担义不容辞的责任。我馆将在采购——推广——阅读——反馈的良性循环下，形成知识服务共享圈，唤醒沉睡的资源，提升图书馆的服务水平和质量，焕发图书馆的生机与活力。希望本文基于我校图书馆开展的阅读推广创新案例实践研究能对高校图书阅读推广工作的开展起到推动和促进的作用。

5 参考文献：

[1] 吴惠茹. 阅读推广视角下的高校图书馆读书会实践研究 [J]. 图书与情报，2014，06：76-81.

[2] 方海燕. 立体阅读：图书馆经典阅读推广的有效模式 [J]. 图书馆工作与研究，2014，12：104-107.

[3] 郑丽芬. 百年推荐书目中的外国经典与高校图书馆经典阅读推广 [J]. 高校图书馆工作，2015，02：19-23.

[4] 吴高，韦楠华. 我国高校图书馆阅读推广所存在的问题与对策研究 [J]. 图书情报工作，2013，03：47-51.

[5] 刘金涛，谭丹丹，孙阳阳. 推动引导大学生课外阅读 培养提升终身学习能力——上海财经大学图书馆阅读推广案例研究 [J]. 图书馆论坛，2013，03：145-150

[6] 苑世芬. 高校图书馆新媒体阅读推广策略研究 [J]. 现代情报，2013，01：74-77+81.

作者联系方式：

姓名：侯明艳

单位：长春工程学院

电子邮箱：68573971@ qq. com

手机号：13596066373

详细邮寄地址：吉林省长春市朝阳区宽平大路 395 号逸夫图书馆 130000 侯明艳

导读"超能陆战队"
——中山大学图书馆东校区分馆
多类型导读系列活动的启示与展望

罗春荣　冯　东　冯　娜　于　沛
梁益铭　杨　静　王世波

（中山大学图书馆）

摘要：本文主要总结了多类型导读系列活动，包括通识性主题导读、学术性专家导读、"喜乐斯"特藏导读，文明阅读导读的开展情况；重点论述了导读形式新颖活泼，内容丰富多彩；强调导读系列活动应该以读者的需求为导向，坚持长期性、多元化、互动性等特点；本文期望能为深入发挥导读在阅读推广中的作用提供启发和借鉴意义。

1　活动宗旨

1.1　案例实施背景

中山大学东校区图书馆建馆于 2004 年广州大学城落成之际，是大学城的标志性建筑之一，主要服务对象为中山大学东校区的师生，同时也通过广州大学城十校馆际互借计划辐射整个大学城范围。伴随着数万学生的入读，中山大学东校区图书馆以每日五千到八千人的承载量成为了读者阅读学习的重要场所。秉承中山大学图书馆公开、公平、共享的图书馆理念和"智慧与服务"的馆训，中山大学东校区图书馆致力于为读者提供最大限度的文献信息资源与服务，营造良好的学术文化氛围。为了实现此目标，中山大学东校区图书馆在大力建设馆藏资源的同时，也通过多种形式的交流和活动引导学生更方便快捷地选择适合的阅读素材，提升校园阅读风气。国内有学者认为，阅读与阅读现象本身是图书馆服务价值的最终体现，阅读推广是图书馆实践的着力点，应当逐步使阅读活动、阅读现象成为图书馆形象不可或缺的组成部分。[1]

1.2 案例实施的意义和目的

早在 1949 年，《公共图书馆宣言》就揭示了国际图书馆界对于阅读推广的关注："公共图书馆不告诉人们应该思考什么，而是帮助人们决定自己思考什么。因此，必须将注意力置于下列重要活动，展览、书目、讨论会、讲演、课程和个人阅读指导等。""必须激励阅读兴趣，不断通过精心策划的公共关系项目宣传推广图书馆服务。"[2]1995 年 11 月 15 日，联合国教科文组织作出决议，将每年 4 月 23 日定为"世界读书日"，又称作"世界图书和版权日"（World Book and Copyright Day）。第十次全国国民阅读调查显示超 5 成国民认为自己的阅读数量较少，接近七成国民希望当地有关部门举办阅读活动。[3]

国内有学者认为，很多高校图书馆阅读推广活动在开展多年之后，显得主题单调，缺乏创新性，对大学生读者的吸引力明显降低。特别是很多高校图书馆在策划活动时，往往依据惯性思维，没有事先认真调查学生的阅读兴趣和实际需求，与读者沟通不足，用户体验偏少，欠缺双向深层次交流，导致所策划活动的参与者较少，阅读推广活动收效甚微。[4]

在此理论基础上，多类型导读系列活动便是中山大学东校区图书馆一次创新的图书推广活动尝试。2007 年，中山大学东校区图书馆率先推出了"喜乐斯"读者导读，为读者介绍馆内所藏的 15 万余册哈佛大学的西文赠书。该系列导读活动将特色的珍稀西文馆藏与阅读荐读有效融合，在当时取得了良好的效果和反响，成为师生热议的校园话题。国内有学者表示，丰富活动主题，挖掘出有创意的、促进图书馆与读者互动交流的、新型的阅读推广活动形式，是吸引读者广泛参与的根本。[4]

正如荣获第八十七届奥斯卡金像奖影片《超能陆战队》里个个身怀绝技的成员一样，中山大学东校区图书馆为确保导读系列工作顺利开展，不仅正式将阅读导读系列推广活动列入年度工作计划，还网罗了具有美学鉴赏、国际化视野、图书馆文化及阅读推广专业知识与理念等知识的多功能复合型人才组成专门的工作小组。中山大学东校区图书馆陆续规划推出多类型导读系列活动，除喜乐斯导读以外，又推出通识导读、学术导读、文明阅读导读、电影展播导读沙龙等各具特色的长期性导读系列活动，至今已形成一支成熟、相辅相成的导读"超能陆战队"。

图 1　中山大学东校区图书馆多类型导读系列示意图

2 活动概况

2.1 通识导读

自 2009 年始，中山大学东校区图书馆推出了每月一期的主题通识导读。主题通识导读基于中山大学东校区图书馆主要面向大学城本科生为主体的读者，每月以海报的形式向读者推荐专题书目，至今已逾三十期，以"春天，送你一首诗"、"发现美"、"岭南民俗文化"等多元化的主题向在校师生推介了 500 多本中外优秀书籍。除了精心挑选积极上进、符合校园文化的荐读主题外，通识导读还会根据特定的社会热点事件策划相应的荐读活动。如 2009 年 5 月，汶川地震一周年祭，就推出了"五月的祈祷"主题导读，其中不仅推荐了近二十本关于地震常识、防范、震后重建等有关书目，帮助读者建立防震避险常识，还提醒读者莫忘灾难，对重大事件应保持深刻的感知和人文关怀。又如 2010 年广州亚运会，亦会根据文化氛围推出相关的图书荐读，充分体现以人为本的理念。国内有学者对 39 所大学 4 078 位大学生进行调查发现，大学生对于阅读是积极的，比如阅读数量上多数人选择了每年 5-10 本甚至 10 本以上，但是限于自身素养及各种诱惑和压力，大学生在阅读中存在不尽如人意的地方。[5] 有效且高效的阅读引导对于大学生的阅读有着关键作用。

2.2 学术导读

中山大学东校区图书馆不仅为普通读者推介书目，还从各个院系邀请了众多知名教授、学者以学术的眼光、专业的鉴赏力为读者推荐书籍，多方位开展面向教学、科研的阅读互动。比如颇受学生喜爱的张志安教授、潘春根副教授、余思远教授、邓启耀教授等著名学者均为"书海拾贝"的导读活动推荐过书目。这类学术性的专业书目推荐，不仅有益地补充了普遍性较强的通识导读，也为研究型读者提供了参考和借鉴。通过书籍与专业领域的精英对话，让导读更加具有针对性和层次感。一些国内学者认为教授推荐书目不会像传统的庞大的阅读指导书目那样对读者造成压力，可以起到资源发现的作用，引导读者发现某些新的领域，而且他们视野开阔，推荐的经典往往比网上的通俗流行图书更能提高公众的品位和素养。[6]

2.3 喜乐斯导读

要了解喜乐斯藏书，可以从 2007 年的第一期"岁月如斯"导读开始。喜乐斯特藏书库拥有哈佛大学 13 万余册的西文赠书，它们是跨越太平洋，连接哈佛大学与中山大学的友谊之桥和学术之桥。该批文献的珍贵和丰富性可以通过我们二十多期的导读窥其一斑。喜乐斯导读系列重点突出该馆的馆藏特色，推荐的多为专业性较强的英文藏书。每期导读根据策划主题，精选 8–10 册藏书进行书目推荐。[7] 持续近八年的导读不仅网罗了自然科学、艺术、医学、历史等多个方面，还以"女子印象"、"美国电影"等主题、以中英文对照的方式推介了喜乐斯悠久的馆藏资源。

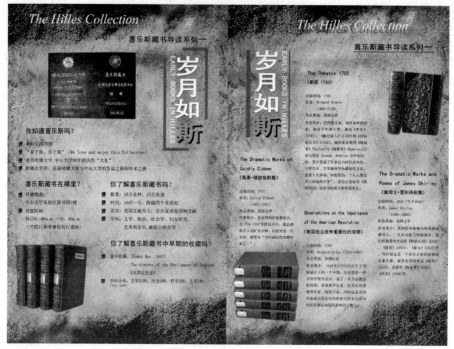

图 2　第一期喜乐斯导读"岁月如斯"

2.4　文明阅读导读

文明阅读导读旨在引领阅读风尚，在读者中传播文明阅读的良好风气，营造良好的校园文化氛围。每年的毕业季、迎新季，图书馆都会为毕业生、新生提供针对性的导读，让服务指引和温馨提示成为他们大学生涯的重要记忆。除了以上常规的文明导读海报之外，2013 年我馆还以"神探狄仁杰的图书馆之旅"为主题举办了一场妙趣横生的图书馆文化推广展览。该展览汇集了同学们在日常使用图书馆、对待图书的过程中可能存在的不当做法，如"借书逾期未还"、"不当的书刊取阅方式"等，将这些不当做法可能造成的后果制作成四格漫画，通过两位网络红人"狄仁杰"和"元芳"的风趣对答，给出正确的做法。展览通过轻松活泼的方式进行读者教育，一经推出便吸引了众多读者驻足浏览和留言，很好地推广了图书馆文化，同时也提升了中大图书馆在业界的影响力。

2.5 电影展播导读沙龙

国内有学者表示目前休闲性阅读在大学生中非常流行。休闲性阅读是区别于学习性阅读的一种阅读方式，是人们放松情绪、缓解紧张的一种消遣方式，同时也是增加兴趣、增长知识的一种学习方法。[8]2009年始，图书馆以每周五晚电影展播的方式共推出了逾两百期导读沙龙。电影是师生喜闻乐见的娱乐形式，沙龙通过现场播放电影、与读者互动讨论等方式，不仅将阅读推向了多媒体的范畴，也改变了传统图书馆向读者单向传播的方式，从读者那里得到直接的反馈，激发相互讨论、交流的学习氛围。读者的信赖和交流对推进图书馆的建设不无裨益，电影展播导读沙龙与新加坡南洋理工大学（NTU）图书馆于2008年建立了学习共享空间（learning commons）有异曲同工之妙。

3 活动成效

3.1 用户反馈

图书导读是图书馆服务读者的最重要方式之一。国内有学者通过对上海地区高校图书馆阅读推广活动分析总结后，提出建议：一般地说，高校图书馆开展阅读推广活动仅一个月左右，因此高校图书馆阅读推广活动的全面化就显得特别重要，在阅读推广活动中，应多开展几项活动。有的高校图书馆开展活动项目少，形式主义色彩比较浓，甚至该校很多师生还不知道本校图书馆开展了阅读推广活动。我们提倡多开展读者乐于参与的阅读推广活动，活动多了，学生参与率就会高。[9]多种形式的导读不仅能更好地传递馆藏信息，让读者了解馆藏状况和馆藏特色，也能激发师生们对有关图书的关注，诱发读书愿望，多方位多层次地满足阅读需求。在具体的实践过程中，东校区图书馆在明确定位、宗旨和社会责任的基础上，科学严谨地规划每个系列、每一期的推广主题，在广大馆藏及其他资源中寻找适合的阅读素材，并最终以读者喜闻乐见的形式加以呈现。这样的方式为阅读推广活动提供了一种有影响、可落实、可推广的新方向，使阅读融入到学生的生活行为中，进而培养其阅读的能力，提升其阅读的素养。

据不完全统计，每月导读之后，被推荐的书目借出率都有所攀升。再如文明阅读导读案例"神探狄仁杰的图书馆之旅"漫画在微博传播后，短短一个月转发量就达到了 461 次，阅读量达到 22.4 万（注：数据来源于新浪微博系统统计数据），其中转发者包括武汉大学图书馆、北师大图书馆等全国三十多家图书馆，遍布 24 个省市，在全国高校图书馆范围内产生了较大的影响。读者普遍对这种喜闻乐见的传播方式表示了喜爱。

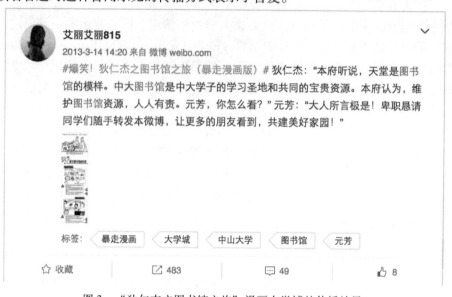

图 3　"狄仁杰之图书馆之旅"漫画在微博的传播效果

3.2　实施成效

图书馆扮演的角色，不仅仅是资讯传递的中间人，也不仅仅是基础的参考咨询者，更是针对读者的需求提供个性化阅读指导服务的指路人。

中山大学东校区图书馆的多类型导读从以下几个方面突破了过往图书馆阅读推广活动的劣势。首先，扭转了对读图的忽视。在媒体文化和信息技术的带动下，中国社会已经进入了图像力量空前强大的"读图时代"。[10] 比起单纯的文字推荐，图片图像更能吸引读者的注意力，也更能准确有效地传递信息。当前，多类型导读活动主要由具有美学设计专业背景、图书馆文化理念、阅读推广知识和经验、富有创造性思维的馆员组成团队，精心策划和设计每期导读，精致的设计和视觉图形的运用是吸引读者注意的重要法宝。其次，打破了单一化的选材路径。在选择推荐图书的时候，工作组既会注重图书的社会教育意义，参考经典的、对学生的素质提高和人文修养有重要意义的图书榜单，也会从读者角度出发，从备受读者青睐的借阅排行榜中精选符合主题的图书进行推荐。此外，学者和馆员的推荐也会作为参考来源，丰富图书导读的选材途径，确保书单既有内涵，又能制造乐趣和奇思。最后，颠覆了单向度的平面媒体交流方式。当前，导读活动拥有多种媒介形式、多种展示形式、动静态结合的宣传方式。通常，导读系列活动会通过海报、图片、宣传单等方式放置于馆内大厅，书桌、书架，通道，与到馆读者进行交流，在喜乐斯馆中庭，还会通过大尺寸的 KT 板和玻璃展柜清晰地展示与该期导读相关的珍稀籍本。而随着近年新媒体的流行，导读活动更广泛通过图书馆网站、微博、微信公众号等形式不断推进与读者的互动式、多元化的交流，在图书馆网站、微信推送等推广渠道中均能轻松找到当前及往期推送内容，方便读者随时随地查找想要的信息。

4　未来与展望

在新的时代背景下，高校图书馆已经由原来单纯的藏书机构变成集现代化、科学化和信息化于一身的多元信息资讯服务机构[11]；另一方面，师生的阅读习惯和倾向也在随着科技的发展和教学趋势的变化而不断变化。在这样的背景下，高校图书馆的阅读推广活动势必要跟随时代的脚步，以创新的形式引导学生多读书、读好书，扮演更好地传递和利用信息资源的服务者角色。

作为图书馆阅读文化建设的一张重要名片，中山大学东校区图书馆导读系列活动正在以全面、多方位、立体化、持久性的方式构建自己的"超能陆战队"。每一个成员都各具面貌、各有优势，经过长期的积累和不断与新媒体结合、与读者互动，已形成阅读推广的一支重要力量。在此基础上，中山大学东校区图书馆将积极加强阅读推广的网上阅读建设，主动开展移动阅读推广服务，优化数字阅读推广环境，将导读系列活动纳入中山大学东校区图书馆服务营销的品牌项目，不断与新媒体结合，积极与读者互动，力求将导读服务向更广泛的空间辐射，惠及更多的读者。

在未来，中山大学东校区图书馆的导读推广活动也将继续坚持以学生的需求和图书馆的引导为基础，坚持长期性、一体化、多元化、针对性、互动性等特征，不断深化"智慧与服务"的精神内涵，引领校园阅读的良好风气、弘扬大学教育的博雅风度。

5　参考文献：

[1]　李小平，陈爱莲. 文化传承·阅读·服务———从"图书馆精神"的视角看当前图

书馆实践［J］. 郧阳师范高等专科学校学报. 2012, 32（5）：67-70.

［2］　UNESCO public library manifesto［J］. The Library Association Record, 1949, 51（9）：267-258.

［3］　新华网. 第十次国民阅读调查：数字阅读受欢迎，五成国民阅读少［EB/ OL］. ［2013-04-19］. http：// news. xinhuanet. com/ yzyd/ local/ 20130419/c_ 115453915. htm.

［4］　吴高，韦楠华. 我国高校图书馆阅读推广所存在的问题与对策研究［J］. 图书馆情报工作. 2013（3）：47-51.

［5］　岳修志. 当代大学生阅读问卷调查分析［J］. 大学图书馆学报，2011（4）：81-85.

［6］　艾春艳，刘素清. 学问·读书·人生———北京大学教授推荐书目分析［J］. 大学图书馆学报 2012（6）：104-107.

［7］　徐丽辉，李惠群. 以主题导读形式推广珍稀西文专藏———中山大学图书馆喜乐斯藏书导读服务［J］. 图书馆理论与实践，2014（12）：95-97.

［8］　程文艳，张军亮，郑洪兰，周红梅. 国外高校图书馆推广阅读文化的实例及启示［J］. 图书馆建设. 2012（5）：47-54.

［9］　查宇. 上海地区高校图书馆阅读推广活动探讨［J］. 图书馆论坛，2014（4）：41-50.

［10］　杨小彦. 话说读图时代［J］. 天涯，2001（1）：166-175.

［11］　贺雪平，王伟. 浅谈中山大学图书馆的导读服务———以南校区流通部的工作为例［J］. 甘肃科技，2015, 31（24）.

【作者简介】罗春荣，研究馆员，现任中山大学图书馆副馆长；
冯东，副研究馆员，现任中山大学图书馆广州校区东校园分馆馆长；
冯娜，助理馆员，现在中山大学图书馆广州校区东校园分馆工作；
于沛，馆员，现任中山大学图书馆广州校区东校园分馆办公室主任；
梁益铭，馆员，现任中山大学图书馆广州校区东校园分馆读者服务部主任；
杨静，助理馆员，现在中山大学图书馆广州校区东校园分馆工作；
王世波，硕士研究生，现在中山大学数据科学与计算机学院。

作者联系方式：

冯东 13570531979　　020-39332621 传真：020-39332627
电子邮箱：fengdong@ mail. sysu. edu. cn
邮寄地址：广东省广州市大学城外环东路 132 号中山大学图书馆（邮编：510006）

聚焦过刊资源　服务特殊人群

李　静

（宁波卫生职业技术学院）

摘要： 结合学校办学定位和专业特色，利用特色过刊资源，借助悦读会队伍，凭借敬老院、残疾人活动室、残障人家庭及民工子弟学校等阅读实践基地，通过专业技能和阅读服务，为敬老院老人、智障自闭儿童、残障老人、民工子弟学校学生等特殊人群，定期开展送阅读、送爱心、送服务活动，实现了阅读接力与传递。也收到来自敬老院、残联、残障人士、民工子弟学校等服务对象的好评，延伸了图书馆的服务功能，提升学校的社会影响力。

1　活动背景及意义

1.1　活动缘起

（1）受图书馆"新常态"的启发。[1] 2008 年，中国图书馆学会正式发布《中国图书馆服务宣言》，把提供平等服务和体现人文关怀作为图书馆的服务目标。这是我国图书馆服务特殊人群的纲领性文件。[2] 2009 年，中国图书馆学会阅读推广委员会成立，自此阅读推广活动在全国各地更加系统和全面的开展。阅读、全民阅读和阅读推广，成为中国图书馆服务与研究的核心领域之一。

（2）本校办学定位与专业特色的要求。本校是"卫生、健康"双领域服务高职类院校，近年，新增了老年护理、康复治疗、言语听觉康复和健康管理等专业，形成了特色鲜明的馆藏资源，开始了相对应的推广与服务。

（3）本馆创新服务理念的引导。2012 年上半年，缘于图书馆搬迁，决定处理掉历年下架过刊。图书管理员不忍凝结着智慧和血汗的期刊沦为废纸，秉承"为人找书、为书找人"服务理念，探索"如何利用特色馆藏，发挥资源的最大价值?""如何与学生专业相结合，与学生的成长成才结合?"突破旧观念，拓展新场所，发起"利用特色过刊，服务特殊人群"活动，推出了一套"过刊进寝室、进敬老院、进民工子弟学校、进残疾人家庭"的阅读推广服务模式。

1.2 活动意义及目的

范并思教授认为，对图书馆最有价值，最能体现图书馆核心价值，是对特殊人的阅读推广，也是阅读推广的重点服务人群。[3]因此我校的阅读推广具有非常重要意义：

（1）激活特色过刊馆藏，实现阅读推广最终目标。利用本校师生专业优势和特色馆藏为敬老院老人、智障儿童、民工子弟学校学生、残疾人家庭提供阅读资源和阅读服务，实现图书馆阅读推广的最终目标：使不爱阅读的人爱上阅读，使不会阅读的人学会阅读，使有困难的人跨越障碍阅读。[3]

（2）创新了阅读推广的服务模式和服务内容：立足特殊人群，通过过刊资源利用的四级联动，一定范围内实现了阅读接力和阅读传递。结合专业技能，借助悦读会队伍和大学生志愿者，探索出"过刊进寝室、进敬老院、进民工子弟学校、进残疾人家庭"的阅读推广服务形式，实现了服务模式和服务内容的创新。是宁波市高校馆中首例利用过刊特色资源为特殊人群开展阅读推广服务的大胆实践，并持续了4年之久。

（3）培养和提高悦读会成员和志愿者的阅读水平、人文素养和职业道德。在阅读互动和指导过程中，倒逼学生阅读水平的提高，逐步培养一支爱读书会阅读的悦读队伍，借此辐射和带动整个校园的阅读氛围。

2 活动概况

2.1 基本思路

本案例结合学校办学定位和专业特色，利用特色过刊资源，借助悦读会队伍，凭借敬老院、残疾人活动室、民工子弟学校、残障人家庭等阅读实践基地，为敬老院老人、智障自闭儿童、残障老人、民工子弟学校学生等特殊人群，定期开展送阅读、送爱心、送服务活动。具体运作模式如下：

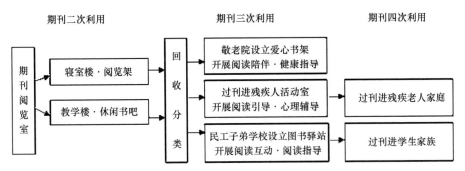

图1　运作模式：过刊资源利用的四次联动

2.2　具体做法与过程

（1）过刊进寝室楼、教学楼

2012年，在寝室楼设立18个开放书架，由悦读会成员义务管理，每月1-2次将阅览室下架的期刊二次利用替换到寝室楼阅览架上，供学生随时随意翻阅。2014年，又在教学楼开设了"休闲书吧"。

期刊从寝室阅览架、教学楼休闲书吧回收后，进行分类，优秀社会百科类送民工子弟学校，养生保健类送敬老院和残疾人活动室，达到期刊三次利用。

（2）过刊进敬老院（图2）

2012年，与宁波市三市怡养院结对，作为阅读实践基地，设立"爱心书架"。请悦读会成员中营养专业教师为老人们上老年营养课。悦读会成员每学期三次送刊，并开展阅读陪伴，并结合专业技能提供健康服务。同时我们利用阅读中老人们自己累积的素材制作的老年读书海报，并在读书节时送到敬老院展览。

（3）过刊进残疾人活动室（图3）

我校阅读推广活动在不断摸索中逐步深化。2014年应宁波市海曙区残联的要求，我们把阅读推广活动扩展到残疾人活动室。为智障儿童开展针对性的阅读陪伴和阅读引导，尝试阅读疗法。同时，为智障儿童及其父母开讲青春期性教育，并为其家长推荐阅读书目。

（4）过刊进民工子弟学校

2012年，与民工子弟占70%以上的孔浦中学举行结对赠书仪式，并设立"图书驿站"。悦读会成员每学期三次送刊，并开展读书互动，进行好书推荐、

图2　悦读会同学给怡养院老人阅读陪伴

图3　悦读会成员为智障儿童阅读引导

名家介绍、读书方法指导、代借图书等。并且我们利用历年来读书互动孩子们自己的精彩照片，制作读书宣传海报，在每年读书节来临之际送该校展览。

（5）过刊进残疾人家庭和民工家庭（图4）

2013年底经残联推荐，我们与残疾老人定点结对，走进残疾老人家庭，开始送爱心、送阅读、送服务。悦读会成员每学期三次送刊，并开展阅读帮助和阅读陪伴。孔浦中学图书经费欠缺，正好借我们的过刊开设阅览室，供师生阅读，过刊替换下来后当做奖品奖给读书积极分子，带回家与父母共读，给家人传阅，实现了阅读的接力传递。过刊走进家庭，达到过刊四次利用。

图4　悦读会成员进残障人家庭阅读服务

3　活动成效

4年来，对敬老院、残联、民工子弟学校及残障人家庭等特殊人群提供阅读服务，我们摸着石头过河，服务范围逐步扩大，服务内容逐步深化，已经形成常态化工作，收到了一定的服务效果。

3.1　基本实现了阅读推广的服务目标：引导、训练、帮助、服务。[4]

（1）使不爱阅读的人爱上阅读，使不会阅读的人学会阅读。

在民工子弟学校（宁波市孔浦中学）与我们定点结对的班级班主任三年

来调查发现，83%的学生在平时都积极阅读并能享受阅读的乐趣；91%的学生提高了阅读综合能力；68%的学生在升学考试中成绩都有明显提高。由此可见，培养了学生的阅读习惯和阅读兴趣，拓宽了学生们的阅读视野。使缺乏阅读意愿的学生接受阅读，爱上阅读，并且迷上阅读。

（2）使阅读有困难的人跨越阅读障碍。

在与我们结对的宁波市三市怡养院，四年来，帮助了有阅读意愿但阅读困难的老人，跨越阅读障碍。增添了生活的乐趣，提高了老年人的幸福指数，丰富了老人们的精神生活。

3.2　实现一定范围内的阅读接力与传递，提升学校的社会形象。

通过过刊进寝室、进敬老院、残疾人活动室、民工子弟学校、进残疾人家庭与民工子弟家庭的四级联动模式，实现了阅读的接力与传递，推动全民阅读，提升了图书馆的社会服务形象，增加了学校的美誉度。

3.3　培养了一支"书香天使"队伍。在校内引领阅读风尚，向社会传播书香文化。

在阅读推广过程中，反哺了悦读会成员的专业技能，倒逼了阅读素养和阅读能力的提升，逐步培育了一支有爱心的"书香使者"队伍，把"阅读·仁爱·健康"理念带入千家万户，带到特殊人群身边。

4　用户评价与反馈

我们的阅读推广活动在摸索中不断扩大，影响也越来越大，收到了服务对象的一致好评：

4.1　来自敬老院的评价

与我们结对的宁波市三市怡养院办公室主任评价说："卫生学院同学不仅送了养生保健刊物，还为老人们陪读和健康服务，使老人们突破耳聋眼花的障碍，接受到养生保健知识，最重要的是，同学们的陪读让老人们觉得很快乐。"曾经一位八十多岁的老人开心地说："每月总有几天盼望着同学们的到来，给我们捏捏背，敲敲腿，还给我们读读新闻，聊聊健康啊，好！"另一位老人总是嘴里不停地念叨："同学们真好，让我们这些老人们日子有盼头了，还有希望啊！"

4.2　来自孔浦中学师生的评价

与我们结对的孔浦中学的校长这样说："贵校的阅读推广活动，不仅充实了阅览室，激发了师生的阅读热情，拓宽了视野。而且通过读书互动，有些学生开始关注课外读物和经典名著了，最重要的是，我们把更替下来的期刊作为奖品，让学生带回家给父母翻阅。实现了阅读的接力与传递。"曾经参加阅读互动的一位学生这样说："我爸爸原来不让我看课外阅读，说会影响我学习，每次我都偷偷在被窝里看，自从我把老师奖励给我的《读者》带回家让爸爸跟我一起看后，爸爸也喜欢上了看书，还经常和我一起讨论书中的故事呢。"

4.3 来自残联和残障人士的评价

与我们结对的海曙残联领导这样说："这项活动对我们真是太需要了，我们这里有很多有文化的残障孤寡老人，精神上十分寂寞，同学们的阅读陪伴对他们来说，就是一份精神上的大餐。"一位七十多岁的老人出身于书香门第，老伴儿去世多年，对我们送阅读服务，他说："感谢你们为我送来了阅读，让我的内心充实了许多，快乐了很多，谢谢你们。"

5 资料附录：

"对残障老人的阅读陪伴"活动方案：

一、活动目的

结合我校办学特色和专业特点，关爱孤独残障老人，加强对特殊群体的关爱，弘扬仁爱健康校园文化。通过阅读陪伴丰富残障老人的精神世界，也倒逼悦读会成员阅读素养能力的提升。

二、活动主题："仁爱. 阅读陪伴"

三、活动对象：一对空巢残障老人

四、活动时间：

2013.12.20. 14：00-17：00

2014.3.22. 14：00-17：00

2014.4.23 14：00-17：00

五、活动地点：宁波市火车站对面的一对空巢残疾老人家里。

六、活动流程：

（一）活动前期：我校图书信息中心阅读推广组老师对参与本次活动悦读会成员进行培训与指导，并商定活动内容和时间。

（二）活动中期：悦读会成员与空巢老人取得联系，做好用物和人员准备，并开展活动。

（三）活动后期：接受服务对象及阅读推广组老师的考评，对每个阶段出现的问题进行详细分析的修正。并写活动心得体会，上交阅读推广组老师并给予指导。

七、活动内容

（一）与老人谈谈家常，结合专业知识，为他们做一些基本的身体检查，如量血压，测体温，简单按摩……同时给他们讲讲日常生活的健康知识和保健方法，让他们懂得保护自己。

（二）为他们阅读一些健康乐观积极的生活小短文，使老人身心愉悦；鼓励他们讲人生故事，做他们的听众，陪伴他们。

（三）帮助老人做一些家务，让他们有一个舒适的生活环境。

八、活动中应注意的问题及补充

1、提前与老人做好沟通与联系，保证活动的顺利进行。

2、开展的各项活动要有利于老人的身心健康，做到用心关爱。

3、在摄影中考虑老人的实际感受，体现尊重和自愿精神。

九、工作人员安排

悦读会成员 7 人。

6 参考文献：

［1］ 范并思. 阅读推广：高校图书馆服务"新常态"［J］. 上海高校图书情报工作研究，2013（2）：1-4.

［2］ 束漫. 我国公共图书馆为阅读障碍人群服务研究［J］. 国家图书馆学刊，2015（6）：49-52.

［3］ 范并思. 阅读推广与图书馆学：基础理论问题分析［J］. 中国图书馆学报，2014（9）：4-13.

［4］ 吴晞. 任务、使命与方向：图书馆的阅读推广工作［J］. 图书馆杂志，2014（4）：18-22.

作者联系方式：

李静　宁波卫生职业技术学院 0574-88126243　15205746081

e-mail：1103185644@qq.com

地址：浙江宁波鄞州高教园区学府路 51 号 宁波卫生职业技术学院

收件人：李静　邮编：315000

建特色藏阅　助特殊教育

邹　敏

（乐山师范学院图书馆）

摘要： 阅读推广成为现代高校新的主业，阅读是最大的精准扶贫。教育公平体现在如何为特殊教育专业人才培养服务，如何为特殊人群提供阅读服务。乐山师范学院开展了有益的尝试和探索，收到很好的教育效果和社会效益。

2012 年，党的十八大报告中明确指出，"支持特殊教育"。中国关注特殊人群的教育与发展，被联合国教科文组织列为标杆向世界推广。2010 年，我校正式设立特殊教育专业，专业设置完善了我校教师教育链条。中残联、省残联和省教育厅多次委托我校承办特殊教育师资培训。2012 年，四川省教育厅和四川省残联批准我校为四川省特殊教育人才培训基地。国家支持的特殊教育师资培训基地大楼建设在我校。国家实施"特殊教育提升计划"。2014 年，特殊教育专业成为全校唯一的免费师范生招收专业。2015 年，批准设置教育康复专业。2015 年，实施残疾人高等教育，面向全国招收聋人学生 200 名。特殊教育师资培养，特殊人群阅读推广成为图书馆事业的新视角。

1　目的和意义

一是为专业建设提供优质服务，为特殊教育师资培养作贡献。二是为残疾人高等教育提供优质服务。三是面向社会开放，满足弱势群体的文化需求。四是实现图书馆特色发展和转型发展。

2　基本思路

"以学习者为中心"成为支持理念。实现"两个融合"：实体资源和虚拟资源建设，包括专业图书、外文原版图书、特教特色数据库。新媒体推广：

建设"智能书架",包括盲文图书、盲人视听资源、盲人计算机、盲文软件、智能阅读器、盲文点显器和听书郎等助听设备。

3 创新点

"专题式书架"建设。新媒体的建设与推广,拓宽阅读推广的新领域。开发特色数据库,是四川省第一个特教专门数据库。

4 建设情况

外文原版书籍 82 册;订购中文版特教专业图书 950 册,盲文图书和音像资料 159 套。建设"智能书架",添置盲人计算机 4 台,配置盲文软件、盲文点显器、盲文智能阅读机和听书郎等。

图 1 乐山-四川省教育厅领导来馆指导工作

5 运行情况

2013 年,考察南京特殊教育职业学院。召开恳谈会,与教科学院领导共商建设大计。将"特殊教育资源平台建设"列为 2013 年度校级教改课题。2014 年 3 月 13 日,特教系教师在此进行教研活动。5 月 6 日,自贡卫生职业技术学院领导前来参观。4 月 29 日,四川省高校图书馆建设与发展研讨会在我校召开。与会馆长对特教区建设给予肯定。11 月,构建"书香班级",提出"读一本好书，关爱一位残疾儿童"活动。12月，"信息检索与利用"课程师生在此体验与阅读。"国培计划"和"省培计划"开展专题培训与研究。"盲文"课程小组进行学习体验与实践。2015年3月12日，四川省教育厅《教育导报》以"乐山师院图书馆设特殊教育馆藏区"为题予以报道。3月28日是世界自闭症关爱日，特教学院各班班长、学习委员共30余名学生党员进行专题学习，馆员推送资源，乐山"三江都市报"予以报道。4月9日，乐山电视台以"沫若图书馆为盲人敞开大门"为题，进行专题报道。特教藏阅区能容纳40余名读者阅读，入座率很高。教科学院残疾学生孙江舟是常客，曾被评为校级"自强标兵"。本着"以赛促建"的原则，我们将9月确定为"特教阅读推广月"，开展"图书馆馆员学手语"活动，编印《图书馆服务手语手册》，四川省教育厅《教育导报》予以报道。乐山市特殊学校校长、老师和聋人学生来馆参观学习。四川省教育厅特教专员熊壮先生来馆指导工作。他认为，现代阅读是声、光、电手段的融合，项目建设具有时代性、示范性和推广性。2015年，图书馆为特教专业订购图书近5万元，极大满足特教类师生的阅读需求。

6 相关度情况

有机处理好资源、服务与读者的关系。资源逐年增加，提倡推送服务和专题服务。特教类师生为主，自助阅读为主。

7 活动启示

介入特殊教育，是非常富有爱心的事业。为专业建设作贡献，这是我们的责任和义务。引入新媒体，这是我们的价值追求。

作者联系方式：

乐山师范学院图书馆邹敏馆长
13700930181
zoum@ lsnu. edu. cn
四川省乐山市中区乐山师院图书馆
邮编 614004

"阅课堂"
——面向幼儿教师的专业阅读推广案例

芦　晓　陆　虹　芮　敏

(贵州师范大学图书馆)

摘要： 贵州师范大学图书馆依托多年积累的师范教育类文献资料和 260 平方米的"学前教育专题阅读、体验室"，开设了《阅课堂——学前书刊阅读》系列课程，服务本校学前教育专业本科生、服务贵州学前教育师资培训，并搭建学前儿童阅读教学实践平台，长期、可持续的进行专业书刊阅读推广，彰显了学校教师教育特色。本课程开设以来，有效促进了学校师范教育类学生的专业阅读，提高了参加培训的幼儿教师的阅读兴趣和素养。

阿尔维托·曼谷埃尔在其著名的《阅读史》中写到："阅读，几乎就如同呼吸一般，是我们的基本功能。"[1] 阅读，关乎个人，关乎社会，关乎国家的未来。2015 年李克强总理在政府工作报告中提出："倡导全民阅读，建设书香社会"，希望阅读能成为每个社会公民提升自我、锻炼独立思考能力和终身学习的途径。阅读社会的建成需要几代人的努力，建设书香社会，儿童是基础和未来，一本好书，能通过艺术审美的熏陶，带给孩子们一段丰富想象、有色彩的人生体验经历，能使他爱上读书，养成好的读书习惯。而激发孩子们对阅读的热爱，使他们更好地阅读，发觉阅读的快乐之处，教师有不可推卸的责任。教师，是知识薪火相传的火种，一名热爱阅读的教师，在他未来的教学生涯中，将影响无数的孩子热爱阅读，养成阅读的习惯。

本案例是师范院校图书馆为了彰显学校教师教育特色，通过提高师范生阅读素养，来影响他们未来学生阅读的一种尝试。贵州师范大学图书馆《阅课堂——学前书刊阅读》系列课程，对未来的和在职的幼儿教师进行专业阅读培训，教他们学习如何选择适合儿童阅读的图书、如何更有效率的阅读、如何建设幼儿园图书馆、如何使用工具辅助阅读等等，为他们提供大量的专业书刊、教具和阅读教学实践平台，提高他们的阅读兴趣和素养、促进专业阅读，并希望能通过他们影响学前儿童阅读，实现"读书从娃娃抓起"，为建设全民阅读社会贡献一点力量。

1 案例背景

党的十八大明确提出要"办好学前教育"，而贵州省的现状是学前教育基础薄弱，师资严重不足，到 2017 年，幼儿教师缺额将超过 5 万人。"十二五"期间，贵州省人民政府出台了《关于加快发展学前教育的实施意见》，以改善我省学前教育基础薄弱，学前教育师资严重匮乏的现状。为此，我校从 2010 年开设了学前教育专业，为社会培养学前教育师资。在此背景下，为配合学校师范教育，创新图书馆阅读推广模式，探索图书馆阅读推广的可持续性，我馆与教育科学学院创新开设了《阅课堂——学前书刊阅读》系列课程，开展学前教育专业书刊阅读培训，服务本校学前教育专业本科生、服务贵州学前教育师资培训，并搭建学前儿童阅读教学实践平台。

2 具体实施

《阅课堂——学前书刊阅读》系列课程的开设主要依托我馆多年积累的师范教育类文献资料，并建有 260 平方米的"学前教育专题阅读、体验室"，以专兼职相结合的方式，选派具有教育学、图书馆学等学科背景的馆员授课、辅导阅读。"学前教育专题阅读、体验室"配置了符合儿童生理和心理特点的书架、阅览桌椅，陈列了学前教育专业纸质书刊、儿童绘本、蒙氏教具、乐高教具等资源；建设有集学前教育专业 8 千余册电子图书、15 万余篇电子报刊等文献资源为一体的"学前教育专题全文数据库"，专业性强、检索方便、利用率高；创设有"幼儿园示范图书馆"，提供具有展示性功能，又具有很强的使用性功能的实践平台。该室打造了一个专业文献资源丰富、服务形式多样、充满专业氛围的阅读、教学环境，为课程教学与培训的开展提供了理论与实践的支撑。

2.1 服务本校学前教育专业本科生

本课程一是服务本校学前教育专业本科生，开设了 15 周、60 学时的专业选修课，从阅读理论、阅读方法、阅读实践三个层面，指导学生阅读学前教育相关专业图书，包括：教育类、心理学类、文学类、管理类、哲学类等，聚力于拓展学生的专业阅读面，打下专业阅读基础，使这些未来的幼儿教师提高专业素养，了解幼儿阅读相关理论，能科学、理性、专业地指导幼儿阅读。

在辅导学生进行大量专业阅读以外，还开设有《工具书的使用》、《数字资源检索与利用》、《如何搭建幼儿园图书馆》、《和我一起读绘本》阅读小课堂等辅助课程，提高学生的阅读能力和效率。

《工具书的使用》教会了学生如何使用纸质工具书和电子工具书辅助阅读，提高阅读效率。讲授了工具书及其使用的基本知识，工具书的基本概念、作用、特点等，详细解析了工具书的使用方法，通过学习，学生提高了信息素养，能在信息海洋中更好的选择图书、辅助阅读。

《数字资源检索与利用》是教学生如何检索利用数字资源，如何在网上众多的信息中，找到自己所需阅读的资料。通过本课程学生学会检索使用我馆建设的"学前教育专题全文数据库"，能够方便地使用学前教育专业电子图书、期刊、报纸、学位论文、会议论文等18万条专业文献资源。

《如何搭建幼儿园图书馆》介绍了幼儿园图书馆的搭建，解析了如何给学前儿童创设一个良好的阅读环境。课程目的是帮助学前教育专业学生在今后做一位幼儿教师的同时，能够掌握去搭建一个幼儿园图书馆的基本思路与能力。该课程从宏观上讲述了建设幼儿园图书馆的意义，探讨了如何搭建能吸引幼儿的图书馆，以及如何最大限度地发挥图书馆的作用。从图书提供、空间选择、环境创设、设备、设施配置等多维度探讨了幼儿园图书馆的搭建。

《和我一起读绘本》阅读小课堂，是组织学前教育高年级本科生和学前儿童共读绘本，通过课程的开设，师范生获得了宝贵的儿童阅读辅导经验，孩子们获得了良好的阅读体验，教学相长，师生均获益匪浅。

2.2　服务贵州学前教育师资培训

本课程二是服务贵州学前教育师资培训，对象是"国培计划"的幼儿园园长、幼儿园骨干教师、中小学骨干教师。指导学员阅读学前教育专业书刊，学习《早期阅读中幼儿绘本甄选》、《从蒙氏看早期阅读绘本》等特色课程及相关辅助课程。《早期阅读中幼儿绘本甄选》课程是让未来的幼儿教师在浩瀚的幼儿阅读绘本中，能根据幼儿心理、生理特点选择优秀的绘本，指导、推荐家长和幼儿阅读。课程讲述了什么是正确的早期阅读观、早期阅读的现状、性质、早期阅读教学中的核心要素、早期阅读条件等内容。《从蒙氏看早期阅读绘本》课程是使学前教育专业学生能通过了解掌握蒙台梭利"吸收性心智"

等教育观念，更好地在幼儿教学中开发优秀绘本的教育价值，实现绘本阅读的教学功能。在这一块的培训中我们突出的是绘本阅读推广，这些富有特色的儿童绘本对于幼儿教师推广阅读有很大的启发和帮助。

"中小学教师国家级培训计划"，简称"国培计划"，由教育部、财政部于2010年开始全面实施，是提高中小学教师特别是农村教师队伍整体素质的重要举措。我校作为省级师范院校，承担的国培项目辐射全省九个地区，涵盖16个学科领域，培训中小学、幼儿园骨干教师规模达1万余人。为配合学校国培项目的实施，发挥资源优势，我馆依托《阅课堂——学前书刊阅读》系列课程和"学前教育专题阅读、体验室"参与承担了国培项目学员培训工作，得到国培项目学员的好评。从2013年到2014年，我们为"国培计划"共培训学员3 000余人次，效果良好。2013年学校"国培计划"工作简报第33期，专门对在图书馆开展的综合实践活动课进行了报道。

2.3 提供阅读实践平台

本课程三是提供阅读实践平台，对象是本科学生、"国培计划"学员、幼儿园教师，是进行阅读体验、阅读操作和阅读培训的实践，体现了我馆服务师范教育、服务社会的创新。

本平台包含三个方面的实践：

第一是阅读体验的实践。"学前教育专题阅读、体验室"搭建了专业、舒适的阅读空间，提供了大量专业文献资源，每周开放时间达60小时，配置了具有相关学科背景的专兼职人员进行管理和阅读辅导服务，为学员进行阅读实践提供了良好的条件。

第二是阅读操作的实践。馆内购买、展示了成套、专业的蒙氏教具、乐高教具等学前教育教具，并提供专题使用培训，让学员获得借鉴蒙氏、乐高等教具设计教学中自制教具的实践。

第三是阅读教学、培训的实践。联系学校附属幼儿园的师生到馆阅读，为本科学生、"国培计划"学员、幼儿园教师等提供幼儿阅读教学、培训的实践。

3 阅读推广效果

本课程开设以来，我馆学前教育类图书外借册数从2013年的654册上升到2014年的2 363册；累计完成了4 000余人次、300余学时的课程教学和实习；7 000余人次的课外阅读辅导。利用率高，服务面宽，有效地促进了我校师范教育类学生的专业阅读。

修完《学前书刊阅读》选修课的本科学生认为："在课程学习中拓展了专业阅读面，享受了阅读的乐趣。在课程中，在这样一个有着丰富资源的'教室'中，选书的方法、对图书的阅读方法和思考、阅读工具的使用，都能给我们更直观的感受，潜移默化地让我们学会更好地利用图书馆的资源，从而增强进入图书馆自主阅读的意愿和主动性。"

参加"国培计划"的幼儿园教师觉得："《学前书刊阅读》课程极具特色，内容对提高幼儿教师阅读能力及推广帮助很大，实用性强，接地气。通过学习如何更好地利用丰富的数字资源，学习使用工具书等课程，使得我们学会如何获得更多学前教育文献资料。"

参与培训的馆员认为："《学前书刊阅读》课程转变了传统图书馆的定位，提升了图书馆的功能，让图书馆变得灵动而具吸引力，除了可以有充足实用的图书、报刊和数字资源外，还能够在一个丰富的环境里进行教学甚至实践，使得在文献服务、信息服务的基础上，有力地施行了阅读推广。"

4　总结及思考

《学前书刊阅读》课程创新探讨了师范院校图书馆如何更紧密的结合教师教育开展服务，长期、可持续的进行专业书刊阅读推广。在指导学生专业阅读的同时，也培养提升了图书馆员的专业素养和能力，针对性强，凸显了服务师范教育的特色。

高校图书馆是学校的文献信息中心，吸引师生走进图书馆、利用图书馆、提升阅读兴趣，是图书馆的天然职责。开展形式多样的阅读推广活动，是图书馆居危思进，在新信息环境下应对多元化阅读模式挑战的举措。《阅课堂——学前书刊阅读》系列课程的推出，将应景、应时的图书馆阅读推广活动打造成图书馆常规服务，长期、持续地进行师范类学生专业阅读推广，是图书馆阅读推广形式的创新，是建立阅读推广长效机制的尝试。

本案例的思考：

（1）尝试将这种专业阅读课程延伸到校内更多的师范类专业。希望能影响更多的师范生提高专业阅读素养、激发阅读热情，并通过师范生去影响更多的孩子学会阅读、爱上阅读。

（2）以这种专业阅读推广方式，提高馆员的专业阅读能力，提升队伍的专业化水平。本课程的开设在馆员中也起到了阅读推广的作用，馆员通过参与课程教学和辅导，学习各种阅读理论、掌握利用工具书辅导阅读的方法等，提高了专业素养和阅读兴趣。

（3）我们希望本案例能够在师范类院校图书馆交流、提高、推广，服务更多的师范生。

5 资料附录

5.1 《学前书刊阅读》课程安排

备注：这里的第 2 周指的是教学周，即开学第 2 周安排课程。

时间 （教学周）	教学内容	考核
第 2 周	1. 了解宝山校区图书馆提供的文献资源，参观采编部、校史陈列室、贵州地方文献信息研究中心、过刊、过报查询室、大学学报阅览室、中学示范图书馆模型。 2. 如何利用图书馆（教学） 3. 数字资源的检索与利用（教学） 4. 上机实践（每位同学一台电脑）	确定关键词，写出检索式，上机检索出文章。
第 3 周	1. 学前教育专题资料室介绍及如何搭建幼儿示范图书馆 2. 如何选择优秀幼儿阅读绘本	
第 4 周	1. 蒙氏教具动手实践、考核 2. 蒙氏教具专题使用培训	论述题：阐述对蒙氏教育思想的理解。 操作题：蒙氏教具在实际教学中的运用。 动手题：如何借鉴蒙氏教具设计教学中自制教具。
第 5 周	1. 乐高教具专题培训 2. 乐高教具形态搭建 3. 工具书的利用（教学）	分组进行案例实现，考核实现过程中的实现、协作、创新能力。
第 6 周	1. 乐高教具编程基础 2. 工具书利用实践	分组进行案例实现，考核实现过程中的实现、协作、创新能力。 到工具书阅览室查阅完成
第 7 周	老师推荐书目阅读（学前教育教育类）	
第 8 周	老师推荐书目阅读（学前教育教育类）	
第 9 周	老师推荐书目阅读（学前教育心理类）	
第 10 周	老师推荐书目阅读（学前教育心理类）	

续表

时间 （教学周）	教学内容	考核
第 11 周	如何获取论文资料（授课与动手检索查找相结合）	出检索题，上机完成。
第 12 周	老师推荐书目阅读（学前教育文学类）	
第 13 周	老师推荐书目阅读（学前教育文学类）	
第 14 周	老师推荐书目阅读（学前教育专业类）	
第 15 周	老师推荐书目阅读（学前教育管理类）	
第 16 周	老师推荐书目阅读（学前教育哲学类）	

注：1. 学前教育专业学生分 3 组参加图书馆培训课程（即图书馆相同教学内容重复上 3 次）
第 1 组学习时间为第 2—16 周每周二 9：00——11：50　　14：30——17：20
第 2 组学习时间为第 2—16 周每周三 9：00——11：50　　14：30——17：20
第 3 组学习时间为第 2—16 周每周四 9：00——11：50　　14：30——17：20
2. 各任课教师按"优、良、中、差"对每位同学给出考核结果。

5.2　案例相关图片

图 1　服务本校学前教育本科生

图 2　服务贵州学前教育师资培训

图 3　提供阅读教学实践平台

6　参考文献：

1. 赵俊玲，郭腊梅，杨绍志. 阅读推广 理念·方法·案例［M］. 北京：国家图书馆出版社，2013.

作者联系方式：

收件人：芦晓

电话：0851-86702129，18985162892 Email：51956649@ qq. com

邮寄地址：贵州省贵阳市宝山北路 116 号贵州师范大学图书馆　邮编：550001

图书馆"博学讲座"
——大学阅读推广的新平台

李庆欣

（黑龙江大学图书馆）

摘要：黑龙江大学图书馆阅读推广的文化品牌"博学讲座"已举办三百余期了。讲座实践表明：就阅读内容推广来说，就是让阅读成为高校校园主流生活方式，而阅读形式推广的重心，就是现代新媒体和网络技术的运用和创建共同阅读交流的精神殿堂。办一场讲座不难，办数十场讲座也不难，难的是十几年如一日的坚持，可贵的是能牢牢守住一所大学独立的文化品格。

1 "博学讲座"的创建和启动

图书馆有办讲座的传统如"文津讲坛"、"上图讲座"。近年来，随着时代的发展、学习型社会的到来，人们对新知识、新文化、新信息的渴求日益强烈与迫切，开展全民阅读推广活动就是建设学习型社会要求的一项重要举措。在这一大的历史背景下，央视推出"百家讲坛"，引起全社会的关注和共鸣，我国各级各类的讲座活动迅速发展，社会阅读出现了听讲座的热潮。服务阅读推广领域已经成为图书馆传播知识与信息、开展社会教育、拓展服务领域的一个重要平台与手段。适应大学图书馆创新服务职能的发展需求，黑龙江大学图书馆也迅速加入了创建讲座服务平台的工作中。

1.1 师生读者聆听讲座的新需求已出现

2001年黑龙江大学图书馆正式向读者开放运行。探索创新服务工作也随之全面展开。图书馆指导下的学生读者协会，为营造校园读书氛围，已经自发的在社团小众内，开展了"读书·生活·做人"讲座活动。大学生读者寻求阅读指导的新需求已出现了。恰逢黑龙江大学和清华大学等高校被列入首批创业教育试点单位，学校形成创新大学教育的新局面，2003 年，我校教师适时提出了《关于在图书馆设立定期读书讲座的建议》。经校长批示和专项资金批复，在各方合作筹备的推动下，我馆完成了为讲座命名和讲座主讲人队伍组建工作，拟就了实施方案。"博学讲座"的这个为读者便于识记的讲座文化品牌标识诞生了。

1.2 设施设备等客观环境条件具备

黑龙江大学是历史悠久的高校，其前身可追溯到 1941 年的中国抗日军政大学第三分校俄文大队，具有红色传统，1944 年更名为延安外国语学校，1948 年底，改名哈尔滨外国语专门学校，学校当时附设"图书馆"，1958 年由哈尔滨外国语专门学校图书馆易名为黑龙江大学图书馆。目前馆舍总面积达 44 296 平方米。阳光讲坛报告厅在我馆正门后身，作为讲座使用主要场所，建筑面积有 600 多平方米，坐席近三百个。会场设计为扇形开放式，灯光、音响设施完备、同时配备电子显示屏幕等，为讲座提供了基本场地条件。

我馆是一所馆藏学科门类齐全的综合性大学图书馆，馆藏文献的品种与学科覆盖面在全省高校图书馆中首屈一指。可为读者提供包括阅读讲座服务在内的借阅、视听、文献检索、复制、传递、参考咨询、定题服务、读者教育、馆际互借等多类型、多层次的服务。已成为读者求知奋进的精神家园，凝聚了校园读书群体。服务纵深化、管理规范化、资源数字化、素质复合化目标追求，激励图书馆人用不懈的努力去进行推广阅读工作。

1.3 "博学讲座"正式启动

为突出讲坛特色，体现创办理念，我馆设计了"博学讲座"标识，设置专门海报栏，每期讲座都制作美观的宣传海报，在校园网定时发通知，数字图书馆主页上开设专栏，准备发布讲座全文阅览，并附主讲人照片及现场照片。我馆精心设计了首场和再场讲座，请文学院李先耕教授和国家级教学名师刘敬圻教授相继讲了"漫谈儒家思想文化"、"古代小说与女性话题"，这样由我馆举办的"博学讲座"于 2004 年 3 月 7 日在我校阳光讲坛与大家正式见面。讲座面世即产生轰动效应，在校园里引起强烈反响，很快让讲座在校园产生了影响力，接着校园海报宣传，校广播站，校团委网站，食堂大屏幕、黑大视频周刊、人人网和黑龙江晨报等媒介都对讲座进行了宣传和信息发布，扩大了讲座传播影响范围。

1.4 "博学讲座"的定位

讲座起初是围绕着"读什么书"和"怎样读书"两大选题内容,2006年,黑龙江大学启动了以提高大学生通识知识教育和素质培养为目标的"读书工程"。为配合这一活动,图书馆将"博学讲座"定位为"以介绍人文社会科学的学术研究成果为主,以分析社会热点问题,指导学生如何读书和构建健康心理等主题为辅"。旨在倡导"秉承红色传统、志存高远、自强不息"的黑大精神,增强读书学习兴趣,从而使文化启蒙和文化创新的大学功能得到体现,推动文化校园建设。

2 "博学讲座"的运作机制

黑龙江大学图书馆"博学讲座"是在校大学生经典阅读和深阅读推广的新平台,是黑龙江大学图书馆以讲座的形式服务于推广阅读的大胆尝试。在校园阅读推广工作中发挥了一定作用。讲座在每学期前15周的周日晚6点至8点,于阳光讲坛准时举办。讲座由我馆文献资源开发部设专人具体负责,经过选题和聘请主讲人的讲座准备阶段——校园宣传的讲座宣传阶段——阳光讲坛的讲座现场阶段——录像和文稿等讲座后期制作阶段,完成一个流程。讲座坚持每周一期,连续不断运转,流程的每个阶段又有具体环节逐一落实,工作预期紧张,欲求效果压力较大,工作人员必须要有定力和耐力素质,否则难于持续运转。

2.1 选题机制

高校讲座阅读推广的特定领域和特殊对象决定他推广的内容不是一般性信息阅读,而是学术研究性的经典阅读和知识背景下的深阅读,分别构成大学生阅读的思想基础和视野背景,所以没有经典阅读和深阅读就没有大学教育。这就要求讲座选题内容突出"选择社会所需要的,而不是社会想要的",突出黑龙江大学精神所引领的红色文化和祖国优秀传统文化的研学和阅读。因此,适合大学生求知欲和实现自身超越需求,推广大学生阅读内容优化是高校阅读推广讲座选题的根本原则。"博学讲座"依据学校学科建设要求、图书馆读者阅读推广计划、学术导师的前沿课题和大学生阅读接受状态拟定年度选题计划。还通过馆长信箱等方式收集听众反馈意见为观众选题,尽量满足大学生的当下阅读要求。选题还要遵循学术无禁区,宣讲有纪律的要求。选题之下的讲座单元内容,主要介绍某一学科专业的现状、前沿问题及学习方法;或追随时事发展脉络,紧扣热点话题;或关注科技进展,介绍科普常识等等子题目内容。主办方要求主讲人结合讲座选题，推介几种参考阅读书目，通过专业阅读激发专业经典阅读和专业深阅读的开展。

2.2　主讲人聘请机制

主讲人是阅读推广的主导，肩负着实现讲座学术性与普及性兼顾，知识性与趣味性并融，让学术研究成果共享的重任。为听众架起一座沟通现实世界和经典书籍世界的桥梁，因此，学术水平、表述能力和人格魅力这些标准就成为大学阅读推广引领人的选择尺度。因此，在学校名师中，在学生的口碑中，在其他讲坛的反响中找到主讲候选人，是聘请主讲人的有效途径。一个名师就是一个可以推广的阅读范例。阅读的风貌和品位就在那个人身上。我馆博学讲座精彩纷呈、具有较强的吸引力和感召力。讲座所聘请的70%以上的主讲人来自本校，其中，学历多是在博士以上，职务副教授以上的教师。这些专家学者德学兼备，知识广博，领军学科，口才极佳。聘请校外专家学者对于扩展大学生研学阅读视野，加强学术交流都有益处。"博学讲座"以聘请省社会科学院、省委党校等知名专家为主，其他由学校院所提供专家推荐，确保讲座主讲人的资质。

2.3　多平台宣传、图视阅读和直接交流

阅读推广内容的创新，体现为阅读引领时代；而阅读形式的推广体现在新媒介和电子手段运用上，共同阅读生活方式的创造上，反映着时代所提供的全新阅读方式。在讲座宣传上，"博学讲座"同时采取校园网通知、校园内张贴海报、微信公众号推送三种方式发布讲座信息，并在图书馆网站为"博学讲座"设立专栏。讲座现场一般分演讲和答疑两个环节。个别采用讨论式互动形式进行，主讲人可以是一个，也可以是多个。"博学讲座"在讲座形式上重点突出课件图文并茂和直接互动交流。讲座综合运用音响视屏等新媒介设备，电子显示屏幕展示PPT课件，让听众得到可视阅读，加深阅读印象理解。同时，突出听众和主讲人直接互动交流，促进阅读交流话语培养，形成阅读共振传播，营造共同阅读氛围和精神家园，在这个意义上，"博学讲座"平台就是阅读推广的驿站。在互动环节中，主讲人现场解答大学生阅读经典和深阅读中的疑问，注意培养本科生的阅读兴趣、解决怎样克服走进经典中读不懂等阅读心理障碍问题，吸引了一大批本科生依托文史哲学院建立固定的读书社团如明德读书会、知行合一沙龙等。校园讲座等阅读推广活动使研学阅读趋于校园生活化，同时，校园生活向学习化的转变催生着大学生精神文化创新和科研创造，形成正向循环。

2.4   可持续机制

体现在讲座内容的高品位化，系列化、讲座成果的持续运用和观众的无限流转。讲座面向全校师生，主讲人大多是学科带头人、各领域专家和国家级教学名师。如今，"博学讲座"的建设更成体系化、专业化，大致可分为读什么书系列和怎样读两个版块，辅助传统文化系列、哲学和社会科学系列、科普系列、社会思想热点和形势任务系列等。讲座的录音、录像，讲毕的讲稿或课件保存，这些都与"博学讲座"视频一起放到图书馆网站上，学生可以不受时间、空间限制，随时收听和收看，使受教育面更加广泛。面对这样丰富的一张文化菜单，几乎每个人都能找到吸引自己、适合自己的"那一款"。十几年的博学之约，黑大人在这里汲取知识，养成阅读品格，一切都变得越来越温暖、自然起来。

3   "博学讲座"活动成效

黑龙江大学图书馆"博学讲座"坚持高校图书馆阅读推广阵地，做了一定工作，初步积累了一些工作成果和经验，为阅读推广事业贡献了绵薄之力。

3.1   讲座成果积累

回顾300余期的历程，从2004年3月7日第1期"博学讲座"李先耕老师解读《儒家思想文化》，到2016年4月24日第335期刘学清老师漫谈《春晚艺术作品的欣赏与思考》……这个由一群爱读书的人本着为读书而建起的讲坛，已成为黑龙江大学校园文化品牌。讲座受众近10万人次。2005年3月随着软件应用系统的更新，开设了"网上报告厅"，从第25期以后的讲座可视频观看。目前，资料库已留存视频影像270期，文稿近百期，视频点击率突破5万人次。自2009年4月21日起，我校图书馆连续开展了旨在纪念"世界读书日"，推进校园阅读推广的黑龙江大学校园读书节活动，"博学讲座"推出的阅读经典和深度阅读类内容的讲座，如李琪、傅荣贤老师的《数字化时代的文学经典阅读》、《古典目录与传统文化》、陈永宏老师的《读书与人生》、罗跃军老师的《怎样读西方哲学经典著作》、刘冬颖、杨庆辰老师的《品味<诗经>魅力，感悟经典爱情》、《读书学之大学生应读"神马"书?》、樊志辉老师的《经典阅读的三个向度》、张奎良老师的《谈怎样读马克思主义经典著作》等一批阅读推广讲座深受听众喜爱，成为节日活动中读者喜欢的项目。

3.2　讲座的良好反响

在这十几年里，为了激活大学生的读书和学习兴趣，"博学讲座"不忘初心，循循善诱，吸引许多大学生热心听讲座，走进阅读生活，受到省《生活报》、《黑龙江晨报》和新华网、人民网、网易新闻中心等多家媒体的关注和报道，产生良好反响。"博学讲座"之所以取得初步成功，取决于学校领导前瞻性的战略思考和正确的具体决定，不论是讲座的创立、具体实施方案的制订、经费保证；还是指派专人负责及工作开展中的具体指导，都离不开学校领导的正确决策与支持。这也取决于所有主讲专家和学者，正是因为大专家主持小讲座，才引领大学生在讲座中树立起实现经典阅读和深阅读的意识，找到开辟经典书籍世界的乐趣，学会选择自己能够驾驭的阅读书籍，掌握适合自身阅读能力方式方法汲取文化养料，提高了自身阅读素养。也取决于新闻媒体的重视宣传与氛围营造。从根本上说，取决于所有听众积极参与和热情支持，讲座的生命力来自于听众。

3.3　讲座工作的反思

讲座活动要从业务管理机制、工作机制、工作人员自身素质、硬件设施和社会合作等方面不断创新和拓展功能。通过各种方式加强与听众的沟通，认真听取反馈意见，及时改进服务方式和手段，树立良好的窗口形象，以自己特有的方式向人们提供新知识，传播新思想，为社会发展和提高人民群众素质作出新的更大的贡献。一方面，要有针对性地邀请有成果、有威望的校外专家加入主讲人队伍；同时，在选题上力争更加贴近学生，重视学生的关切与选择，提升讲座的服务阅读推广的针对性；还要更积极地发挥文化引领作用，主动去做好学生个体阅读经典和深阅读的延伸服务，积累更多成果，扩大讲座效应。

4　资料附录：关于图书馆设立定期读书讲座的实施方案（修订）

一、缘起

2003 年 9 月 7 日，我校哲学与公共管理学院教师赵海峰同志提出了《关于在图书馆设立定期读书讲座的建议》。同年 9 月 12 日，校长对此建议作出如下批示：

此建议非常好，请图书馆制订具体方案，尽快实施，请教务处配合，也请人事处配合。

（1）设立相对固定的读书讲座，为讲座起一个比较好的名字；可以纳入阳光讲坛，独立设置一个系列，由图书馆负责。

（2）教务处安排中青年骨干教师，每年必须为读书讲座做贡献；人事处安排特聘岗位教师参加。

（3）图书馆在每年图书经费中作一点经费预算，支持讲座。

根据校长以上指示，并结合我校各方面实际情况，我们制定了本图书馆读书讲座实施方案。

前此，我校已经有两个讲座：一是科技处主持的以国内名家为主的阳光讲坛；一是教务处主持的以校内名师为主的名师讲座。在这种情况下，图书馆主持的讲座从内容到主讲人都要同以上两个讲座区别开来。

二、定名

《"博学"讲座》

"博学慎思，参天尽物"，取自校训的博学。讲座单元设"怎样读系列"如怎样读经典，怎样读马克思主义经典，怎样读钱钟书、巴金等。

三、定位

听众定位为大学各专业本科生，听取非所学专业内容的知识讲座。使本讲座成为大学生素质教育的重要阵地，成为黑龙江大学的第二课堂。

四、定性

普及性、通俗性、趣味性，吸引听众。以读书为主、以知识介绍为主，突显图书馆特色。

五、内容

1. 学科探索；

2. 科学普及；

3. 名家研究；

4. 名著导读；

5. 热点追踪。

讲座要结合当代热点话题，每讲之后介绍几种必读书目。

每年30讲即30个题目，以四年为一大循环，共120讲120个题目，内容不重复。在这些题目中适当考虑学科的均衡与搭配。

六、教师结构

讲座教师的邀请以校外专家和离退休的知名教师为主（60%），在职的校内教师为辅（40%），根据讲座时间安排校内校外兼顾。

七、时间和地点

每周一次，每学期15次，每年30次。

每学期前 15 教学周周日晚 6—8：30、6—8 时讲演，8—8：30 听众向主讲提问、主讲答疑。

地点：阳光讲坛。

八、步骤

1. 每周一审定讲座题目、内容及老师本人的个人简历；

2. 周四前根据搜集素材制作广告 6 份；

3. 周四前在校园网主页上发通知；

4. 周五前把制作的广告粘贴在校园内六个布告栏内；

5. 周五前根据讲座内容通知相关院系的学生来听讲座；

6. 周五前所有设备调试准备好；

7. 周五前把所有讲座素材交给主持人，周日前准备好主持串词；

8. 周日晚 5：30 分前到达"阳光讲坛"，布置好机器，做好讲座前的准备工作；

9. 周日晚 6 点之前主持人进场，6 点讲座准时开始；

10. 讲座过程中做好讲座记录，包括主讲人、听众数、讲座内容、起止时间等；

11. 周日晚 8 点讲座结束，听众向主讲提问、主讲答疑；

12. 周日晚答疑结束后主持人宣布讲座结束；

13. 讲座结束后给讲课教师发放讲课费；

14. 讲课教师签订视频许可协议；

15. 讲课教师在留言簿上留言；

16. 整理好设备，把设备放到指定地点保存；

17. 周一审核视频资料，审核完后把视频资料交到系统部。

九、预算

每次讲座向校内主讲发讲课费 200 元，校外主讲发讲课费 500 元。

黑龙江大学图书馆

2003 年 12 月

图 1　"博学讲座"阳光讲坛现场

图 2　"博学讲座"阳光讲坛现场

图3 媒体对黑龙江大学图书馆"博学讲座"的宣传介绍

5 参考文献:

［1］ 赵凡. 试论大学文化的独立品格［J］.《科技创新导报》2012 年 22 期.

［2］ 杨海全、王鲁宁、仝雨昕. 黑龙江大学"博学讲座"守住大学独立文化品格［EB/OL］. http://hlj. people. com. cn/BIG5/n/2015/0504/c220024-24729414. html.

［3］ 王丽娜. 关于国家图书馆举办讲座的实践与思考［J］.《公共图书馆》2010 年 01 期.

作者联系方式:

作者:李庆欣

单位:黑龙江大学图书馆

单位电话:0451——86604549

手机:15804613976　　　Email:iqingxinkaifa@ sina. com

邮址:黑龙江省哈尔滨市南岗区学府路 74 号　　邮编:150080

悦读　互动　分享
——Learning commons 之"微课"构建与体验

刘绍荣　刘青端

（河北师范大学图书馆）

摘要：高等师范院校肩负着培养优秀教育工作者的重任，随着信息技术的发展，"微课"已逐渐成为教育技术领域新兴教学模式。根据师范生的特点和需求，借助图书馆的空间和资源优势，为读者提供阅读、互动、交流、分享的平台，实现图书馆资源利用的最大化，为培养优秀的教育人才不断努力、探索。

1 案例实施的背景、意义、目的

自古以来，国家的发展，民族的兴衰，文化的传递，科学的进步，无不留下教师辛勤耕耘的汗水。习近平总书记在 2014 年的经济工作会议上特别强调："要更加注重加强教育和提升人力资本素质"。作为高等学校三大支柱之一的图书馆应充分发挥在学校人才培养、科学研究、社会服务和文化传承创新中的作用，不断拓展和深化服务，积极参与学校人才培养。

河北师范大学作为一所师范院校，肩负着推进社会发展的重任，也为培养优秀的教育工作者不断地探索着。为了配合学校教学改革，为师范生提供更多教育实践的机会，图书馆以 Learning Commons 为平台，搭建了以培养教育理念及教育技能为目的的集成化学习共享空间，让学生在集各类资源于一体的环境里，在馆员的协助下，挖掘个人潜能，发挥群体优势，探讨教学模式，提升教学技能，提高师范生的教育素养。

2 活动概况

"微课"的特点是围绕某个知识点或教学环节而开展的教学设计、课件制作、教学反思等工作。构建 LC（Learning Commons）的"微课"环境，旨在从细节处培养学生的教育思想，锤炼学生的教学技能，加强学生教学实践的训练；搭建讨论平台，促进读者之间的交流与讨论，夯实基础，提高学生综合素质，助力师范教育教学改革的发展。活动的开展主要是从以下几方面进行：

（1）整合各类资源。依据师范生的培养标准，结合师范生学习需求以及今后教学工作的实际需要，图书馆将与教育密切相关的资源整合在一起，包括馆藏纸本图书、数字资源、自建数据库和一些网络资源，其内容主要涉及以下方面：课堂教学案例、班主任辅导员工作案例、教育经典案例、教育家文集、教育文萃、教育争鸣、师范生读书网、泛在学习资源平台、中小学教材教参库等。师范生读书网汇集了教师推荐书目、教育大师、教育思潮、最新的教育理念等，使读者可以方便、快捷地获取有关教育的各类资源。泛在学习资源平台是图书馆联合教务处合作开发，将零散的纸质或电子教参书、各学科的教学视频、教学课件、教案、习题作业等资源按照一定的标准和规范进行整合，建成一个全面、集中、便捷、易得的辅助学习资源库，并提供虚拟空间的讨论，最大限度地满足读者的阅读需求，延伸学生的学习空间。中小学教材教参库针对师范生的需求，收集了各种版本的中小学教材教参，并全部数字化，提供全文阅读。

（2）搭建学习空间。"微课"实践的空间不是固定、一成不变的。我们根据读者的需求，将所有有关的图书、网络文献等各类资源集中，并且提供教学实习所需的黑板、电子白板、ipad、笔记本、投影等设备。按照实际需要，选择适合的物理空间，为读者提供实践场所，并且由具备专业知识的馆员组成咨询团队，为读者提供实时的咨询服务，在实体空间组织学生阅读、教学实践、活动讨论，共同交流分享教学体验，形成融馆员、设备、资源、读者为一体的学习空间。

（3）组织"微课"小组：有了资源和空间的支持，我们根据读者需求组成"微课"小组，"微课"小组的组织形式多样，人员构成灵活。有的是同一年级相同专业的学生组成一组，就本专业的知识点或相关内容进行微课实践；有的是不同专业不同年级的读者聚集在一起，对一些先进的教育理念、教学方法等进行交流、讨论。在实践的过程中，根据学生的专业特点和职业规划要求，学生先自行准备 3~5 分钟的"微课"内容，然后在学习空间进行讲解说课，展示各自的授课方式方法、课堂形象，师生一起就讲说者各方面的表现进行探讨、评论，让不同专业、不同年级的读者之间取长补短，相互借鉴，完善自己的教学方法和教学内容。随着活动的不断深入、积累，评选出优秀教学案例和"微课"课件在读者中推广。

（4）开展互动交流：图书馆提供读者讨论区，借助 learning commons 里设备齐全的研修间，经常组织部分读者或"微课"小组成员就教学行为或与教育相关的内容等话题进行交流、讨论，图书馆提供相应的资源保障，同时结合话题内容，邀请院系相关的教师参与，发挥教师教学经验丰富及教育理念先进等方面的特长，与学生一起互动讨论，对读者的阅读心得、教学体验做出针对性或个性化的点评与指导。

（5）开放信息平台：以师范生读书网为载体，发布实体空间的交流活动。每一次的读者交流或"微课"实践都有馆员参与讨论，整理并发布讨论内容，图书馆的微博、微信等平台都可以成为宣传的途径，使更多的读者参与进来，扩展读者受众面，扩大影响力，进一步拓深拓宽服务。

图 1　"微课"试讲

本案例的创新点在于：

（1）构建学习共享空间，提供"微课"实践平台：在 LC 搭建无缝学习环境，将读者阅读、讨论、研究所需各类资源整合在一个容易获取的空间，并由馆员随时解答读者阅读、检索、讨论过程中的问题，完成一站式服务。组织"微课"讨论小组，把不同学科、专业或不同年级对于教育教学有共同兴趣爱好的读者联合在一起，讲案例、评"微课"、说教学、论教育，在实践

图 2　案例海报

中不断地丰富教育理念，掌握教学技巧，培养、提高教学能力。

（2）倡导读者互动，分享读者体验：在 LC 空间的"微课"实践中，读者收获的不仅仅是新知识，更是在探讨中激发的思维模式。以往读者只是本

图 3 资源整合

年级、本专业的人进行交流，对于知识或问题的理解是有局限性的。我们通过活动，让不同学科、不同年级的读者就共同的话题进行交流，同时邀请教师加入讨论组，让教师的素养、学识、阅历、思维熏陶学生，不同读者群体的互动让读者感受到在课堂上难以体验到的学习效果。

3 活动成效

（1）参与体验的读者提升了对图书馆的认识，图书馆也在活动中深化了服务内容，提升了服务品质和自身形象。图书馆不再只是为读者提供借还书和自修学习的场所，而是把图书馆的馆员和资源与读者进行全方位融合。在活动过程中，使图书馆的服务更加细化、深入，充分发挥了图书馆的服务功能。

（2）图书馆借助此项活动向更多的读者推荐了馆藏资源，把纸本资源和网络资源、数字资源比较好地整合在一起，形成了针对性强、专业特色突出的资源体系。与教育相关的图书、师范生读书网、中小学教材教参、泛在学习资源平台等为读者提供了充实的资源保障。微信推送的教育文萃、教育思潮、教育争鸣等提供了最新教育理念，让读者更好地了解教育的现状和发展，从多角度认知和思考教育。

（3）在学习空间组织的讨论、交流能够让读者拓宽思路，提升师范生素养。"微课"教学实践活动为读者提供更多的实践交流的机会，通过实践，学生可以获得课堂上无法获得的体会，还可以及时、高效地讨论、提高自己的教育素养，同时吸引了很多的老师把课堂搬到了图书馆。

4 用户评价与反馈

以下是摘选两组学生使用学习空间进行"微课"试讲后的反馈信息：

图书馆是一个巨大的资源库，除了数字资源和纸本资源外，还有空间资源，在学习期间，我们利用图书馆的研修室进行教研和"微课"的制作以及"微课"堂的练习，通过几个人的交流讨论和听取别人的意见，我们成长了很多，"微课"堂帮助我们提前感受了教室环境，对我们现在的实习有很大的帮助，感谢图书馆为我们提供的研修室以及各种"微课"制作设备。

——2013 级化学与材料科学学院学生

我是一名大三的学生，现在正在保定涞水一所中学实习。经过这一个多月的学习，我学到了很多，也意识到在大学里的教育给我们带来的方便和帮助。包括校级的、院级的各种培训讲座等，但是让我觉得最有帮助的还是在图书馆，在这儿可以获得丰富的资源和服务，尤其是使用研修间进行"微课"试讲，研修间里有黑板、电子白板等，就像在一个真正的教室里授课。有我们的同学听课，给我很多意见和建议，让我有很多的进步，最重要的一点是在研修间里有相对安静，独立的环境，不用担心有其他同学的打扰。研修间真的给了我很大的帮助，希望学校和图书馆能够更好地宣传、利用，使更多的同学受益。

作者联系方式：

刘青端，河北师范大学图书馆馆员

移动电话 13833171618，email：1090653767@ qq. com。

邮寄地址：河北省石家庄市南二环东路 20 号河北师范大学图书馆　刘青端

邮编　050024

《拯救小布之消失的经典》
——2015 武汉大学读书节经典名著在线游戏

涂艳玲

（武汉大学图书馆）

摘要：为了推广经典名著阅读，武汉大学图书馆在 2015 年读书节期间，推出一款经典名著在线游戏，首次尝试将游戏化服务引进到经典阅读推广活动中。该游戏独具原创性、趣味性，在开发测试过程中，积极吸纳各方读者参与、及时搜集读者反馈意见，为读者创造了良好的游戏体验。游戏上线运行一个月时间，获得了良好的阅读推广效果。

1 案例实施的背景

近几年，在国家开始大力推广全民阅读的背景下，高校图书馆行业也纷纷投入其中，开始背负自己的使命，借助各种新媒体、新技术、新方法，开展各式各样的阅读推广活动。而经典阅读推广是大学素质教育的一个重要组成部分，是完善大学生的人格和知识体系不可或缺的途径。大学生阅读经典，领会经典中的人生智慧和思维方式，能培养大学生的人文精神，帮助他们吸取经典中蕴含的丰富知识和营养，从而提高其文化素养和综合能力。

2 活动概况

2015 年 4 月 23 日，武汉大学图书馆在"世界读书日"以及 2015 武汉大学读书节活动中，首次尝试将游戏化服务引进阅读推广活动，推出了一款经典名著闯关在线游戏——《拯救小布之消失的经典》。该活动将古今中外经典名著等相关知识，制作成知识点，融入到动画游戏的四大关卡中，读者凭校园卡号和密码登录游戏，在游戏中开展经典知识问答竞赛活动，使得活动既具知识性，又饶有趣味。

将图书馆服务游戏化这一举措并非武汉大学图书馆首创。国外图书馆学界早在 80 年代就开始试图将游戏机制引入图书馆服务领域，并且已经有一些成功案例与相关经验理论研究。中国自古以来，也一直有"寓教于乐"这一教育理念。武汉大学图书馆此次配合本馆的读书节活动主题推出这一款游戏，首次尝试让"经典阅读"与"游戏"牵手，一方面是考虑经典阅读不存在专业隔阂，具有大众普适性，是适合面向全校师生开展的素质教育；另一方面，则是由于移动化网络化的影响，越来越多的年轻学生开始习惯快餐流行文化，沉迷于网络阅读甚或网络游戏，而认为经典名著"太枯燥"、"难读"、"难懂"。如果能将经典名著重新包装，以年轻人喜爱的网络游戏这一新面貌呈现，也许能启发这部分读者对经典名著的阅读兴趣，让他们开始接受经典、阅读经典，从而爱上经典阅读。

游戏的重要元素之一，就是为玩家创建一个虚拟情境。武汉大学图书馆在这款游戏中就打造、营建了一个原汁原味的、充满武汉大学独特文化元素的虚拟情境：

首先，为游戏制作一个专题网站，详细介绍游戏中出场的各种原创卡通角色，并赋予它们有趣独特的姓名、种族、居住地、个人阅读兴趣等特征（比如：守护中国古典名著这一关卡的卡通角色，是精灵族的族长，它的阅读兴趣是中国古典文学，尤其喜爱唐朝的诗词歌赋，因为太崇拜诗仙李白，所以它将自己的名字改为"李白·贝鲁鲁特"……）；

其次，通过游戏的动画片头，向读者讲述一个有趣的、由武汉大学图书馆官方卡通形象代言人"小布"充当侦探、寻找消失的馆藏经典图书的故事，从而引出游戏中的玩家任务。片头故事中，还巧妙地融入了具有武大特色的两大原创元素："樱花节"和武大读书节，让读者感受到这款游戏就是为武大读者用心量身打造的。

最后，图书馆还专门为游戏设计、定制了一系列的游戏周边礼品，如游戏杯子、笔记本、环保布袋等，充分满足年轻学生对游戏周边的喜爱之情，提高他们对图书馆的忠诚喜爱度。

趣味性和成就感也是游戏不可缺少的重要影响因素。除了设计有趣的片头故事和萌宠的卡通角色之外，武汉大学图书馆还在游戏中增加了随机幸运玩家、特别贡献奖和游戏排行榜等环节，并在玩家每次打破自己的个人纪录或游戏最高纪录时，都给予恭喜提示，让玩家在游戏中获得成长的满足感。考虑到高校读者的特性，游戏中除了设置个人排行榜以外，还特别设置了学院排行榜，以借读者的集体荣誉感来提升游戏的刺激度。

在游戏题库的选题上，武汉大学图书馆遵循了以下三个原则：

（1）注重选取经典作品中的"流行语"和"接地气"的俗语、段落，让年轻热情的大学生们对这些经典桥段词句"一见钟情"、朗朗上口，如"'我明白你会来，所以我等。'出自哪位作家之手？"如"《射雕英雄传》中第一次华山论剑的胜利者是哪一位？"；

（2）随着网络多媒体化发展趋势，阅读的载体早就不仅限于书本。所以武大图书馆在游戏选题上对"经典"的涵义也进行了延伸扩充，除了经典图书之外，还选择了部分源自经典图书的电影、歌曲、品牌等作品，如"Yahoo（雅虎）一词源于哪部名著？"

（3）图书馆还在部分题目中，巧妙地结合、植入了本馆的相关服务与资源知识点，如"哪位诺贝尔文学奖获得者曾来我馆做过讲座？"、"以下哪本著作曾经登上我馆今年的热门图书借阅排行榜？"这类型的题目对于学生进一步了解图书馆资源与服务颇有帮助。

游戏在进行技术搭建时，考虑到流畅的动画舞台界面、优美动听的音效和音乐背景，对读者的游戏体验非常重要，所以游戏的前端界面主要采用了Flash+ActionScript2.0技术，将Flash嵌入到HTML网页中，读者从浏览器直接登录进入游戏；后台程序与数据管理交换则采用Asp+Sql技术。为了便于对游戏进行数据式的规范管理，同时又不致影响图书馆OPAC的读者数据库运行，所有游戏数据与读者数据都单独成表，存储于SQL数据服务器中。管理员通过特别定制开发的WEB端管理后台，可以查看读者的各项游戏实时数据，并对游戏题库内容随时进行增删修改，所有更新即时生效，管理十分便捷。

游戏在开发设计时，还设置了如下功能：

（1）随机答题：读者每次玩游戏时，碰到的题目都具随机性。系统按不同关卡要求，从题库中随机抽取一定数量的游戏题目；

（2）自动积分＆计时功能：系统自动统计玩家每次参与的积分与用时，自动更新最优纪录；

（3）防沉迷保护机制：为了防止某些学生过于沉迷游戏、或者为了礼品无限制地刷榜，游戏对玩家次数进行了限制，每位读者只有十次玩游戏、刷榜的机会；

（4）错题回顾：游戏结束之后，读者可以查看自己答过的所有游戏题目与答案，对于读者答错的题目，系统会自动标红标粗，以警示读者。

　　为了创造良好的用户体验，图书馆在游戏的开发、测试、运营、宣传过程中采取了多途径、多方式收集用户体验数据，并鼓励读者积极参与游戏的各阶段实施与运营。

　　（1）为了使游戏贴近年轻大学生的喜好，图书馆在游戏开发过程中，特别吸收了优秀学生参与游戏编程设计；

　　（2）游戏试运行阶段，邀请优秀学生社团参与游戏测试；

　　（3）游戏中嵌入在线调查表，实时搜集读者的反馈意见；

　　（4）根据读者的游戏数据，及时调整游戏的参数设置；

　　（5）对于参与游戏开发测试的学生及学生团队，将他们的姓名制作成感谢名单，显示在游戏结束之后。这一做法既尊重了参与者的相应权利，满足了他们的成就感与荣誉感，同时也培养了他们对图书馆的忠诚度，间接鼓舞了其他读者对游戏的积极参与性；

　　（6）为了节省读者在浏览器终端读取游戏进度的时间，游戏片头仅在读者初次登录时自动播放，此后登录都不出现，但读者可以选择手动点击重新播放片头；

　　做好游戏的开发设计、制作丰富巧妙的题库固然重要，游戏上线前后，良好的宣传手段更能使活动效果事半功倍。

　　（1）为了最大限度地吸引全校读者参与这一活动，图书馆在游戏题库准备阶段，就通过 QQ、邮箱、微博私信、VRS 等各种网络途径，面向全校师生征集有关经典名著的游戏题库，最终征集到来自 12 个学院 83 位读者提供的267 道题目；

　　（2）在游戏上线前，提前十天时间在图书馆官博上举办每日一题抢答竞赛活动，为游戏正式出场预热，从而引发了一波微博热。

　　这两项举措，极大地调动了读者参与活动的热情，充分发挥读者的积极主动性，使读者在参与游戏活动过程中，自觉自发、主动地关注、搜索整理、接收有关经典名著方面的知识，从而很好地起到了推广经典阅读的作用。

　　游戏上线之后，由于该游戏的"拯救小布"这一主题，与武大图书馆之前开发制作的新生入馆游戏《拯救小布》形成了姊妹篇系列产品，产生了一定的品牌效应。读者通过在游戏中操控主角小布（武大图书馆官方形象卡通代言人），增进了对图书馆与图书馆员的亲切熟悉感和信任感，同时，也部分抵消了读者对于"隐藏"在游戏中的说教和教导意味的反感。

　　虽然在线游戏有其不受时间、空间限制的先天优势，但也有一定弊端：比如无法杜绝舞弊代玩的可能；对经典名著只能是一种"浅阅读"，无法深入

图 1　游戏界面截图：读者使用校园一卡通账号和密码登录游戏，
观看片头与游戏排行榜之后，便可以开始选择关卡，进行闯关答题。

图2　游戏网站截图：读者可以在该网站浏览游戏背景、游戏出场人物介绍、
　　　查看各种排行榜、获奖名单、游戏动态等信息。

图3　游戏周边礼品：游戏为前十名玩家特别定制了获奖证书，另外还定制了杯子、环保布袋、游戏笔记本等周边礼品。

细致地探讨研读名著。所以，游戏只能是开展阅读推广的一种补充和辅助方式，是引导读者接触经典阅读的入门工具。在 2015 读书节期间，武大图书馆除了上线这一经典名著在线游戏之外，还举办了一系列同一经典阅读主题、不同角度、不同阅读方式的阅读推广活动，如经典名著读书会、文化讲座、经典阅读推荐书目展、征文大赛等，在整个读书节期间为读者营造烘托出一种与经典阅读相伴相行的感觉。

3 活动成效

这款经典阅读在线游戏在"世界读书日"这一天正式发布，上线运行了一个月时间，共有 930 余人参与游戏，参与人次高达 5000+。全校参与院系覆盖率超过 95%，是当年读书节参与人数最多、参与院系覆盖面最广、读者满意度最高的活动。根据游戏回收的 197 份调查问卷的数据统计，89.5% 的读者都认为这种游戏化的活动方式对经典阅读起到了很好的推广作用，对该游戏赞不绝口。有些读者则表示游戏很有趣、有新意，"在游戏中看到了没读过的书，可以回去看看"。

该游戏活动上线后，曾先后被武汉晚报、凤凰资讯、《易读》刊物等多家媒体采访报道。2015 年 10 月参加由教育部高校图工委主办的首届全国高校图书馆阅读推广案例大赛，从全国各赛区进入决赛的 38 个案例中脱颖而出，最终获得大赛一等奖。

4 资料附录

1. 在线游戏网址：http：//apps. lib. whu. edu. cn/game2/
2. 游戏相关新闻报道
武大学生边玩游戏边读经典 长江日报报业集团_ 长江网_ 长江日报_ 武汉晚报_ 武汉晨报_ 电子报_ 数字报
http：//whwb. cjn. cnhtml2015-10/30/content_ 5483834. htm
武大学生边玩游戏边读经典丨游戏丨玩家_ 凤凰资讯
http：//news. ifeng. com/a/20151030/46049016_ 0. shtml
东莞图书馆《易读》
http：//www. dglib. cn/dglib/readable/list_ tj. shtml

作者联系方式：

作者：涂艳玲
单位：武汉大学图书馆信息服务中心咨询与宣传推广部
联系电话：15926249588
EMAIL：tyl@ lib. whu. edu. cn
邮寄地址：湖北省武汉市武昌区武汉大学图书馆咨询部，430072，涂艳玲

光影阅动·微拍电子书

赵　靓　姜　晓　黄　欢　李晓蔚
闫钟峰　张又雄

（四川大学图书馆）

摘要："光影阅动·微拍电子书"活动是四川大学图书馆在数字阅读推广方面做出的一次有益尝试，旨在利用新媒体传播渠道和多媒体拍摄技术，吸引新一代读者兴趣，满足其日益多元化的阅读需求。活动基于互联网时代 UGC 理念，于实践中引入营销学 AIDA 法则，通过宣传、采访、讲座、征稿四个科学化设置的环节，一共征集读者自主创作的阅读推广视频百余件。凭借理念创新与传播成效，本案例在首届全国高校图书馆阅读推广案例大赛中荣获一等奖。

1　活动宗旨

随着数字阅读技术和移动图书馆的发展，当下大学生的阅读习惯和阅读兴趣正在改变：移动图书馆关注度提升，数字资源使用率增加，视听等多媒体信息更受青睐，微博、微信等渠道传播力度更强。

针对新时代读者的新需求，四川大学图书馆利用一年一度的"大学生读书节"和"读者服务宣传周"两大平台，顺势开展了以"深·身阅读"为主题的系列阅读推广活动，一方面利用传统与现代的多元方式调动阅读之趣，另一方面引导学生由浅入深体验层层递进的阅读之乐。"微视频"作为集数据、文本、声音、图像于一体的新型数字媒介，具有信息容量大、传播效率高、表达视觉化等特点。将"微视频"融入阅读推广，是四川大学图书在数字阅读与新媒体推广方面做出的有益探索。

2 设计理念

"光影阅动·微拍电子书"活动的设计初衷，旨在利用 90 后读者群喜爱的新媒体新技术，吸引其眼球，激发其兴趣，进而满足其越来越多样化、互动化、可视化的阅读需求。

"微"与"拍"是两大关键词："微"指通过微博、微信、微视频等渠道推广，"拍"则是用手机、DV、美拍等工具录制。"微拍电子书"以线上、线下征稿方式，向读者征集其自导、自演、自拍完成的 60 秒阅读推荐创意视频，内容包括好书推荐，阅读方式和体验的分享等。

之所以向读者征集阅读推广微视频，是因为当下大学生的信息接收与知识积累方式已逐渐由被动接受转向主动生产，此变化直接推动了图书馆服务工作中"用户生成内容"（ User Generated Content，UGC）模式的形成。UGC 是基于互联网知识共享、协同创作、自由开放之精神的新型信息组织模式。简单来说，用户在互联网平台上发布的任何形式的文字、图片、音频和视频都将成为该网站或应用的组成内容。在 UGC 模式之下，读者不再仅仅是内容的浏览者和下载者，也是内容的生产者与传播者，能够直接参与图书馆读者咨询、阅读推荐和书评等服务工作之中。

因此，以多媒体 UGC 模式中最常见的微视频制作为指导理念，四川大学图书馆打造了"微拍电子书"系列活动，以宣传推广数字阅读和多媒体 UGC 服务为目的，鼓励读者通过拍摄微视频的方式来推介图书馆的电子资源。可以说，整合了知识创新、技术提升和协同共享的 UGC 模式，既能促进图书馆资源的开发利用，又能推进读者参与、创新和协作，代表未来图书馆信息服务的新方向。

3 实施概况

运用国际营销学 AIDA 法则，"光影阅动·微拍电子书"团队将活动进行了科学化的环节设置。AIDA 法则作为西方营销学中一个重要的公式，能够通过集中受众注意，引起受众兴趣，激发受众欲望，最终促使受众参与行动。

首先，A 指 Attention，即吸引读者关注活动。"微拍"团队选择新学期开学一个月学生基本收心之时，进行宣传造势。利用海报、传单、书签、微博、微信等渠道推广活动，吸引眼球。尤其是"微拍"前期拍摄宣传片阶段，活动组在全校征集学生，参与样片《你值得拥有》、《十二星座如何看书》的编剧、创作、演出及观影，一方面实现了一定程度的氛围营造准备，另一方面为后期活动开展积累了影像资源。

其次，I 指 Interest，即挖掘激发读者兴趣。待"微拍"关注升温后，活动组邀请校长谢和平院士、川大首届"卓越名师奖"获奖得主谢谦教授、川大"最受学生喜爱的教师"王红教授等进行专访，作为"意见领袖"以点带面，带动为期一周的校园随机采访，点燃更多读者热情。通过连续、多次、随机的校园采访和精心设计的问答提纲，活动组收集到 50 多份回答，在将其剪辑成短片的同时，对当下读者的阅读兴趣取向也有所认知。

再者，"D"指 Desire，即部分读者经过前期宣传和兴趣调动之后逐渐显露出的参与活动的欲望。活动组趁热打铁，为有意愿参与的同学开办专场技能讲座，教授视频拍摄、剪辑、软件操作等基础技能。通过讲座，有意愿者不仅快速掌握了微视频制作能力，且为下一环节参与"微拍"投稿奠定基础。

最后，"A"指 Action，即读者采取行动参与到"微拍"投稿中来，他们纷纷拿起手中设备，拍摄下一段阅读推荐视频，完成线上或线下投稿。此行为即可视作以"微视频"参与到了阅读推广之中。活动组依据投稿作品的数量和质量评出"参与奖"和"优秀奖"，附加电子资源链接，于校内校外、线上线下各大平台推广展播，从而实现阅读指导和好书推荐目的。

4　活动成效

经过团队共同努力，"微拍"分别于 2014 年 11 月、2015 年 3 月举办两季。活动组前后推出宣传海报 7 张、立体海报 1 套、书签 1 套、宣传片 4 部、推荐样片 2 部，举办微拍技能讲座 2 场。

以"微视频"作品数量和质量作为衡量活动效果的核心指标，"光影阅动·微拍电子书"活动共征集投稿 104 份，投稿参与人数 167 人次，在阅读推广方面显出推荐书目丰富多元，推荐形式新颖活泼，推荐人群贴近学生等特色。

"微拍"活动期间，现场询问人次达 1000 余人；校内采访师生 60 余人；报名"微拍"讲座 29 人，观看"微拍"作品展近 5 万人。四川大学图书馆官方微博更新"微拍"相关消息 32 次，微博话题#微拍电子书#话题阅读量 115.8 万人次，微博互动讨论 186 条；四川大学官方微信发布活动信息 1 条，总阅读量为 3309 次；图书馆官方微信发布活动推送 24 条，总的阅读量为 1 633 次。

5　资料附录

5.1　活动方案

微拍电子书（第二季）活动
策划书

一、活动背景

结合数字阅读的兴起与我馆移动图书馆的深入使用，拟策划举行第二季"微拍电子书"活动。参与者通过拍摄 60 秒短片的方式，推荐和分享数字阅读过程中的好书、佳句、趣闻、乐事，优秀作品将在四川大学图书馆微博、四川大学图书馆微信公众号、四川大学图书馆信息中心视频数据库中，以及四川大学图书馆信息发布平台同步发布展播。自"微拍电子书"第二季活动启动时刻起，前 50 名参与者将给予精美纪念品一份；活动结束后，优秀读者获得相应奖励。通过此次活动，希望达到阅读推广和宣传数字阅读的目的，培养更多读者关注和使用数字移动阅读系统的习惯。

二、活动名称、目的、时间和人员

活动名称：微拍电子书·第二季

活动目的：推广数字阅读

活动时间：2015 年 3、4 月

参与人员：信息技术中心、江安读者服务部、图书馆志愿者队

活动流程：

	时间	内容
宣传阶段	2015. 3. 17–2015. 3. 22.	通过线上（图书馆主页、新浪微博、微信、人人网和 qq 群）和线下（海报、书签、讲座）等途径发布通知。
活动阶段	2015. 3. 23–2015. 4. 3.	展示活动宣传片、样片。全校征集活动视频。采用投稿、采访和培训等方式收集线上、线下微拍作品。
成果阶段	2015. 3. 27–2015. 4. 24	在各种平台发布展播视频、样片和优秀作品。举办"微拍电子书"电影周。选出优秀作品 10 部，颁发奖品。

三、征集方式

1. 自主投稿：拍摄 60 秒电子书推荐视频，上传到优酷，然后在新浪微博发布一条参赛微博。格式要求为 1）插入话题#微拍电子书#；2）@四川大学图书馆 3）附带参赛视频链接。如有电子书的网页链接，也可在微博中给出；除了自主发布微博，还可将投稿视频发送到活动邮箱：sculib@ foxmail. com，由我馆代为发布。

2. 全校采访：由策划组派出图书馆馆员，到图书馆、校园、教室、食堂等场所进行采访。以"微拍"手段收集校内师生关于数字阅读的理解。采访问题见附录。最终将采访素材整理成短片，用于活动推广。

3. 技能培训：对于有兴趣参与活动，但没有技术能力拍摄视频的同学，可以参加由工作人员举行专场技能讲座。需要参加讲座的同学可通过电话或官方微博、微信关注讲座时间，既能学习短片制作技能，又可以以 60 秒作品参与"微拍电子书"活动。

四、活动规则

1. 成功参与活动的判定方法：

在新浪微博发布符合参赛规则的微博后，经我馆审核其视频内容，对符合要求的用图书馆官方账号予以转发后，即视为成功参与。参与时间的判定以发表微博的时间为准，不以视频上传时间为准，但须在微博发表前完成视频上传。

2. 纪念品发放与评选规则：

从 3 月 23 日到 4 月 3 日，从成功参与活动的微博中，按照微博发表时间的前后顺序（由图书馆代发的，按照视频发送时间），选出前 50 名发放纪念品。图书馆信息发布终端、图书馆视频频道和各分馆的检索终端将根据活动进度陆续播放成功参与活动的视频。对所有于截止日期前参赛的视频，将由图书馆根据视频创意与拍摄效果，评选出优秀奖 10 名。

3. 活动时效：

本活动长期有效。自通知发布之日起，所有格式和内容符合要求的微博经审核由我馆官方微博转发后均视为成功参与，但只对发布日期在 3 月 23 日到 4 月 3 日之间的前 50 位读者发放纪念品，不足 50 人则全部发放纪念品。

五、资源需求

1. 人力：

◆ 新浪微博四川大学图书馆官方账号

◆ 微信四川大学图书馆公众账号

◆ 图书馆主页新闻发布账号

◆ 图书馆志愿者队

◆ 策划组织和技术支持相关人员

2. 物力：

◆ 宣传用品：书签 500 张，海报 2 张，立体模型展板 1 套，文化衫 8 件，现场布置

◆ 活动纪念品（可尝试联系赞助商家）

◆ 视频拍摄工具：摄像机或单反相机、DV 机 1 台

◆ 活动场地：江安图书馆大厅、江安图书馆演播厅、青春广场宣传区

3. 预算

项 目	单 价	数 量	合 计
书签	0.5	500	250
海报	50	2	100
文化衫	50	8	400
马克笔	8	40	320
参与奖（待定）	60	50	3 000
优秀奖（待定）	100	10	1 000
场地气球、丝带、胶带等			100
合计			5 170

六、采访提纲

采访卡片：说明活动背景、意义、阅读推荐方式及采访提纲等。

采访对象：校领导、馆领导、各学院知名教授、卓越教学奖获得者等。

采访地点：1、领导办公室 2、校内公共场所，如食堂、教室、图书馆等。

问题提纲：

● 对同学的提问

1. 你最近读了什么有趣的书？

2. 你目前的枕边书是哪一本？

3. 你一般什么时候阅读？

4. 说一个你试过的与众不同的阅读方式？

5. 你能举出哪些阅读方式属于数字阅读吗？

6. 谈谈对你影响最大的一本书？哪个情结或者人物给你留下了最深刻的

印象？

7. 你最喜欢书中的一个人物是谁？为什么喜欢他/她？

8. 想象一下未来世界人们会怎么阅读？

9. 想象一下未来的书会变成什么样？

10. 你有使用手机阅读的习惯吗？都使用过哪些手机 app 阅读？

11. 每天花在阅读上的时间有多久？

12. 纸本阅读和电子阅读，你觉得怎样才是适合你的阅读方式？

13. 有没有什么好的电子书给大家推荐的？推荐的理由是什么？

14. 如果以微拍的方式做一次关于数字阅读的推广活动，你会参与其中吗？

- 对老师的提问

15. X 老师，您主讲的公共选修课（专科选修课）XXXX 深受学生欢迎，很多学生都选过您的这门课，那对于对这门课很感兴趣而又没有上过这门课的学生，您有什么书向他们推荐吗？推荐的理由是什么？（这本书有什么值得推荐地方？）

16. X 老师，您是从事 XXX 方向研究的，这个研究课题对很多同学而言可能比较陌生，关于这门学科的科普性的读物，您有什么好的推荐吗？推荐的理由是什么？

17. X 老师，您平时有使用手机或者平板电脑（电脑）阅读电子书的习惯吗？您阅读电子书的主要原因是什么？（易于获取、保存、检索；没有纸本书；可以利用各种碎片时间阅读等？）

七、宣传设计方案

- 二维码

- 海报、书签及立体海报

- 宣传片方案

主要体现：第一季优秀案例的回顾（形式多样，创意无限，奖品丰富）；新一季的新特色（意犹未尽？继续推荐电子书，创意无限，奖品丰富）

视频风格：活泼、激荡人心

1. 上一季回顾：

画面：开头文字图片（海报）；视频片段5-7个。拍上去；

文本：微拍电子书第二季 重装上阵!! 第一季意犹未尽吗？奖品没拿到手软吗？（The second chance is coming）没关系，微拍电子书·第二季开始报名啦！

配乐：the eye of the tiger

2. 新一季：

回顾：文字+活泼视频；团队合影；奖品视频。

台词：新一季，我们期待你更亮眼的创意！我们有更活跃的线下互动！我们有更丰富的奖品！ALL WE WANT IS making reading MORE fun 让阅读更精彩，让推荐动起来。

配乐：the eye of the tiger

3. 报名方式：

画面：结尾附官方微信的二维码。

台词：请扫码关注我们的官方微信，我们会在微信上发布活动每一阶段的流程，并有机会展示你的作品。

- 样片方案

样片的功能是为读者的创意提供灵感和想象的空间，引发读者的兴趣，并由达到吸引读者参与活动的目的。因此，本样片以活泼、幽默、多样为主。

微拍电子书之十二星座

十万火急的白羊座：哎我跟你说看这个看这个看这个……

慢条斯理的金牛座：我在看这本《经济学原理》（十天之后）我还在看这本《经济学原理》……

人格分裂的双子座：你有没有看过这本电子书；没有呢好看不？好看……

博爱恋家的巨蟹座：老师您好，像《厨艺大全》之类的书咱们图书馆有吗？

霸气侧漏的狮子座：除了成功学，我不看别的书。请叫我女王大人！哈哈哈哈……

完美主义的处女座：我最看不惯在书上乱涂乱画的人了，还有把书脚弄卷的！

选择恐惧的天秤座：我是先看这本呢，还是先看这本呢……好纠结

神秘腹黑的天蝎座：《厚黑学》是我的枕边书！

自由浪漫的射手座：同学，你看书的姿势好美~

理智严谨的摩羯座：为了成为学霸，我只看《高等数学习题集》。

崇尚孤独的水瓶座：没有什么书比《百年孤独》更适合我了。

多愁善感的双鱼座：看个《红楼梦》都会哭成林黛玉，我的玻璃心啊……

5.2　活动照片

图1　"光影阅动·微拍电子书"活动宣传

图2　校内随机采访

图3　优秀作品展播

5.3　媒体报道

乐分享｜十二星座原来这样看书（创意活动）

2015-03-19　四川大学　　　　　　　　　　　　收藏、稍后阅读

近段时间，川大图书馆将要举办一个非常有趣的活动，叫做"微拍电子书"第二季。说到有趣的事情，大川肯定积极地提前去拿材料咯～～看看有嘛好玩儿的可以分享给大家。

真别说，光看活动材料，就让大川眼前一亮，特别是材料中有一个叫《光影阅动之十二星座》的微视频，让一向走高冷路线的大川君，也忍不住一边看一边呵呵乐。

据了解，"微拍电子书活动"的目的，是把创意和阅读结合起来，"微拍"出不一样的"阅动"生活。第一季推出后，同学们反响热烈，于是图书馆顺应民声，响应民声，duangduang～推出了升级版的第二季。

《光影阅动之十二星座》就是图书馆志愿者们为这次活动拍摄的宣传片啦。创意真的很棒，而且同学们真人秀出演，十分传神～～大川忍不住要截图来赶紧跟大家分享。

大家也赶紧来看看，你身边儿的十二星座的阅读特点，是不是这样的呢？

图4　四川大学微信宣传

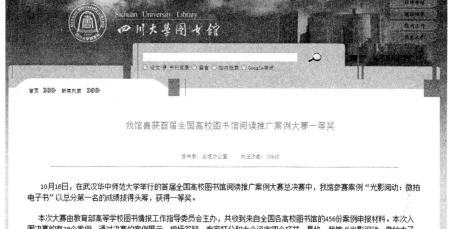

图5 四川大学图书馆新闻

作者联系方式：

赵靓，四川大学图书馆
电话：15882408120
邮寄地址：四川省成都市望江路 29 号四川大学图书馆，赵靓，610064

"书与剧的碰撞，你与我的思扬"

——话剧比赛阅读推广活动

刘宝明

（天津财经大学图书馆）

摘要： 近年来随着阅读方式和载体形式的变化，传统的阅读推广方式对读者的吸引力日趋减少，利用本地文化优势，尝试以话剧表演的方式，吸引学生关注阅读经典名著，广泛调动学校资源扩大活动知名度，对阅读推广方式进行有益的创新和尝试。

1　活动背景

天津财经大学图书馆多年来致力于学校的校园文化建设。以多种形式和品牌特色营造阅读风尚，营造学校书香之韵。图书馆现已形成了天财读书节、资源推广宣传月两个阅读推广品牌，举办了形式多样、主题丰富的阅读系列活动。

"书与剧的碰撞，你与我的思扬"话剧比赛是由图书馆主办、指导旗下思扬读书会承办的一项阅读推广活动，是我馆进行阅读推广所做的探索和尝试。迄今已举办两届，通过活动，为天津财经大学学子提供了自我展示的平台，传播了话剧社和读书会的社团文化，促进了同学们文学素养及文学鉴赏能力的提升，丰富了校园文化。我们非常高兴借此机会和大家一起分享此次案例.

天津有着深厚的话剧基础，也深受大学生的喜爱，在校园文化建设和培养全面发展的高素质人才方面具有不可低估的作用。据不完全统计我校目前就有各类学生话剧社团 12 个。校园话剧是大学校园文化的载体之一，话剧社团以其不同于其他社团和组织的性质和特点，对培养大学生综合素质、繁荣校园文化具有特殊作用，是大学生校园文化中的重要组成部分，是实施素质教育培养高素质人才的重要途径。大学生通过对话剧的创作、表演、观摩以及欣赏，逐步形成良好的思想品质、道德行为，综合素质得到全面提升。图书馆在指导思扬读书会活动中发现我校学生话剧社团较多、学生非常喜欢话剧这种艺术表现形式，但大多数话剧社团的剧目通常只能面对本院系学生展示，缺乏一个面向全校展示的平台，针对这种情况我们决定大胆尝试以经典名著为基础由思扬读书会牵头，组织校内各话剧社团，用话剧形式展现经典名著，将经典名著改编成话剧（片断），把经典名著中静止的画面，无声的场景，用学生的理解视角鲜活的呈献给读者，作为我们阅读推广活动新的尝试，这样能有效地激发读者的阅读原著的兴趣，形式新颖，读者参与度高，能获得更为持久广泛的推广效应。实践证明，借助话剧形式助力阅读推广，深得高校学子的欢迎，具有很强的传播效果。

2 活动内容

比赛从策划到实施图书馆全程指导，主要操作由思扬读书会以及参赛的话剧社团同学们共同来实现完成。话剧比赛初期，我们做了详细的比赛策划方案，对参赛的剧目要求必须选自经典名著名片，以切合我们阅读推广主题，同时有别于学校内其他话剧比赛，让我们的活动一出场就打上阅读推广这一深深的烙印和标记，各话剧社团结合自己的情况根据书中内容和情节自行演绎，为保证正确的阅读导向，我们事先对参赛话剧剧本做汇总审查，同时取得话剧社团所在学工部专职书记的同意后，话剧社才可投入排练和比赛。在已举办的两届比赛中，先后参加比赛的有我校多达 11 个学生话剧社团，各社团参与编剧、导演、演出的同学超过百余人，他们粉丝连带我们邀请的天财之声等社团主持助阵。直接参与活动的学生近千人。为保障比赛的公平，在评委方面，邀请学工部、研究生院等部门负责人担任嘉宾评委，各社团按比例委派学生评委，现场再抽签产生数位观众为大众评委。比赛剧目是各话剧社根据名著名篇自行编写演绎，内容积极向上。最后评出一二三等奖，以及最佳创意、最佳组织、最佳编剧等单项奖。活动期间，图书馆相关名著的阅览量、借阅量都有明显增加，图书馆据此增加复本采购量和电子书推广力度。通过活动进行阅读推广，宣传了图书馆的读书社团，提升了学生对经典名著的文学鉴赏能力，丰富了校园文化，以话剧表演形式吸引学生关注阅读经典名著、关注读书社团，同时为校内各话剧社团提供一个展示交流的舞台。

比赛从策划开始到正式比赛，自始至终获得同学们广泛关注，第一次比赛赛前开始的最佳人气话剧社线上投票评选有 7 876 人次参与，为活跃气氛，扩大影响力，比赛当天还同步开展了指纹签到、现场抓拍等活动都获得了广泛的响应，比赛现场座无虚席，比赛刚一结束，就有好多同学询问下一届比赛什么时间再办，最广泛的吸引了读者参与和关注。比赛前后我校校园网及官微均在主要版面给予报道，主管图书馆的校领导更是在第二届比赛时亲临现场观看指导，给我们的活动以极大的支持，我们今后会将话剧比赛一直办下去，把它做成一个阅读推广的常态化活动，欢迎各位同行来我校观摩指导。

3　活动启示

通过成功举办的两届比赛，我们总结归纳活动带来以下几点启示：

（1）要放开思路，不断拓展阅读推广新的形式，没有做不到，只有想不到。传统的阅读推广模式相对形式单一，对学生的吸引力越来越小，同学们的参与兴趣趋于下降，因此在继承传统的前提下创新阅读推广形式，积极开拓更广阔的阅读推广思路显得尤为重要。我们组织的话剧比赛以话剧这种形象直接的宣传手段向学生传播经典名著，学生话剧社团在名著改编、话剧编排、剧目欣赏这一系列过程中会自觉地用更多的人生价值观来思考和回味名著名篇，同时话剧所具有的潜移默化的教化作用也能使大学生的自身思想水平得到提高，此种阅读推广形式笔者认为完全可以借鉴推广到其他图书馆实际工作中，比如将话剧形式换作其他剧种或者微电影等等都是具有可操作性的。

（2）要善于利用网络等新媒体。网络、微博、微信等新媒体以其快捷、互动、高效率的沟通等特质在大学生中得到强烈的文化共振，迅速成为大学生认知世界、发表观点看法、参与公共事件的主要方式和手段。我们在话剧比赛中就采用了微信平台这一目前比较流行的手段，推送话剧比赛剧目及参赛社团消息，组织进行最具人气话剧社团前期网络投票，为正式比赛造势，两次网络投票约有 15 000 人次参与，参与度接近我校在校生数的 40%，比赛的过程、结果及相关图片视频也借助微信平台及时推送给学生。信息广泛传播的同时也扩大了活动的影响，客观上在学校进一步提高了图书馆的知名度。

（3）阅读推广必须有新意，创新形式，才能吸引读者。我们在阅读推广活动中发现，传统的诸如读书心得交流、新书推介、图书漂流等在读者中的影响力趋于下降趋势，读者的主动参与意识越来越差，如何吸引读者来图书馆、主动积极参与响应图书馆主办的阅读推广活动需要我们思考和积极探索，两次话剧比赛我们感受到，阅读推广形式的创新、多样更容易得到学生的响应和参与，大学生在观赏话剧比赛，尤其是根据名著名篇改编，而且是自己或身边人来演绎的话剧，是大学生读书活动一种形象生动的交流平台，比单纯的课堂教育、自己独自阅读书籍更容易接受。实践证明，用话剧这一形式表现名著经典是我们对阅读推广形式的一次成功的探索与尝试，得到了读者广泛的参与与响应。

（4）充分利用好现有的组织资源，比如学生社团、学生工作部门等，图书馆起到联络、整合的作用。图书馆本身承担着日常借阅、参考咨询等繁杂的工作，人员和精力终归有限，组织阅读推广工作势必还要占用图书馆相当的人力资源，如何既多组织阅读推广活动又对图书馆正常人力资源占用最少，需要我们找到一个平衡点，充分调动和利用学生社团和学生工作部门的积极性，找到图书馆和他们在阅读推广活动中的共同点加以利用，对图书馆阅读推广会起到事半功倍的效果，两次比赛活动充分证明了相信学生，引导鼓励他们自己组织活动，这样既能调动学生的积极性，也能节约图书馆人力。学生通过参与话剧再创作和表演及组织参与活动过程本身，也是自己对社会的认知能力及自主思考能力的一种提升。

通过举办话剧比赛，丰富了大学生的生活，激发创新精神与积极进取的精神。促进各话剧社团成员积极参加活动，增加相互交流与合作。极大促进了学生文学素养及文学鉴赏能力的提高。增加学习生活乐趣，提高个人文学演绎能力和表达能力，营造良好的文学氛围。实践证明，借助话剧形式助力阅读推广，深得高校学子的欢迎具有很强的传播效果。

4 资料附录

书与剧的碰撞 你与我的思扬 话剧比赛活动策划书

目录
一、活动概述
二、活动分工
三、比赛具体流程
四、评分细则
五、奖品及奖项设置
六、注意事项
七、应急方案
八、物品准备

一、活动概述

1. 活动主题："书与剧的碰撞，你与我的思扬"第二届话剧比赛

2. 活动地点：月牙报告厅

3. 活动时间：暂定 2015 年 11 月 13 日下午

4. 活动要求：

① 剧目必须选自经典图书，可根据书中内容、情景演绎.

② 节目充实饱满，内容积极向上，应取得所在系专职书记许可。

③ 每场话剧演出时间原则在二十分钟左右，不得超过二十五分钟，照超出时间酌情扣分。

5. 活动目的：

通过活动进行阅读推广，宣传读书社团，提升学生文学鉴赏能力，丰富校园文化。以话剧表演的形式，吸引学生阅读名著、关注读书社团。为各话剧社提供展示舞台，供大家交流、提高。

6. 活动对象：1）校内各大话剧社（共 12 个）

话剧社名单如下：财政系天堂鸟话剧社，企管系管科系苏醒话剧社、管信系茹梦话剧社、营销系齐享话剧社、会计一系五味子话剧社、会计二系原点话剧社、旅游系 Action 话剧社、金融系非常话剧社、国贸系星光话剧社、理工学院留年话剧社、理工学院 E 人行话剧社、法学院"真颜"话剧社（排名不分先后）

2）可根据实际情况联系天津市其他高校话剧社参加

3）我校其他喜爱话剧的团体和个人

注：若参加比赛社团数目过多可先进行初赛，将决赛社团控制在 8 个以内

二、活动分工

外联部：1）联系各话剧社负责人，发放邀请函，协调比赛时间；六月中旬预报名，9 月底正式报名.

2）申请月牙报告厅；

3）按规定时间向话剧社收取剧本出处及剧本，交给学术部以供汇总审核；同时征求所在系专职书记意见。

4）比赛前组织话剧社抽签决定上场顺序；

5）采购比赛用品，订制奖杯奖状奖品，租借道具；

6）赛后归还租借道具。

活动部：1）精密策划，保证比赛无漏洞；

2）组织赛前彩排及串场；

3）安排串场节目；

4）制作评分表，比赛流程表；

5) 安排各社团在报告厅的候场区域及亲友团座位;

6) 整理比赛过程的影像资料;

7) 赛后组织各部门总结。

人力部:1) 邀请评委(赞助商+专业话剧表演老师+参演社团学生1人);

2) 邀请主持人;

3) 联系摄像、录影人员;

4) 社团内部招募志愿者作为场控人员。

宣传部:1) 制作邀请函;

2) 准备相关宣传(海报、横幅、宣传单,比赛用视频、音乐、ppt等);

3) 派技术人员在比赛过程中控制电脑及相关设备;

4) 设计奖杯、奖状样式。

秘书处:1) 在微信公众平台上推送话剧比赛及参赛社团的消息;

2) 组织前期网投;

3) 将比赛结果及比赛照片推送到微信公众平台。

学术部:1) 写宣传语;

2) 汇总剧本出处,节目名称;

3) 审核剧本是否符合参赛要求。

志愿者:1) 布置会场;

2) 场控,维持秩序;

3) 通知话剧社出场;

4) 搬道具;

5) 记分;

6) 赛后合影,打扫会场。

三、比赛具体流程

1. 开场节目(劲歌热舞类)

2. 主持人致开场词,介绍评委,感谢赞助商,

3. 邀请图书馆/社团/赞助商负责人讲话

4. 主持人宣布比赛正式开始,说明比赛规则

5. 各社团按照抽签顺序依次上场

6. 根据节目数量及串场节目性质,在整个比赛中间安排1-2个串场节目。

7. 评委可在2个节目后进行点评

8. 公布总分

9. 颁奖

10. 结束语，感谢学校和嘉宾评委的大力支持，为下届比赛预热，宣布比赛圆满结束

11. 引导评委及观众有序退场

四、评分细则

1. 前期网投：在微信平台进行公众投票，具体投票时间待定。票选出最佳人气奖。

2. 评委评分细则：

评分项目		分值
主题 （20分）	积极、健康、向上	10分
	有深度，能贴近社会生活，能引起观众共鸣	10分
节目编排 团队合作 （30分）	情节跌宕起伏，矛盾冲突明显，演员出场顺序井井有条	10分
	服装、道具齐全合适，舞台效果和谐	15分
	时间控制在20分钟左右，超过25分钟此项不得分	5分
表演技巧 （40分）	举止：大方、自然	10分
	表情：丰富、到位	10分
	动作：得体、舒畅	10分
	语言：顺畅、得当	10分
效果（10分）	观众反应	10分

﹡注：评分标准精确到小数点后一位

3. 每个节目的总分为所有评委评分去掉一个最高分和一个最低分之后其余评委评分之和。

五、奖品及奖项设置

一等奖（1名）：奖杯（大）、证书、奖品

二等奖（1名）：奖杯（中）、证书、奖品

三等奖（1名）：奖杯（小）、证书、奖品

最佳人气奖：证书、奖品

最佳团体奖：证书、奖品

最佳编剧奖：证书、奖品

最佳组织奖：证书、奖品

最佳导演奖：证书、奖品

最佳创意奖：证书、奖品

注：最佳奖项会依据参赛社团数量进行调整。

六、注意事项

1. 对于报名人员的培训及指导工作不能分离，处理好我们工作人员与参赛人员的矛盾和分歧，以保证比赛质量为前提。

2. 比赛准备工作安排到位，各负责人做好相关方面工作，使比赛做到万无一失。

3. 比赛前做好彩排工作，让工作及比赛人员熟悉场地。

4. 宣传部门做好比赛场地装饰和布置工作。

5. 比赛前明确各个工作人员的相关负责工作，重视赛场纪律，做好各方面应对工作，防止出现安全事故。

6. 比赛结束后，做好赛场卫生，安排好人员做好善后事宜。

7. 在活动当天，检查好活动所需设备，如音响、话筒等设备，安排专人管理，以免出现设备中途没有声音。

七、应急方案

1. 学生突病，现场摔伤等情况

预防措施：由工作人员检查，病重者不得参加，不能踩在椅子上观看、参加演出，进行安全教育宣讲。

应急措施：由组织机构根据情况处理，送往医务室，严重情况要马上送往医院。

2. 失火问题

预防措施：室内严禁吸烟，严禁明火。活动前由专门人员检查好线路，排除短路等情况。场内不摆放易燃易爆物品。

应急措施：疏散同学到安全地带，启动灭火器等灭火设备，根据情况拨打火警电话。

3. 停电问题：

预防措施：比赛前做好场地电源、照明排查工作。

应急措施：相关人员尽快打开应急照明灯，说明情况稳定在场人员情绪，要求大家不喧哗，不随意走动。

4. 麦克风无声问题

预防措施：相关人员提前准备好扩音器及电池以待备用

应急措施：工作人员及时低调递上麦克风，不要影响节目进程。

5. 冷场问题

预防措施：安排好节目衔接，督促演员及时上场。

应急措施：主持人利用串场词，调动现场气氛。

6. 到场观众过多

预防措施：提前统计好赛场观众座位具体数目，比赛开始后不再让观众入场。

应急措施：可有少许人站着观看比赛，安排好场控人员维持好现场秩序，避免吵闹影响比赛，避免发生意外事故。

七、物品准备（略）

2016.4.24

图1　第二届话剧比赛现场

图2　第一届话剧比赛现场

图 3　天津财经大学图书馆代表在全国比赛现场陈述案例

5　参考文献：

［1］　王雨海，孙祯祯. 论高校话剧社团对大学生综合素质的培养［J］. 周口师范学院学报，2014，（3）：131-134.

［2］　孙燕等. 首届全国高校图书馆阅读推广案例大赛分享和心得［J］. 内蒙古科技与经济，2016，（1）：136-137.

［3］　谭芬梅. 高校图书馆开展阅读推广策略探析［J］. 内蒙古科技与经济，2016，（1）：123-126.

作者联系方式：

作者：天津财经大学图书馆 刘宝明

联系电话：022-88186520　13920900529

Email：tjcybaoming@ 126. com

邮寄地址：天津市河西区珠江道 25 号　天津财经大学图书馆

收件人：刘宝明　　邮编 300222

导读刊物助力传播

学生课外自主学习工具的
图书馆出版品
——上海财经大学图书馆"悦读"推广计划系列出版物

刘金涛　谭丹丹　孙阳阳　范　苇　仝召娟

（上海财经大学图书馆）

摘要：上海财经大学图书馆"悦读"推广计划系列出版配合学校通识教育，以学生课外人文阅读与写作需求为驱动，配合图书馆阅读推广活动，积淀和传承校园阅读文化。本案例主要介绍了该计划的缘起、意义、定位与创新点、运作情况及工作启示。

1　项目实施背景

在通识教育背景下，上海财经大学图书馆自 2008 年创立"悦读"品牌，长期致力开展校园人文阅读推广活动。其中，出版物作为常规宣传媒介，在推广"悦读"为品牌的校园阅读文化和支持自主学习方面发挥了重要作用。

着眼于推进校园阅读文化建设，上海财经大学图书馆自 2008 年创立"悦读"品牌，并开始探索校园人文阅读推广的长效机制。

在经管学科为主的多科型重点大学中，图书馆的阅读推广活动成为学校通识教育体系的有机组成部分。

在阅读推广活动的长期探索实践中，出版物作为阅读推广长效机制的凝练与体现，其重要性日渐显现。

2　项目意义及目的

在经管学科为主的多科型重点大学中，"悦读"推广计划系列出版物配合学校通识教育，以学生课外人文阅读与写作需求为驱动，结合图书馆阅读推广活动，积淀和传承校园阅读文化。

"悦读"推广计划系列出版物的编制和发布，主要实现以下三个实践目的：

（1）在宣传方面，出版物积淀并传播活动成果，促进活动价值的再发掘与利用，满足"悦读"品牌建设及传播需要。

（2）在资源推广与利用方面，出版物依托馆员专业优势，促进对主题馆藏资源、学生原生作品及校外学习资源的发掘、整合、利用。

（3）在支持自主学习方面，出版物作为辅助学习工具，有效支持学生的课外自主阅读与写作活动。

3　项目实施概况

3.1　项目定位

"悦读"推广计划系列出版物是学生优秀作品的发表平台，图书馆阅读推广活动的积淀和推广平台，也是随时可用的自主学习工具。

3.2　基本思路

融入学校育人为本的大环境，结合图书馆资源为本的立足点，根据"悦读"品牌建设及学生自主学习需要，设计规划出版物体系。

（1）以出版活动促进阅读推广工作机制的完善。

有计划地开展阅读推广出版品，应该成为阅读推广工作长效机制，有利于在人员配置、岗位管理以及经费使用等方面，帮助阅读推广工作纳入可持续发展的轨道。

（2）以图书馆专业理念，将出版活动纳入资源建设、组织和揭示的业务流程。

a. 出版品种：连续出版物，专题出版物，活动纪念册等；

b. 内容类型：以主题馆藏为基础，整合推介校内外学习资源，重视校内原生作品的收集与发表；

c. 元数据揭示：将作品的相关信息呈现给学习者，方便进一步利用和探究。

（3）在出版活动中引入品牌管理机制。在出版物装帧、视觉设计中，采用风格化、统一化的"悦读"品牌视觉识别标志。

（4）整合纸质出版物与电子出版物，以媒介融合的理念，丰富出版物传播渠道和阅读体验。

a. 出版载体类型多元化，探索阅读推广电子出版物的工作模式。

b. 全媒体发布渠道：充分利用纸本、电子出版平台和社交媒体等进行全媒体推广。

4　项目运作情况

随着活动实践与思考的深入，上财图书馆的阅读推广出版物已从单一的宣传刊物发展至支持课外学习活动的多元化系列出版物。

截至目前，图书馆已出版 5 种"悦读"系列出版物，总字数约 575 千字，收录作品 406 篇，推荐书目 584 本，推荐音频视频资源 45 种。其中：

（1）常规出版物（2 种）

馆刊《读者之友》，自 2006 年起，共出版 14 期。侧重及时报道近期的阅读推广活动，并设立"博雅书堂"、"悦读人生"专栏，长期刊载校内原创的读书方法和读书笔记；

《年度校园阅读报告》（1 期）：以简洁活泼的形式揭示校园阅读面貌。

（2）专题出版物（3 种）

《悦读·行者的故事主题征文活动优秀作品选集》（2 辑）、《悦读年刊》（1 辑）：收录了学生原创作品、教师点评和馆员推荐的自主学习资源；

《澄怀味象——中国书画艺术教育手册》（1 册）：配合主题活动，提供专题化的自主学习资源。

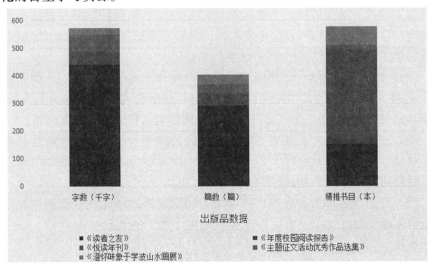

图 1　图书馆主要出版作品统计数据

5 案例特色

在经管学科为主的多科型重点大学中,"悦读"推广计划系列出版物已经成为学校通识教育的成果积淀,是校园通识教育的原生读本。

有计划的出版,为阅读推广活动构建了常规宣传媒介,有助于凝练和传播活动理念,积淀活动成果,使阅读推广活动效果得以持续,有效促进了图书馆阅读推广活动品牌建设。

阅读推广出版物拓展了校园阅读推广活动的社会影响力,成为塑造和传播学校文化形象的载体,有效积淀和传承校园阅读文化。

阅读推广出版物作为校园原生阅读文本,充实和丰富了阅读活动的文本资源,与人文阅读经典作品一道,促成了师生通过写作活动交流阅读成果的机制,满足师生的写作交流需求,有效支持了通识自主学习的开展。

项目的创新点在于:

(1)品牌化与系列化:系列出版物体现了"悦读"品牌的文化内涵,运用品牌营销意识予以推广,且形成了独有的视觉识别标志(图片及文字 logo 等)和使用规范,具有较高的可辨识度。

图书馆根据需要发展形成常规出版物和专题出版物,通过文字、图片和数据等,多层次、多角度揭示校园阅读面貌。

(2)合作支持多元化:由馆员、学生及校内外学科专家共同完成。其中,馆员为主导者,结合活动,负责出版物的定位、框架设计、书目筛选、编制及推广;学生是出版物内容的主要作者;学科专家把握学科资源的筛选标准,并指导学生阅读与写作。

(3)注重教育内涵:课外阅读活动是一种非正式学习活动,出版物就是学生自主学习的工具,在设计中融入资源本位学习(Resource - based Learning)的教育理念,用以支持学生课外阅读与写作能力的自我训练。

(4)注重知识转化:注重主题文化资源的转化和利用,对原生作品进行有序收藏、主题揭示、积淀和传承,并通过同辈学习效应,鼓励学生写作分享,使得阅读-分享-再阅读-再分享成为可能。

(5)注重全媒体发布和推广:除发布印刷版外,还通过专题网站和电子出版与阅读平台(如 ISSUU)等途径发布电子版,并通过社交媒体、线上活动同步推广。

6 案例启示

首先，出版物的发布和传播，加深了校园对课外阅读活动的理解，认同了阅读推广活动作为第二课堂的有效学习形式。出版物将学科专家意见与学生优秀原创作品有效整合，并通过传播与积淀，最终实现知识转化与文化涵养。

其次，出版物是支持学生自主课外阅读的工具。从这个意义上讲，出版物从活动设计之初，就被纳入整体思考与规划中，甚至在活动前期及进行中，就用于配合推广。出版物以学生为主要读者，在设计中融入资源本位学习的理念，注重积淀学生的原创作品，并整合推介主题馆藏及互联网开放学习资源，能够作为学科导航或自主学习工具，支持开展课外阅读活动。

第三，出版物的编制能够帮助图书馆对活动经验进行提炼和反思，从而改进活动设计，提升活动质量。

第四，有计划地开展阅读推广活动出版物的出版工作，完善了图书馆阅读推广工作的长效机制，丰富了图书馆阅读推广工作的业务内涵。

7 资料附录

图 2　参赛海报

图 3　馆刊《读者之友》

图 4　阅读推广计划系列出版物封面拼图

8　参考文献：

1. 刘金涛，谭丹丹，孙阳阳. 推动引导大学生课外阅读 培养提升终身学习能力——上海财经大学图书馆阅读推广案例研究 [J]. 图书馆论坛. 2013 (3)：145-150.

作者联系方式：

谭丹丹（上海财经大学图书馆读者服务部）
电话：021-6590-2116；137-6440-2601
邮箱：地址：上海市杨浦区武川路 111 号上海财经大学图书馆读者服务部
邮编：200433

培养阅读情意　建设书香校园
——以导读性馆刊《书林驿》为平台的书香校园建设

钱　军　周　婷　蔡思明

（南京邮电大学图书馆）

摘要：南京邮电大学图书馆以建设书香校园，构建常态化阅读推广模式为目的，针对该校学生学科背景以理工科为主的现实情况，以馆训"知书达理"为理念，以馆刊《书林驿》为平台，开展了贯穿全年的"校庆季""入学季""毕业季"阅读推广活动，引领读者从参考书、习题集、网络小说的阅读峡谷中走出来，由浅入深地回归传统经典阅读，从而营造"书香校园"的良好氛围，让学生在主动、积极地参与图书馆阅读活动中体验阅读的快乐。

2013年10月，南京邮电大学图书馆推出馆刊《书林驿》，搭建了阅读推广的有力平台。《书林驿》是一份内部导读小杂志，是首家中国阅读学研究会和中国图书馆学会阅读推广委员会双指定书香园地，每年编发四期。2014年，被评为中国图书馆阅读推广类十佳内刊内报。作为一份以导读为主的小杂志，该刊力求成为图书馆与读者进行友好沟通的"书林驿站"，努力营造科技与人文并存的校园文化氛围，展现南京邮电大学图书馆"传播学术资讯，增值知识财富，以书育人化人"的精神风貌。

1　特色：驿、书、导、赏

1.1　驿文化特色

为与南京邮电大学的学科特色相结合，充分弘扬邮电文化，《书林驿》在装帧设计和内容编辑方面，围绕"驿"下足工夫。首先，将"驿"融入刊名中，并且在封面设计上，配图为一本打开的书，书页林立间，一架邮递马车缓缓驶过，巧妙地将"书"、"林"、"驿"三个元素融合其中，既突出本刊为大学生阅读驿站的含义，又凸显了邮驿文化。封底则每期选用一枚与读书有关的邮票，配以精简的赏读性文字，将阅读文化和邮电文化进行充分融合。在栏目设计上，设有"驿缘文化站"，收录与南京邮电大学图书馆文化建设相关的文章。

1.2　书文化特色

本刊还设有"书林杂谈吧""驿站导读榜""好书漂流舫""学海悦读坊"四个栏目，各栏目均围绕图书、阅读、图书馆而展开。"书林杂谈吧"每期针对一个有关阅读的话题，收录相关的杂文、随笔、评论类的文章；"驿站导读榜"针对一批对大学生阅读起积极导向作用的图书，收录相关推介性书评；"好书漂流舫"鼓励大学生相互荐书；"学海悦读坊"主要记录大学生与书有关的成长故事。此外，卷首语每期选用一篇名家谈阅读的文章，通过各个栏目相结合，从多角度宣扬书文化。

1.3　导读性特色

《书林驿》的目的是引导读者读好书，好读书，在阅读方式以及阅读资源的选取上，通过谈论阅读的专文以及导读性书评等文章，将阅读的理念逐步渗透到读者的日常生活中。在"驿站导读榜"栏目中，以书评的形式引导读者接触好书佳作，每一本书编者均标注馆藏信息，直接引导读者进行借阅。在"好书漂流舫"栏目，则通过书目提要，以专题形式进行好书推荐。不同形式的推荐，均以引导阅读为目的。

1.4　赏读性特色

在"2014年中国图书馆界阅读推广类内刊内报专题座谈会"上，南京大学徐雁教授从刊物的装帧、排版、插图到刊物的宗旨及读者对象的定位对参会的每一份刊物做了点评，指出可爱性（形式美）、可读性、可推广性是甄别一份刊物好坏的三个标准。本刊在可读性和可推广性的双重原则之下，也充分重视刊物的"可爱性"，力求让刊物可读可赏。每年都会利用封三，进行专题性书文化的展览；封底的阅读邮票，也将"赏"和"读"进行结合；内文中充分利用空白区域，选登阅读漫画、书法等，提高刊物的艺文情趣。

2　形式：搭建南邮一年三季阅读推广活动平台

自《书林驿》创刊之后，搭建了南京邮电大学图书馆阅读推广的有力平台，形成了"一个平台"和"三个季节"相结合的阅读推广模式。

图1 《书林驿》电子馆刊

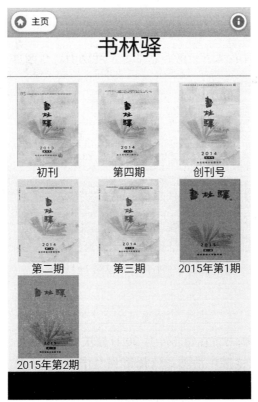

图2 《书林驿》手机版

图 3　《书林驿》总第 1-11 期

2.1　校庆季：以"共鸣"为重点

南京邮电大学图书馆在每年 4 月 20 日校庆日前后，开展以"共鸣"为重点的"校庆季"阅读推广活动，依托馆刊《书林驿》，激发读者和图书馆员的阅读共鸣。

在"校庆季"之际，该馆邀请众多文化名人莅临"驿缘人文讲坛"，在全校营造浓厚的人文氛围。南京市藏书家协会原主席、南京市作家协会原副主席、著名南京历史文化研究专家薛冰先生作题为《绚丽多彩的南京文化》的讲座；南京艺术学院沈义贞教授作题为《影像时代的读书》讲座；中国阅读学研究会会长徐雁教授作题为《阅读名人传，汲取正能量》的讲座等，这一系列人文讲座深受本校师生的欢迎。

此外，作为"校庆季"活动之一，南京邮电大学图书馆连续三年参与中国图书馆学会开展的"最值得向读者推荐的一本书"馆员书评征集活动，积极组织本馆馆员和全国高校图书馆馆员参加活动。优秀的馆员书评作品还陆续刊登在该馆馆刊《书林驿》的"驿站导读榜"栏目。

2015年"校庆季"之际，同时也为庆祝2015年4月23日"世界读书日"设立二十周年，南京邮电大学图书馆自3月初便启动了以"分享阅读"为主题的阅读推广系列活动。活动主要针对本校学子学科背景以理工科为主的现实情况，在校内营造"分享阅读"的良好氛围，引领学生主动、积极地参与图书馆阅读活动，体验阅读的快乐。

活动之一为随手拍"书香男神/女神"，意在通过读者的眼睛和镜头，捕捉校园爱读书的身影，营造积极向上、健康文明的校园读书氛围。自活动开展以来，共征集到100多幅照片，照片不定期地在校园阅读推广微信平台"南邮书林驿"上进行发布，并且让读者参与投票选出每期最喜爱的照片。征集到的照片，在图书馆二楼大厅LED显示屏、图书馆主页上进行同步展示，共同分享阅读的最美瞬间。活动自开展以来，得到了《现代快报》、新华网江苏站、《扬子晚报》、《金陵晚报》、中国大学生在线、江苏教育网、《图书馆报》等多家媒体的报道。

活动之二为"书山寻宝 好书共享"，由读者在馆内寻找好书，并且撰写推荐理由贴于图书封面，再集中放置于荐书架上，读者可自行借阅。该书架每天定期更新，所精选的都是大学生比较喜爱的人文社科或科普类图书，而且直接将所推荐之书放于书架上，亦解决了读者选书和找书的困扰。同时，也鼓励在馆阅读的每一位学生参与到荐书中来，可以将自己觉得值得一读的好书，附上推荐理由放于书架上。"南邮书林驿"微信平台，同步推送学生所精选的好书，线上线下传递网络书香。

活动之三为"图书交换大集"，在4月23日世界读书日前夕，该馆面向全校师生征集图书，其后将所征集到的图书整理、分类后，于4月22日、23日在图书馆前广场建立图书交换集市，所有持有图书交换券的师生，都可以凭手中的券任意挑选图书。此次活动主题为"分享阅读 交换快乐"，活动共征集到书刊 1500 余册，为全校师生搭建了一个好书共享的有力平台，让大家手中闲置的图书得以流通起来。

2.2 毕业季：以"共荐"为重点

每年 6 月，南京邮电大学图书馆发起以"共荐"为重点的"毕业季"阅读推广活动，学生之间、师生之间、校友之间相互推荐好书，分享阅读心得。

"毕业图书推荐活动"是毕业季的重点栏目，图书馆采访了众多院系毕业班的导师和优秀毕业生，分为"专家荐书"和"学长荐书"两个版块，邀请他们向在校学生推荐好书。图书馆在网站主页开设"专家荐书"和"学长荐书"专栏，馆刊《书林驿》特设栏目"学友荐书录"，以此作为长期"共荐"平台。"LED 毕业墙展示活动"利用现代化技术为师生提供抒发情感、寄托祝福的平台。图书馆利用二楼大厅近 30 平方米的 LED 大屏，滚动播放毕业生们提供的毕业合影、大学生活纪念照片、毕业感言和教师寄语，营造了浓浓的毕业氛围。"毕业生图书捐赠活动"和"捐赠图书漂流活动"为学生提供了循环利用、绿色阅读的平台，让图书在漂流中继续传递出它的价值。

在 2015 年毕业季活动中，南京邮电大学图书馆联合校绿色风环保协会和读书协会，号召大三、大四同学将闲置的图书捐赠出来，图书馆指导社团学生对图书进行分类。教学参考书类直接赠送给大一、大二的学生，非教学参考书类，则置办起图书交换大集，充分地让同学们手中的图书流动起来，既扩大了阅读面，也促进了图书的循环利用。

2.3 入学季：以"共读"为重点

每年 9 月份起，南京邮电大学图书馆开展以"共读"为重点的"入学季"阅读推广活动，号召全校共读经典。

2015 年入学季，南京邮电大学图书馆结合文化热点以及读者阅读兴趣相继举办了四次专题图书推荐，分别是："中国人民抗日战争暨世界反法西斯战争胜利 70 周年"馆藏专题图书推荐、纪念"9·28 孔子诞辰日"馆藏专题图书推荐、历届"诺贝尔文学奖"获得者馆藏专题图书推荐活动和"悦读乐行"馆藏专题图书推荐。除此之外，每周固定从馆藏新书中进行优中选优，遴选出优秀图书推荐给读者。

2016 年入学季，南京邮电大学图书馆以"春日书语"为主题，开展阅读征文大赛，同时推出"春日系馆藏专题图书推荐"，将荐书和征文结合起来。其中，优秀征文作品以及专题书单，在馆刊《书林驿》中进行刊载。

"校庆季"、"毕业季"、"入学季"三季一体的阅读推广活动，贯穿一年始终，并在南京邮电大学全校范围内进行常态化推广，旨在熏陶校园阅读氛围，提升师生的阅读品味；宣扬图书馆以人为本的服务宗旨，发挥知识传承和文化交流的作用；打造校园文化建设品牌，加强书香校园建设。

3　成效：传递正能量，共建校园心灵驿站

《书林驿》在南京邮电大学以及同行间知名度、影响力逐渐扩大，"三季一平台"阅读推广模式日益成熟，"阅读"逐渐渗入到全校师生的学习和生活中，取得了一定的成效。自试刊以来，得到校内外读者的广泛好评。该校研一邢小俊同学说："封面古色古香，题名书法漂亮，感觉比较雅致。里面书评文笔不错，读过就有想要亲自看看那些书的冲动。"研三陈欣同学说，《书林驿》"随处可见'书'字，关于书的力量、味道，至大至香，关于书的愿景、道理，甚美甚好，让人受益匪浅，是一本很好的培育大学阅读情感的'心灵驿站'。简言之，以专业角度来看，这很好！"大二学生张思瑶说："这处书林驿站，虽是薄薄的小刊，却也演绎了驿站的诸多功能——让阅读的你，在繁忙的生活中小憩→获取知识→焕然一新→重新上路。"

3.1　树立阅读观，推广新形象

《书林驿》的读者对象，既有本校师生，也有图书馆界、出版界、藏书界的许多同仁、专家、学者。既是学校的阅读推广平台，也是书友的交流平台，更是本馆的宣传平台。2014 年 9 月，该馆创建校园阅读推广微信平台"南邮书林驿"，通过线上线下相结合，聚合网络书香，培养读者的阅读情意。

3.2　激活读者群，引领"深阅读"

针对该校学子学科背景以理工科为主的现实情况，本馆在阅读推广过程中尝试引领读者逐步从参考书、习题集、文艺小说的阅读峡谷中走出来，激发读者由"浅"入"深"的阅读兴趣，提倡边读边思考，通过阅读自我提升、自我领悟、自我创新。

3.3　陶冶道德情操，提升文化素养

本馆与南邮读书协会、听风文学社、学通社等社团合作，开展阅读推广活动，拉近图书馆与读者的距离感。社团学生与《书林驿》编者时刻保持互动性，在刊物每期策划、组稿中，编辑人员广泛征求学生的意见，有目的性地策划每一期。

4　参考文献

［1］　林晓青. 国内图书馆内刊内报的现状调查分析——以 2014 中国图书馆阅读推广类十佳内刊内报为例［J］. 新世纪图书馆，2014，11：36-39.

［2］　李玉艳. 图书馆阅读推广类馆刊调查分析［J］. 情报探索，2014，12：106-109.

［3］　周婷. 高校图书馆阅读推广工作研究——以南京邮电大学图书馆为例［J］. 图书馆学刊，2014，12：65-67.

［4］　蔡思明，马德静. 诗书从来继世长——以江苏知名高校图书馆的阅读推广为例［J］. 新世纪图书馆，2015，04：18-22.

［5］　蔡思明. 我国高校阅读推广导刊探究［J］. 图书馆论坛，2015，12：15-18.

［6］　李海燕，张婕. "阅读，从馆员开始"——2013 年中国图书馆年会"馆员书评与全民阅读推广"分会场综述［J］. 高校图书馆工作，2014，01：92-94.

［7］　周婷. 高校图书馆科普经典阅读推广研究［J］. 图书馆学刊，2015，11：71-75.

［8］　许天才，杨新涯，王宁，魏群义. 图书馆阅读推广的多元化趋势研究——以首届高校图书馆阅读推广大赛为案例［J］. 图书情报工作，2016，02：82-86.

［9］　聂凌睿. 基于全民阅读推广的"非正式出版"的图书馆所编"小杂志"［D］. 南京大学，2013.

［10］　兰孝慈. 大学图书馆馆刊在信息时代的走向［J］. 图书馆杂志，2009，07：43-45.

［11］　王雪春. 馆刊在推广阅读中的作用浅议——来自太仓市图书馆的体会［J］. 图书与情报，2010，04：108-111.

作者联系方式：

钱军，南京邮电大学图书馆，18951896111，qianjun@njupt.edu.cn，江苏省南京市栖霞区文苑路 9 号南京邮电大学图书馆，210023

周婷，南京邮电大学图书馆，13701468000，zhout@njupt.edu.cn，江苏省南京市栖霞区文苑路 9 号南京邮电大学图书馆，210023

蔡思明，南京邮电大学图书馆，17712909610，caism@njupt.edu.cn，江苏省南京市栖霞区文苑路 9 号南京邮电大学图书馆，210023

湖南理工学院图书馆《湖说》
——新媒体阅读推广练手记

潘雪华

（湖南理工学院图书馆）

摘要：相对于传统纸质媒体与纯文本电子媒体，电子杂志集音频、视频、文字、图画于一体，给阅读者以身临其境的阅读享受。2007 年至今，《湖说》电子杂志共编辑出版 12 期，在本校读者中拥有较广泛的阅读群体。据不完全统计，阅读量已经达到 35 万人次。由于电子杂志适应了移动互联网时代青年学生的阅读方式的变化，《湖说》成为了学校图书馆阅读推广的新生力量。

1　活动宗旨：

背景：网络时代，人们的学习生活方式悄然改变。"移动阅读"、"碎片阅读"、"网虫""拇指族"这些新词描述着这种变化。第十三次全国国民阅读调查显示：受数字媒介迅猛发展的影响，网络在线阅读、手机阅读、电子阅读器阅读、光盘阅读、Pad（平板电脑）阅读等数字化阅读方式的接触率为64.0%，较 2014 年的 58.1%上升了 5.9 个百分点。

青年学生，是引领时尚的前锋。以大学生为研究对象，调查了解他们的性格、爱好、审美、观念等特征，提炼关键词，以下是高频词：前卫、时尚、创意、反叛、有品位等。

网络环境下的高校图书馆，也在发生着深刻的变化。服务转型升级和空间重塑再造是高校图书馆重点改革的方向。当下，图书馆的服务育人功能以及图书馆作为学术或学习空间的职能得到了重视。

意义：

（1）有助于探索阅读推广的新模式，以顺应新时期青年学生阅读方式的新变化，新需求。

（2）有助于拓展高校图书馆育人服务的新途径。以新媒体阅读推广为内容的高校图书馆服务创新为高校图书馆新时期的建设注入了新活力，提供了新思路，拓展了新的发展空间。

（3）有助于拓展提升大学生的职业核心能力的新途径。

职业核心能力是衡量高等教育人才培养质量的重要指标，利用高校图书馆辅助培养大学生职业核心能力是一条有效途径。让有兴趣的读者尝试电子出版，既能为图书馆阅读推广做出品牌，又能锻炼他们的采、编、写及组织协调能力、掌握电子出版技能，应是图书馆服务中的可选项之一。

项目定位于以新媒体推广阅读，以新平台锻炼团队。目的在于打造我校师生阅读精品，推广图书馆文献资源，培养团队精神，提升学生的实践能力。

2　活动概况：

《湖说》电子杂志致力于打造湖南理工学院阅读精品，满足全体师生阅读兴趣。其相对于传统阅读与纯文本电子阅读，集音频、视频、文字、图画于一体，充分营造了视觉、听觉于一体的美好感受，给人以身临其境的阅读享受。其内容取材于校园，涉及青春情感、人生哲思、校园百态，更为贴近学生生活，而又不缺乏文学气息，聚合名家精粹和优秀学生作品，内容丰富，可读性强，易获得全校学生的认可，不仅适应了当下网络阅读潮流，同时能在这高速发展的时代又能培养学生的阅读兴趣。

电子杂志的编辑制作，由图书馆老师指导下的义工组织南湖社区完成。南湖社区吸收有兴趣的读者组成相对固定的团队，每年替换部分成员，持续发展。制作团队由 6 个部门组成，各自负责电子杂志的不同阶段：a. 编辑部取材，择取受学生喜爱的文学与其他作品；b. 美工部排版制作背景，创造优良舒适的阅读环境；c. 技术部提供技术支持，创造便捷的网络阅读体验；d. 影视部摄影，创造影音结合的心灵享受；e. 办公室沟通协调；f. 市场部进行广泛宣传。

以第十一期电子杂志《与君书》为例：首先是确定主题，这是一期以书信文化为主题的电子杂志。在电子通讯泛滥的年代，书信却在我们的视线中越来越远，书信文化在人类历史中曾扮演了一个美丽的信使的角色，通过这期杂志能够让大家对书信文化有个整体的认识，重温写信时的那种紧张虔诚的感觉。其次，确定栏目。在《与君书》中共有五个栏目，通过拍摄一个"写信"的纸质电影故事作为电子杂志的开头，引出本期"书信文化"的主题，通过"借你邮差"、"了解中外书信演变历史"、"名人书信"等环节，吸引读者继续阅读。

《湖说》杂志面向全校征稿，所有原创文章均来自学院师生，激发了大家的创作热情；另有少量作品来自专业编辑精选的网络美文。

为使《湖说》这个品牌传播更迅捷，制作团队充分利用各种网络平台进行推介，包括：以南湖社区官方网站作为电子杂志承载平台，提供全天候网络服务；通过腾讯博客面向全校征稿，第一时间发布电子杂志信息，杂志更新后发送官方订阅邮件；通过南湖社区微信公众平台定时推送杂志美文；开发南湖社区专属 APP，紧跟移动互联趋势，提供掌上阅读新途径。

自 2007 年出版第一期以来，《湖说》共出版 12 期。包括《锦瑟年华谁与共》、《与君书》、《正青春》、《离人纪》、《游园惊梦》、《动漫情缘》等专辑。同时，《湖说》时刻以阅读推广为己任，对文津奖获奖图书及其他优秀的推荐书目也进行了广泛的宣传推介。

3　活动成效：

通过多年努力，《湖说》杂志已经成为湖南理工学子的重要阅读来源。

（1）推广了阅读。电子杂志提供最新的图书馆资源推送，聚集当下热门的阅读书籍、文章，聚焦学生热点，一方面推广了图书馆阅读资源，优化了图书馆阅读服务，另一方面吸引了学生读者的强烈喜爱，在学生中取得了普遍好评，自从电子杂志创办以来，通过官方的宣传途径：官方网站、腾讯博客、微信公众平台等一系列推广，阅读量已经达到 35 万人次。80%的学生及30%的教师读者有过对《湖说》的阅读体验，校外访问 IP 占总访问量的 10%左右。电子杂志推广案例也作为优秀案例进入湖南理工中文学院课堂。

（2）锻炼了队伍。《湖说》电子杂志不仅是一部电子杂志，它更是提高学生社会实践能力的平台。通过这个平台，创作团队不断学习与积累，在成长中始终保持了旺盛的创新能力，为他们今后走入社会奠定了基础。以下是几个参与者感悟：

①第六期电子杂志主编陈芳，现任南都并读新闻编辑。她说："没做的时候很想做，终于争取到机会后，召集一群朋友开动，两周内上线，够速度。大家熬夜到半夜两点的身影我还记得，一起在办公室开会碰撞的争锋我还记得，拿着单反到处找麻豆的纠结我也还记得《湖说. 七重音》赶在五月上线，在最后一刻见证了社区给予我们最多的：朋友，热情，家族。"

②第十一期电子杂志主编吴可欣，现 GirlUp 美女创业工厂新媒体运营专

员。她说："《与君书》的策划与制作给了我很大的锻炼，对整体主题策略和策划，良好审美和设计能力的形成，管理团队的能力、产品推广的能力都有一个很好的把握和锻炼。这个过程很艰难，但是做完后，我发现自己各方面的能力又上升了一个层次，也更加明确了我内心以后从事产品推广的决心。"

③第六期杂志主编姜萌现任北京德恒律师事务所（深圳）律师助理："《湖说-七重音》就像我们的孩子，尽管不那么完美，但参与其中的每一个人都对它倾注了太多的心血和情感。从主题选定的头脑风暴，到篇章栏目的进一步完善，再到漫长艰难的制作过程，选稿、版面设计、美工，我们遇到考验，遇到挫折，同时在这个过程中成长。至今仍记得《湖说-七重音》上线的时刻，在那间小小办公室里爆发的喜悦和成就感"。

4 用户评价与反馈

电子杂志在校内拥有广泛的阅读人群，得到众多用户的肯定和支持，有的读者主动询问和索取杂志，也有的给了我们很好的建议。其中，中文学院的教授把它引入课堂教学。

以下是我校中文学院教授关于电子杂志的问答：

问：听说您在教授课程期间引用了我们的电子杂志作为案例，能讲一下您对电子杂志的评价吗？电子杂志吸引您的地方在哪里呢？

答：电子杂志制作精美，值得一看。从整体性的专题策划，到文字图画配乐设计都追求和谐，富有美感，显示出同学的综合素养和编排能力。

问：您认为电子杂志对于在校大学生有什么样的作用？在它的可阅读性及启发性上，对于阅读推广的作用大吗？

答：电子杂志的传播面广，渗透力强，既适合大学生的学习习惯，又能丰富大家的课余生活，它以寓教于乐的方式走进大家的生活世界，这对于培养创新型人才具有不可忽视的作用。

5 资料附录：

南湖社区《与君书》电子杂志活动方案

一、线下活动："Hello，Mr. Nhpoper"

在收信室收信的时候我们可以发现很多信件都是无人问津，而校内很少有同学知道有收信室的存在，导致很多信件无法传达到收信人的手上，我们可以挑选一百封信，担任送信大使的角色，复印一百份标注"你好，可爱的邮差"活动字样和本期电子杂志的网址的纸张贴在信封上，由社区的人送在本栋宿舍的信件。

注意：标注社区的 logo

目的：推广电子杂志，符合主题，同时也能够进一步推广社区的名声

二、海报宣传

打印三张彩印海报分别在三个点进行张贴（南院食堂，图书馆，大学生俱乐部）

三、线上宣传

杂志第一版块《与君书》在电子杂志上线的前期进行造势，也是社区纸质电影的一期，既可以保证社区纸质电影的正常出版也可以给电子杂志的推出进行预热。

QQ 空间，人人，微博，贴吧等线上同步宣传

活动照片：

多渠道开展线上、线下活动。结合 QQ 空间、人人、新浪微博、百度贴吧等线上、线下同步宣传推广。

1. 设点宣传活动，现场发放宣传资料。

图 1　设点选择电子杂志，图为发放宣传资料

2. 2015 年迎新生日趴的活动现场，利用多媒体宣传推广电子杂志。

图 2　新生生日趴，图为利用多媒体宣传电子杂志

3. 利用入馆教育集中授课形式宣传推广电子杂志

图 3　新生入馆教育集中授课，图为学生观看电子杂志视频

作者联系方式：

作者，潘雪华
工作单位：湖南理工学院图书馆
联系电话：13607306399
电子邮箱：593444561@qq.com
通讯地址：湖南省岳阳市湖南理工学院图书馆
邮编：414006

光盘综述

——书香校园阅读推广活动纪实

刘伟勤

（广西科技大学）

摘要： 广西科技大学图书馆积极响应中国图书馆学会 "全民阅读" 的号召，开展了丰富多彩的书香校园阅读推广系列活动，并制作成正式出版物——光盘，其集声音、图像为一体，操作简单，复制方便，传播快捷。目前，已连续出版 2 张光盘加以宣传和推广，第 3 张光盘也正在制作中。我馆通过光盘、活动图片、取得效果、相关媒体报道、读者评价及获得奖项等进行了逐一展示。

2013 年至 2015 年，配合每年 "4.23 世界读书日"，我馆遵照中国图书馆学会关于开展 "全民阅读" 工作通知的相关精神，借鉴了历年全民阅读活动开展的经验，进一步倡导全民阅读良好社会风气，不断提高我校广大师生和社会读者的思想文化素质，我们围绕 "读书好、好读书、读好书" 主题，开展了丰富多彩的全民阅读推广活动，并取得了较好的成绩——2012、2013 年连续两年获得中国图书馆学会颁发的 "全民阅读先进单位奖"，2015 年获得中国图书馆学会授予 "全民阅读示范基地" 称号。

在全国倡导全民阅读的大好环境下，广西科技大学图书馆积极响应中国图书馆学会关于开展 "全民阅读" 活动的号召，持续开展各种全民阅读活动。为使活动成果更好地进行传播与交流，将阅读推广活动纪实制作成系列光盘，目前已出版了 3 张：《书香校园阅读推广活动——广西科技大学图书馆全民阅读推广活动纪实》、《最美阅读追梦人——广西科技大学阅读推广团队》和《聆听书语——广西科技大学图书馆 2015 年全民阅读推广活动》。其中《书香校园阅读推广活动——广西科技大学图书馆全民阅读推广活动纪实》光盘主要记录了 2012 年及 2013 年我馆开展的主要阅读推广活动，具体有：（一）创新活动；（二）品牌活动；（三）社团活动。《最美阅读追梦人——广西科技大学阅读推广团队》光盘主要记录了 2014 年我馆开展的主要阅读推广活动，具体有：（一）书香为媒推广阅读；（二）知识荟萃，人文校园；（三）青阅读·微书评；（四）趣味游戏，"书海寻宝"找书比赛；（五）《读者文苑》。

许多图书馆都在近年来开展了形式多样的阅读推广活动，也取得了较好的成效，但如何使各个图书馆的这些活动成果能让更多的人分享与借鉴，从而促进阅读推广活动的深入是值得探讨的课题。为此我们尝试着将历年活动成果以光盘出版物的形式加以固化，不仅让活动成果积淀得以很好地保存，而且光盘在制作成本上的优势让我们所做的工作得以很好地传播，加强了与其他图书馆的沟通与交流。我们将制作好的光盘免费分发给全区高校图书馆及公共图书馆，取得了很好地反响。

利用光盘出版物相对于纸媒易于保存与传播，能全方位地记录图书馆开展的丰富多彩全民阅读推广活动等特点，充分利用我校音像电子出版社的出版优势将每年的活动以制件发行光盘的形式保存并传播出去。

为了更好地服务读者，很多年前，我校图书馆就着手开展阅读推广活动。特别是 2012 年以来我校图书馆组织带领"读者协会"和"读书协会"两个学生社团，以"4.23 世界读书日"、"大学生科技节"、"大学生文化艺术节"、"全国文化宣传周"为契机，卓有成效地开展了书香校园阅读推广系列活动，并且每年都有创新。活动形式主要有：好书进宿舍、好书进社区、读者百科知识竞赛、读者征文比赛、系列读书沙龙活动、系列学术讲座活动、系列电影角、系列读书角、编辑出版《读者文苑》等。我校图书馆在阅读推广及校园文化建设中做了大量创新性探索。自 2004 年创建读者协会，2010 年创建读书协会以来，指导读者协会、读书协会和组织图书馆员工一起，以世界读书日、科技节、活动月、毕业季、新生入馆教育、读书节、大学生艺术节等为契机，策划开展一系列的阅读推广活动，精心打造各种活动，有创新活动、品牌活动和协会活动。这些活动充分发挥我校图书馆在推进社会主义文化强国建设、全面提高公民文明道德素质和丰富人民群众精神文化生活等方面的作用，在校园刮起了一股最炫时尚读书风。我们积极响应中国图书馆学会提倡"全民阅读"活动的号召，积极开展全民阅读推广活动，培养、提高学生的人文素养，传播积极向上的校园文化，服务读者，服务大众，服务社会，传递正能量，让阅读成为时尚，让阅读深入人心，让阅读成为生活的必需。配合学校，加强校风学风建设，把学生培养成为德、智、体、美全面发展的综合素质高的复合型人才。

2014 年和 2015 年，我们把阅读活动成果做成光盘进行推广与传播，并通过音像出版社正式出版发行，据我们了解，目前尚不多见。但在过去的几年中，我们对开展的各种阅读推广活动尚没健全读者反馈和读者评价机制，有些活动受到读者喜爱，有些活动少有读者青睐。在总结中，我们反思；在工作中，我们改革；在实施中，我们创新。2015 年推广部老师在馆领导指导下，对各项阅读活动进行了读者意见反馈信息的收集分析工作，对每项活动加以分析、总结和提高，如对青阅读·微书评这一阅读推广活动，我们进行了相关数据的统计分析工作，为今后阅读推广工作打下了坚实的基础。

如：青阅读·微书评活动统计表

2014 年	推荐书名	本书作者	书评作者	学生来源	阅读量	点赞量
第 1 期	《清欢》	林清玄	黄语嫣	读书协会	9	2
第 2 期	《引爆流行》	马尔科姆·格拉德威尔	陈志强	读书协会	8	3
第 3 期	《苏菲的世界》	（挪威）乔斯坦	李曙	阅览部勤工	7	2
第 4 期	《自控力：斯坦福大学心理学课程》	凯利·麦格尼格尔	庞业海	阅览部勤工	7	3
第 5 期	《萤窗小语》	刘墉	李娜	阅览部勤工	79	2
第 6 期	《方法论》	笛卡尔	陈智松	读书协会	84	3
第 7 期	《傅雷家书》	傅雷	庞业海	阅览部勤工	85	1
第 8 期	《十日谈》	乔万尼·薄伽丘	刘文媛	读书协会	61	1
第 9 期	《骆驼祥子》	老舍	匿名		54	6
第 10 期	《目送》	龙应台	黄语嫣	读书协会	109	10
第 11 期	《微微暖，微微爱》	新浪微博编写	雷树奇	阅览部勤工	94	2
第 12 期	《笑红尘》	古龙	陈智松	读书协会	75	2
第 13 期	《西夏死书》	顾非鱼	陈智松	读书协会	61	4
第 14 期	《不合时宜的阅读者》	连清川	陈智松	读书协会	44	3
第 15 期	《我的书店时光》	（日）清水玲奈	陈智松	读书协会	55	2
第 16 期	《等待花开的日子》	暖暖风清	席冬兰	读书协会	122	3
第 17 期	《趣品人生》	于丹	邹红	读书协会	58	2
第 18 期	《生命最后的读书会》	威尔·施瓦尔贝	黄语嫣	读书协会	91	8
2015 年	推荐书名	本书作者	书评作者	学生来源	阅读量	点赞量
第 19 期	《书虫系列之远大前程》	查尔斯·狄更斯	秦上贵	阅览部勤工	97	6
第 20 期	《匆匆过客》	路遥	覃献斌	推广部勤工	120	13

2014 年	推荐书名	本书作者	书评作者	学生来源	阅读量	点赞量
第 21 期	《华胥引》	唐七公子	徐花兰	阅览部勤工	132	8
第 22 期	《旋风少女》	明晓溪	郭玉娟	推广部勤工	76	6
第 23 期	《边城》	沈从文	李若楠	读书协会	105	7
第 24 期	《龙族》	江南	柴越乾	阅览部勤工	121	6
第 25 期	《活法》	（口）稻盛和夫	张宏华	读书协会	96	4
第 26 期	《遇见一些人流泪》	韩梅梅	李琴、邓晓冰	读书协会	222	7
第 27 期	《惊人的假说》	弗朗西斯·克里克	冯小燕	阅览部勤工	79	9
第 28 期	《明朝那些事儿》	当年明月	李霞	读书协会	186	29
第 29 期	《最美的时光》	桐华	林燕妮	阅览部勤工	329	33
第 30 期	《活着》	余华	雷树奇	阅览部勤工	352	22
第 31 期	《蜡笔小新》	臼井异人	韦杰	阅览部勤工	246	12
第 32 期	《谁动了我的奶酪》	斯宾塞·约翰逊	周义俊	阅览部勤工	208	12
第 33 期	《求职，从大一开始》	覃彪喜	刘思宏	阅览部勤工	201	10
第 34 期	《PPT 演示之道》	哈林顿·雷克达尔	秦嘉星	阅览部勤工	254	8
第 35 期	《夏有乔木，雅望天堂》	籽月	许位敏	读书协会	211	10
第 36 期	《超越人性的自卑》	崔俊芳	赵艳萍	阅览部勤工	171	9
第 37 期	《小脑袋，甜念头》	杰·英格拉姆	陈艳梅	阅览部勤工	80	8
第 38 期	《人性的弱点》	戴尔·卡耐基	吴永尊	阅览部勤工	190	7
第 39 期	《花田半亩》	田维	陈桂兰	阅览部勤工	277	9
第 40 期	《撒哈拉的故事》	三毛	梁雪花	阅览部勤工	111	5
第 41 期	《飞鸟集》	泰戈尔	张凌魁	阅览部勤工	96	4
第 42 期	《我的人渣生活》	章无计	莫潮杰	阅览部勤工	170	8
第 43 期	《看见》	柴静	李娟	阅览部勤工	245	11
第 44 期	《我已出发》	闾丘露薇	黄莹	阅览部勤工	117	9
第 45 期	《此间的少年》	江南	梁雪花	阅览部勤工	219	11
第 46 期	《你和我的倾城时光》	丁墨	何晓芳	阅览部勤工	253	11
第 47 期	《空岛》	余秋雨	秦上贵	阅览部勤工	119	7
第 48 期	不要等到毕业以后	张志	罗景辉	阅览部勤工	222	8
第 49 期	《林徽因散文精选》	林徽因	赵艳萍	阅览部勤工	待发表	

从以上统计表我们了解到有些图书较受读者欢迎，有些图书则不然，这对今后工作改进有很大帮助。

为更好地把这些丰富的成果积淀下来，传播出去，我们通过与学校的音像电子出版社合作出版发行了系列光盘：《书香校园阅读推广活动——广西科技大学图书馆全民阅读推广活动纪实》（2013年）、《最美阅读追梦人——广西科技大学阅读推广团队》（2014年）。我校图书馆积极响应中国图书馆学会"全民阅读"的号召，在开展了丰富多彩阅读推广活动的基础上制作成出版物——光盘，其集声音、图像为一体，操作简单，复制方便，传播快捷。目前，已连续出版2张光盘加以宣传和推广，其具有可操作性、推广性和可持续性。

书香校园阅读推广活动纪实系列光盘的制作、出版、发行，一能将广西科技大学图书馆多年坚持开展全民阅读推广活动的生动画面和精彩瞬间用现代媒体的方式记录和保存；二有利于与同行就阅读推广活动进行交流与共享；第三，电子出版物形式（光盘）无论是出版保存还是传播的成本都要低于纸媒，而且能提供更丰富的记录手段和表现形式，更符合时代的特征。

附录：光盘名称、活动方案 、活动图片、媒体报道

一、光盘名称

（一）《书香校园阅读推广活动——广西科技大学图书馆全民阅读推广活动纪实》光盘

图1　《书香校园阅读推广活动——广西科技大学图书馆全民阅读推广活动纪实》
光盘封面

图 2 　《书香校园阅读推广活动——广西科技大学图书馆全民阅读推广活动纪实》
光盘盘面

（二）《最美阅读追梦人——广西科技大学阅读推广团队》光盘

图 3 　《最美阅读追梦人——广西科技大学阅读推广团队》光盘封面

二、内刊《读者文苑》——创新活动

（一）活动方案：

（1）活动主题：阅读推广、传播知识、让文化交流、让书香飘逸

（2）活动目的：会刊的创办为读者提供一个展示原创写作的平台，让读书爱好者有个相互交流互动的空间，让知识传播，让文化交流，让书香飘逸。办会刊，旨在大力宣传图书馆文献资源，引导广大读者了解图书馆，利用图书馆，热爱图书馆。

（3）活动内容：图书馆与读者协会、读书协会联合创办会刊《读者文苑》，分七大版块：我的大学梦、书的感悟、心灵驿站、万叶采集、活动风采、医学常识、悦读园地。

（4）活动形式：制作电子档，同时打印文件，装订成册

（5）活动对象：图书馆老师、读者协会干部

（6）活动时间：每半年创办一期

（7）活动地点：图书馆

三、图书走进社区青少年活动——创新活动

（一）活动方案：

（1）活动主题：快乐阅读，健康成长

（2）活动目的：从不同读者层入手，养成多读书、读好书、好读书的良好习惯，让学生在阅读中感悟经典、了解历史、体验社会、崇尚科学、拓展思维、憧憬未来、放飞梦想，进一步拓展和提升大学生的综合素质，营造良好的学习求知氛围，引领大学文化风尚，促进建设文明和谐的书香校园。

（3）活动内容：免费赠书①图书馆挑选适合青少年阅读、与青少年课程相关联的书籍，在教职工宿舍社区固定地点，进行免费的书籍赠送；②赠送图书为每人1—3本，并进行相关登记。送书上门：图书馆准备活动相关书籍以及书单，供青少年现场阅读了解，如想要借阅，可以现场办理相关登记，这里需要家长提供借书证，由图书馆登记。

（4）活动对象：教职工社区子女（青少年）

（5）活动时间、地点：2013年10月19日（星期六）上午9：00，学校教工宿舍空地

（二）媒体报道：（略）

四、"我的大学梦"征文比赛——品牌活动

（1）活动主题：书写梦想 竟在其中

（2）活动目的：为鼓励学生热爱阅读，促进图书馆阅读推广工作，提高

大学生写作水平，给大家一个充分展示自我，提高自我的舞台，以"我的大学梦"为主题的征文比赛活动。

（3）活动形式：征文评比

（4）活动对象：广西科技大学医学院全体读书爱好者

（5）活动时间：2013 年 12 月

（6）活动地点：广西科技大学医学院

（7）征文要求：以"我的大学梦为题"，题材不限（诗歌除外）；统一使用 16k 方格信签纸，黑色水性笔书写。字数不少于 800 字；主题突出，内容层次分明，积极向上。

（8）奖项设立：设一等奖占投稿的 5%、二等奖为 10%、三等奖为 15%、优秀奖为 20%。获奖作品将通过展板形式公布作者名单及其作品，并给予校级荣誉证书进行表彰。

五、读书协会招新——社团活动

（1）活动主题：让读书成为习惯 让文化飘香校园

（2）活动目的和意义：协会招收新会员，注入新鲜血液，让协会的未来得到更好的发展。

（3）活动形式：根据学校社团联合会指导，在指定地点，摆点招新。

（4）活动对象：大一新生

（5）活动时间：2013 年 10 月份

六、书香为媒推广阅读

"阅读与书评写作知识讲座"

（一）活动方案：

（1）讲座主题："阅读与书评写作"

（2）讲座内容："阅读的重要性"、"阅读与做人的关系"、"如何阅读"、"如何写书评"等。

（3）主讲嘉宾：广西柳州市教育学院副院长（教授）、中国柳宗元研究会秘书长、广西柳州市柳宗元学术研究会副会长、广西柳州市政协文史顾问孙代文。

（4）活动对象：全体在校学生

（5）活动时间：2014.04

（6）活动地点：国际学术报告

（二）媒体报道：（略）

七、知识荟萃，人文校园

"理性对待恋爱，健康促就未来"真人图书馆

（一）活动方案：

（1）讲座主题："理性对待恋爱　健康促就未来"

（2）讲座内容：从大学生恋爱观、人际关系、学习压力及实际案例等方面讲述如何树立正确的爱情观，引导学子们正确对待个人情感，培养积极、健康和阳光的心态，并结合自己的工作经历和阅读经历，讲述读书给人带来乐趣和帮助。

（3）主讲嘉宾：心理学家韦豪习副教授

（4）活动对象：全体在校学生

（5）活动时间：2014.10

（6）活动地点：书香吧

（二）媒体报道：（略）

八、青阅读·微书评

青阅读·微书评

活动方案：广西科技大学图书馆利用校团委的"微信"和思政网站"柳苑晨曦"开设"青阅读"活动，利用微信和网站推介好书和好的书评、读后感，得到老师和同学们的好评。在"青阅读"的基础上，校图书馆和团委利用微信公众平台联合开展"青阅读·微书评"活动。推广部具体指导读书协会和勤工助学的学生在阅读图书馆书籍后，将心得体会写成文字上传到校团委开辟的微信平台（微信号 gxkjdxtw）周三的青阅读版块中，同时图书馆也将馆藏图书在微信平台中推荐给读者。

作者联系方式：

单　　　位：广西科技大学

联系电话：13877218228

Email：2567027961@ qq. com

邮　　　编：545006

邮寄地址：广西柳州市东环大道 268 号

收件人姓名：刘伟勤

图书馆《文韵》墨香
——唤醒读书基因，脉动莘莘学子

陈新胜　　司艺雯

（宁夏理工学院图书馆）

摘要： 为进一步推广阅读文化、弘扬大学精神、唤醒青年学子读书基因，我校图书馆指导创办了《文韵》杂志。杂志定位清晰、目标明确，有较完善的编辑机构，稿件主要来自学校师生，所选作品贴近师生学习生活，具有时效性、全面性、启发性。杂志广泛推广后，不仅吸引了众多读者阅读，各栏目所刊内容也受到了广大读者的认可和欢迎。作为校园杂志的首创，《文韵》建立了读者之间交流知识和共享信息的平台，带动了整个学校的阅读氛围。

1　活动宗旨

1.1　案例实施背景

书籍，作为一种人类文明延续发展的载体，一直被誉为人类的精神食粮和进步的阶梯。通过读书，可以增长我们的知识，开拓我们的视野。"腹有诗书气自华"，一个爱读书的人，不管走到哪里，都是一道靓丽的风景。可能貌不惊人，但那种内在的气质、优雅的谈吐、深邃独到的思想见解给人以美的享受。

中华民族自古以来就是一个崇尚知识、热爱读书的民族。读书，在知识的海洋里上下求索，读书"过程"的重要性不比"效果"逊色。近年来，阅读推广作为高校图书馆服务创新的一项重要工作内容，已得到越来越多的高校图书馆的关注和参与。

当代青年学生是中国文化中最活跃的推动者与受益者，在提升当代青年学生对中华文化的认同感、加强当代青年学生的传统文化教育、传播中华传统文化的核心价值的这条道路上我们任重而道远。由此，我校图书馆决定创办《文韵》杂志，以唤醒青年学子读书基因，推广阅读文化。

1.2　案例实施的意义目的

《文韵》杂志作为我校图书馆文化的一种体现，承担着传播知识的使命。《文韵》杂志创办于 2014 年 4 月，宗旨是让校园文章充满气韵，用文章书写"校园文化"。杂志隶属于校图书馆，是在图书馆的指导下，校读者协会创办的校内刊物，稿件主要来自学校老师、学生，主要内容为原创优秀作品，题材不限，体现出青春、活泼、多彩的风格；具有时效性、全面性、启发性，适合并贴近宁夏理工学院师生生活。因此，杂志能实时反馈师生对阅读的体验，以唤醒青年学子读书基因，延续读书血脉。

2　活动概况

在杂志创办初期，对杂志进行了定位并确立了办刊目标：依托校图书馆、校宣传部、校团委、校学生会及学校其他优质资源，创办一本属于师生自己的杂志。通过艰苦的努力，付诸创造性的劳动，使杂志做强做大，成为真正的校园期刊精品。

2.1　《文韵》编辑部机构组成及职责

（1）主编：读者协会《文韵》编辑部负责人

职责：根据编辑部的决议组稿、审稿，负责杂志的全面工作。

（2）文字编辑：读者协会办公室

职责：负责相关栏目的组稿编辑工作。

（3）美术编辑：读者协会宣传部

职责：主要负责杂志封面及版面设计、艺术板块的美术编辑。

（4）图片编辑：读者协会技术部

职责：主要负责杂志所需的图片处理工作。

（5）页面编辑：读者协会技术部

职责：负责页面处理、排版。

（6）审核委员会：《文韵》指导教师，校宣传部，校团委

职责：负责杂志正式出版前的终审。

2.2　《文韵》杂志在校内的主要征稿方式

（1）在图书馆馆内及官方网站设立征稿平台，读者自愿投稿。

（2）以招新活动为载体，向新生介绍《文韵》杂志，并向文学爱好者征稿。

（4）深入到各个学院、班级、社团宣传并征稿。

（5）广泛利用微信、微博、贴吧网络等新媒体宣传征稿。

（6）与当地社会各界文学爱好者及热心校友建立长期合作关系，向他们约稿。

2.3 《文韵》杂志出版流程

杂志主编安排主要任务→编前会议→编辑→美编→图编→文编→页编→杂志主管领导审查→完善→杂志校对→出版。

2.4 《文韵》杂志成长历程

2014年4月，在图书馆老师的指导和编辑部成员的共同努力下，宁夏理工学院第一本属于学校师生自己的杂志——《文韵》第一期诞生了。第一期的内容是黑白印刷，由于杂志属于创办之初，参与人员缺乏经验，第一期版面和栏目大多模仿了《读者》、《青年文摘》等知名杂志。此后，编辑部成员投身学习了版面设计、杂志排版等诸多相关的专业知识，第二期及以后的版面和栏目都是《文韵》编辑部自主创新设计的，选稿内容既包括师生自己撰写的散文、诗歌、故事、小说等，也包括来自教科研一线教师的教学经验和学术论文，在学校的大力支持下，开始印刷彩色版本，杂志通过多种方式宣传、发行后，受到了学校广大师生的一致欢迎。

自此，《文韵》开始伴随着宁理学子一起成长，《文韵》编辑部也更加精益求精，始终坚持"让每一个读者获得发展，让每一个读者体验快乐，让每一个读者学有所长"的理念，坚持走发展之路，在杂志的创办中不断超越自我，创出鲜明的特色。《文韵》的推广提升了我校图书馆利用率，弘扬了阅读精神，也成为广大师生宝贵的精神财富。

2.5 《文韵》杂志的主要推广方式

（1）上架阅览：把每期杂志正式装订成册，在期刊阅览室上架，与订购报刊一起供读者免费阅览，并为有需要的师生办理免费借阅手续。

（2）展板阅览：杂志以单页的形式打印，逐页张贴于活动展板上，将展板摆放于图书馆大厅和学校活动中心区域，不仅可以活跃阅读氛围，也可以使读者更加直观地通过《文韵》了解校园文化。

（3）图书漂流：为给广大读者提供更加宽松、自由的阅读氛围，图书馆突破传统的借阅方式，开放了图书漂流站，《文韵》杂志作为漂流读物之一，赢得了广大读者的喜爱。

（4）网络下载：给杂志增设官方二维码，并将二维码通过网络链接发布，读者可利用手机微信"扫一扫"功能，将杂志的电子版下载到手机上阅读。

（5）新媒体推广：通过各种新媒体平台（图书馆官方网站、新浪微博、腾讯微博、博客、微信、个人主页、校园广播等）发布，在扩大杂志推广范围的同时，使得《文韵》最大限度地满足读者现代化阅读的需要。

3 活动成效

《文韵》杂志第一至五期在校园内广泛推广后，吸引了众多读者来图书馆阅读或借阅纸本杂志，另外有大量读者利用电脑、手机等下载后阅读。杂志各栏目所刊内容得到了广大师生的认可和欢迎，并有学校领导及权威老师给予了一系列的宝贵指导意见。《文韵》杂志的出现，建立了读者之间交流知识和文化共享的平台，不仅吸引了学校众多师生踊跃投稿，校友及社会文学爱好者也相继投稿，以进一步交流知识信息。另外，作为校园杂志的首创，《文韵》带动了学校的整个文化氛围，校园内相继出现了沙枣文学社、读书社等社团组织，为校园文化建设发挥了积极作用。通过这一系列的校园影响，《文韵》杂志切实提高了我校图书馆的阅读推广服务水平，同时也提升了读者的阅读体验和我校图书馆的文化形象。

4 评价与反馈

《文韵》杂志的推广，得到了学校师生的一致好评。在学校党委宣传部、校团委等部门的大力支持下，杂志吸引了众多教师和学生读者。2015 年 6 月，作为本校图书馆阅读推广案例参加了全国高校图书馆阅读推广案例大赛，大赛专家评委组对案例进行了专业点评，对杂志的办刊给予了肯定和鼓励，并在杂志栏目、推广、影响等方面给出了一系列中肯意见。

另外，杂志创办机构通过读者问卷调查、定期召开作者见面会等形式广泛收集和采纳读者的反馈信息，通过不断的反馈、更新和完善，使杂志真正贴合读者的阅读品味，满足读者的实际需求。阅读推广活动是一项社会化的、长期的系统工程。而对于高校图书馆来说，大学生走向社会后又是社会阅读群体的重要组成部分，大学生阅读能力的高低、阅读兴趣的浓淡会直接对社会阅读产生重大影响。如何建立面对大学生阅读推广的长效机制是一个值得思考的问题。经过科研分析，可以从以下几个方面加以完善：

（1）建立完善的阅读推广保障体系。具体措施包括；设立阅读推广主体机构、建立多功能的阅读服务平台等。

（2）建立阅读推广的科学理论支撑体系。具体措施包括：整体规划，明确阅读推广的目标；加强读者研究，树立尊重读者个性化、多样化需求的服务理念；不断探索，建立阅读推广的科学评价指标等。

（3）建立多元的阅读推广科学指导体系。具体措施包括：营造阅读文化氛围与加强引导相结合；注重阅读推广的广度和深度；注重约束机制与激励机制相结合等。

5   结语

《文韵》杂志做到了让文字成为我校正能量阅读的推动力，更体现了当代大学生的精神风貌。《文韵》杂志的创办活跃了校园文化氛围，丰富了校园生活，增强了读者之间的交流与互动，让读者的心灵在文章的字里行间得到慰藉和肯定，进而更加热爱和享受生活。《文韵》给全校师生提供了这样一个把文字的理想和现实结合的平台，一路走来，杂志丰收的硕果见证了阅读伴我们成长；一路走去，我们会更加努力，因为还有太多人生的风景等着我们去阅读。

6   资料附录

6.1   活动方案

《文韵》征稿活动方案

一、活动背景：

本次征文由图书馆面向全校学生为进一步提高大学生的写作能力而办。读者协会凝聚着文学气息，希望借助此次活动搜集稿件提高大学生的科学文化知识，同时，也为在校大学生提供一个展示的舞台，希望全校文学爱好者能在文学的海洋里海阔鱼跃。

二、活动目的及意义：

1. 图书馆希望借此次活动促进全校写作爱好者之间的交流。

2. 高校读者协会凝聚着文学气息，通过本次活动，为校园原创文学作品提供一个展示的舞台，弘扬健康向上、清新自然的文学风。

三、本期活动主题：

"遇见"

四、主办单位：

宁夏理工学院图书馆

五、承办单位：

宁夏理工学院图书馆《文韵》编辑部

六、活动时间：

2015 年 04 月 06 日

七、活动地点：

宁夏理工学院

八、活动对象：

全校师生及校外广大文学爱好者

九、活动宗旨：

使广大文学爱好者在文学的奇妙空间，海阔凭鱼跃，天高任鸟飞

十、参赛作品要求：

1. 体裁不限，字数不限

2. 文章内容积极向上，本人原创作品，切忌抄袭、套改

3. 来稿要求字迹清晰、书面整洁

4. 标明学院、班级、姓名、联系方式

十一、投稿地点：

1. 电子稿投于邮箱 wenyunzazhi@ qq. com

2. 纸质版请交至图书馆一楼大厅投稿箱

十二、主要负责人：

赵鑫　13195028561　　司艺雯 13619566528

十三、活动流程

1. 宣传：

（1）宣传部画海报，制作征文比赛横幅

（2）在教学楼、餐厅、宿舍楼各贴一张海报进行宣传

（3）微博进行宣传

（4）宁夏理工学院贴吧

2. 评比结果出来后张贴海报公布获奖名单

3. 通知获奖同学领取奖品证书

十四、审核人员：

图书馆《文韵》杂志指导老师，校团委，校宣传部

6.2 活动照片

图 1 《文韵》以展板张贴的形式在文化长廊展出吸引了众多读者阅览

图 2 《文韵》作为图书漂流读物之一吸引了众多读者阅读

图3　《文韵》作者见面会现场吸引了广大读者参加

6.3　媒体报道

我区两支代表队参加首届全国高校图书馆阅读推广案例大赛
西部分赛区现场评审

（文/陈新胜）

（发表于：宁夏高校图工委官方网站，宁夏理工学院官方网站）

2015年6月17日，首届全国高校图书馆阅读推广案例大赛西部分赛区现场评审会在重庆大学A区国际会议厅隆重举行。来自西部赛区各馆的33个阅读推广案例进行了精彩演示和答辩，由西部赛区6省的图工委秘书长组成的专家评审组进行了精彩提问和点评。会议厅内座无虚席，掌声雷动，气氛热烈。

本次全国高校图书馆阅读推广案例大赛暨研讨会由教育部高等学校图书情报工作指导委员会举办，目的是深入交流图书馆阅读推广经验，提升图书馆利用率，强化图书馆服务创新意识，提高图书馆服务水平，探索信息化环境下图书馆阅读推广模式与方法。全国分为7个分赛区，初赛在各分赛区举行，由通信评审阶段和现场评审阶段组成。各分赛区初赛的前2%代表将参加决赛的角逐。

宁夏高校图工委对于本次赛事高度重视，遵照大赛主旨和要求，提前对区内各高校图书馆进行了充分的组织、协调和宣传。在通信评审阶段，区内各高校图书馆都积极提交了自己各具特色的案例，经过精心准备和专家评审，我区宁夏理工学院"图书馆《文韵》墨香—唤醒读书基因，脉动莘莘学子"（出版物类）、北方民族大学图书馆"慢品书篇趣味，悦读点亮生活"（主题活动类／新闻媒体推广类）案例进入了西部赛区第二阶段现场评审。

在评审会现场，各馆展示的案例各具特色、精彩纷呈，专家评审组进行现场点评并打分。我区的两支参赛队伍经过与西部赛区33个参赛案例的激烈角逐，分别摘获"三等奖"和"优秀奖"荣誉。其中，宁夏理工学院图书馆参赛案例将有机会进入决赛，参加下一轮的全国范围内各高校案例的比赛。

今后，我们将总结经验，不断超越，按照大赛的主旨和思路，进一步提升我区各高校图书馆的阅读推广水平，促使我区各高校馆员的创新服务意识更上一个新的台阶。

宁夏理工学院图书馆

2015年6月19日

我校图书馆阅读推广案例荣获全国总决赛优秀奖

（文／陈新胜）

（发表于：宁夏理工学院官方网站）

2015年10月16日，由教育部高等学校图书情报工作指导委员会读者服务创新与推广工作组主办，上海交通大学、上海财经大学、华中师范大学三校图书馆共同承办的首届全国高校图书馆阅读推广案例大赛总决赛暨研讨会在华中师范大学科学会堂与十号楼一楼报告厅举行。

阅读推广案例大赛自2014年10月启动以来，得到了全国六个分赛区及港澳台地区高校图书馆的热烈响应。其中，38个案例在决赛现场进行PK，118个优秀案例（含单项奖案例）参加了决赛现场的海报展示。

2015年6月，我校图书馆申报的案例"图书馆《文韵》墨香—唤醒读书基因，脉动莘莘学子"（出版物类）经过经过与西部赛区33个参赛案例的激烈角逐，摘获了"三等奖"荣誉，并代表宁夏区进入了全国总决赛。

对于比赛，我馆领导高度重视、统一部署，参赛组和《文韵》编辑部成员进行了精心准备，校宣传部和校团委给予了大力支持。在总决赛中，我馆申报的案例参加了决赛现场的海报展示，得到了评委组和参赛各馆的好评，并获得了优秀奖荣誉。

本次阅读推广案例大赛大大加强了高校图书馆之间的交流与学习，为广大图书馆馆员搭建了一个新的互动平台。

阅读推广工作作为近年来高校图书馆工作的亮点，对于传承经典文化、彰显各馆特色、弘扬阅读风尚具有十分重要的作用。我馆将以此次比赛为契机，总结经验，不断超越，促使我校图书馆的阅读推广水平更上一个新的台阶。

宁夏理工学院图书馆

2015 年 10 月 16 日

7　参考文献：

［1］　张华艳. 试论高校图书馆阅读推广活动的长效机制［J］. 图书馆研究，2015（4）.

［2］　彭年冬，贺卫国. 我国阅读推广研究述评［J］. 图书馆工作与研究，2014（3）.

［3］　黄健. 高校阅读推广活动的影响因素及其评价［J］. 大学图书馆学报，2013（2）.

［4］　杨婵. 图书馆阅读推广活动的反思与重构［J］. 四川图书馆学报，2011（2）.

作者联系方式：

作者单位：宁夏理工学院图书馆

作者：陈新胜、司艺雯

联系电话：13895364114

Email：675159751@ qq. com

邮寄地址：宁夏石嘴山市大武口区山水大道学院路 1 号宁夏理工学院

邮编：753000